Rolf Famulla

Revision der Kunstgeschichte II
Antike: Geburt der Helden, Könige und Götter

Rolf Famulla

Revision der Kunstgeschichte II

Antike: Geburt der Helden, Könige und Götter

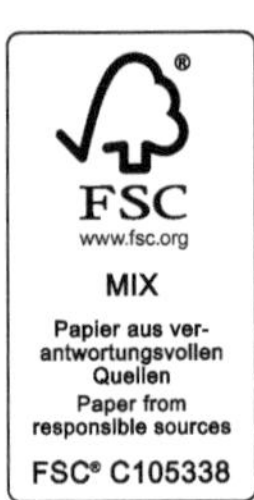

Inhalt

Dank

Mein besonderer Dank gilt den vielen Fotografen, die die Bebilderung dieses Buches erst ermöglicht haben. Ohne die Erlaubnis
zum Abdruck der Bilder und ohne die Institutionen Wikipedia
und Wikimedia wäre die Arbeit viel aufwendiger und schwieriger
gewesen. Wegen der ansonsten anfallenden hohen Kosten für
Bildrechte wäre es mir nicht möglich gewesen, dies Buch zu ver-
öffentlichen.

Kritisch hinterfragt: „Hochkulturen" und Periodisierung der Kunst

Unser derzeit noch dominantes Geschichts- und Kunstverständnis wurde in Zeiten des Absolutismus und der Feudalherrschaft geprägt: Es ist gekennzeichnet von Machtinteressen der Herrscher vergangener Zeiten, die ihre Bevölkerungen brutal unterdrückten. Es ist an der Zeit, ein demokratisches Verständnis für moderne Kulturen zu entwickeln.

Was kennzeichnet die von traditionellen Geschichts- und Kunstwissenschaftlern apostrophierten „Hochkulturen" wie die Fürstentümer im Zweistromland oder die Pharaonenherrscher-Dynastien im alten Ägypten? Sie bedeuteten mit gottgleichen Herrschern an der Spitze und mit Staatenbildungen die brutale Unterdrückung der Bevölkerungen und die Etablierung von Sklavenhaltergesellschaften. Gleichzeitig begann mit den Staatenbildungen das Zeitalter der Kriege um die Macht in der Welt mit der Vernichtung ganzer Völker.

Was kennzeichnet die „Hochkulturen"?
– Ein oberster Herrscher, Pharao, Fürst, Kaiser, König, Führer oder Parteivorsitzender, bestimmt über die Geschicke der Gesellschaft,
– Städte als Zentren von Herrschaft mit befestigten Stadtmauern werden gebaut. Sie sind die Domizile der Herrscher, die die Organisation unter ihrer Führung garantieren. Ein mächtiges Militär sorgt für Sicherheit gegenüber äußeren Feinden und im Staat für die Stabilität der hierarchischen Ordnung.
– Ein zentralisiertes Verwaltungssystem mit Privilegien für die Staatsbediensteten und Beamten sorgt für die Unterordnung der Sklaven, Leibeigenen und Unterprivilegierten. Mit einem ausgeklügeltem Rechts- und Verwaltungssystem werden Abgaben und Steuern eingetrieben.
– Eine ideologische Einheit der Bevölkerung durch Sprache, Kultur und Religion wird notwendig. Die hierarchische Ordnung mit dem obersten Herrscher und der brutalen Unterdrückung der Mehrheit braucht eine illusionäre Rechtfertigung, die mit unterschiedlichen Religionen in allen patriarchalen, hierarchischen Gesellschaften geschaffen wird.
– Kriege werden zur Machterweiterung, zur Unterwerfung anderer Völker geführt. Die Geschichte wird als Abfolge der Dynastien, der Herrscher, Kaiser und Könige mit ihren erfolgreichen Kriegen verstanden. Kriege dienen auch zur Disziplinierung der Bevölkerungen, denen als „Herrenvölker" Vorteile versprochen werden.

Das bisherige Geschichtsverständnis beinhaltet die Einteilung der menschlichen Entwicklung in die Etappen Wildheit, Barbarei und Zivilisation. Geschichte wird als Fortschrittsgeschichte verstanden. Ich schlage eine andere Einteilung vor:

Abschnitte der Geschichte	Dauer in Jahren
1. Altpaläolithikum	3.000.000

In diesem Abschnitt beginnt sich der Mensch von den Tieren zu unterscheiden. Besondere Kennzeichen sind die Herausbildung der menschlichen Psyche als soziales Wesen, der differenzierte Gebrauch von Werkzeugen, soziales Zusammenleben und der Nutzung des Feuers.

2. Der Homo sapiens betritt die Bühne   **200.000**
Die neue Spezies dominiert zuerst in Afrika und erreicht Europa vor rund 50.000 Jahren. Der Homo sapiens zeichnet sich durch ein besonderes Abstraktionsvermögen, durch Phantasie und durch die Entwicklung der Sprache aus: Die Kunst wird geboren. Offensichtlich herrschten matrilineare Ordnungssysteme - es gab allerdings keine Matriarchate.

3. Das Neolithikum   **15.000**
Man makes himself: Die grundlegenden Lebensmittel werden gezüchtet, die für die Menschen bedeutenden Tiere werden domestiziert. Differenzierende Sprachen bilden sich heraus und Schriftsysteme werden entwickelt. Große Städte mit sozialen Strukturen werden gegründet.

4. Herrschaftsstrukturen: die „Neuzeit"   **5.000**
Eine neue Ordnung des gesellschaftlichen Zusammenlebens mit hierarchischen, patriarchalischen Strukturen wird weltweit geschaffen. Die technischen Neuerungen sind in der Regel Weiterentwicklungen der Errungenschaften des Neolithikums.

5. Eine Zukunft in Freiheit?   **Hat sie begonnen?**
Ist ein Zusammenleben ohne Herrschaftsstrukturen in Freiheit möglich? Ist das Utopie oder reale Möglichkeit? Aber das Prinzip Hoffnung ist geboren.

Die Zeitangaben sind nur Durchschnittswerte und in Regionen der Welt sehr unterschiedlich zu registrieren. Aber schon auf dem ersten Blick ist erkennbar, dass die Reduktion der menschlichen Geschichte auf die letzten 5.000 Jahre – der kleinste Abschnitt – ein Unding, eine Konstruktion ist. Die Wissenschaften fokussieren auf diese letzten 5.000 Jahre und behaupten, über die „Prä"historie könnten keine Aussagen getroffen werden, weil keine schriftlichen Zeugnisse vorliegen würden. Ich habe in „Revision der Kunstgeschichte I" belegt, dass die materielle Kultur der „Prä"historie über ein herrschaftsfreies Leben der Menschen mit kulturellen und technischen Fortschritten Auskunft gibt.

Die Dauer der einzelnen Abschnitte belegt eindeutig, dass der Mensch seine Fähigkeiten mit der Herausbildung der kooperativen Tätigkeiten und der Entwicklung der gegenseitigen Empathie entwickelt. Die Behauptung, nur mit den „Hochkulturen" sei ein zivilisiertes Leben der Gesellschaften in Wohlstand und Fortschritt möglich geworden, nur mit den „Hochkulturen" seien die Epochen der Wildheit und Barbarei überwunden worden, ist ein Schwindel der Geschichtsschreiber zur Begründung auch der Kolonisation und Missionierung des gesamten Erdballs.

Die Geschichte lässt sich nicht zurückdrehen. Wir leben in der „Neuzeit" mit patriarchalen Herrschaftsstrukturen. Diese „Neuzeit" unterteile ich in drei Perioden, die die Kunstgeschichte eindeutig differenziert:
1. In der Antike setzt sich die patriarchale Herrschaft mit Elitenbildung in der ganzen Welt durch. Schwerpunkte bilden die Pharaonenreiche, die Fürsten-, Kaiser- und Königreiche im Nahen Osten, Ägypten und Europa, die Dynastien in China, Russland, dem Iran und Indien, die Maya-und Inka-Reiche in Meso- und Lateinamerika. Es wird behauptet, dass die Antike ein Erwachen der Individualität zeige. Es ist ein Wechsel zu registrieren: Während in der „Prä"historie eindeutig das Frauenbild dominierte, rückt jetzt das Herrscherbild in den Vordergrund. Es wird stereotyp charakterisiert und zeigt anfangs keine Zeichen von Individualität. Diesen Zeitabschnitt behandelt dieses Buch „Revision der Kunstgeschichte II Antike: Geburt der Helden, Könige und Götter".
2. Ein Beginn der Individualität und die Hoffnung auf die Verwirklichung von Menschenrechten regt sich seit der Renaissance. In harten gesellschaftlichen Auseinandersetzungen – nicht nur in dreißigjährigen oder siebenjährigen Kriegen – versucht sich ein neues Menschenbild Geltung zu verschaffen. Ein geistiger Höhepunkt bildet die Zeit der Aufklärung. Ein Durchbruch zu einem neuen Zeitalter ist es allerdings nicht: „Revision der Kunstgeschichte III". Den abendländi-

schen Reiche und Kulturen gelingt die Unterwerfung der Welt. Kolonialismus prägt die Kontinente.
3. Ein Durchbruch könnte in der „Moderne" gelingen. Es ist ein Aufbruch. Sehr schmerzhafte Rückschläge mit Abermillionen Toten in Weltkriegen und regionalen kriegerischen Auseinandersetzungen sind programmiert, weil autoritäre Herrschaftsstrukturen nicht in Frage gestellt wurden und werden. Kann Kunst gegensteuern? „Revision der Kunstgeschichte IV".

Mit einem „globalisiertem" Blickwinkel muss auch die Periodisierung der Kunstgeschichte revidiert werden, weil sie die Sicht eurozentristisch verengt. Traditionell beginnt die Geschichtsschreibung mit den Staatsgründungen in Mesopotamien und dem alten Ägypten. Die Stunde 0 ist dann die Ideologiebildung einer neuen Religion mit dem angenommenen Geburtsdatum von Christus. Ab diesem Zeitpunkt beginnt die abendländische Zeit zu ticken.

Ich kann das eurozentristische Kulturdiktat nicht ignorieren, weil es die Kulturlandschaft bis heute prägt. Allein die Zeitrechnung mit „vor Christi Geburt", „nach Christi Geburt" durch „Before present" oder durch „vor heute" zu ersetzen, gestaltet sich schwierig. Wir haben uns an v. Chr. gewöhnt, obwohl es eine ideologische Ausrichtung beinhaltet.

Die Schwierigkeit mit der eurozentristischen Sichtweise beginnt mit der Definition von „Antike". Gewöhnlich wird darunter der Zeitabschnitt von den frühen Staatenbildungen im Zweistromland und im alten Ägypten, dann Griechenland, Rom und aufwärts mit der europäischen Kultur bis zum frühen Mittelalter verstanden. Außereuropäische Kulturen kommen in der Regel nicht vor. Ich beziehe in dieser Übersicht die Kulturen in China, Indien und Meso- und Lateinamerika mit ein. Untergegangene Reiche wie das Sassaniden-, Parther- oder Achämenidenreich lasse ich

außen vor, weil sie in der Struktur den siegreichen Staaten gleichen. Der Vergleich mit anderen Staaten erlaubt den Begriff Antike weiter und neu zu fassen:

1. Die Etablierung patriarchaler Herrschaft mit kriegerischen Methoden: Besonders in der Anfangszeit gestalten diese sich sehr grausam. Die Rechte der Frauen werden unterdrückt.

2. In allen patriarchalen Herrschaftsgebieten entstehen religiöse Systeme, die die Herrschaft rechtfertigen und die Untergebenen zum Befolgen von rituellen Handlungen und Gesetzen zwingen.

3. Kultur, Kunst, Literatur, Geschichtsschreibung und Rechtsprechung dienen zur Rechtfertigung der patriarchalen Herrschaft.

Der Schwerpunkt mit dem Mittelpunkt Europa hat sich bis in die Ritzen aller Wissenschaften durchgesetzt. Sie hat ihre reale Grundlage in den Kriegen und Vernichtungsfeldzügen vor allem der vergangenen 500 Jahre. Von vor 3.000 bis vor 500 Jahren war China den europäischen Staaten in kultureller und technologischer Hinsicht eindeutig überlegen. In Afrika und Amerika existierten Kulturen: Durch Kolonisierung und Missionierung wurden sie vernichtet. Gewaltige Kriege besiegelten die Überlegenheit und Vormachtstellung Europas.

Die Etablierung patriarchaler Herrschaft erfolgt in der Antike. Die Abfolge in Mesopotamien, Ägypten oder Europa weist Besonderheiten wie die Herrschaft der Karolinger, die Zeitabschnitte der Romanik oder Gotik auf, inhaltlich gleicht die Entwicklung in der Antike aber der in den anderen Weltregionen. Es ist die Durchsetzung brutaler, patriarchaler Herrschaft.

Ab dem Zeitalter der Renaissance verändert sich die Entwicklung. Durch die kriegerische Unterwerfung fast der ganzen Welt begründen die europäischen Staaten ihre Hegemonie und beanspruchen auch die geistige und ideologische Vormachtstellung. Schon die Renaissance in Italien und nördlich der Alpen zeigt unterschiedlich Zielrichtungen. Die nachfolgenden Periodisierungen Manierismus, Barock, Rokoko, Klassik, Romantik, Symbolismus und so fort kennzeichnen unterschiedliche ideologische Sichtweisen zum Erhalt der Macht. Mal religiös, schwärmerisch verzückt, verschnörkelt, mit süßlicher Verzierung, romantisch verträumt, klassisch erhaben oder symbolisch mystisch in illusionären Welten vergeistigt: Diese Kunst endet im fin de siecle, in einer Weltuntergangsstimmung.

Ein Aufbruch in die Welt des Alltäglichen wagt dann der französische Impressionismus und nachfolgend die Künstler der Moderne wie Pablo Picasso, Rene Magritte oder Max Ernst. Ihre Signale zum Aufbruch verklingen aber ungehört, werden übertönt von dem lautstarken Getöse der profitgeifernden Händler des Kunstmarkts. Kunst gibt keine Auskunft, brilliert durch Richtungslosigkeit, endet vorerst in der Ratlosigkeit der inhaltslosen Abstraktion der Postmoderne. Kunst wird in Museen archiviert und mit Schwindel erregenden Höchstpreisen in für Superreiche reservierten Galerien versteigert, Kunst wird verwaltet und prestigeträchtiges Spekulationsobjekt.

Viele Geschichts- und auch Kunstwissenschaftler schwärmen geradezu von den ersten „Hochkulturen" der Welt, die sich vor 5.000 Jahren in der Regel an Flüssen gebildet hätten: das mesopotamische Reich an Euphrat und Tigris, das ägyptische Reich am Nil, und die chinesischen Reiche am Gelben Fluss. Diese Einteilung in Prähistorie (Vorgeschichte, die graue Urzeit, in der die Menschen noch kein zivilisiertes Leben geführt hätten) und der Beginn der historischen, zivilisierten Zeit mit blühenden Hochkulturen, in denen auch die Künste ihre erste Blüte entfalten konnten, ist zu hinterfragen. Was sind die Merkmale einer

Hochkultur?

– Produktion von Lebensmitteln mit Hilfe von Ackerbau und Viehzucht,
– Existenz von Städten mit einer Organisation des gemeinschaftlichen Lebens,
– Arbeitsteilung in großen wirtschaftlichen Einheiten,
– technische Errungenschaften wie Töpferei, Werkzeuggebrauch, Produktion neuer Werkstoffen und Textilien,
– künstlerische Leistungen, Ausbau eines gesellschaftlichen Symbolsystems (Kunst, Schrift, Musik, Architektur)
– einheitliches Kalendersystem (astronomisches Wissen), systematische Beobachtung des Naturgeschehens.

All diese Merkmale treffen auf die Kulturen des Fruchtbaren Halbmonds und Alteuropas zu, die vor 15.000 Jahren entstanden sind. Hervorzuheben ist, dass die großen Errungenschaften wie die Züchtung des Getreides, vieler Pflanzenarten, die Domestikation der Tiere, die auch heute noch die Grundlage unserer Nahrung bilden, alle zur Zeit des Neolithikums im Nahen Osten und in Alteuropa erfolgten – also keinesfalls in „Hochkulturen". Hinzu kommen die Erfindungen der Töpferscheiben, der Webstühle, des Wagenbaus, die Grundlagen der Architektur, des Städtebaus und vieles mehr. Hier wurden die technischen und auch die kulturellen Grundlagen der „Zivilisation" gelegt.

Die angeblichen Merkmale einer Hochkultur verengen den Blick einseitig auf eine hierarchische, von einem Herrscher beaufsichtigte Gesellschaft. Die nach Klassen geordnete Gemeinschaft mit Pharaonen, Kaisern oder Königen, die auch Götter werden, den Verwaltungsbeamten, den militärischen und religiösen Eliten auf den oberen Rangordnungen und auf den unteren Rangordnungen die Sklaven, Leibeigenen und Arbeitenden (also die Mehrheit der Bevölkerung) wird als „zivilisatorische Leistung" eingeordnet. Hier mischt sich in die wissenschaftliche Bewertung Ideologie und

Geschichtsklitterung. Es ist zu berücksichtigen, dass die Grundlagen dieser Einteilung von Wissenschaftlern aus aristokratisch, absolutistischen Zeiten erarbeitet wurden.

Was kennzeichnet die Kulturen und die Künste vor der Zeit der Antike. Sie unterscheiden sich grundlegend von denen nachfolgender Zeiten:

→ Es hatten sich noch keine hierarchischen Macht- und Besitzverhältnisse als Privateigentum herausgebildet. Es gab keinen Besitz an Grund und Boden und auch keine Grenzen.
→ Es gab keine Kriege.
→ Es gab noch keinen Geschlechterantagonismus.
→ Individualität und Individualismus konnten noch nicht entstehen. Auch Hierarchien existierten noch nicht.
→ Die Kommunikation entwickelt sich in großen Städten. Die erste Schrift der Welt entsteht in Alteuropa und in China vor rund 8.000 Jahren.

Macht- und Besitzverhältnisse, Kriege, Geschlechterantagonismus und ein durch Hierarchien geprägter Individualismus prägen dagegen die Kunst der letzten 5.000 Jahre ganz wesentlich. Der Mann als Herrscher und Krieger bestimmt auf der Weltbühne – und diktiert genaue Richtlinien für die Kunst. Der Wandel erfolgt vor 5.000 Jahren und bestimmt nicht nur den Charakter der Kunst der Antike sondern prägt unser Geschichts- und Kunstverständnis bis heute.

Das Neolithikum des Fruchtbaren Halbmonds und Alteuropas war durch politisch egalitäre Strukturen mit gemeinschaftlicher Nutzung der landwirtschaftlichen Flächen und gemeinschaftlich betriebener Viehzucht gekennzeichnet. Die großen Errungenschaften wurden in dieser Zeit von den Menschen in gemeinsamer Arbeit geschaffen. Der Krieg war nicht der Vater aller Dinge, wie der später lebende griechische Philosoph Heraklit behauptete. Auf den Vorbildcharakter des Neolithikums auch für die heutige Zeit weist der britische Historiker Arnold Toynbee hin: „Die gegenwärtigen unabhängigen Regionalstaaten sind weder imstande, den Frieden zu bewahren, noch die Biosphäre durch die Verunreinigung durch den Menschen zu schützen oder ihre unersetzlichen Rohstoffquellen zu erhalten. Diese politische Anarchie darf nicht länger andauern in einer Ökumene, die längst auf technischem und wirtschaftlichem Gebiet eine Einheit geworden ist. Was seit fünftausend Jahren nötig ist – und sich in der Technologie seit hundert Jahren als durchführbar erwiesen hat –, ist eine weltumfassende politische Organisation, bestehend aus einzelnen Zellen von den Ausmaßen der neolithischen Dorfgemeinschaften – so klein und überschaubar, daß jedes Mitglied das andere kennt und doch ein Bürger des Weltstaates ist. [...] In einem Zeitalter, in dem sich die Menschheit die Beherrschung der Atomkraft angeeignet hat, kann die politische Einigung nur freiwillig erfolgen. Da sie jedoch offenbar nur widerstrebend akzeptiert werden wird, wird sie wahrscheinlich so lange hinausgezögert werden, bis die Menschheit sich weitere Katastrophen zugefügt hat, Katastrophen solchen Ausmaßes, dass sie schließlich in eine globale politische Einheit als kleinerem Übel einwilligen wird." (Toynbee, S. 501 f.)

Die Grundlagen der Kulturentwicklung im Fruchtbaren Halbmond und in Alteuropa seien deshalb anfangs kurz umrissen, um den Unterschied zu den nachfolgenden Kulturen in der Antike herauszuarbeiten (ausführlich in „Revision der Kunstgeschichte It", Famulla 2025).

Die Ausbreitung der Sesshaftigkeit und Ackerbau und Viehzucht hatten die Lebensgewohnheiten der Menschen einschneidend verändert. Statt zu nomadisieren, begannen die Menschen Dörfer und Städte zu bauen und ihre Lebensmittel selbst zu produzieren.

Getreide, gezüchtete Pflanzen, gezüchtete Schafe, Schweine und Rinder waren jetzt die Grundlagen der Nahrung. Es begann vor 15.000 Jahren im sogenannten Fruchtbaren Halbmond an der Ostküste des Mittelmeers, in Anatolien und im oberen Mesopotamien. Mit der neolithischen Kultur entwickelte sich vor allem im Donauraum Alteuropas eine Kunst, die durch viele abstrakte Frauendarstellungen gekennzeichnet war.

Auf diese langfristig archäologisch gesicherten Befunde stützt der britische Wissenschaftler Colin Renfrew seine sogenannte Anatolien-Hypothese, die einen Kulturtransfer durch Migration aus Anatolien nach Alteuropa postuliert. Für den Zeitraum von 13.000 bis vor 6.000 Jahren sprechen auch alle Befunde dafür. Zugleich engagiert sich Renfrew dafür, dass nicht nur Ackerbau und Viehzucht ihren Ursprung im Fruchtbaren Halbmond und in Anatolien haben sondern auch die indoeuropäische Sprache. Zu wenig wird auch beachtet, dass der neue Werkstoff Kupfer, der die „Steinzeit" beenden sollte, zuerst in Anatolien Verwendung fand und sich dann fast in ganz Europa, im Zweistromland und in Ägypten verbreitete. Im Einklang mit Renfrew ist anzunehmen, dass sich mit der Sesshaftigkeit und Ackerbau und Viehzucht auch die Kommunikation in den größer gewordenen Gemeinschaften entwickelte, also eine ausgefeilte Sprache zu einer Notwendigkeit wurde. Die Neolithisierung und die Sesshaftigkeit hatten schon im Fruchtbaren Halbmond und in Anatolien zu einer Bevölkerungsexplosion geführt. Schätzungen gehen davon aus, dass die Bevölkerungsdichte um das 10- bis 50-fache (in den einzelnen Gebieten der Erde unterschiedlich) gegenüber den nomadisierenden Gemeinschaften zunahm. Hinzu kommen Wanderungsbewegungen infolge Klimaveränderungen. Die Erderwärmung machte große Gebiete unwirtlich, so dass deren bisherige Bewohner in den verbleibenden Feuchtgebieten zusammengedrängt wurden (zum Beispiel im mesopotamischen Zweistromland, am Nil, im Indusdelta, in den Feuchtgebieten Chinas).

Die ersten Städte der Welt hatten sich im Fruchtbaren Halbmond vor 15.000 Jahren gebildet: Ain Mallaha, Jericho, Hayonim-Höhle, Wadi Hammeh, El Khiam, El Wad, Mureybet, Körtik Tepe, Hallan Cemi und viele andere. Es folgten die großen Zentren um Göbekli Tepe, Catal Höyük und Hacilar. Dann breitete sich die neolithische Lebensweise mit Sesshaftigkeit zuerst im nördlichen Griechenland, dann im Donauraum und nördlich des Schwarzen Meeres aus. In all diesen Gebieten entwickelten sich große Siedlungen mit unterschiedlichen Kulturen. Im Donauraum sind es die Sesklo-, Starcevo-, Karanovo-, Lengyel- oder Tisza-Kulturen. Nördlich des Schwarzen Meeres sind es zuerst die Dnjestr-Bug- und dann die Cucuteni-Trypillya-Kulturen. Diese Gemeinschaften kannten anfangs offenbar kein Privateigentum. Nur Gerätschaften, Kleidung oder Schmuck wurden einzelnen Personen zugeordnet. Diese Gegenstände wurden den Toten manchmal auch in den Gräbern mitgegeben. Die Arbeit auf den Feldern erfolgte gemeinschaftlich, die Häuser wurden von größeren Gemeinschaften erbaut und genutzt. Offenbar kannten diese Gemeinschaften auch eine matrilineare Ordnung, was sich an der großen Anzahl von Frauen-Skulpturen ablesen lässt. Aber eine Hierarchisierung der Gesellschaften mit einer Vorrangstellung eines Geschlechts oder der Herrschaft einer Sippe lässt sich anfangs im archäologischen Fundgut nicht nachweisen. Vor allem gab es keinen Privatbesitz an Grund und Boden und keine Grenzen.

Die Sesshaftigkeit und die neuen technischen Errungenschaften machten aber auch andere soziale Gliederungen möglich. Bei der gemeinschaftlichen Jagd war der Erfolg von dem kooperativen Vorgehen aller Mitglieder abhängig. Auch bei der Fruchtbarmachung des gemeinschaftlich bestellten Bodens war die Mitarbeit eines jeden Mitglieds der Bewohner gefragt. Also ergab sich auch eine egalitäre Ordnung und Gliederung der Gemeinschaften.

Das begann sich vor 6.000 Jahren in den einzelnen Gebieten Alteuropas und des Nahen Ostens unterschiedlich zu ändern. Die ersten sehr großen Siedlungen gab es mit bis zu 40.000 Einwohnern in der Cucuteni-Trypillya-Kultur nördlich des Schwarzen Meeres. Eine derartig große Einwohnerzahl stellt hohe organisatorische, kommunikative und logistische Anforderungen. Lebensmittel müssen aus einem weiten Umfeld herangeschafft werden. Dabei reicht allein der Transport mit menschlicher Muskelkraft nicht mehr aus. Rinder werden zuerst zum Einsatz gekommen sein. Mit der Domestikation von Wildpferden, die in diesem Gebiet in großer Anzahl vorkamen, wurde die Effektivität weiter gesteigert. Die Entwicklung der neuen Wagentechnologie wird zum Erfordernis. Bei einer Einwohneranzahl von 40.000 werden neue Anforderungen an die Architektur, den Wohnkomfort, die Wege- und Stadtplanung gestellt. Lebensmittel müssen aufbewahrt und haltbar gemacht werden: Die Töpferei bekommt einen größeren Stellenwert. Kleidung muss in großen Massen produziert werden. Die Ausweitung der Arbeitsteilung erhöht die Effektivität der menschlichen Arbeit. In den großen Städten müssen sich die ersten Berufsgruppen entwickelt haben. Unterschiedliche Tätigkeiten mit wechselnder Effektivität und verschiedenem Ansehen in der Bevölkerung erhöhen die Möglichkeiten sozialer Differenzierungen. Es kommt hinzu, dass die vielen Städte auf fruchtbare oder weniger fruchtbare Gebiete zugreifen können. Als weitere Faktoren für eine mögliche Hierarchisierung kommen der weiträumig betriebene Handel und der Austausch mit den östlichen Nomaden-Viehzüchtern in Betracht. Diejenigen Bevölkerungsgruppen, die begehrte Waren (zum Beispiel Kupfer aus dem entfernten Ural) heranschafften, konnten einen besonderen sozialen Status beanspru-

chen, ebenso diejenigen, die das Metall zu den nützlichen Werkzeugen weiterverarbeiteten. Der Handel nimmt einen bedeutenden Aufschwung. Die Nomaden-Viehzüchter lieferten Fleisch und bekamen dafür die Produkte, die in den Städten gefertigt wurden. Dabei kommen die Nomaden in die Städte und die Bewohner der Städte in die angrenzenden Gegenden. Ein gegenseitiger Austausch und die Vereinheitlichung der Kommunikation, der Sprache liegen in der Natur der Sache.

Diese Prozesse, die sich aus der Bevölkerungsexplosion sowie der gleichzeitigen Wandlung der materiellen Kultur ergeben, müssen also nicht auf kriegerische Überfälle zurückzuführen sein, wie die Pionierin der Erforschung Alteuropas Marija Gimbutas behauptet. Nach ihrer „Kurgan-Theorie" (Kurgan bedeutet im anatolisch-russischen Sprachgebrauch Grabhügel, die für die pontischen Steppenvölker typische Begräbnisform) haben die Kurgan-Völker in drei verschiedenen Wellen andere Völker Alteuropas überfallen und die friedlich lebenden Ackerbauern unterworfen und patriarchalische Herrschaftsverhältnisse etabliert. Dabei verbreiteten sie nach dieser Theorie auch die indoeuropäische Sprache. Die erste Welle erfolgte nach Gimbutas Theorie vor 6.400 bis 6.300 Jahren, die zweite vor 5.500 und die dritte vor 5.000 Jahren.

Sicher war die Region nördlich des Schwarzen Meeres der am dichtesten besiedelte Raum Alteuropas. Klimaveränderungen, die die Lebensbedingungen in den pontischen Steppen verschlechterten, sorgten mit Sicherheit zu Wanderungsbewegungen. Aber auch in der Donau-Region hatte es eine Bevölkerungsexplosion mit der Weiterentwicklung der Technologie und Kupfer-Abbau am Alpenrand und an der Adria-Küste gegeben. Schiffbau und Handel, sozialer Austausch waren rege, die technischen Standards waren ähnlich weit entwickelt wie auch nördlich des Schwarzen Meeres. Auch in der Donauregion könnte zum Beispiel das Pferd domestiziert und der Wagen erfunden worden sein. Auch hier gibt es vor 6.000 Jahren Anzeichen für eine soziale Differenzierung.

Die Ausbreitung der indoeuropäischen Sprache monokausal, ausgehend von einem Zentrum in der pontischen Steppe, zu erklären, erscheint mir zu einseitig. Es handelt sich meiner Meinung nach um ein multifaktorielles und multiregionales Geschehen. Zentren waren dabei sowohl Gebiete nördlich des Schwarzen Meeres, der gesamte Donauraum, Anatolien und das Zweistromland. Zwischen diesen Zentren herrschte schon damals reger Handel, der auch die Kommunikation vereinheitlichte. Die Ausbreitung der neolithischen Lebensweise in ganz Europa führte zum Anwachsen der Bevölkerung und deren Durchmischung.

Viele in jüngster Zeit vorgenommene genetische Bestimmungen der Abstammung der indoeuropäisch sprechenden Menschen erhärten diese Annahme. Danach hatten sie durchschnittlich über 40 Prozent Gene der westeuropäischen Jäger und Sammler, etwa 35 Prozent von den Menschen des prähistorischen Eurasiens, 20 Prozent von den Ackerbauern aus dem Nahen Osten und etwa fünf Prozent von denen des indischen Südasiens. Natürlich existieren hier regionale Unterschiede. Sie zeigen aber alle einen großen Genmix unterschiedlicher Herkunft. Gegen die „Kurgan-Theorie" der Ausbreitung der indoeuropäischen Kultur und Sprache spricht auch die Tatsache der späten Wanderungsbewegungen der Kurgan-Völker erst vor 6.400 Jahren. Sprachliche Kommunikation muss sich mit der Bildung der großen Städte und der Sesshaftigkeit großer Gemeinschaften schon sehr viel früher herausgebildet haben.

Mit der sozialen Differenzierung und Hierarchisierung der Gemeinschaften vor 6.000 Jahren, der fortschreitenden Arbeitsteilung und der Einführung vieler technischer Neuigkeiten wie der Kupfer- und Bronzeherstellung und der Wagentechnologie geht auch die Einführung des Patriarchats und die Unterordnung der Frau einher. In diesem Prozess kommt es auch zum Niedergang der alteuropäischen Kultur und Kunst, die vor allem durch die Anfertigung von vielen Frauenfiguren gekennzeichnet war und die die Gemeinschaften als matrilinear und egalitär strukturiert ausweisen. Lediglich am Rande Alteuropas hielt sich auf den Kykladeninseln diese Kultur noch bis vor rund 4.000 Jahren, um auch dann in kriegerischen Auseinandersetzungen ihr Ende zu finden. In der Kunst bricht dann die Fertigung von Frauenfiguren vollständig ab.

Mögliche Gründe für den Übergang von matrilinearen Gemeinschaften zu patriarchalen sind:
1. Mit Überfällen versuchen andere Gemeinschaften sich Vorteile durch Raub oder Vertreibung der bisherigen Bewohner zu verschaffen.
2. Klimaveränderungen führen zur Versteppung breiter Landstriche, zu Not und Hunger und zu Wanderungsbewegungen großer Gemeinschaften.
3. Einzelne Landstriche sind reicher an Bodenschätzen (z.B. Kupfer) oder besitzen fruchtbarere Böden.
4. Es muss eine Überschussproduktion herrschen, damit sich eine Elite diesen Überschuss aneignen kann. Nicht überall kann ein Überschuss über die unmittelbare Reproduktion erzielt werden.
5. Es bilden sich Gruppen mit besonderen Fähigkeiten heraus, zum Beispiel bei der Verwaltung, der Produktion und Wartung von Bewässerungssystemen, der Textil- und Keramikherstellung.
6. Es herrscht eine starke Bevölkerungszunahme: Eine neue Generation muss fruchtbares Land finden. Wenn dieses schon besetzt ist, können gewaltsame Mittel zum Einsatz kommen.

Zweistromland: die Geburt des Helden, des Königs und des Gottes

Kleine, scheinbar unbedeutende Funde weisen auf große Veränderungen hin. Im Zweistromland leiten Kulturen vor rund 8.000 Jahren einen grundlegenden Wandel von matrilinearen Strukturen zu patriarchalen Herrschaftsformen ein. In den Hassuna-, Samarra- und Halaf-Kulturen künden weibliche Figuren, die zum Teil bemalt oder verziert waren, noch von matrilinearen Ausrichtungen der Gemeinschaften, die in Dörfern mit durchschnittlich 20 bis 30 Menschen lebten. Überwiegend sind es Darstellungen von schwangeren Frauen. Tönerne Spinnwirtel, Webgewichte künden von Textilverarbeitung. Kupferfunde zeugen vom Beginn metallurgischer Arbeiten. Neben den verzierten

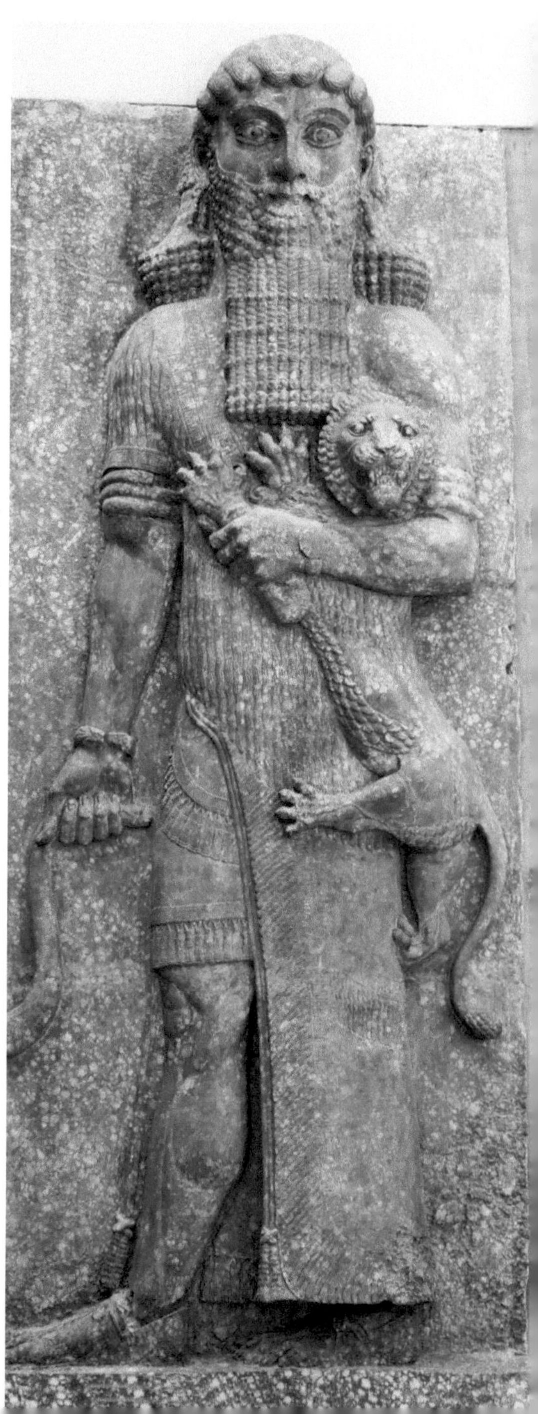

Abb. 1: Frauenfigur aus der Halaf-Kultur, rund 6.500 Jahre alt. Walters Museum, Dr. André Lagneau, Lizenz: CC BY-SA 3.0
Abb. 2: Held, der einen Löwen bezwingt. Relief vom Thron-Saal des Palasts von Sargon II in Khorsabad (Dur Sharrukin), 713–706 v. Chr., Louvre, Foto Jastrow, CC BY-SA 3.0, public domain

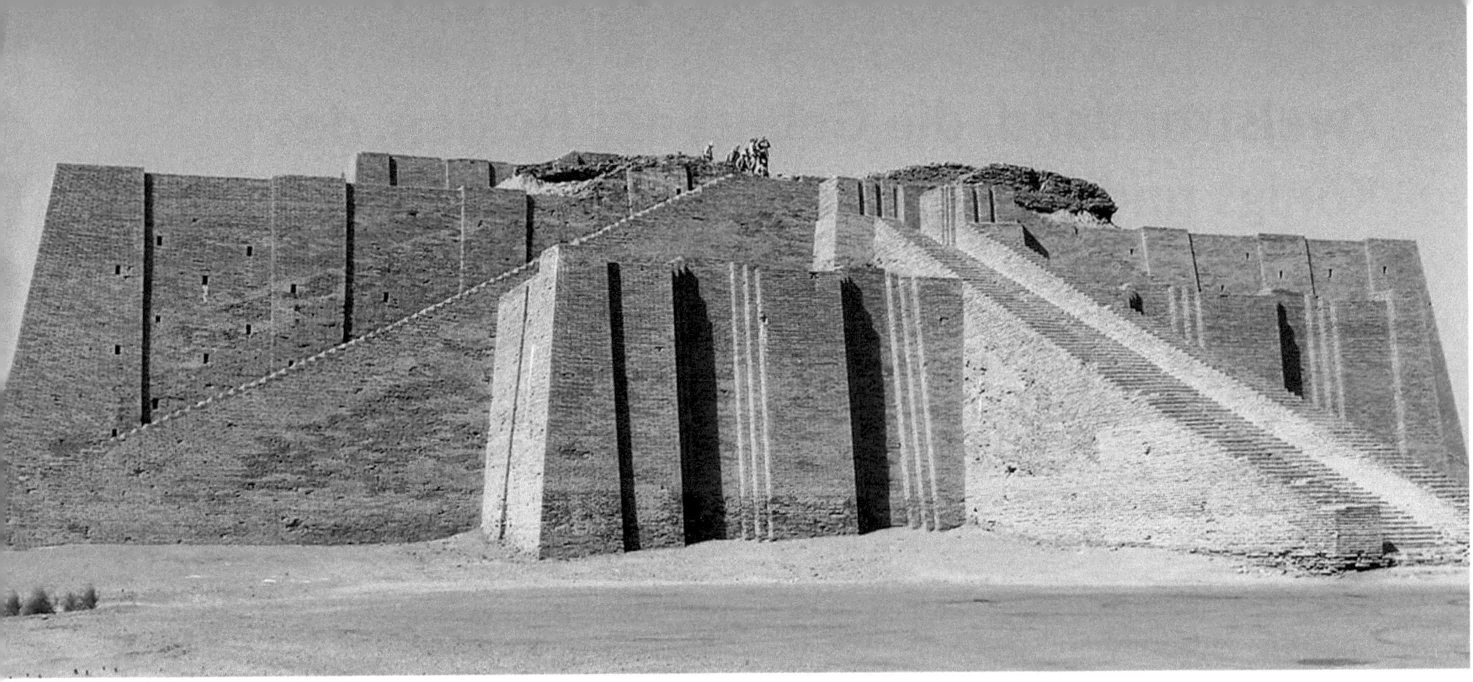

Abb. 3: Die berühmte Zikkurat von Ur nach der Rekonstruktion: Monumentalbauten künden von der Hierarchisierung und Zentralisierung der Gesellschaften. Mit Ausmaßen von 62,5 mal 43 Metern und einer Höhe von 25 Metern hatte das Bauwerk beachliche Ausmaße. Dieser „Himmelshügel" oder „Götterberg" wurde vor rund 4.200 Jahren erbaut. public domain, CC BY-SA 3.0 Hardnfast

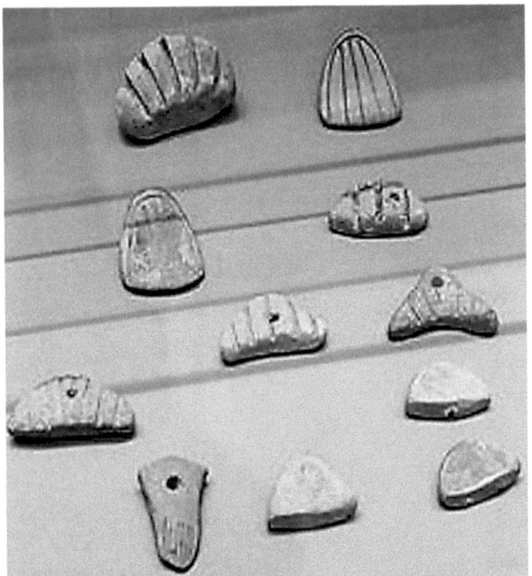

Abb. 4, links: Aus Ton gefertigte Zähl-Tokens: Anzeichen für Privatbesitz und soziale Hierarchisierung der Gesellschaften. Louvre, public domain, Fotograf: Marie-Lan Nguyen. CC BY-SA 2.5

Chronologie im Zweistromland

9.500 - 6.400 v. u. Z. Präkeramisches Neolithikum
6.400 - 5.800 v. u. Z. Keramisches Neolithikum
           6.000 - 5.800 Umm Dabaghiyah-Kultur
           5.800 - 5.260 Hassuna-Kultur
           5.500 - 5.000 Samarra-Kultur
5.800 - 4.500 v. u. Z. Übergang zur Kupferzeit / Halaf-Kultur
4.500 - 3.000 v. u. Z. Kupferzeit,
           ab 4.500 Obed-Zeit
           4.000 bis 3.000 Uruk-Zeit
3.000 - 2.000 v. u. Z.. Frühbronzezeit
           3.000 - 2.800 Dschemdet-Nasr-Zeit
           2.800 - 2.340 Frühdynastikum
           2.300 - 2.200 Akkadzeit
           2.340 - 2.000 Neusumerische / Ur-III-Zeit
2.000 - 1.550 v. u. Z. Mittelbronzezeit
           2.000 - 1.800 Altassyrische / Isin Larsa-Zeit
           1.800 - 1.595 Altbabylonische Zeit
1.550 - 1.150 v. u. Z. Spätbronzezeit
           1.500 - 1.200 Kassitenzeit
           1.400 - 1.000 Mittelassyrische Zeit
1.150 - 600 v. u. Z. Eisenzeit
           1.160 - 1.026 Isin-II-Zeit
           1.000 - 600 Neuassyrische Zeit
           1.025 - 627 Neubabylonische Zeit
           626 - 539 Spätbabylonische Zeit
           539 - 330 Achämidenzeit, Perserzeit

Frauenfiguren finden sich auch Doppeläxte, Bilder von Stieren, Vögeln und Malteserkreuze als Muster. Die Ornamente künden vom Handel, vom Kulturaustausch und eventuell auch von der Migration mit den Gemeinschaften aus den russischen Gebieten nördlich des Schwarzen und Kaspischen Meeres, Gegenden, in denen die soziale Differenzierung schon fortgeschritten war. Eine weitere Besonderheit der Siedlungen Nordmesopotamien und des angrenzenden Irans waren die Funde von Tonmarken, sogenannte Tokens, zur offensichtlichen Besitzkennzeichnung. In der Obed-Zeit vor rund 7.000 vollziehen sich bedeutende soziale Wandlungen mit einer beginnenden Hierarchisierung der Gemeinschaften. Die Kennzeichnung des persönlichen Besitzes ist dafür nur ein Ausdruck. Die Tonmarken hatten geometrische Grundformen wie Kugel, Pyramide, Stäbchen, Dreieck, Rechteck oder Tierkopf-Formen. Ihre Größe variierte von einem bis zu mehreren Zentimetern. So konnte sowohl die Art als auch die Menge des jeweiligen Gutes bezeichnet werden (zum Beispiel Getreide, verschiedene Tiere, Öl). Vor allem vor 6.000 Jahren wurde das Besitz-Erkennungs-System erheblich ausgebaut. In jüngeren mesopotamischen Beamtenlisten tauchen dann auch Funktionärstitel wie „Herr der Steine" und „Herr der tönernen Steine" auf, die deutlich die Existenz einer besitzenden Klasse kennzeichnen. Auch Hermann Parzinger stellt fest, dass „in den Tonhüllen und komplexen tokens des 4. Jahrtausends v. Chr. ein bemerkenswertes archäologisches Zeugnis für die Herausbildung einer Bürokratie und ihre Etablierung als herrschende Klasse [...]" vorhanden sei (Parzinger, S. 145). In die Obed-Zeit fällt auch der Beginn des Bewässerungs-Systems und der Bau größerer Städte im Zweistromland. Die bekanntesten Städtegründungen sind Eridu, Ur, Uruk und Tell el-Obed. Die in der Größe unterschiedlichen Bauten in diesen Städten drücken soziale Differenzierungen aus. Es gab Gemeinschafts- oder Zentralbauten, die auf den Anfang einer Bürokratie mit einer politischen und/oder religiösen Elite

hinweisen. Handel, Handwerk und Gewerbe blühten in den neu entstandenen Siedlungszentren auf.

Eridu wurde lange für die älteste Stadt der Welt gehalten. Erste Siedlungsspuren sind vor 7.800 Jahren zu verzeichnen. Vor 5.000 hatte die Stadt nach Schätzungen 4.000 Einwohner. Eridu lag direkt am Persischen Golf, der damals noch weiter ins Land reichte, war also eine wichtige Handelsstadt. Eridu verfügte im Umland über fruchtbaren Böden. Diese mussten aber bewässert werden. Dazu waren Berechnungen erforderlich. Das Bewässerungssystem musste regelmäßig mit gemeinschaftlichen Arbeitseinsätzen gewartet werden. Das erforderte Planung und Lenkung. Diese Aufgabe fiel offensichtlich einem besonderen Stand von Experten zu, die dadurch die Bauern von sich abhängig machen konnten. Außerdem war eine besondere Verwaltung für den umfangreichen und für Reichtum sorgenden Fernhandel und für die Ordnung in der Stadt notwendig. Hier wurden vor 5.000 Jahren auch die ersten Tempel gebaut und eine Vormachtstellung der Stadt mythologisch begründet. In der sumerischen Mythologie war Eridu die Heimstadt von Enki, des sumerischen Gottes des Süßwassers und des schöpferischen Geistes. Übersetzt bedeutet der Stadtname Eridu „mächtiger Platz" oder „Führungszentrum". In der sumerischen Königsliste ist Eridu als Sitz der ersten Könige aufgeführt.

Diese Führungsrolle machte die Stadt Uruk dem bisherigen Zentrum Eridu schon früh streitig. Vor 5.500 Jahren war Uruk ein urbanes Zentrum, vor 5.000 Jahren hatte es vielleicht schon 20.000 Einwohner. Handel wurde mit allen Kulturen der damaligen Welt betrieben, sowohl mit dem Norden in russischen und Ostsee-Gebieten als auch mit Ägypten, der Indus-Region oder mit Afghanistan. In den kriegerischen Auseinandersetzungen konnte sich Uruk bis auf die Akkad-Zeit vor 4.200 Jahren als Hegemonialmacht in Sumer behaupten.

Die Uruk-Zeit kann als Wendepunkt in der Geschichte der Menschheit begriffen werden. Oft werden dabei nur die Größe der 5,5 Quadratkilometer messenden Stadtanlage mit ihrer neun Kilometer messenden Befestigungsmauer und ihren zwei Tempeln hervorgehoben. Uruk sei die erste „Megacity" der Welt gewesen. Das ist nicht richtig. Schon 1.000 Jahre vorher hatte es nördlich des Schwarzen Meeres „Megacitys" mit rund 40.000 Einwohnern gegeben. Uruk zeichnet sich durch eine neue Organisation der Gesellschaft aus. Deutlich wird dies auf den in Uruk gefundenen Rollsiegeln, die aus der Zeit vor 5.500 Jahren stammen. Sie zeigen erstmals in der Weltgeschichte den mächtigen, männlichen Herrscher, sie demonstrieren eine hierarchisch gegliederte Gesellschaft. Diese Rollsiegel charakterisieren den Herrscher als übergroße Figur und heben vor allem folgende Dinge hervor:
– seine Haarknotenfrisur und seinen Bart,
– seine Kopfbedeckung, Kappe und seinen Stirnreifen,
– sein langer Rock
– seine muskulösen Arme und Beine,
– seine Waffen (Bogen und Pfeile, Lanze), sein Keulenzepter.

Die Herrscher wurden als große Menschen (lugal) bezeichnet. ihre nackt dargestellten Untertanen sind sehr viel kleiner und mit Keulen ausgerüstet, die dazu dienen, gefesselte Menschen zu züchtigen. Bei den meist männlichen Gefesselten kann es sich sowohl um äußere Feinde als auch Untergebene in der Stadt handeln, die sich dem Willen des Herrschers widersetzt haben. Auch Frauen werden auf den Rollsiegeln als Gefesselte und Gefangene dargestellt. Hervorzuheben ist die vorgenommene einfache Typisierung: Es gibt einen Herrscher, Untergebene und Gefangene. Das ist die Drohkulisse der Machthaber. Aus den Listen, die in den Palästen gefunden wurden, geht hervor, dass es eine viel differenziertere Hierarchisierung der Gesellschaft gegeben haben muss, Menschen als Priester, als mit Verwaltungsfunktionen betraute, als Schreiber und Architekten, dann als einfache Arbeiter oder als Bauern. Aber in der bildlichen Darstellung wird auf der Dreiteilung der Menschentypen beharrt.

Als ein Merkmal der Einzigartigkeit Uruks werden die zwei gewaltigen „Tempel" der Stadt hervorgehoben, das Heiligtum der Inanna, das Eanna genannt wird, und der Tempel des Himmelsgottes Anu. In beiden Fällen handelt es sich Tempelbezirke, die als Herrschersitz, Verwaltungszentrum und auch als geistiges Zentrum mit einer Gottheit dienten. In Uruk existierte anfangs noch keine Trennung zwischen weltlicher und priesterlicher Macht. Die Göttin Inanna hatte durchaus widersprüchliche Funktionen zu erfüllen und entsprechend viele Erscheinungsformen. Sie war die Göttin der Liebe und des Geschlechtslebens, sie war weise, gleichzeitig war sie für Siege im Krieg und für Eroberungen zuständig. Vor allem war sie die Gottheit des Königtums und diente zur Legitimation der Herrschaft. Ihre Beinamen sind sowohl „Königin des Himmels" als auch gleichzeitig „Herrin des Palastes". Mit der Institutionalisierung des Herrschers wird auch die Religion geboren. Die Schaffung der Inanna knüpft durchaus an den matrilinear geprägten Vorstellungswelten früherer Gemeinschaften an, indem sie in erster Linie als weibliche Göttin charakterisiert wird. Aber vor allem im Lauf der Zeit schlüpft sie auch in männliche Rollen. Uruk spielte offensichtlich bei der Institutionalisierung des Herrschertums und der Hierarchisierung der Gesellschaften nur eine Vorreiterrolle für viele Städte im Zweistromland. In sumerischen Texten wird die Praxis der Feier der „Heiligen Hochzeit", Hieros gamos, wahrscheinlich Teil des Neujahrsfestes, überliefert, in dem der jeweilige Stadtfürst eine rituelle, sexuelle Vereinigung mit der Göttin Inanna im Haupttempel der Stadt vollzog. Dabei übergibt Inanna dem Fürst ein Zepter, mit dem er das Volk leiten kann und verspricht das dauerhafte Bestehen seines Königreichs. Der König/Fürst wird dabei als Hirte bezeichnet, der die Felder fruchtbar macht oder als Bauer, der die Pflanzen wachsen lässt. Kurz: In den Darstellungen ist der Reichtum und Wohlstand des Landes allein von dem regierenden Fürsten, dem König abhängig. Und er garantiert auch den Erfolg in den Kriegen und Überfällen.

Wikipedia vermutet die Stadt Hamoukar als erste Stätte kriegerischer Auseinandersetzungen: „Etwa 3.500 bis 3.200 vor Christus wurde die Stadt zerstört, die Region erst später durch die Sumerer neu besiedelt. [...] Die zahlreichen Grabstätten und der Zustand vieler Häuser deuten allerdings darauf hin, dass die Stadt belagert und zerstört wurde. Daneben wurden auch große Mengen an Schleudergeschossen aus Ton gefunden. Das wäre der erste bekannte und nachweisbare organisiert geführte Krieg der Menschheitsgeschichte. Die Stadt wurde wahrscheinlich bei der Expansion Uruks (um 3.500 vor Chr.) als Konkurrent militärisch ausgeschaltet. In späteren Schichten finden sich Überreste einer Handelskolonie Uruks in Hamoukar." Uruk wurde nach den sumerischen Königslisten von Enmerkar gegründet. Weitere Könige sind Lugalzagesi, Utuhengal und der halbmythische Gilgamesch, der hier um 2.600 v. u. Z. König gewesen sein soll.

Die Geschichtsschreibung unterteilt den Beginn der „ersten Hochkultur der Welt" im Zweistromland in die Dschemdet Nasr Periode von 3.100 bis 2.900 v. u. Z. und die frühe Dynastie-Periode von 2.900 bis 2.300 v. u. Z. In der Dschemdet Nasr Periode lassen sich mehrere Stadtgründungen mit einer zentralen Verwaltung in Regierungspalästen, von wo alle Bereiche des gesellschaftlichen Lebens reglementiert und kontrolliert werden können, nachweisen. Die Schrift wird zur Kontrolle vor allem der Warenströme entwickelt und ständig perfektioniert. Dabei fällt auf, dass die frühen archaischen Tafeln zum Beispiel aus Uruk keine eindeutig religiösen oder historischen Inhalte hatten. Die schriftlich fixierte Verherrlichung der Herrscher, die zu Göttern erhoben werden, die Mythenbildung erfolgt erst in der frühen Dynastie-Periode von 2.900 bis 2.300 v. u. Z.. Hier häufen sich die Bau- und Weiheinschriften mesopotamischer Könige: die Anfänge einer Geschichtsschreibung, die Kodifizierung des Rechts und die Etablierung allgemeiner Vorschriften für alle Untertanen des Königs. „Und spätestens mit dem Beginn des 2. Jahrtausends wurde die Keilschrift zum allgegenwärtigen und unentbehrlichen Hilfsmittel der Religion sowie des Herrscherkults, der Geschichtsschreibung wie der Kodifizierung des Rechts." (Parzinger, S. 170) Es ist eine sich über ein Jahrtausend vollziehende Kulturrevolution, in der das bisher geltende matrilineare Gewohnheitsrecht durch eine patriarchale Rechtsordnung unter dem Diktat von Herrschern ersetzt wird. In dem dritten Jahrtausend häufen sich auch die Kämpfe der Stadtstaaten Kish, Uruk, Ur oder Lagasch oder Susa um die Vorherrschaft über ein Gebiet, das weit in den Westen des Irans hineinreichte. Die Kunst vollzieht

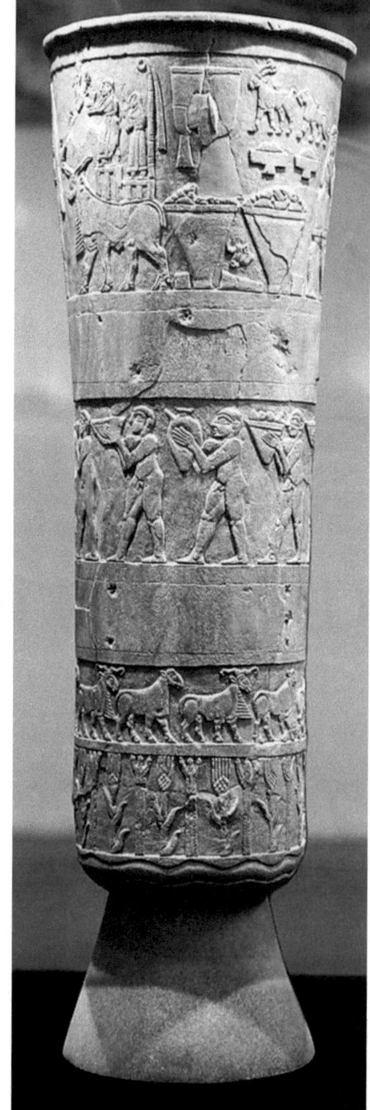

Abb.5: Warka Vase, rund 5000 Jahre alt, Autor: Osama Shukir Muhammed Amin FRCP(Glasg), CC BY-SA 4.0

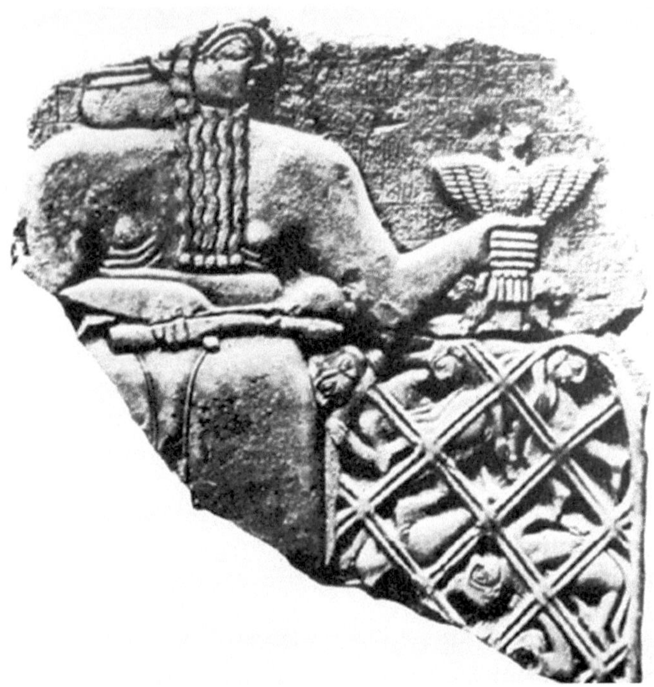

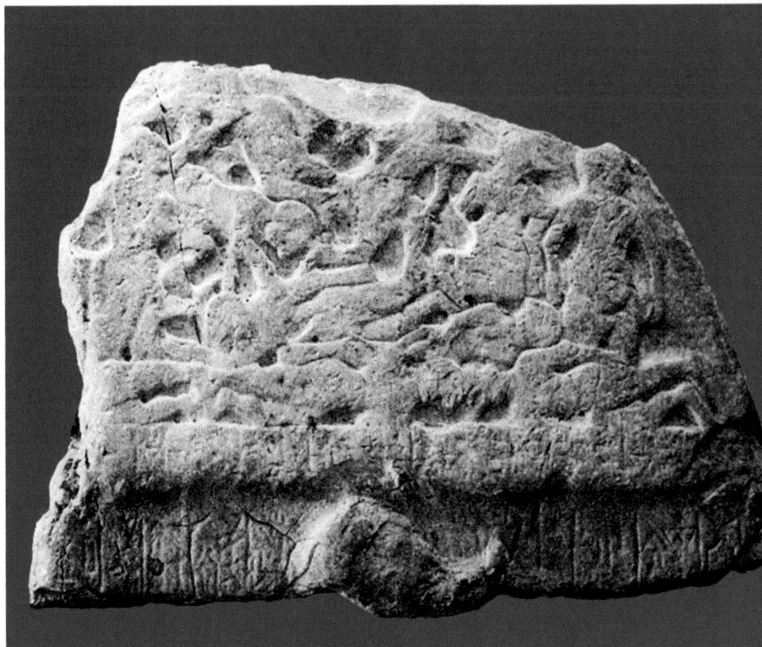

Abb. 6: Die sogenannte Geierstelle zeigt den Stadtgott von Lagasch, Ningirsu, wie er Gefangene in einem Netz tötet. Einen Gefangenen, der versucht zu entfliehen, erschlägt er mit einer Keule. Seinen Herrschaftsanspruch verdeutlicht der Adler, den der Gott mit seiner Hand am oberen Netz umfasst. Louvre, public domain

Abb. 7: Ein anderer Teil der sogenannten Geierstelle zeigt die geschlagenen Feinde, wie sie gestapelt am Boden liegen, vermutlich die Darstellung eines Massengrabes. Die Geierstele dürfte um das Jahr 2.470 v. u. Z. in Lagasch entstanden sein. Louvre, Fotograf: Eric Gaba (User: Sting), CC BY-SA 3.0

den Kulturwandel mit: Der Mann als Gott, Herrscher und Krieger betritt die Weltbühne. Ein Tempel in Nordmesopotamien ist mit vielen Augen bedeckt: Gott, der allmächtige Herrscher, sieht alles. Die Warka-Kultvase aus Uruk mit einem Alter von rund 5.200 bis 5.000 Jahren. zeigt die Ordnung des Kosmos vom Grundwasser bis zur Götterwelt, der die Menschen mit Opfern dienen müssen. Im unteren Teil der Vase werden Pflanzenreichtum dargestellt, in einem zweiten Fries die Tierwelt. Dann opfern nackte Männer in Körben ihre reiche Ernte der Göttin Inanna, was mit der Darstellung einer kultischen Szene im oberen Teil der Vase verdeutlicht wird.

Die sogenannte Geierstelle, die nur bruchstückhaft erhalten ist und 180 Zentimeter hoch und 130 Zentimeter breit gewesen sein soll, gibt brutale Szenen wieder. Auf der Vorderseite erschlägt der Stadtgott von Lagasch, Ningirsu in einem Netz gefangene Feinde. „Auf der Rückseite des größten Bruchstücks ist König E-ana-tum in der für Könige üblichen Kleidung (sogenannter Zottenrock und Überwurf) dargestellt, der seine in Schlachtordnung über gefallene Feinde schreitende Phalanx anführt. Im unteren Bereich dieses Bruchstücks ist ein Teil eines Frieses erhalten, auf welchem der König mit einem Speer in der Hand an Bord eines Streitwagens vor seinen mit Speeren marschierenden Truppen erkennbar ist. Die namensgebenden Geier sind auf einem Bruchstück des oberen Bogenfeldes zu sehen, wie sie menschliche Köpfe davontragen. Ein weiteres Bruchstück dieses Bogenfeldes zeigt die in der Schlacht gefallenen Feinde. Auf einem Bruchstück aus dem unteren Bereich der Stele befinden sich eine Opferszene sowie die Darstellung eines Leichenberges, der vermutlich eine Bestattung in einem Massengrab repräsentieren soll." (Wikipedia). Die Geierstele dürfte um das Jahr 2.470 v. u. Z. entstanden sein.

Im gesamten Zweistromland um Tigris und Euphrat wurden nicht nur zahlreiche Kriege geführt, es tobte schon sehr früh der martialische Kampf der Geschlechter, festgehalten vor allem im Gilgamesch-Epos, dem ältesten schriftlich fixierten Text der Weltgeschichte (erhalten ist eine Fassung im 18. Jahrhundert v. u. Z., wahrscheinlich ist die Entstehung des Mythos im 24. Jahrhundert v. u. Z.), und in der Schöpfungsgeschichte Enuma elis. Beide Mythen begründen die Vormachtstellung und die Herrschaft von zwei Städten über alle anderen Städte mit der Beauftragung durch die Götter: das Gilgamesch-Epos von Uruk und Enuma elis von Babylon.

Gilgamesch ist nach dem Mythos der Sohn der Göttin Ninsun und des vergöttlichten Königs Lugalbanda (bei den Göttern wird also noch eine matrilineare Reihenfolge eingehalten): Der Sohn Gilgamesch ist nach dem Beschluss der Götter zu zwei Dritteln Gott und zu einem Drittel Mensch. Menschsein wird ausdrücklich als Manneskraft definiert. Der Sohn wird als Held und dominierende Führergestalt gekennzeichnet. Das patriarchalische Mythos ist von Anfang an eine „Sohn-Religion". Gilgamesch wird als der erste König von Uruk behauptet, der die neun Meter hohen und 11,5 Kilometer langen Festungsmauern um Uruk und der gleichzeitig die Paläste erbauen ließ. Gegen die von Gilgamesch befohlenen harten Frondienste empörten sich vor allem die Frauen, die sich bei der Göttin Istar (oder Ischtar geschrieben) beschwerten. Eine Göttin schafft dann aus Lehm Enkidu, der noch als Nomade lebt, um Gilgamesch zu töten. Der Gegensatz „wilde, starke Nomadenvölker" und „urbanes, zivilisiertes Uruk-Volk" wird thematisiert. Um Enkidu nach Uruk zu holen, wird die Tempeldienerin Samhat aus Uruk zu ihm geschickt. Sie soll Enkidu verführen und so von seinen Tieren entfremden. Enkidu erliegt Samhats Verführungskünsten eine Woche lang, sie schenkt ihm gleichzeitig Erkenntnisfähigkeit, menschliche Nahrung und ein zivilisiertes Aussehen. (Die Parallele zu Evas Verführungskünsten ist nicht zu übersehen: Auch Adam und Eva „erkannten", dass sie nackt waren.) In Uruk angekommen, kämpft Enkidu mit Gilgamesch: Da der Kampf unentschieden endet, werden die beiden Freunde. Jetzt begehen Enkidu und Gilgamesch gemeinsam eine Heldentat: Sie töten Huwawa, den Wächter des Zedernwalds der Göttin Istar und fällen die Bäume, brechen also ihre weibliche Macht. Istar verliebt sich daraufhin in den Helden Gilgamesch. Der weist ihr Liebesansinnen aber ausdrücklich zurück. Für diese Missachtung der Götter beschließen die Götter, Gilgamesch und Enkidu zu bestrafen. Doch nur Enkidu stirbt. Erwähnung findet im Gilgamesch-Epos auch die Flutkatastrophe, die die Ureinwohner von Uruk als die einzigen Überlebenden und die Auserwählten von den Göttern ausweist. Schließlich begibt sich Gilgamesch auf die Suche nach dem Paradies und der geheimnisvollen Pflanze, die das ewige Leben schenkt. Er findet die Pflanze, aber eine Schlange (als Symbol des Weibes und der „Urzeugung") stiehlt sie ihm. Enttäuscht kehrt er nach Uruk zurück. Ersatz für das „Paradies" ist für ihn die Stadtmauer, die ihm jetzt Schutz und Sicherheit gibt.

Der „Ur"-Held Gilgamesch wird in allen vorderasiatischen Stadtstaaten verehrt. Statuen zeigen ihn, wie er einen wilden Löwen mit seiner Kraft bändigt. Auch die Statuen und Reliefs haben die Aufgabe, zu beeindrucken und zu überwältigen: Machtdemonstration. Der Betrachter wird konfrontiert mit einem Felsblock, der Gilgamesch darstellt, zum Beispiel in dem Palast von Sargon II. Das Relief ist 5,52 Meter hoch und 2,18 Meter breit. Der Löwe als König der Tiere ist wie eine kleine Katze in den muskulösen Arm von Gilgamesch gefangen. Die Darstellung seiner Gewänder, Ringe, Verzierungen haben nicht nur die Aufgabe zu verschönern, durch ihre Pracht zu beeindrucken sondern den ehernen, unerbittlichen Willen des Herrschers zu unterstreichen. Die vorderasiatische Kunst von 3.000 bis fast 600 v. u. Z.. trägt – obwohl die politische Macht von der einen zur anderen Stadt wechselt – immer die gleichartigen Kennzeichen: Sie ist Demonstration von Macht und Gewalt, das Hohelied auf Kriege und die immer siegreichen Herrscher. Sie demonstriert eine archaische Geschlossenheit, die überwältigen will.

Auch in dem babylonischen Schöpfungs-Mythos Enûma elîš schimmern noch ma-

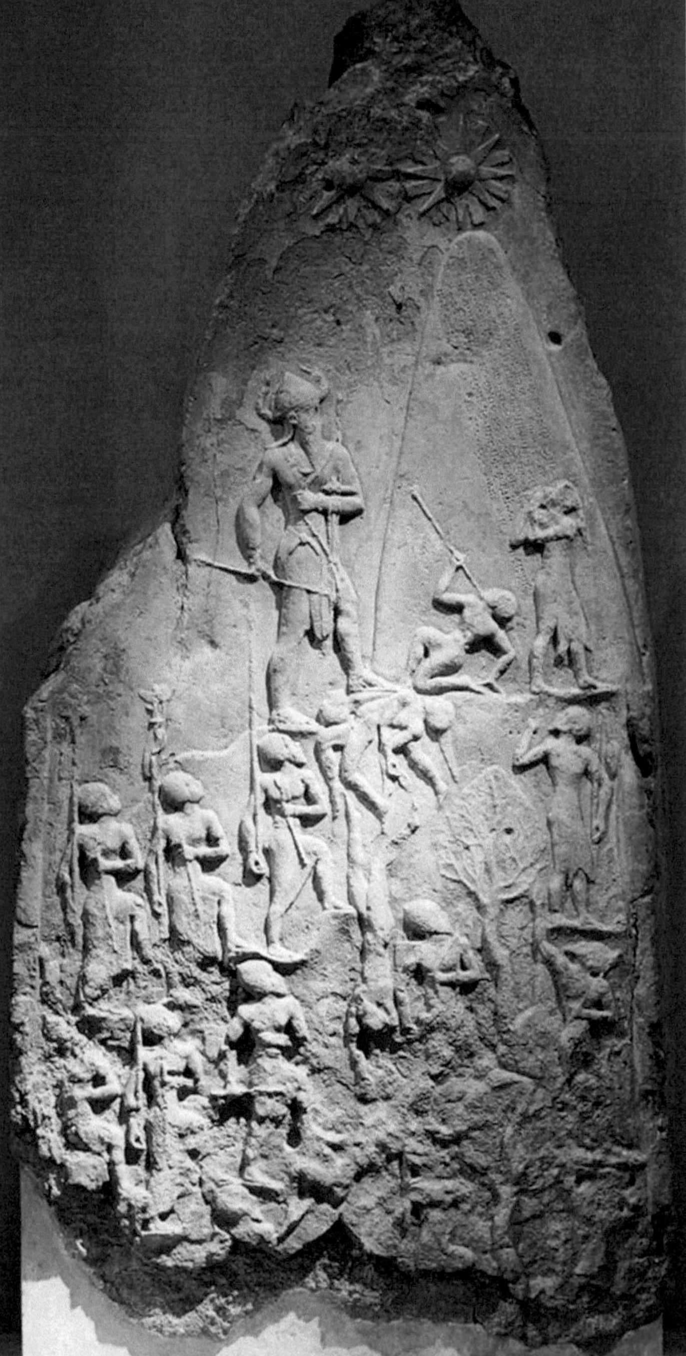

Abb. 8: Siegesstele des Naram-Sin, Susa, Iran, um 2250 v. u. Z., Sandstein, Höhe 2 Meter, Louvre, Paris, Fotograf: Rama, CC BY-SA 2.0

trilineare Vorstellungen durch: Die Göttin Tiamat ist es, „die sie alle gebar", zusammen mit Apsu, „dem Uranfänglichen". Sie zeugen eine Götterschar, die sich allerdings streitet. Das stört Apsu, der die Götterschar deshalb töten will. Aber der jüngere Gott Ea kommt ihm zuvor und tötet Apsu. Die Göttin Tiamat rüstet dann zum Krieg. Der Sonnengott Marduk erschlägt schließlich die ursprüngliche Göttin Tiamat, teilt ihren Köper in zwei Hälften und formt daraus Himmel und die Erde. Der Himmel wird ausdrücklich in der Gestalt des männlichen Apsu geformt. Dann erklären die Götter: „Marduk ist König." Das Grundmuster der Staatsherrschaft wird als göttliches Prinzip formuliert. Dann macht Marduk sich daran, den Menschen aus Lehm und dem Blut von Kingu, dem Sohn der Tiamat, zu erschaffen: Der Mensch ist auch hier männlichen Ursprungs. Der oberste Gott Marduk baut seinen Palast in Babylon und begründet damit die Stadt als Zentrum der Welt.

Gilgamesch könnte, wenn er nicht nur ein erfundener mythischer Held ist, in dem Zeitraum zwischen 4.000 und 3.000 vor unserer Zeit (v. u. Z.) gelebt haben. In dieser Zeit wurden die ersten Stadtmauern von Uruk errichtet, im Zentrum befand sich der Palast des Gottkönigs, gleichzeitig Heiligtum, wirtschaftliches Zentrum und Vorratslager. Das Monumentale, Erdrückende, die geometrische Strenge und Ordnung ist das Charakteristikum der vorderasiatischen Kunst. Der Kalksteintempel in Uruk, das Heiligtum des Himmelsgottes Anu, war über 75 Meter lang und 30 Meter breit: Geometrisch nach den Himmelsrichtungen ausgerichtet war er der alles überragende Bau der Stadt und demonstrierte die Macht und den Reichtum des Herrschers. In dieser Zeit entwickelte sich auch die kriegerische Konkurrenz zwischen den Stadtstaaten Eridu, Uruk, Ur, Nippur, Lagasch oder Umma und vielen anderen Städten im Zweistromland. In allen Städten wurden dann Tempel und Königshäuser auf einer Hochterrasse errichtet, um die Höhe,

Schrift vor allem für den bürokratischen Alltag und für die Erfassung der Abgaben der einzelnen Bürger geschaffen, dort fast gleichzeitig mit dem Rad, dem Pflug und dem Kupferguss (Importe aus Alteuropa?). Die Abgaben werden als „Opfer" für den Gott gleichen König eines jeden Stadtstaates angesehen. Er ist zuständig für die Ordnung und den Schutz der Städte.

Die Vormachtstellung Uruks wurden durch den sagenumwobenen Sargon von Akkad um 2.300 v. u. Z. beendet, der Uruk besiegt und Lugalzagesi gefangen genommen hat. Auch Sargon von Assad führte seine Herrschaft auf seine Berufung durch die Kriegsgöttin Inanna zurück. Das kommt auch in seinem Namen, den er sich gab, zum Ausdruck. Er bedeutet übersetzt „Der Herrscher ist legitim". Die Sargon-Sagen behaupten, dass sein Reich von Persischen Golf bis zum Mittelmeer reichte. Wahrscheinlich war sein Reich der erste Flächenstaat der Menschheitsgeschichte, der von einem Zentrum aus gelenkt wurde. Sargon soll

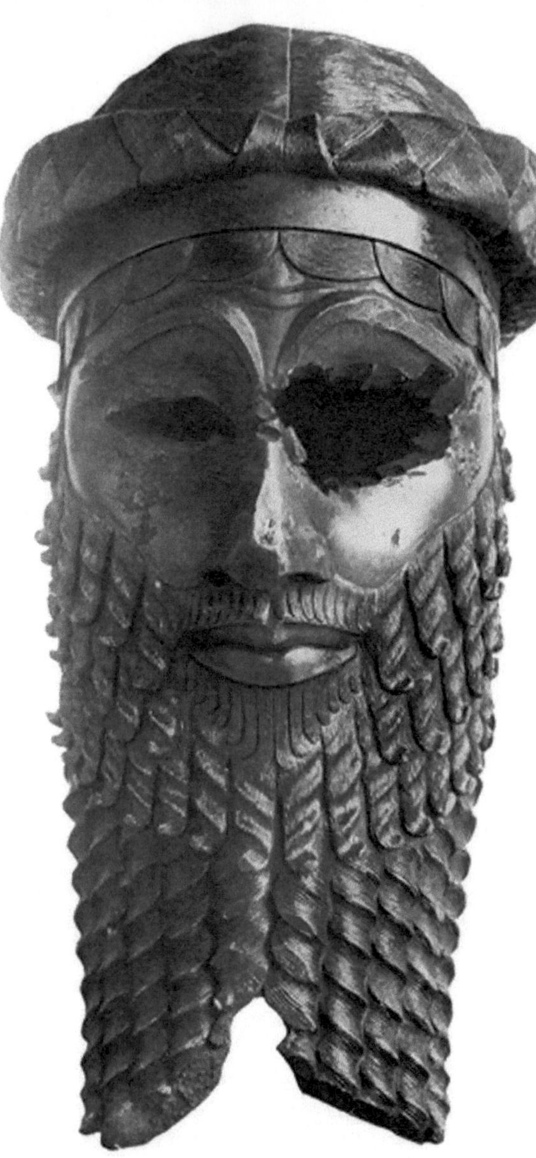

Abb. 9: Bronzekopf des Königs der alten akkadischen Dynastie; wahrscheinlich Naram-Sin oder Sargon of Akkad. Nationales Museum des Irak; Bagdad. Höhe: 30.5 cm.; M. E. L. Mallowan, akkadische Periode, u. 2.300 v. u. Z. Foto: Iraqi Directorate

die Überlegenheit und die Nähe zu Gott zu demonstrieren. Um 3.150 v. u. Z. wurde auch die sumerische Krieg in Anatolien geführt haben, um mesopotamischen Kaufleuten dort zu Hilfe zu kommen. Er wird

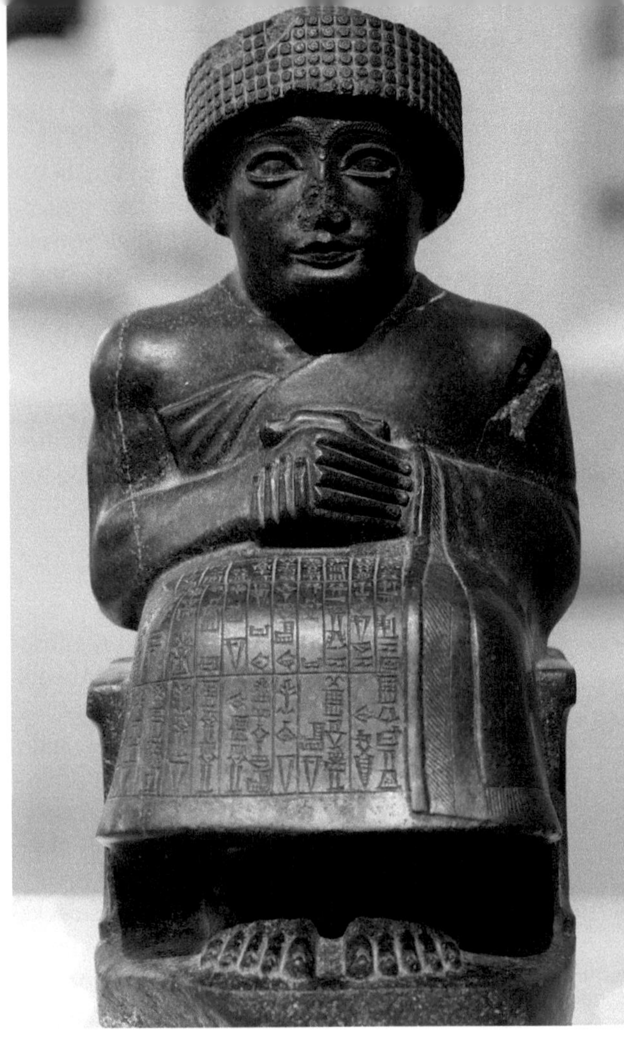

Abb. 10: Sitzende Diorit-Statue von Gudea, Fürst von Lagasch, geweiht dem Gott Ningishzida, neu-sumerische Periode, um 2.120 v. u. Z. Diorit, 46 cm hoch, 33 cm breit, 22.5 cm tief, Louvre r.AO 3293 (Kopf) &AO 4108 (Körper), aus Telloh (früher Girsu), Irak. Foto: Marie-Lan Nguyen, public domain

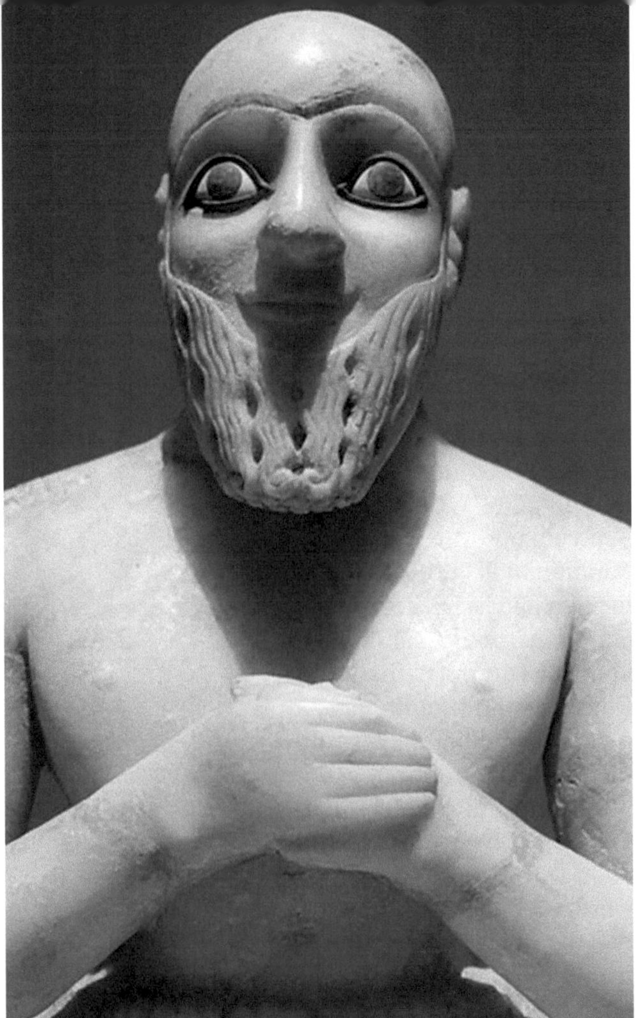

Abb. 11: Detail der Statue von dem Verwalter Ebih-Il, frühe Dynastie. um 2.400 v. u. Z., Gips, Lapislazuli, Muscheln, 52.5 cm Höhe, 20.6 cm Breite, 30 cm Tiefe, Louvre Museum Department of Oriental Antiquities, AO 17551, aus dem Tempel von Mari, Foto: Marie-Lan Nguyen (2005), CC BY-SA 2.5

als der „König der Schlacht" bezeichnet. Auch die wahrscheinlich von ihm in Auftrag gegebene Kopf-Skulptur weist in als Herrscher mit Stirnreifen, entscheidungsfreudigen Gesichtszügen und gepflegtem langen Bart aus. Einer seiner Nachfolger im Akkad-Königreich war Naram-Sin, der um 2.200 regierte. Er

ließ sich „Gott von Akkad", „Ehegatte der Ischtar Annunitu" oder „König der vier Weltgegenden" nennen. Die zwei Meter hohe Naram-Sin-Stele zeigt den Gott-König übergroß, wie er auf der Spitze des Berges die Besiegten zertritt, die ihn um Gnade anbetteln. Er ist mit Bogen, Streitaxt und Keule bewaffnet. Er trägt die

Hörnerkrone, die ihn als Gott ausweist. Über ihm leuchten die Symbole der Götter, unter ihm befinden sich seine Krieger mit Standartenträgern in Kampfposition. Eine andere Stele zeigt, wie er einen Feind mit seiner Streitaxt erschlägt.

Unter dem Nachfolger von Naram-Sin, seinem Sohn Sar-kali-sarri, kam es nach kriegerischen Auseinandersetzungen zu einem Machtverlust von Akkad, der sich auch durch die Bildung von unabhängigen Dynastien in Lagasch, Ur und anderen Orten äußerte.

Der König Gudea des durch Handel reich gewordenen Stadtstaates Lagasch sticht durch die Errichtung prächtiger Anlagen hervor (um 2.141 bis 2.122 v. u. Z.). Er selbst lässt sich in fein gearbeiteten Diorit-Skulpturen verewigen. Sie zeigen ihn in verkürzter Perspektive, mit übergroßem Kopf, den Betrachter starr musternd. Sein Stirnreifen und seine Gewänder weisen ihn als Gott-König aus. Die menschliche Figur erstarrt zu einem Block und demonstriert auf diese Weise den unerbittlichen Willen des Machthabers. Diese Statuen wurden wohl auch zur politischen Propaganda eingesetzt, denn sie wurden häufig reproduziert und an unterschiedlichen Orten des Reiches gefunden. Oft zeigen sie auch Gudea als Betenden.

Expansion vor allem durch Handel war Gudeas Strategie. Das weit verzweigte Handelsnetz reichte vom Mittelmeer bis zum Persischen Golf. Seine Bautätigkeit – er selbst nannte sich auch „der Architekt mit dem Plan" – diente auch dem Ziel, diesen Reichtum bringenden Handel durch Schutzmauern und die Errichtung neuer Stützpunkte zu stabilisieren. Der Bauhymnus zur Weihe des Tempels des Stadtgottes Ningirsu berichtet über die großen Anstrengungen: „Aus Elam kamen die Elamiten, aus Susa die Susaer, Magan und Melucha sammelten Bauholz von ihren Bergen. [...] Gudea brachte sie in seiner Stadt Girsu zusammen. [...] Gudea, der große en-Priester von Nin-

girsu, baute einen Weg in die Zedernberge, die zuvor Niemand betreten hatte. Er fällte ihre Zedern mit großen Äxten [...]. Wie große Schlangen schwammen die Zedern das Wasser [des Flusses] vom Zedernberg hinunter, Pinienflöße vom Pinienberg [...] in den Steinbrüchen, die keiner zuvor betrat, machte Gudea der große en-Priester von Ningirsu, einen Pfad, und dann wurden die Steine in großen Blöcken geliefert. [...] Viele andere Edelmetalle wurden zum Gouverneur, dem Erbauer des Ninnu-Tempels, getragen. Vom Kupferberg Kimasch [...] Goldstaub wurde von seinem Berg gebracht. [...] Für Gudea schürften sie Silber aus seinen Bergen, lieferten rote Steine aus Melucha in großen Mengen." (Wikipedia) Gudea ist auch der erste Herrscher, der sich nicht nur als mächtig sondern auch als „rechtmäßig" und „weise" darstellen ließ und sich auch als Förderer der Künste positionierte. 100 Jahre nach Gudeas Tod zerstörte eine Koalition aus Alamitern und Aramäern das Reich von Lagasch und bereitete so die Machtübernahme der Babylonier vor.

Wieder brechen Kriege um die Vorherrschaft aus. Die ständigen Kriege zwischen den Stadtstaaten sorgen nicht nur für Schrecken in der Bevölkerung. Sie erhöhen auch die Bedeutung der jeweiligen Feldherren und Könige und beförderten so die Hierarchisierung und Disziplinargewalt der Ordnungsmacht. Die Gottkönige erhalten unumschränkte Gewalt über die Einwohner der Städte. Nach dem Tode des Herrschers ging in frühester Zeit fast der gesamte Hofstaat mit ihm mehr oder weniger freiwillig mit in den Tod.

Das ist besonders gut für den „Königsfriedhof" von Ur belegt, der wahrscheinlich von 2.350 bis 2.000 v. u. Z. genutzt wurde. Die meisten der rund 2.000 Gräber waren Einzelbestattungen mit wenigen Beigaben, oft fehlten sie auch. Die Bestatteten gehörten wahrscheinlich zur Elite von Ur. Dagegen stachen 16 Grabanlagen mit bis zu 120,5 Quadratmetern Größe hervor. Hier wurde offensichtlich die Gefolgschaft

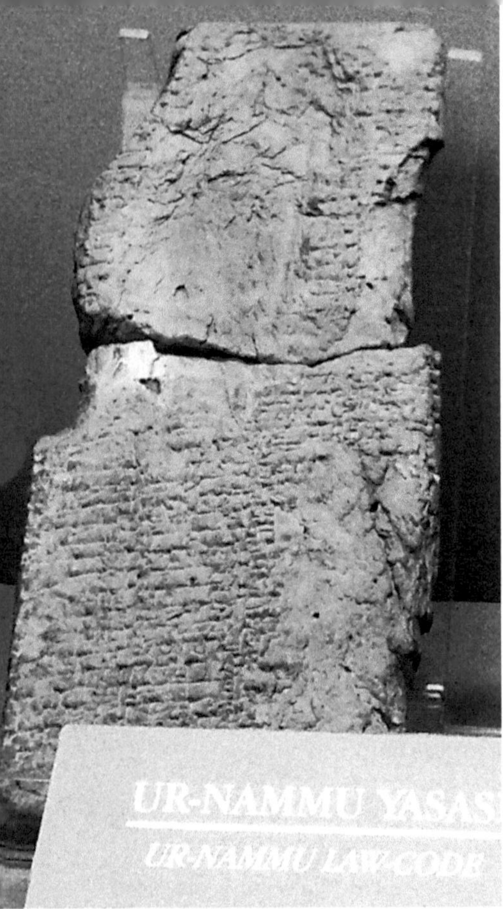

Abb. 12: Das Gesetz von Ur-Nammu, Archäologisches Museum, Istanbul, Foto: onceanwhile, CC0 1.0 Universal public domain

nach dem Tod des Königs oder der Königin geopfert, in einem Fall waren es 74 Mitbestattungen, vor allem von Frauen. Da viele Gräber geplündert waren, sei an dieser Stelle auf das Grab der nicht beraubten Königin/Prinzessin Puabi (Grab 800) hingewiesen: Die Tote könnte als „Dame in Gold" beschrieben werden. Ihre Haartracht zierte ein goldenes Haarband, vier Haarkränze aus kostbaren Perlen waren mit Gold verziert, weiter vier goldene Haarringe, ein goldener Schmuckkamm und goldene Ohrringe. Ihren Hals verschönte eine Kette aus Gold und Perlen. Auch ihre Arme, Hände und ihre Taille waren mit viel Gold und Perlenschmuck geschmückt. Mit ihr gingen sechs Männer, davon vier hochrangige, zehn Frauen, vor allem Musikerinnen und fünf weitere Personen mit in den Tod. Auch die „Mitbestatteten" waren oft reich geschmückt, aber mit deutlich weniger Aufwand und vor allem mit Silber- oder Kupferschmuck versehen. Der Ritus der Gefolgschaftsbestattungen scheint zur der Zeit in Ur Sitte gewesen und von den Betroffenen hingenommen worden zu sein, denn nur bei wenigen konnten Spuren von Gewalteinwirkung festgestellt werden.

Um 2.100 v. u. Z. wurde in der III. Dynastie von Ur von Ur-Nammu auf dem Gelände des Friedhofs ein prächtiger Tempelbezirk mit dem bekanntesten Zikkurat errichtet, eine Residenz für die hohen Priesterinnen, ein Schatzhaus und ein Königspalast. Dieser Bezirk war dem Mondgott Nanna und seiner Gemahlin Ningal gewidmet. In der Folgezeit entstanden in allen größeren Städten des Zweistromlandes derartige hohe Zikkurate, insgesamt sind der Bau von 25 Zikkuraten archäologisch gesichert. Eine Zikkurat ist ein gestufter Tempelturm, von den Bewohnern Himmelshügel oder Götterberg genannt.

Aus Ur stammt auch die älteste bekannte schriftliche Rechtssammlung der Welt, der sogenannte Codex Ur-Nammu. In ihr gelten Mord, Raub, Ehebruch und Vergewaltigung als Kapitalverbrechen, die mit dem Tode bestraft werden. In den rund 40 Paragraphen haben die Bürger und die Sklaven unterschiedliche Rechte und Pflichten. Geregelt wurden zum Beispiel die Mieten für Ochsen und Felder. Vorgeschrieben wurde, wie die Grundstücke versorgt werden mussten und wie mit dem Wasser als kostbarem Gut umgegangen werden musste. Das Erbrecht sieht die Weitergabe des Besitzes in der Regel an den ältesten Sohn vor. Nur wenn kein Sohn gezeugt wurde, konnte auch die Tochter erben.

Hammurapi (rund 1.810 bis 1.750 v. u. Z.) perfektioniert die Gesetzestexte. Auch er lässt sich mit einem gleichartigen Relief wie Naram-Sin als Bezwinger der Feinde verewigen, das abbildet, wie er seine Feinde vernichtet. Bekannter ist aber die Gesetzesstele des Hammurapi: Dort wird menschliches Recht als von Gott befohlenes Recht behauptet (das Motiv taucht dann bei Moses mit den Gesetzestafeln wieder auf).

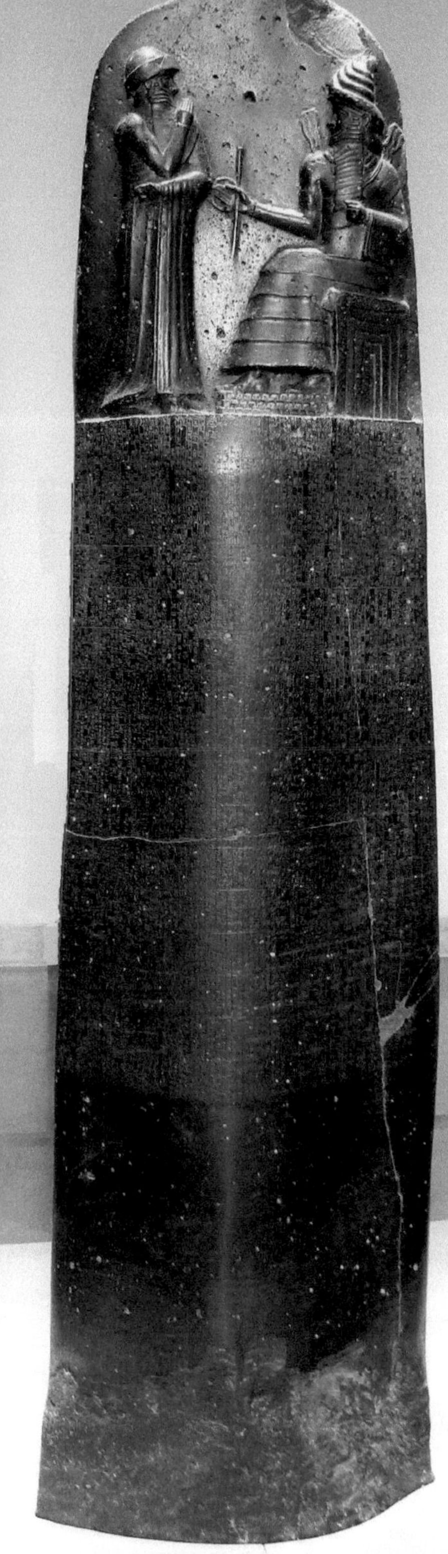

Abb. 13: Hammurapi-Stele, aus dem persischen Susa, wo sie als Beutegut aufbewahrt wurde, um 1.760 v. u. Z., Basalt, Höhe 22,5 cm, Louvre, Paris, Foto: Mbzt, VV BY-SA 3.0

Hammurapi steht vor Schamasch, dem Gott des Rechts und des Lichts, der im Auftrag des Stadt- und Reichsgotts Marduk den Staatsaufbau, die hierarchische Gliederung der Gesellschaft und der Wirtschaft verkündet. Dort steht: „Ich, Hammurapi, Sonnengott von Babylonien, der Licht aufgehen ließ über Sumer und Akkad, als mich Marduk beauftragte, die Menschen zu lenken, gab ich folgende Gesetze." In 280 Paragrafen regelte er viele Aspekte des damals wohl schon geltenden Gewohnheitsrechts, des Verwaltungs- und

Strafrechts. Vor allem werden die Pflichten zum Kriegsdienst und die Abgaben an den König geregelt. Nichterscheinen zum Kriegsdienst wird mit dem Tod bestraft. Dann wird die Pflicht zur Arbeit festgelegt: Wer seinen Boden nicht bestellt oder ihn vernachlässigt, dem wird das Land weggenommen, also die Existenzgrundlage entzogen. Dann wurde auch die Umwandlung der gemeinschaftlichen Tempelwirtschaft in Privatbesitz und die sich daraus ergebenden Pflichten gesetzlich festgeschrieben. Dies ist ein besonders bedeutsamer Wandel, der sicher in den Jahrhunderten zuvor schon angelegt war. Die Tempelwirtschaft war eine gemeinschaftliche Produktionsweise. Jetzt wird jeder einzelne in die Pflicht genommen, seinen Beitrag zu liefern. Auch die Institutionalisierung der Familie mit patriarchalischem Oberhaupt, Frauen, Nebenfrauen, Kindern und Sklaven als Keim und Grundlage der Gesellschaft vollzieht einen Schlussstrich der Umwandlung der Gesellschaft von matrilinearen Strukturen hin zu patriarchalischen. Damit wurden Traditionen matrilinearer Verwandtschaftsbeziehungen, bisherige Bindungen an Stämme oder Großfamilien endgültig beseitigt. Der Ehebruch der Frau wurde in der Regel mit dem Tode bestraft. Die Erbfolge wurde patriarchalisch geregelt, allerdings waren Ausnahmen möglich.

Nach einer Zeit neuer kriegerischer Unruhen kommt es in der Kassitenzeit und der mittelassyrischen Zeit zu einer Stagnation der Kunst, bis dann ab 1.150 bis 612 v. u. Z. die neuassyrische und dann vor allem die neubabylonische Zeit von 620 bis 539 v. u. Z. für einen neuen Aufschwung auch der Kunst sorgten. Vor allem Babylon wurde in großzügigem Stil mit einer reich verzierten Stadtmauer ausgebaut.

In der neuassyrischen Zeit wird die Machtdarstellung und Brutalität der Bilder noch einmal gesteigert. Besonders eindrucksvoll demonstrieren dies die Friese und Bilder im Palast von Assurnasirpal II. (883-859 v.

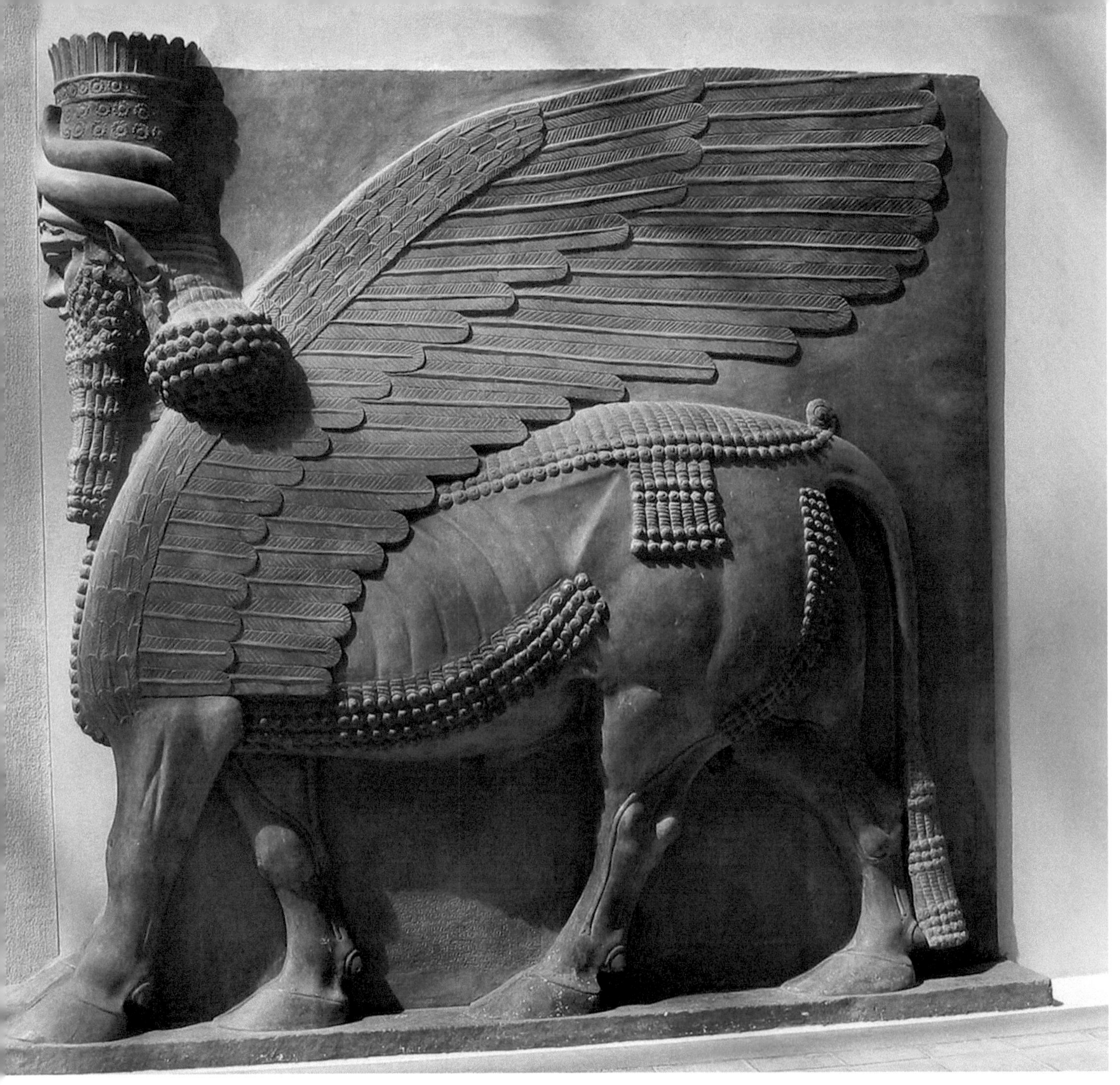

Abb. 14: Assyrische Lamassu Statue aus Khorsabad (Musée du Louvre) Foto: Luidger, CC BY-SA 3.0

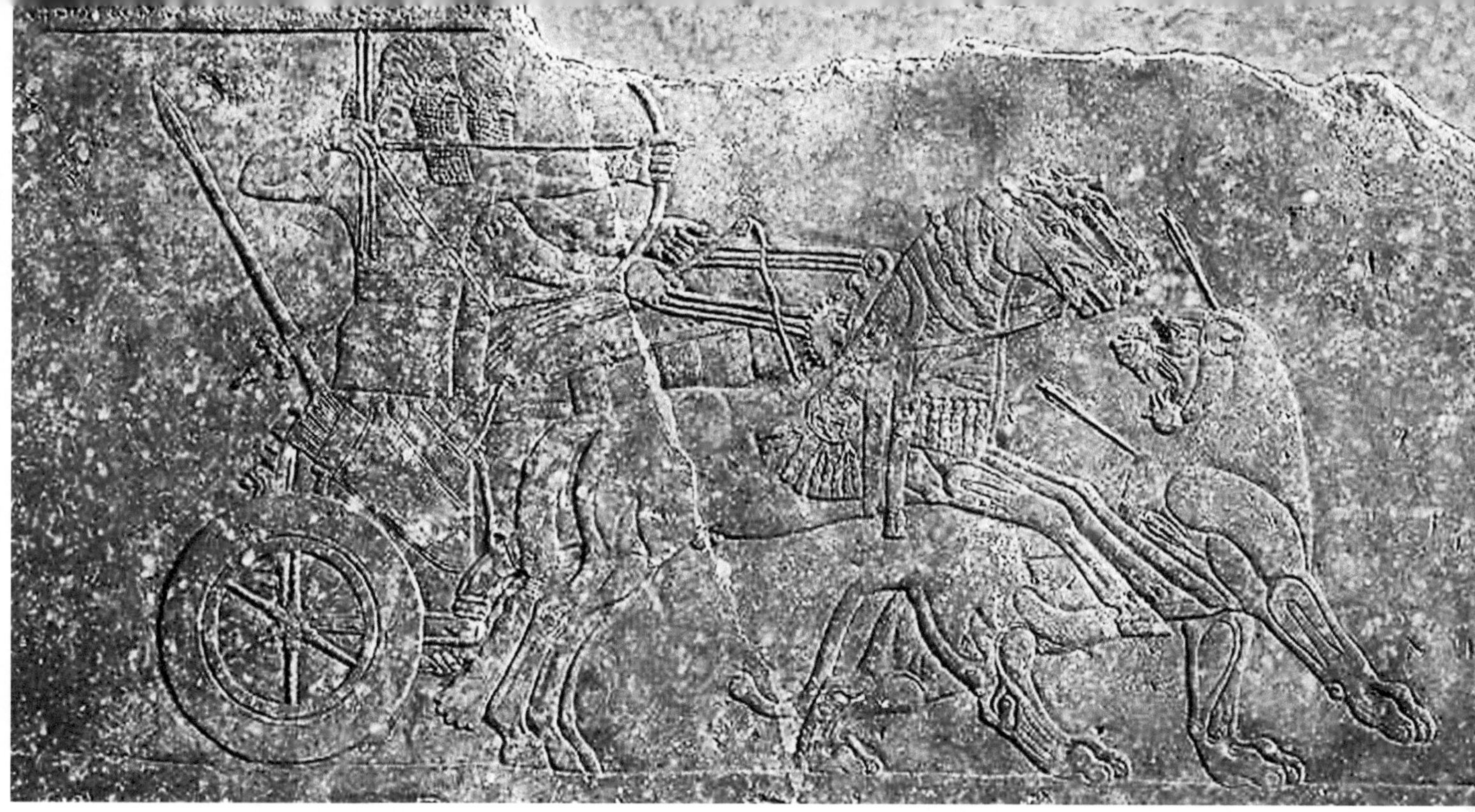

u. Z.). Minutiös wird dort der sorgfältig geplante Feldzug des Königs geschildert: Wer sich den Assyrern entgegenstellt, wird getötet. Natürlich gibt es keinen einzigen sterbenden Assyrer. Aber die von den Pfeilen getroffenen Feinde stürzen scharenweise von den Schutzwällen zu Tode. Berichtet wird, wie viele Städte besiegt, wie viele Gefangene und welche Beute gemacht wurden. Die Kriegsmaschinerie bedient sich der dämonisch-gewalttätigen Bilder, abgeschlagene Köpfe werden gestapelt. Die Machtdemonstration hatte auch diplomatischen Charakter: In den Hallen mit den Friesen empfing der Gott-König ausländische Delegationen und seine Untertanen. Auf anderen Friesen wird Assurnasirpal II. bei der Löwenjagd gezeigt. Er wird als begeisterter Jäger dargestellt und brüstete sich damit, 450 Löwen erlegt zu haben. Es war aber mehr ein Spektakel: Man hatte zuvor die Löwen gefangen, ließ sie dann für den König frei, der sie von seinem Streitwagen aus mit dem Bogen erschoss. Wieder andere Friese verherrlichen ihn als den königlichen Hirten und Beschützer des Lebens: Sie zeigen ihn als Hohepriester vor dem Heiligen Baum, der Fruchtbarkeit und Leben symbolisiert. Über ihm schwebt sein Wappen, ein Adler mit dem obersten Gott und Himmelsgott Assur. Das Kennzeichen der absoluten Macht findet schon in dieser Zeit seinen konzentrierten Bildausdruck im Wappen und im Siegel, Kennzeichen der Verfügungsgewalt und des Privatbesitzes.

Die Kunst der neuassyrischen Herrscher äußert sich vor allem in den Monumental- und Prachtbauten in den Hauptstädten des Reiches. Schon König Assurnasir-apli II. (König von 883 - 859 v. u. Z.) hatte damit

29

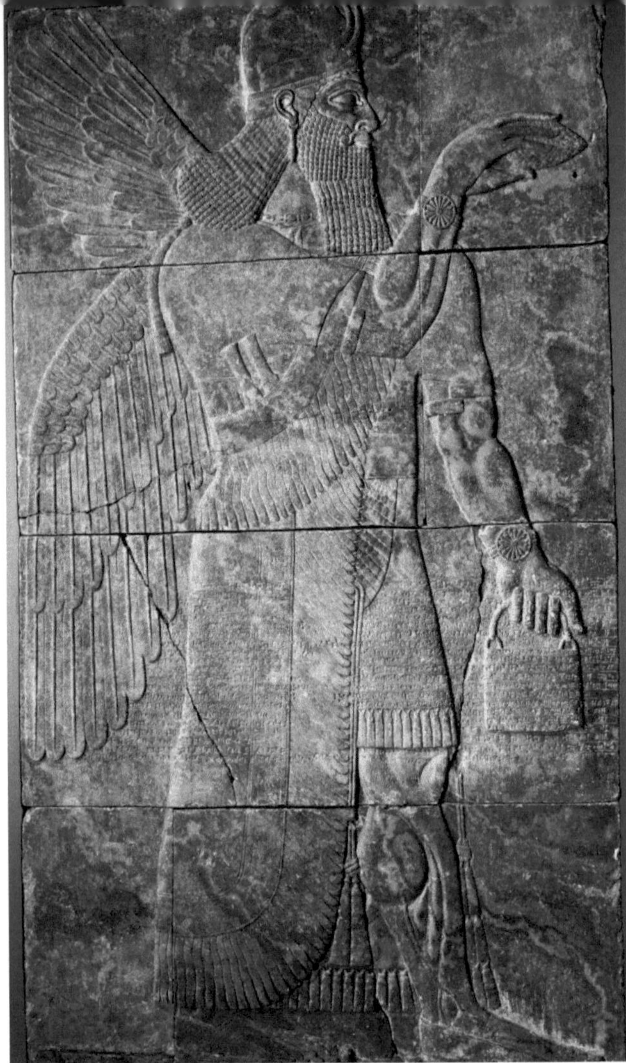

Abb. 16: Dieses Relief schmückte die Wand des Palastes des Königs Assurnasirpal II. in Nimrud im heutigen Irak. Mit seiner rechten Hand besprengt der Genius (oder ein wohltätiger Geist) mit einem kegelförmigen Objekt wahrscheinlich Wasser aus einem Eimer eine magische Flüssigkeit entweder auf einen geheiligten Baum oder auf den König, der auf einem gegenüberliegenden Relief dargestellt ist. Das überirdische Wesen besitzt Engelsfügel. Der Genius trägt eine Krone mit Hörnern, die ihn als Gottheit ausweist. Außerdem ist er mit kostbaren Juwelen und einem eleganten Überwurf gekennzeichnet.(zwischen 883 and 859 v.u.Z., neu-assyrisch). Alabaster, Höhe: 236.2 cm, Breite: 135.9 cm, Tiefe: 15.2 cm.Walters Art Museum, CC BY-SA 3.0

begonnen, die Hauptstadt Assur auszubauen und stärker zu befestigen. Dann verlegte er seinen Regierungssitz in die Stadt Kalhu. Auf einer Bankett-Stele wird berichtet, dass bei der Einweihung der Stadt Kalhu 70.000 Gäste aus mindestens zwölf verschiedenen Ländern anwesend waren. Der Palast besaß auch einen beeindruckenden Garten.

Sargon II (Herrschaft von 721 bis 705 v. u. Z.) ließ die Stadt Dur Sarrukin als neue Hauptstadt errichten. Vor allem die vielen Gefangenen seiner zahlreichen Feldzüge wurden hier zur Fronarbeit gezwungen. Auch die Bibel berichtet häufig von den Zwangsumsiedlungen ganzer Städte und ihrer Plünderung zur Finanzierung der Paläste. Das war gängige Praxis nicht nur im neu-assyrischen Reich sondern auch im nachfolgenden neubabylonischen. Der Sohn von Sargon II., König Sanherib (704 - 681 v. u. Z.), verlegte dann den Regierungssitz nach Ninive und machte die Stadt zum Mittelpunkt seines Reiches. Sanherib behauptete, dass die Göttin Istar als Ahnherrin des assyrischen Reiches die eigentliche Gründerin von Ninive im Norden des Zweistromlandes sei. Sanherib und seine Nachfolger Asarhaddon (680 - 669 v. u. Z.) und Assurbanipal (668 - 632/627 v. u. Z.) bauten dann die Stadt zur prächtigen Metropole aus. Das Hauptaugenmerk der Bautätigkeit galt neben Palästen der zwölf Kilometer langen, zehn Meter dicken und 25 Meter hohen Stadtmauer. Der Südwest-Palast wird mit den Worten gekennzeichnet: „Palast, der Seinesgleichen Nicht Hat". Zentrum des Palastes mit einigen Verwaltungsgebäuden war der 56,3 mal 13,1 Meter große Thronsaal. Die Darstellung göttlicher Mischwesen mit Engelsflügeln und die Bebilderung der assyrischen Feldzüge schmückten die Innenräume. Neben diesem zentralen Herrschaftsgebäude gab es den Nordpalast mit einem Obstgarten in der Anlage und den Militärpalast, in dem Geflügelte Stiere schon im Eingangsbereich einen monumentalen Eindruck erwecken. Auffällig ist in Ninive die häufige Darstellung des Königs auf der Lö-

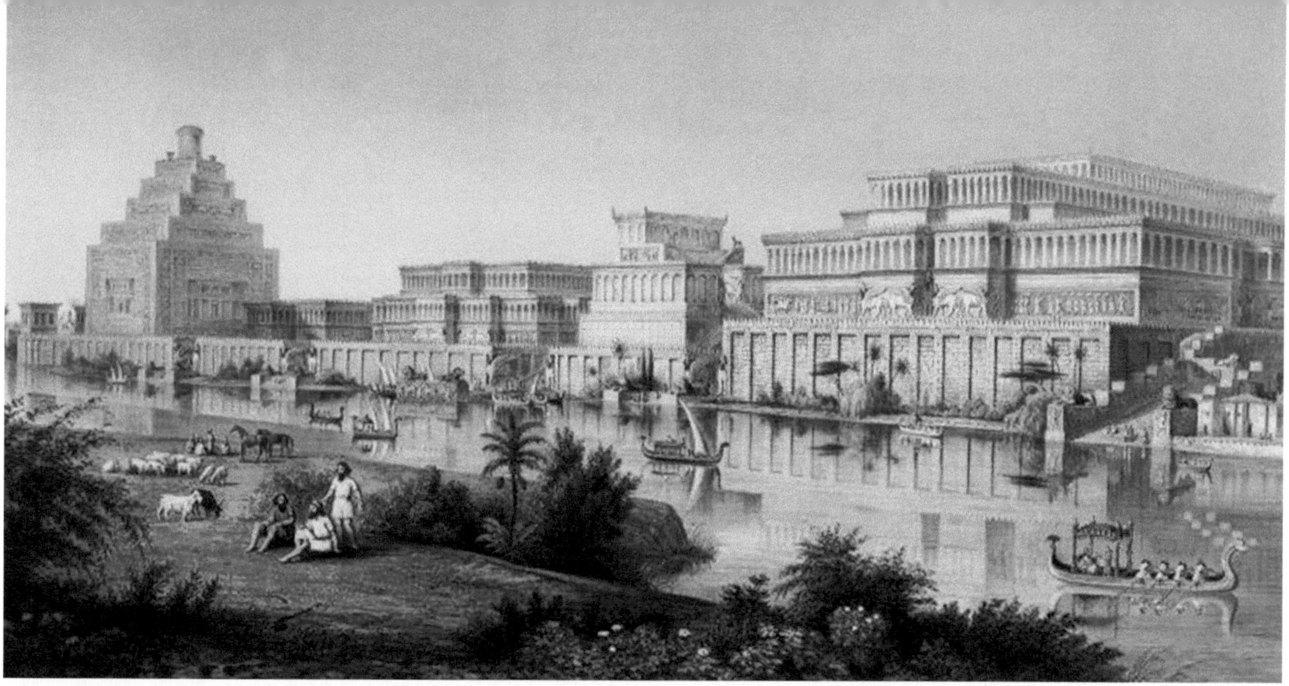

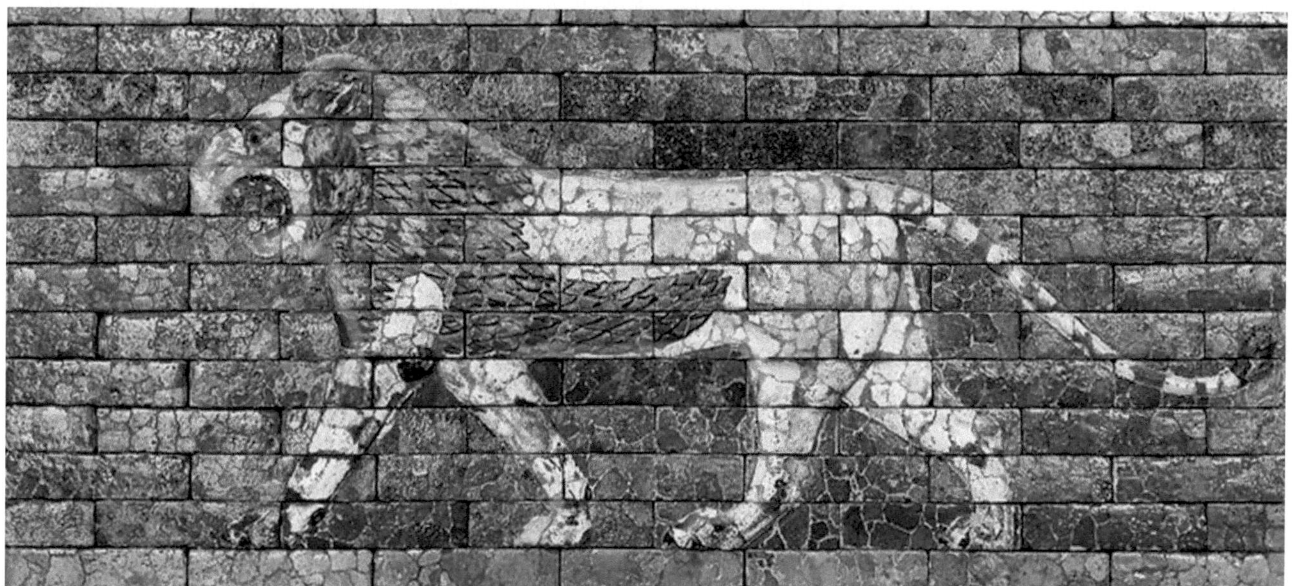

Abb. 17: So prächtig und prunkvoll stellte sich der Maler James Ferguson 1853 die Bauwerke der Stadt Nimrud (altassyrisch Kalhu) vor. Die Ansicht ist historisch wohl nicht korrekt, weil übertrieben schönfärberisch, vermittelt aber einen Eindruck von der möglichen einstigen Pracht assyrischer Architektur. Foto: Ralph Heringlehner, Public domain

Abb. 18: Schreitender Löwe, Glasur auf Lehmziegeln entlang des Prozessions-Weges vom Marduk-Tempel zum Istar-Tor und dem Akitu-Tempel. Erstellt während der Regentschaft von Nebukadrezar II (605 –562 v. u. Z) in Babylon (Irak), Louvre Museum, AO 21118, Vorderasiatisches Museum in Berlin, 1936 Foto: Jastrow (2006), public domain

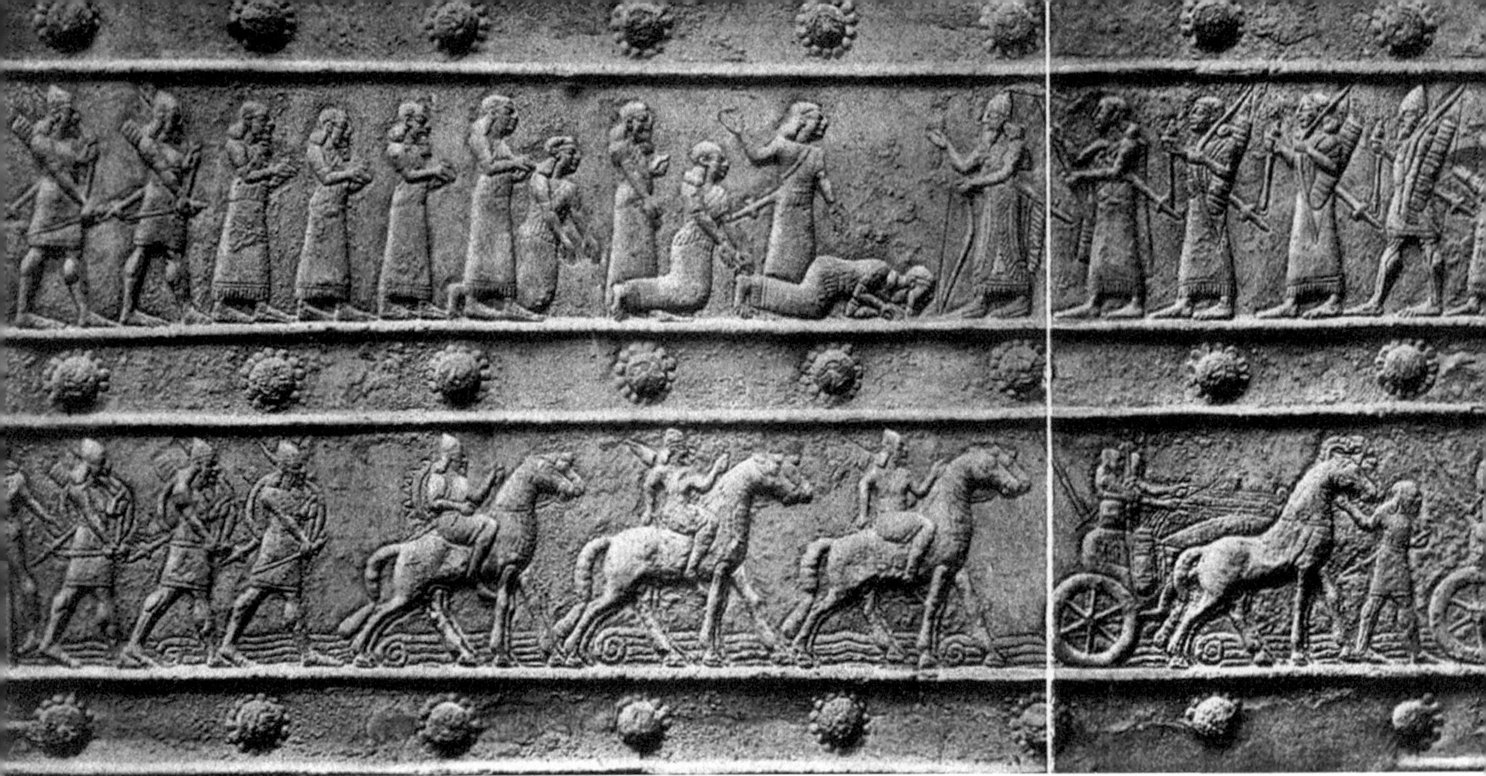

Abb. 19: Teil der Bronzebeschläge der Tore des Palasts Šulmanu-ašared III. in Imgur-Enlil (Balawat). Darstellungen des Empfangs von Gesandten durch Šulmanu-ašared III. 9 Jh. v. Chr. - Photo 1913, Foto: Eckhard Unger: Zum Bronzetor von Balawat. Beiträge zur Erklärung und Deutung der assyrischen Inschriften und Reliefs Salmanassars III. Eduard Pfeiffer, Leipzig 1913.public domain

wenjagd oder Reliefs mit von Pfeilen getroffenen Löwen und Löwinnen. Das Wappentier der Babylonier war der Löwe. Hier wird wahrscheinlich die Auseinandersetzung mit dem Rivalen im Süden auch mit den Mitteln der Kunst geführt. Im Jahr 612 v. u. Z.. gelingt den Babyloniern durch ein Bündnis mit dem persischen Elam-Reich die Einnahme und Zerstörung Ninives. Die Stadt wurde nicht wieder aufgebaut.

Babylon wurde die beherrschende Macht im Zweistromland. Das nutzte vor allem Nebukadnezar II. während seiner Herrschaft von 605 bis 562 v. u. Z. mit einem gewaltigem Bauprogramm, Babylon zu einer prachtvollen Residenz zur Machtdarstellung seines Königtums zu verwandeln. Er vergrößerte viele von seinem Vater Nabopolassar begonnene Bauprojekte gigantisch. Durch reiche Kriegsbeute und durch Tribute aus den Provinzen und Vasallenstaaten wurde das gewaltige Bauprogramm realisiert. Auch die Bauarbeiter (oder besser Bausklaven) wurden in den Kriegszügen, die Nebukadnezar II. mindestens einmal pro Jahr unternahm, rekrutiert. Nebukadnezar feiert sich in einer Inschrift mit den Worten: „Ferne Länder, entlegene Gebirge vom oberen Meer bis zum unteren Meer, schwierige Wege, verschlossene Pfade, wo der Schritt schwer wird und der Tritt verwehrt ist, durstreiche Strecken wurden durchzogen und die Unbotmäßigen getötet, Feinde gefangen, das Land habe ich recht geleitet und das Volk üppig gedeihen lassen."

Zentrum von Babylon war der Zikkuratbau, der in der Bibel erwähnte Turmbau zu Babel, das größte aus gebrannten Lehmziegeln hergestellte Bauwerk Mesopotamiens. Dieser Bau überragte mit einer Höhe von 92 Metern alle anderen Bauten und war in der Ebene des Zweistromlands schon in einer Entfernung von 30 Kilometern zu sehen. Die Grundfläche des Turmbaus betrug ebenfalls 92 mal 92 Meter. In der Spitze des Bauwerks stand das Heiligtum für den babylonischen Götterkönig und Stadtgott Marduk. Schon in der Antike wurde der Turm zu Babel als Weltwunder beschrieben.

Der Tempelkomplex für Marduk, zu dem der Turm als zentraler Bestandteil gehörte, wurde von Nebukadnezar großzügig erneuert und erweitertet. Vom Tempelkomplex startete auch die Prozessionsstraße, auf der die wichtigsten kultischen Umzüge zu Ehren der Götter und des Königs organisiert wurden. Einen Teil der Prozessionsstraße stellte das Istar-Tor mit farbig glasierten Ziegeln an den Außenmauern und Innenwänden dar.

Der alte Königspalast wurde von Nebukadnezar monumental erweitert. Zentrum war der etwa 900 Quadratmeter große Thronsaal, der mit imposanten Reliefs aus glasierten Ziegeln geschmückt wurde. Die Südburg diente als Residenz und Verwaltungszentrum. Nach Norden schlossen sich die Festungskomplexe der Hauptburg und der Nordburg an. Beide sicherten zwei riesige Vorwerke. Im Norden der Stadt errichtete Nebukadnezar außerdem einen neuen Sommerpalast. Der Dachgarten der Südburg, so glauben einige Archäologen, sei mit seiner aufwendigen Architektur und Bewässerungstechnik das Weltwunder der Hängenden Gärten der Semiramis gewesen. Das ist allerdings umstritten. So legte die britische Assyrologin Stephanie Dalley Belege dafür vor, dass die Berichte der Hängenden Gärten von Babylon eigentlich die Gartenanlagen des Palastes von Sanherib in Ninive beschreiben. Der neuassyrische König Sanherib hatte in den Jahren 703 und 690 umfangreiche Be-

wässerungsanlagen bauen lassen. Auch der Name Semiramis bezeichne eine Assyrerin. Die Bautätigkeit Nebukadnezars konzentrierte sich aber nicht nur auf Babylon. So errichtete er Zikkurate, Paläste und Tempel in Borsippa, Uruk, Ur, Larsa, Sippar. 60 Kilometer nördlich vor Babylon ließ er eine vom Euphrat zum Tigris reichende massive Befestigungsmauer errichten. Antike Reisende berichteten, dass diese Mauer eine Höhe von 30 Meter besessen haben soll. Die Höhe der babylonischen Stadtmauern und der Tempel, die Monumentalität der Anlagen, die klare Gliederung vom Zentrum des Zikkurats aus: Alles ist dem Prinzip des Gott-Königtums untergeordnet und sorgt für eine klare Hierarchisierung der Gesellschaft. Selbst wo es um Verzierung geht, ist die Drohgebärde unübersehbar: Die Schrecken erregenden Fabelwesen und Löwen am Istar-Tor sind wie in einer Schlachtordnung gereiht. Sie sind Hüter einer Sphäre der Macht. Sie wehren ab, sie repräsentieren Kraft, sie zelebrieren dem Herrscher.

Fantastische Fabelwesen werden erdacht, zusammengesetzt aus wilden, Furcht erregenden Tieren: Sie dienen dem einen Herrscher. Er hat sie sich untertan und gefügig gemacht. Die imaginierten Bilder sind Spiegelbild der weltlichen Tyrannei. Die Bilderwelten legen ein strenges System hierarchisch geordneter Gefolgschaft fest. Das Bild wird Mittel der Bewusstseinsproduktion. Der Herrscher wird als von Gott beauftragt dargestellt. Als sein Stellvertreter ordnet der Despot jetzt die Gesellschaft. Die Religion ist der Herrscher-Kult, der in der Kunst ritualisiert wird – und keinen Widerspruch duldet.

Es haben sich bedeutende Umwälzungen in der menschlichen Ordnung ergeben:
1. Die matrilineare Ausrichtung wird abgelöst durch die patriarchalische. Damit ist aber eine Subordination der Frau und eine Hierarchisierung der Gesellschaft gegeben. Die Kleinfamilie neuen Typus

entsteht und damit eine vollkommen andere soziale Prägung der Individuen und des Kindes. So hat zum Beispiel der sogenannte Ödipus-Komplex überhaupt keine soziale Grundlage in einer matrilinear ausgerichteten Gemeinschaft. Diese patriarchalische neue Ordnung ist keine Selbstverständlichkeit: Sonst wären die drakonischen Strafen vor allem für die Frauen beim Ehebruch nicht notwendig.

2. Die Einordnung des Menschen erfolgt jetzt entsprechend seiner Ortszugehörigkeit und seines Besitzes.

Nicht mehr die Blutsverwandtschaft in der Mutterlinie sondern der Besitz an Grund und Boden bestimmt die Stellung des Einzelnen. Grundlage der neuen Ordnung bildet die Arbeit. Wer nicht arbeitet, wird aus der Gemeinschaft ausgestoßen, er ist damit dem Tode geweiht. Durch die Staatsgewalt wird die Verteilung des durch gemeinschaftliche Arbeit geschaffenen Reichtums geregelt. Auch dazu sind Gesetze mit der Todesstrafe notwendig, die die Einzelnen zwingen, sich an die strengen Regeln zu halten. Die zu entrichtenden Abgaben sind Opfer an die höchste gesellschaftliche Instanz, den Gott-König. Die Gesetze bekommen einen ideologisch-religiösen Anstrich, es sind die Gesetze Marduks.

Gleichzeitig können sich nur in einer Stadt die Vorteile der gemeinschaftlichen Arbeitsteilung voll entwickeln. Weberei, die Kleiderherstellung, Töpferei, Metallwirtschaft, Herstellung der verschiedenen Nahrungsmittel erleben eine Blüte. Die Produkte werden privat hergestellt und werden für den Austausch produziert, sie werden gekennzeichnet, bekommen „einen Stempel aufgedrückt". Die weit verbreitete Siegel-Kunst im vorderasiatischen Raum hat hier ihren Ursprung. Diese private Herstellung entfaltet die Fähigkeiten der Produzenten und ist die Grundlage zur Individuation und zur Entfaltung der Individualität. Die Möglichkeit der individuell erlebten Schönheit wird geschaffen. Der Keim, die Welt des Gegenständlichen individuell als schön zu begreifen, ist vorhanden und findet im Schmuck (in Siegel-Ringen), im Handwerk seinen Ausdruck. Im gestalteten Bild kann die Individualität noch nicht erscheinen – sie wird durch die reglementierende gesellschaftliche Ordnung und die Zwangsmaßnahmen des Königs zu stark eingeschränkt. „Kunst" wird fast ausschließlich im Auftrag des Königs unter ideologisch-propagandistischen Vorgaben produziert.

3. Mit der Herausbildung des Staates entstehen auch die ihn stützenden Institutionen, allen voran der institutionalisierte Kriegs„dienst".

Gefolgschaft und bedingungsloser Gehorsam werden unter Androhung der Todesstrafe erzwungen. Mit Drill werden die Selbstbehauptungskräfte des Einzelnen gebrochen. Gleichzeitig wird der Gott-König als oberster Feldherr und Held stilisiert: Der Helden-Mythus wird entwi-

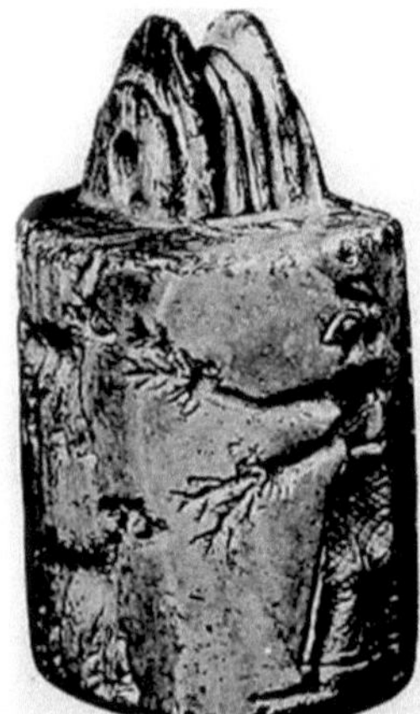

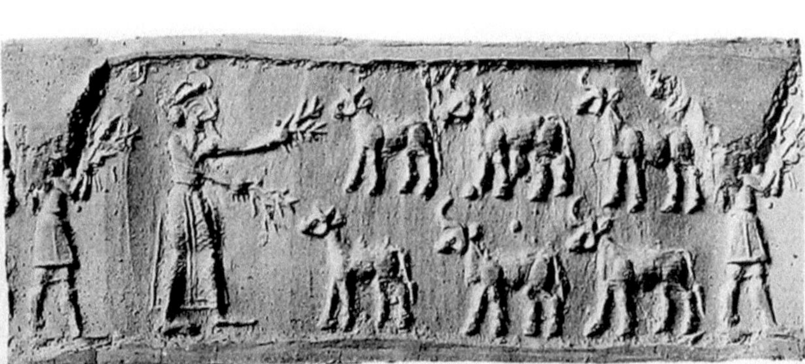

Abb. 20: Rollsiegel, Yale University. Uruk Periode, Babylonische Inschriften aus der Sammlung von James B. Nies, Yale University Published in 1917, Author: Nies, James Buchanan, 1856-1922, Public domain

ckelt und verleiht dem Anführer schier unüberwindliche, göttliche Kräfte.

Der hierarchischen Gliederung vom König aus verdankt das Beamtentum seine herausragende Stellung: die Berater, Schatzmeister und Abgabeneintreiber, Schreiber. Die gesellschaftliche Ordnung wird nicht begriffen und wird als von Gott gestiftet verklärt. Diese Aura färbt auf die Beamtenschaft ab und wird gleichzeitig von den Machthabern bewusst in der Kunst produziert.

4. Die Religion wird geschaffen. Die für das einzelne Individuum irrationale Gewaltherrschaft und Despotie braucht zu ihrer Legitimation die mythologische Verklärung, die Einübung des Irrationalen mittels Mythos und Ritus. Die Priesterschaft erfüllt diese Funktion mit ihren Zeremonien und übt rituelle Gewalt auf die Untertanen aus.

Die große Bedeutung des Zweistromlands ergibt sich daraus, dass die dort entwickelten und ritualisierten

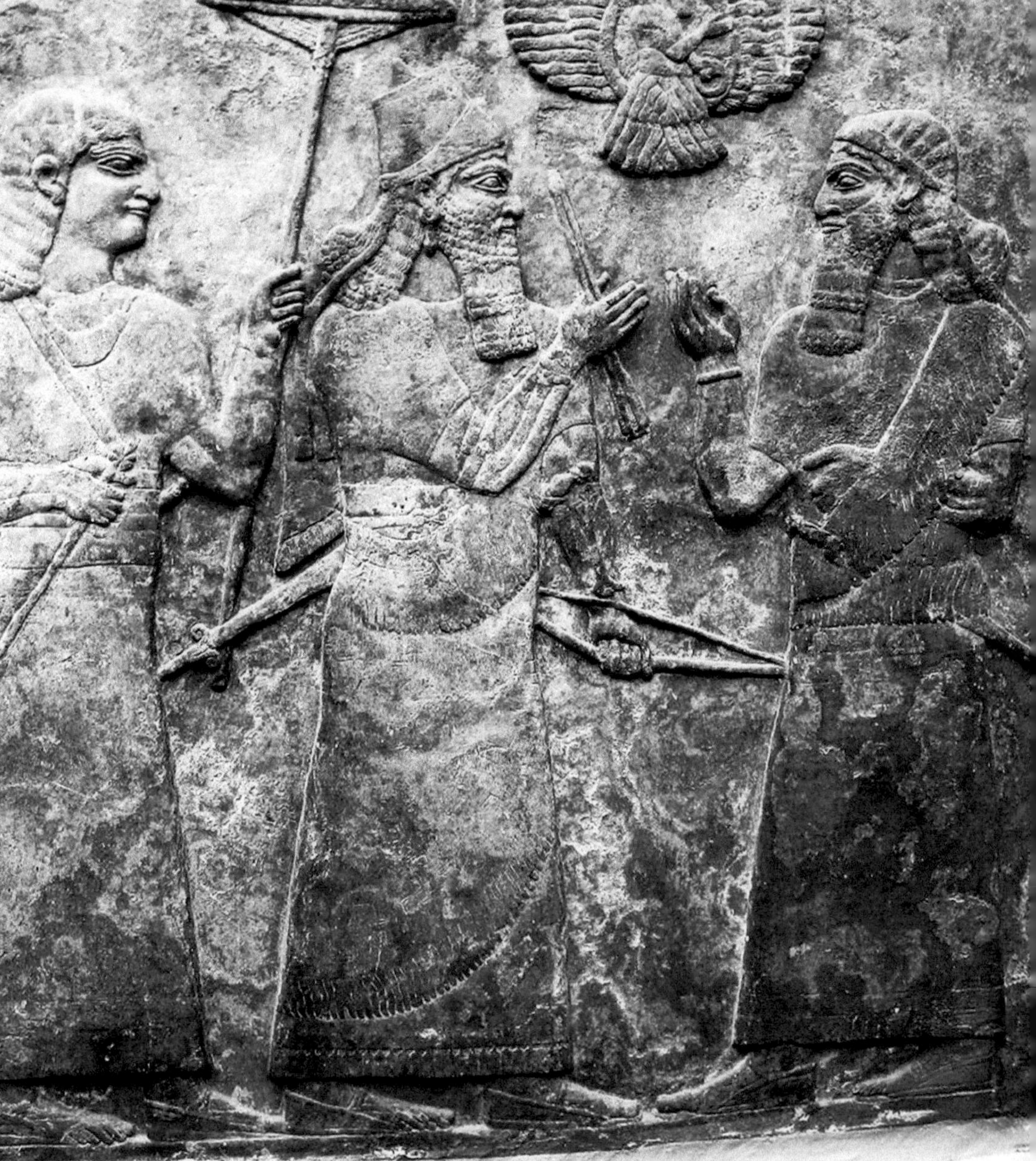

Abb. 21: König Assur-Nasir-Pal II. des Assyrischen Reiches trifft einen hohen Beamten während einer Parade von Soldaten und Kriegsgefangenen. Er wird von einem Schirmträger begleitet und von einer geflügelten Gottheit bewacht. Er hält einen Bogen und zwei Pfeile in der Hand; sie symbolisieren den Sieg in der Schlacht. Aus dem Nordwestpalast in Nimrud. 865-860 v. Chr.; jetzt im British Museum, public domain, Foto: ChrisO

35

Gottesvorstellungen eine Vorlage für das religiöse Brauchtum im gesamten Alten Orient wurde – auch und besonders für die Legendenbildung im Alten Testament. Der Altorientalist Manfried Dietrich ist der Ansicht, dass der Garten Eden in der Schöpfungsgeschichte des Alten Testaments der Tempelgarten der mesopotamischen Stadt Eridu ist. Die Gesetzestafeln des Hammurapi tauchen bei Moses wieder auf, genauso wie die Sintflut und die Schöpfung des Menschen. Auch der Religionswissenschaftler Bernhard Lang legt in seinem Buch „Jahwe, der biblische Gott: ein Porträt" dar, dass die Eigenschaften des Gottes Jahwe denen der mesopotamischen Götter gleichen: Der Gott-Herrscher ist weise und hat die Welt erschaffen. Er sorgt sich um sein Staatsvolk. Er ist ein zorniger Krieger und zerschmettert seine Feinde. Er ist ein Lebensgott, der Fruchtbarkeit und Fülle spendet: Als „Herr der Tiere" sorgt er für die Vermehrung.

Auch der Held und Krieger wurde im Zweistromland geboren. Der Psychologe Carl Gustav Jung idealisiert beschönigend: „Der universale Heldenmythos zum Beispiel entwirft das Bild eines mächtigen Mannes oder Gottmenschen, der alles personifizierbare Böse, sowie alle Arten von Feinden, Drachen, Schlangen, Ungeheuern und Dämonen besiegt und sein Volk von Vernichtung und Tod befreit. Die Erzählung oder rituelle Wiederholung heiliger Texte und Zeremonien und die Verehrung einer solchen Figur durch Tänze, Musik, Hymnen, Gebete und Opfer erfüllt die Zuschauer mit numinosen Gefühlen und erhebt das Individuum bis zur Identifikation mit dem Helden." (Jung, S. 62) Jung versteht die Funktion des Mythos nicht, es geht um die bewusste Produktion von numinosen Gefühlen im Sinn einer entstehenden vom Gott-König dominierten Gesellschaft. „Alles personifizierbare Böse" wird dazu missbraucht, um das Bild des „Gottmenschen" zu produzieren und seine Gewaltherrschaft zu legitimieren. Riten, Zeremonien, Gebete und Opfer dienen dazu, Rationalität auszuschließen und statt dessen zur Identifikation mit Macht und Gewalt anzustiften. Nicht Schaffung von Bewusstheit ist das Ziel sondern im Gegenteil Produktion von Unbewusstheit. Die Kunst wird in den Dienst der Schaffung von gesellschaftlicher Unbewusstheit gestellt. Wenn Jung dann noch schreibt: „Die Heldenfigur ist eine typische Imago, die seit undenklichen Zeiten existiert. Ich nenne sie einen Archetypus (von griechisch arche, Anfang), worunter ich eine präexistente Neigung des menschlichen Geistes verstehe, mythische Vorstellungen zu bilden [...] Genau wie die Instinkte sind auch die kollektiven Gedankenmuster angeboren und ererbt [...]" (ebd. S. 55 und 58), dann bereitet er auch „wissenschaftlich" den Weg zu Hitlers Legendenbildung und den Mythen der „germanischen Seele". „Kollektive Gedankenmuster" können gar nicht angeboren sein, hat die Neurobiologie längst nachgewiesen. Und wenn er „die Instinkte" – die beim Menschen immer gesellschaftlich geformt und geprägt werden – in Zusammenhang mit den „ererbten", „kollektiven Gedankenmustern" bringt, dann ist es nur ein kleiner Schritt zum Sozialdarwinismus.

Der Bezug auf die Gegenwart ist berechtigt: Die dämonisch-ideologisch verbrämte Gewalt- und Machtbildsprache (Adler und bestimmte Runenzeichen) der vorderasiatischen Kunst mit Mythen und Legenden erlaubt, Parallelen zu den Legendenbildungen der Despoten des 20. Jahrhunderts zu ziehen. Wenn Wissenschaftler wie Carl Gustav Jung dies als „ewigmenschlich" und „vererbt" zu legitimieren versuchen, muss dem entschieden widersprochen werden: In einem historisch kurzen Zeitraum mit nachvollziehbaren Umwälzungen und ideologischer Umkehrung bisheriger Wertvorstellungen konnte eine derartige Macht- und Gewalt-Ideologie entwickelt werden, die ihre Entsprechung in der Kunst der Zeit hatte und hat.

Die ägyptische Kunst brütet religiöse Widersprüche aus

Die Entwicklung in Ägypten zeigt in der Fayum- und Merimde-Kultur ab 6.000 v. u. Z. die typisch neolithische Lebensweise. Ackerbau wurde betrieben und eine einfache, undekorierte Keramik hergestellt. Frauenfiguren zeugen von einer matrilinearen Ausrichtung der Gemeinschaften. Ab 4.500 v. u. Z. gab es Anfänge der Kupferverarbeitung in der Badari-Kultur. Dieser folgte die Negade-Kultur ab 4.000 bis rund 3.000 v. u. Z., in der dann bedeutende Veränderungen der ägyptischen Gemeinschaften mit städtischen Ballungszentren erfolgten. Nach Schätzungen in der ägyptologischen Literatur lebten um 5.000 v. u. Z. rund 100.000 Menschen im Niltal, um 4.000 v. u. Z. schon 250.000, um dann 3.000 v. u. Z. auf rund eine Million Menschen geradezu zu explodieren. Im dritten Jahrtausend wuchs die Anzahl weiter an und erreichte mit rund drei Millionen Menschen (einschließlich nubischer Provinzen) einen Höchststand. Das Bevölkerungswachstum war auch durch die im 4. Jahrtausend rasch fortschreitende Austrocknung der Sahara verursacht.

In diesem Prozess bildeten sich Ballungszentren im Niltal heraus. Eines davon war Hierakonpolis, das dann die Hauptstadt von Oberägypten wurde. Aufschluss über das Ausmaß der eingetretenen sozialen Hierarchisierung und den Machtbereich eines Einzelnen gibt das Grab von Skorpion I., ein altägyptischer König aus der vordynastischen Zeit um 3.200 v. u. Z.., dessen Herrschaftsbereich die Gebiete Hierakonpolis, Neqada, Abydos und Elephantine umfasste. Das Grab mit zwölf Kammern war acht mal zehn Meter groß.

Die Grabbeigaben waren 400 Weinkrüge mit einem Fassungsvermögen von 4.000 Litern, Elfenbeintafeln, ein Königszepter und Schreine. Vor allem in der ersten Dynastie wurde Umm el-Qaab dann die Begräbnisstätte vieler ägyptischer Könige.

In der ägyptischen Mythologie bricht das matrilineare Weltbild mächtig durch, wird aber durch eine verwirrende Vielzahl von Göttinnen und Göttern und durch Uminterpretationen verdeckt. Das ordnende Prinzip, Repräsentantin der kosmologischen Ordnung ist die Göttin Maat. Nur dank dieser Ordnung geht die Sonne auf. Maat schillert in einer Vielzahl von Stellungen und Charakterisierungen: Götterkönigin, Tochter des Schöpfergottes Re, dann ist sie wieder Lebenskraftspenderin des Re oder gar Mutter des Re, Gemahlin von Thot, der die Beschlüsse des Sonnengottes ausführt. In wieder anderen Mythen tritt sie die Nachfolge von Thot an. Sie ist die Richterin beim Totengericht, also nach den religiösen Vorstellungen der Ägypter die wichtigste Instanz. Die Feder der Maat wird beim Totengericht gegen das Herz des Verstorbenen gewogen und entscheidet über Seligkeit oder Verdammnis. Maat ist das Prinzip der Ordnung, der Wahrheit und der Gerechtigkeit. Dieses Ideal hat allerdings eine Schwester: Isfet, das Chaos. Und es bekommt einen König. Die Götterwelt wird als Abbild der irdischen Ordnung gedacht. Der oberste Gott Re sorgt dafür, dass Maat die Oberhand behält. Wie im Himmel, so auf Erden: „Re hat den König eingesetzt auf der Erde der Lebenden für immer und ewig, beim Rechtsprechen der Menschen, beim Befrieden der

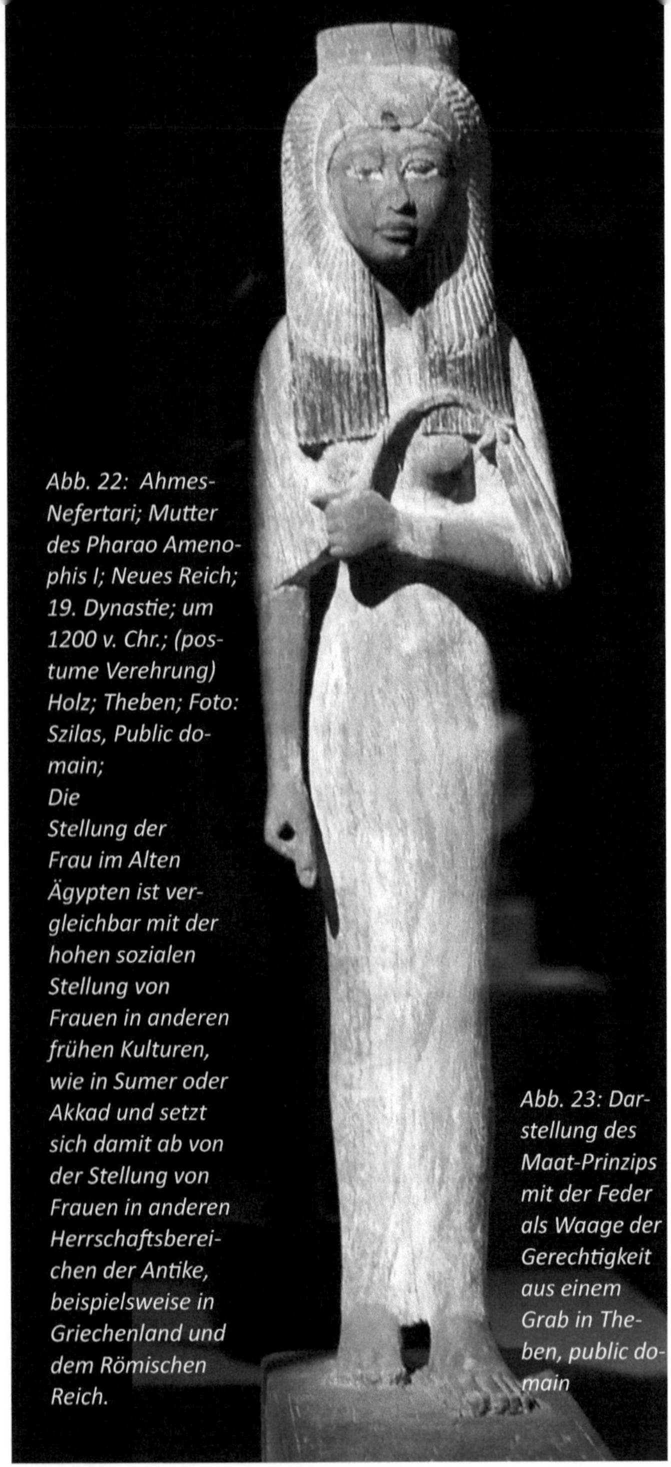

Abb. 22: Ahmes-Nefertari; Mutter des Pharao Amenophis I; Neues Reich; 19. Dynastie; um 1200 v. Chr.; (postume Verehrung) Holz; Theben; Foto: Szilas, Public domain;

Die Stellung der Frau im Alten Ägypten ist vergleichbar mit der hohen sozialen Stellung von Frauen in anderen frühen Kulturen, wie in Sumer oder Akkad und setzt sich damit ab von der Stellung von Frauen in anderen Herrschaftsbereichen der Antike, beispielsweise in Griechenland und dem Römischen Reich.

Chronologie im Alten Ägypten

Zeitraum	Epoche	Dynastie
vor 4000 v. u. Z.	„Vorgeschichte"	
ca. 4000–3032 v. u. Z.	Prädynastische Zeit	0. Dynastie
ca. 3032–2707 v. u. Z.	Frühdynastische Zeit	1. bis 2. Dynastie
ca. 2707–2216 v. u. Z.	Altes Reich	3. bis 6. Dynastie
ca. 2216–2137 v. u. Z.	Erste Zwischenzeit:	7. bis 11. Dynastie
ca. 2137–1781 v. u. Z.	Mittleres Reich	11. bis 12. Dynastie
ca. 1648–1550 v. u. Z.	Zweite Zwischenzeit:	13. bis 17. Dynastie
ca. 1550–1070 v. u. Z.	Neues Reich	18. bis 20. Dynastie
ca. 1070–664 v. u. Z.	Dritte Zwischenzeit	21. bis 25. Dynastie
ca. 664–332 v. u. Z.	Spätzeit	26. bis 31. Dynastie
332 v. u. Z. bis 395 n.u. Z.	Griechisch-römische Zeit	

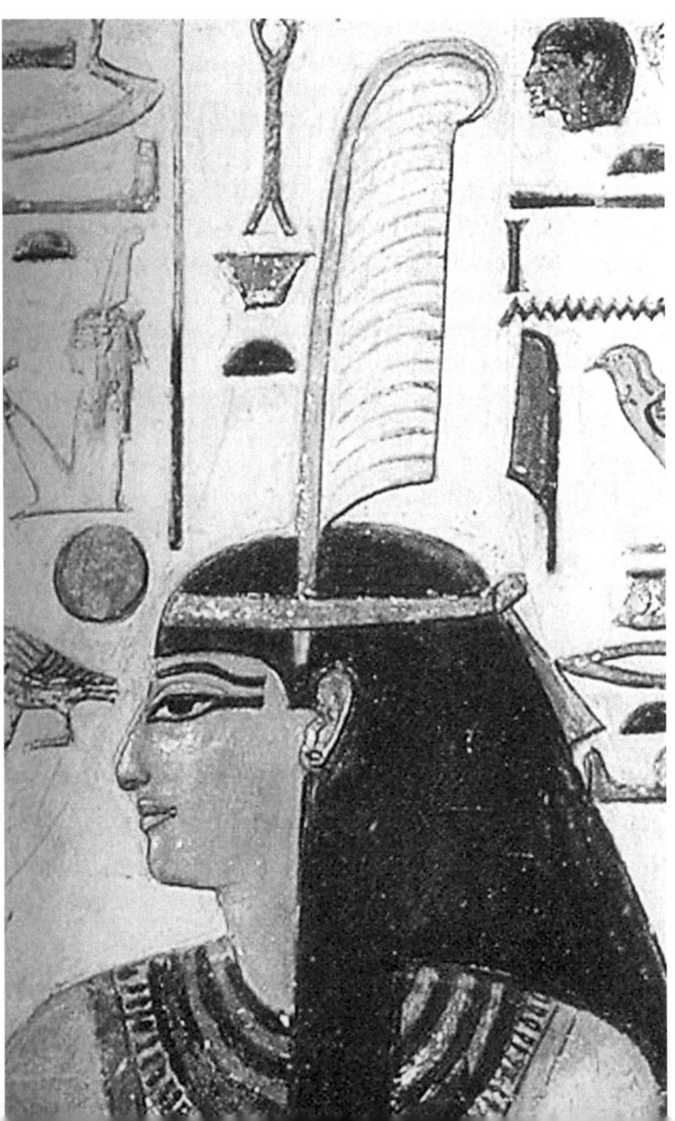

Abb. 23: Darstellung des Maat-Prinzips mit der Feder als Waage der Gerechtigkeit aus einem Grab in Theben, public domain

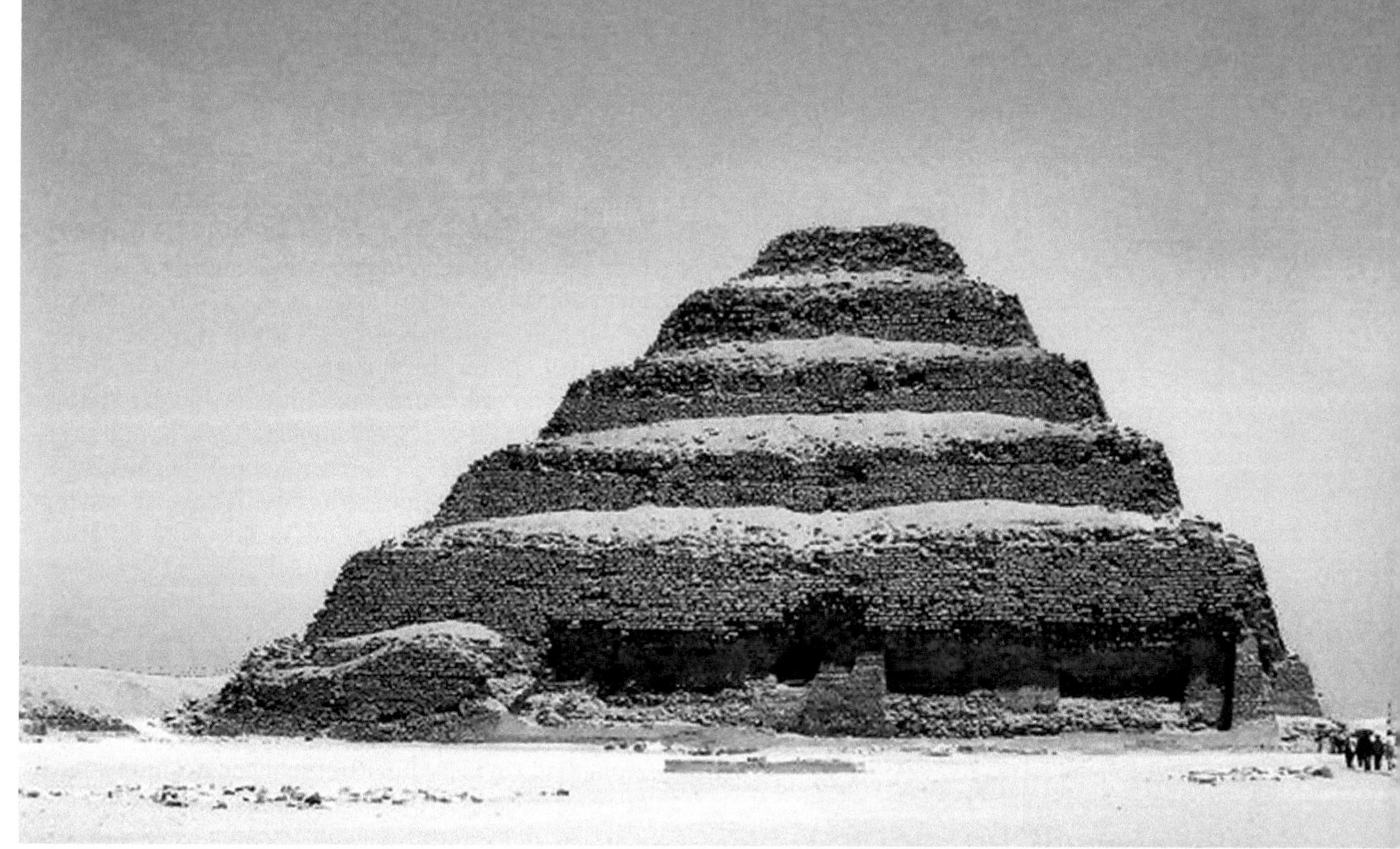

Abb. 24: Stufenpyramide von Saqqara, König Djoser, 3. Dynastie, Foto: Roidhun, CC BY-SA 3.0

Götter, bei dem Entstehenlassen der Maat, bei der Vernichtung von Isfet. Er (der König) gibt Gottesopfer den Göttern und Totenopfer des Verklärten. Der Name des Königs ist im Himmel wie (der des) Re." (Wikipedia)

Dieses Maat-Prinzip der Ordnung und Gerechtigkeit ist im ganzen alten Ägypten vom Alten Reich vor 3.000 bis 500 Jahren vor unserer Zeit (v. u. Z.) die vorherrschende Ideologie. Daneben tummelt sich aber eine Vielzahl von Göttern, größtenteils von lokaler Herkunft. Auch der oberste Gott Re wechselt je nach Lokalität seinen Namen. In dem späteren Hauptsitz der Priesterschaft Theben heißt dann der Herrscher aller Herrscher im Himmel Atum. Es fällt auf, dass die frühesten ägyptischen Statuen Tiere darstellen. Und die Götter, vor allem im Alten Reich, haben einen Menschenkörper, anstelle des menschlichen Kopfes thront aber ein Tier: Amun ist ein Widder, Thot hat einen Ibiskopf, die Göttin Sachmet ist eine Löwin, den Totengott Anubis ziert ein Schakalskopf, Horus oder Harachte verschönt ein Falkenkopf. Es sind alles keine domestizierten Tiere, es sind Tiere aus der Jäger- und Sammlerzeit. Der Kunsthistoriker Richard Hamann wundert sich: „Der Leib des Gottes wird zum Menschen, der Kopf aber, der gleichsam Namen und Herkunft des Gottes bezeichnet, bleibt der des Tieres." (Hamann, S. 104) Er hat die Antwort seines Rätsels, das er nicht löst, allerdings schon in seinem Satz verborgen. Der Kopf bezeichnet „Namen und Herkunft".

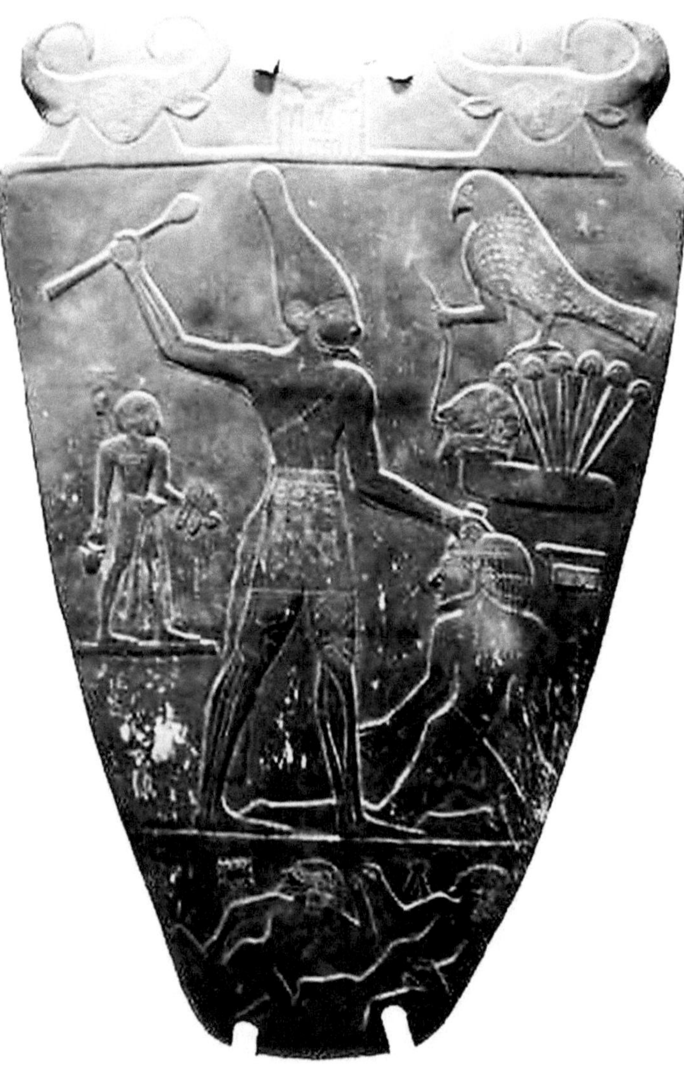

Abb. 25: Die Narmer-Palette zeigt, wie der Herrscher einen Feind mit der Keule erschlägt, public domain, Foto: Csernica & Jeff Dahl & Captmondo, this version by Bartje

In Zeiten des matrilinearen Weltbildes gaben sich die blutsverwandten Gemeinschaften einen Namen, in diesem Fall einen Tiernamen, sie kennzeichneten ihre Gemeinschaft mit einem sogenannten Totemtier. In den Zeiten, in denen sich die patriarchalische Abstammung und die Ortsansässigkeit durchgesetzt hatte, war diese Kennzeichnung sinnlos geworden, sie wurde auch von den Menschen vergessen und nicht mehr verstanden. Aber die Bilder wirkten nach: Aus einfachen Kennzeichen, aus Namen werden Götter. Diese Wandlung zeigt auch, dass die alten Ägypter ihre neue Gesellschaftlichkeit, ihre neue Ordnung nicht begriffen haben. Das neue Reich mit dem König an der Spitze wird als von der „Natur" gegeben gedacht, die „Natur" produziert die menschlichen Götter. Nur der Herrscher dreht das Bild um. Bei der Sphinx von Gise (2.600 v. u. Z.) symbolisiert Macht und Erhabenheit der Kopf des Pharaos Cheops, die gewaltige Stärke der Natur demonstriert der riesige Löwenkörper. Diese 70 Meter lange und 20 Meter hohe Statue zeugt noch heute, 4.600 Jahre seit der Zeit des Entstehens, von der unüberwindlichen Größe und Stärke des mythischen Gottes Cheops in der Gestalt des Löwenmenschen. Der Löwe ist bis heute das Symbol der Macht und ein Wappentier der Herrscher.

Woher rührte diese übermenschliche Kraft und Macht des Gottes Cheops, die sich noch heute in der Sphinx von Gise zeigt? Natürlich von den Menschen, die unter seinem Oberbefehl standen und die in Ägypten den ersten großen, dauerhaft beständigen Territorialstaat der Menschheitsgeschichte bildeten. Die Quelle des Lebens war der Nil, die Arbeitsteilung und die Arbeitsorganisation. Die „Ordnung der Maat" waren der Ursprung der Mehrproduktion und des Reichtums – allerdings nur für wenige. Um 3.400 v. u. Z. begann von der „Falkenstadt" Hierakonpolis bei Luxor aus der Kampf um die Vorherrschaft am Nil. Deshalb ist der Falke auch Kennzeichen vieler Pharaonen. Der Hierarchie des Heeres entsprach die Hierarchie der frühen „Beamtenschaft" – die Schreiber sorgen für die Registrierung und Eintreibung der Abgaben. Die Hieroglyphen-Bilderschrift entsteht um 3.300 v. u. Z.. Um 3.050 v. u. Z. einigte Pharao Narmer dann das Reich. Die Bilder zeigen, wie er mit der Keule seine Feinde erschlägt, er wird Herrscher der beiden Länder Ober-

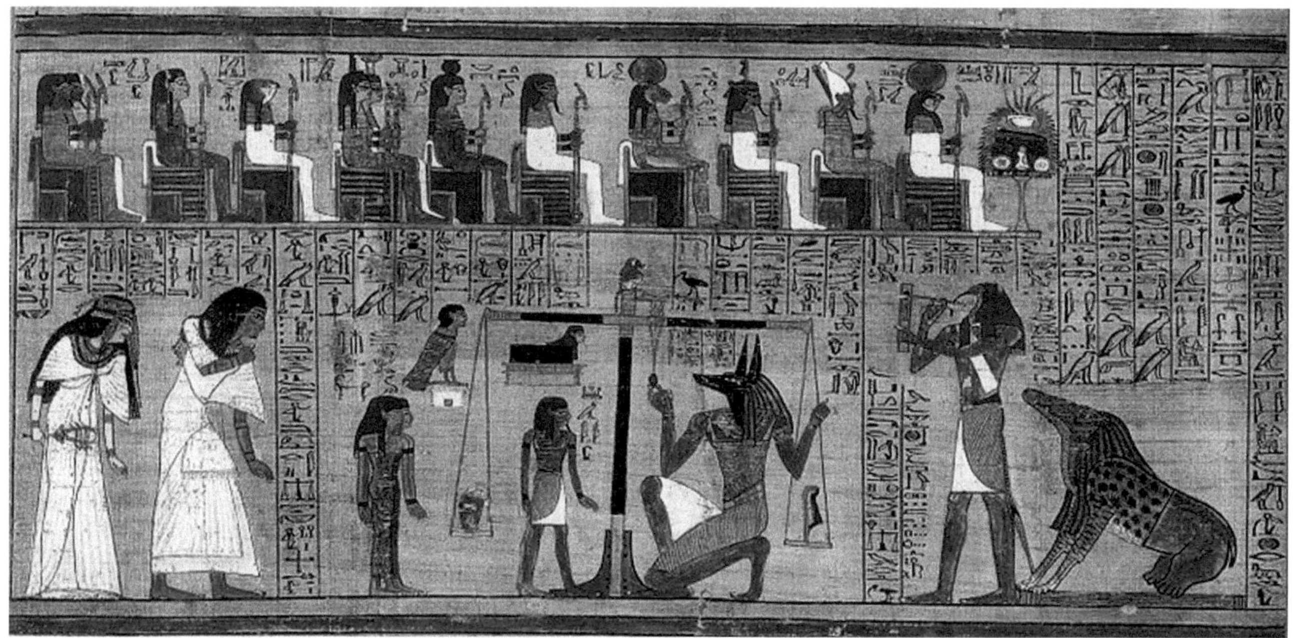

Abb. 26: Das Wiegen des Herzens aus dem Totenbuch des Ani. Links betreten Ani und seine Frau den Raum. Im Zentrum wiegt Anubis das Herz von Ani mit der Feder von Maat, beobachtet von den Göttinnen Renenutet und Meshkenet. Rechts wartet das Monster Ammut, der Anis Seele verschlingen wird, falls er für unwürdig befunden wird. Der Gott Thoth bereitet sich vor, das Urteil aufzuzeichnen. Oben agieren die Götter als Richter: Hu und Sia, Hathor, Horus, Isis and Nephthys, Nut, Geb, Tefnut, Shu, Atum und Ra-Horakhty. Foto: British Museum, public domain

und Unterägyptens. Der König kontrolliert die gesamte Wirtschaft bis zur Mittelmeerküste und konzentriert so eine fabelhafte Macht. Seine Speicher füllen sich mit den landwirtschaftlichen Produkten: Schafe, Schweine, Wein, Bohnen, Datteln, wird mit den Hieroglyphen registriert. Mit militärischer Gewalt wurde die Einheit des Reiches hergestellt, mit Gewalt wird die Ordnung aufrecht erhalten. Von dem Pharao Chasechemui, der 27 Jahre von 2.734 bis 2.707 v. u. Z. regierte, wird berichtet, dass genau 47.209 Feinde in seinen Schlachten getötet worden seien. Die Besonderheit des ägyptischen Territorialstaats erklärt sich aus der wirtschaftlichen Einheit und der relativen Abgeschlossenheit des Gebiets. Ägypten ist von Wüsten umgeben, eindringende Feinde mussten große Strapazen auf sich nehmen und konnten schon frühzeitig

entdeckt werden. Die Landwirtschaft konnte schon frühzeitig die Grundlage der Mehrproduktion und des Reichtums werden – und nicht wie bei den Stadtstaaten im vorderasiatischen Euphrat-Tigris-Gebiet vor allem die kriegerischen Feldzüge. In Ägypten bilden sich also unter der absoluten Herrschaft des Pharaos als gesellschaftlich bestimmende Institutionen nicht nur das Militär heraus, sondern auch das Beamtentum und die Priesterschaft.

Gewalt begründete die Einheit des Reiches und die Ideologie. Die von der Priesterschaft produzierte und verbreitete Mythologie erklärt, weshalb sich die Herrschaft über fast 3.000 Jahre halten konnte, weshalb die ägyptische Gesellschaft eine „kalte" und so stabile Kultur im Sinne von Levy-Strauß bilden konnte.

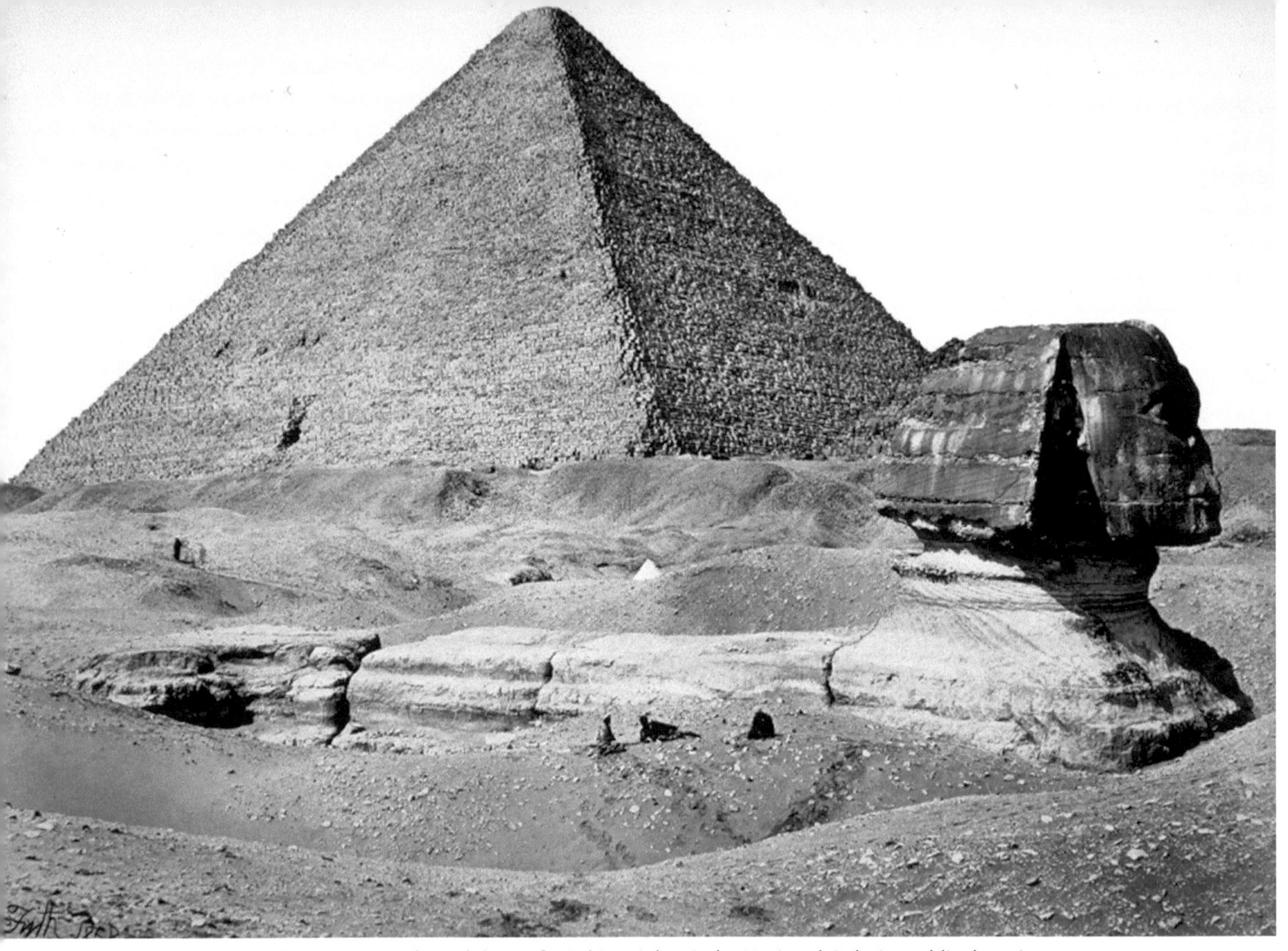

Abb. 27: Die große Cheops-Pyramide und die große Sphinx, Schottische National Galerie, public domain

Vergleichbar dem Schöpfungsmythos der Bibel erhob sich aus dem Urwasser oder der Urflut ein Hügel, ein Urhügel, der Ursprung der Welt. Auf diesem „Urhügel" formten dann auch die Götter aus Lehm den Menschen. Mehrere Städte Ägyptens beanspruchen, dieser „Urhügel" zu sein, allen voran der Ursprungsort der kriegerischen Auseinandersetzungen, die „Falkenstadt" Hierakonpolis. Der Pharao machte dieser Diskussion ein Ende: Er selbst ist der Anfang und das Ende der Welt. Mit der Pyramide ließ er den Urhügel errichten. Der Pharao Djoser, Nachfolger von Chasechemuis, kam als Erster auf die geniale Idee. Der Kunsthistoriker Richard Hamann berichtet darüber offensichtlich überwältigt: „Das erhabenste Beispiel dieser ägyptischen Kunst sind die Pyramiden, erhaben in ihrer absoluten Größe, Körper von berghaftem Ausmaß, von einer dreidimensional gleichmäßigen Formung, die kein Anderssein und kein Andersdenken gestattet, schlechthin logisch, unabdingbar und unerschütterlich. [...] Es ist die Form der Totenstarre, die dem im Block geformten Seienden mit der Unver-

änderlichkeit des Unbewegten und Unbeweg-
baren, mit der Notwendigkeit und Unabweis-
lichkeit der geometrischen Form und der breit
gelagerten schweren Masse die Ruhe des Un-
erschütterlichen und die Ewigkeit des Unver-
änderlichen mitteilt. Wo in dieser Form sich
der Welt einmal bekanntes Wesen birgt, da
verbürgt auch diesem die archaische Form
Ewigkeit und Dauer im Gedächtnis der Jahrtausende und wird zum Mal, zum Monument
für alle Nachlebenden." (Hamann, S. 62/63)

Genau das wollte Pharao Djoser erreichen: ein
Monument für alle Lebenden und Nachlebenden, absolute Größe, unabdingbar und unerschütterlich, Ewigkeit und Dauer. Vor allem
sollte kein Anderssein und kein Andersdenken
gestattet sein. 20.000 Menschen mussten 20
Jahre lang in der gleißenden Hitze Ägyptens
schuften, um dieses Monument des Größen-
wahns eines Herrschers zu errichten. Denn
gesellschaftlich war und ist dieses Bauwerk
vollkommen wertlos: Es ist das Grab eines
Mannes, der vorgab, Gott zu sein und mit Hilfe
dieser Konstruktion auch nach seinem Tod
Kontakt mit den Göttern im Himmel aufzunehmen. Den „Beweis" dafür, dass er durch ge-
heime Rituale, durch sein Gespräch mit den
Göttern die Weltordnung, die Maat, aufrecht
erhalte, ließ er 20 Jahre 20.000 Männer er-
bringen. Wer diesen Beweis nicht erschaffen
wollte, bekam die Peitsche zu spüren. Diese
Pyramiden-Monumente sind die Konstruktio-
nen einer gesellschaftlichen Ideologie, die Produktion
von gesellschaftlicher Unbewusstheit. Vor allem im
alten Ägypten sollte jeder angesichts dieser Bauwerke
in göttlicher Ehrfurcht erstarren. So überlegt Hamann
auch, dass „diese frühen Menschen vor der naturgege-
benen Masse gewaltiger Steinblöcke ein religiöses Ge-
fühl von göttlicher Größe und magischer Gewalt

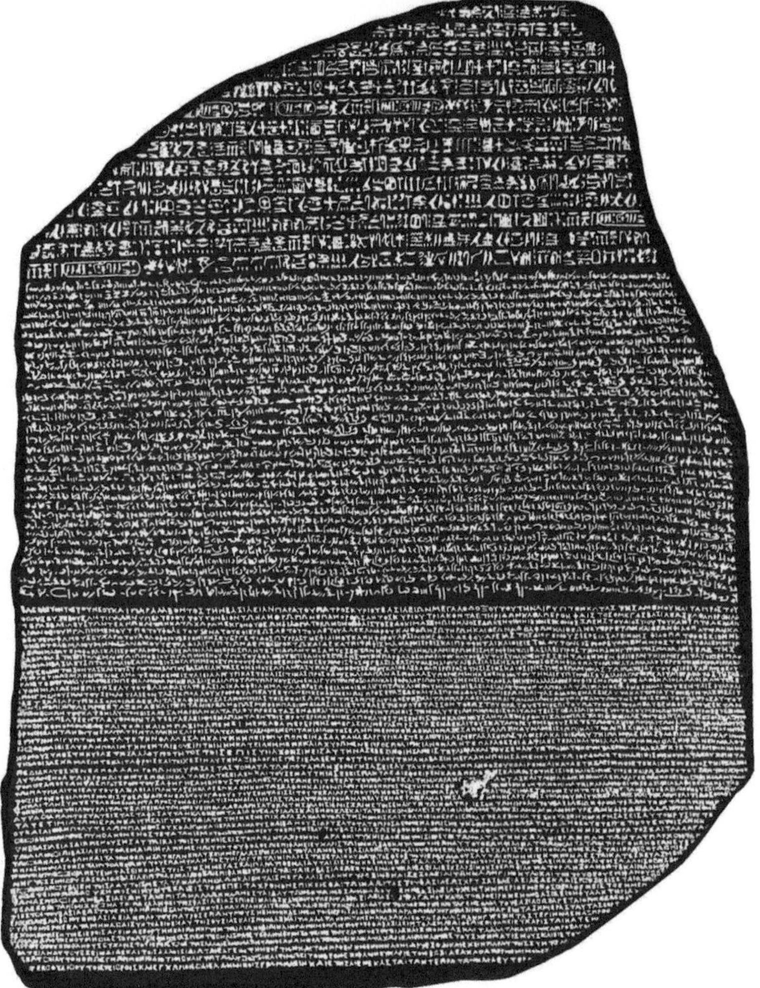

Abb. 28: Rosetta-Stein, der zur der Entschlüsselung der Hieroglyphen bei-
trug, weil der Text nicht nur in Hieroglyphen sondern auch in griechischer
Schrift notiert wurde. public domain

empfunden haben [müssen], von einer verehrungs-
würdigen, ihnen überlegenen Macht." (Hamann, S. 80)
Diese ihnen überlegene und von ihnen nicht verstan-
dene Macht war aber die gesellschaftliche Ordnung
mit dem Pharao an der Spitze. Sphinx und Pyramiden
waren in Stein gemeißelte Drohkulissen.

Wie aber kommt es zu diesen Größenwahnvorstellungen, so dass sich Menschen einbilden können, Götter und unsterblich zu sein? Der Psychoanalytiker Hans-Jürgen Wirth berichtet in „Narzissmus und Macht" von dem Historiker Ludwig Quidde (1858-1941) der schon 1894 eine kleine Schrift, Caligula, über römischen Cäsarenwahnsinn veröffentlichte. Diese Schrift erregte deshalb großes Aufsehen, weil Caligula die Züge der Physiognomie Wilhelms II., der den Ersten Weltkrieg anzettelte, trug. Quidde kennzeichnet Caligula mit „Größenwahn, gesteigert bis zur Selbstvergötterung, Missachtung jeder gesetzlichen Schranke und aller Rechte fremder Individualitäten, ziel- und sinnlose Grausamkeit", „unangemessene Prunk- und Verschwendungssucht" ... „bei Festen, Mahlzeiten und Geschenken, in Kleidung und Wohnung, [...] der Einrichtung seiner Paläste und Villen und der mit unsinnigem Luxus ausgestatteten Yachten [...] in riesenhaften Bauten und Bauprojekten". Quidde registriert einen „Heißhunger nach militärischen Triumphen". Er bemerkt, „die unterwürfige Verehrung aller derer, die sich an den Herrscher herandrängen – bringen ihm vollends die Vorstellung bei, ein über alle Menschen durch die Natur selbst erhobenes Wesen zu sein." (zit. n. Wirth S. 39/40)

Hans-Jürgen Wirth sieht den absoluten Herrscher in einem Teufelskreis gefangen: „Das Problem des mit aller Macht ausgestatteten Herrschers besteht jedoch darin, dass er nicht vermeiden kann, die Endlichkeit seiner Macht, nämlich die Endlichkeit, Hinfälligkeit und Verwundbarkeit seines eigenen Lebens zu realisieren." Diese Erkenntnis löse „paranoide Ängste und Verfolgungsideen aus, die mit einer weiteren Steigerung der narzisstischen Größenvorstellungen beantwortet wird". (ebd., S. 40)

Diese Gedankengänge leiten zu einem anderen Wesenszug der ägyptischen Kunst über: Sie ist nicht nur die Kunst der Herrscher, sie ist Grabeskunst, die Kunst eines gewaltigen Totenkults. Auch wenn sie sich

manchmal farbenfroh und diesseitsorientiert zeigt, sie zeugt ausschließlich von der Angst ihrer Auftraggeber vor dem Tod. Die Pharaonen und hohen Beamten wollten mit der Ausschmückung ihrer Gräber sicherstellen, dass sie im jenseitigen Leben genauso im Luxus schwelgen können wie auf Erden. Deshalb wird anfangs die Dienerschaft getötet, sie folgt dem Herrn in das „Jenseits". Deshalb werden später keine Kosten gescheut, um die Dienerschaft auf den Grabeswänden zu verewigen. Die Hierarchie ist klar ersichtlich: Der Hausherr wird groß dargestellt, die Herrin schon deutlich kleiner, wie aufgereiht und sehr klein die Bediensteten. Ein buntes Treiben herrscht auf den Ländereien, Diener bereiten Speisen und mästen die Tiere. Oder die Herrschaften feiern Feste – alles ist in Detailtreue festgehalten. Was jetzt so schön und verführerisch in den Hochglanzbüchern als ägyptische Kunst präsentiert wird, bekamen die alten Ägypter aber nicht zu sehen. Sie war in den Gräbern versteckt. Im Toten-Wohnhaus glaubte der alte reiche Ägypter sein bisheriges Leben weiter zu führen. Denn nur die Körperhülle, der Schatten und der Name starben, Ka, Ba und Ach aber waren unsterblich. Ka versorgte den Toten im Jenseits mit Nahrung, Ba sorgte für den Erhalt der persönlichen Ausstrahlung und Ach stellte die Verbindung zu den Göttern her. Diese Seelenwanderung von Ka, Ba und Ach konnte aber nur garantiert werden, wenn Maat im Totengericht ein positives Urteil gefällt hatte und Ka, Ba und Ach den Körper des Verstorbenen wiedererkennen konnten, er musste also balsamiert sein. Diese teuren Prozeduren konnten sich nur die Privilegierten leisten. Um sicher zu stellen, dass die Ka-Ba-Ach-Geister den Toten fanden, stellte man sicherheitshalber auch eine Statue neben die Totenstätte, die die Züge des Verstorbenen trug. Aus diesem Grunde erhielt der Bildhauer auch den Namen „Der am Leben erhält". Die narzisstischen Größenwahnvorstellungen führten also zu komplizierten illusionistischen Jenseitsvorstellungen, die von der Priesterschaft in aufwendigen Ritualen zelebriert und

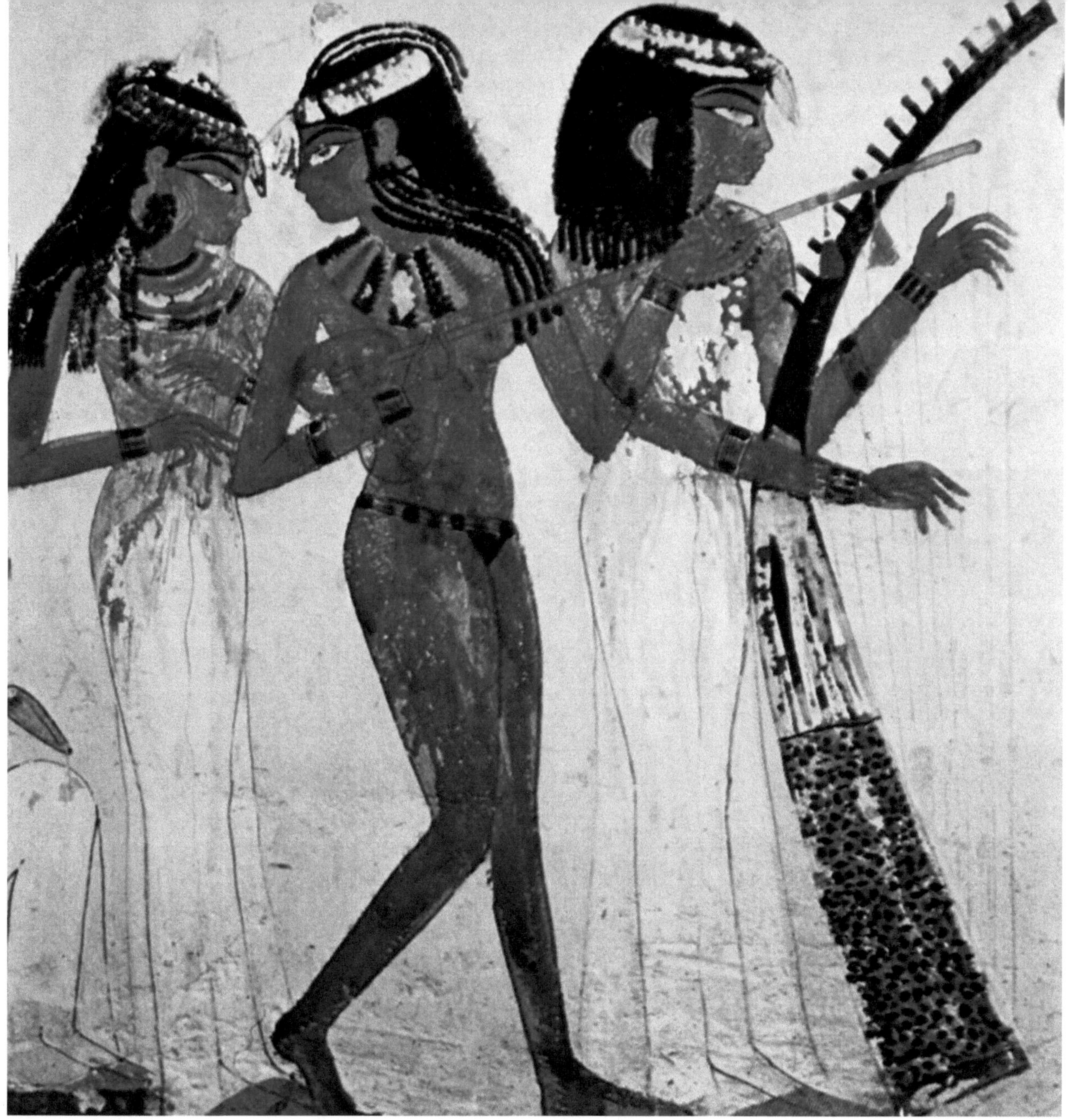

Abb. 29: Drei musizierende Mädchen, um 1395 v. u. Z., Ausschnitt aus einer Wandmalerei im Grab des Beamten und Priesters Nacht, Tempera auf Putz, Theben-West, Nr. 52. Dass die eine musizierende Frau nach hinten blickt, bedeutet einen Regelbruch in der ägyptischen Malerei, Foto: The Yorck Projekt, ISBN: 3936122202, public domain

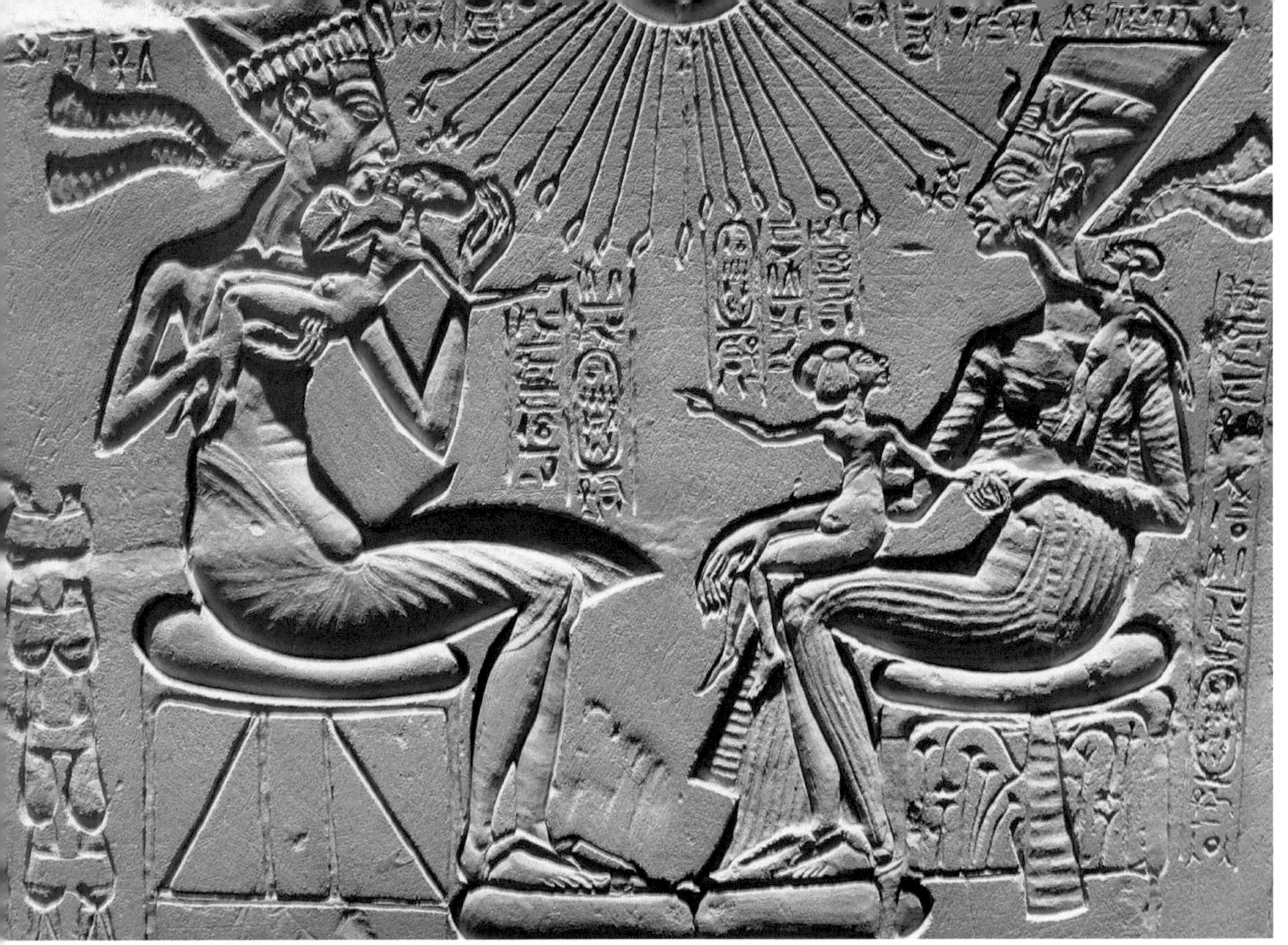

Abb. 30: Echnaton, Nofretete und drei ihrer Töchter, um 1340 v. u. Z., Kalkstein, Höhe 32.5 Zentimeter, Breite 39 Zentimeter, Staatliche Museen zu Berlin – Stiftung Preußischer Kulturbesitz, gefunden in Tell el-Amarna, Ägypten, Foto: Gerbil from de.wikipedia, CC BY-SA 3.0

so glaubhaft gemacht wurden.

Einmal im Jahr durften im Priesterzentrum Theben auch die Normal-Sterblichen die Aura des Göttlichen erahnen. Dann stimmten die Priester in dem Heiligen Bezirk des Amun – das 180 Meter lange und 100 Meter breite Tempelhaus lag im Zentrum Thebens – festliche Gesänge an und entzündeten Weihrauch. Nur gesungene Texte erreichten die Ohren der Götter. Die Priester waschen, salben und ölen ihre heiligen Sakramente und machen sich anschließend mit dem Kultbild, das in einer reich verzierten Truhe versteckt wird, auf zur Prozession zur ungefähr zehn Kilometer entfernten Totenstadt, auf einem Kanal, der eigens für diesen Zweck gebaut wurde. Oberster Wächter des Kultes ist der Pharao, der oberste Hohepriester ist

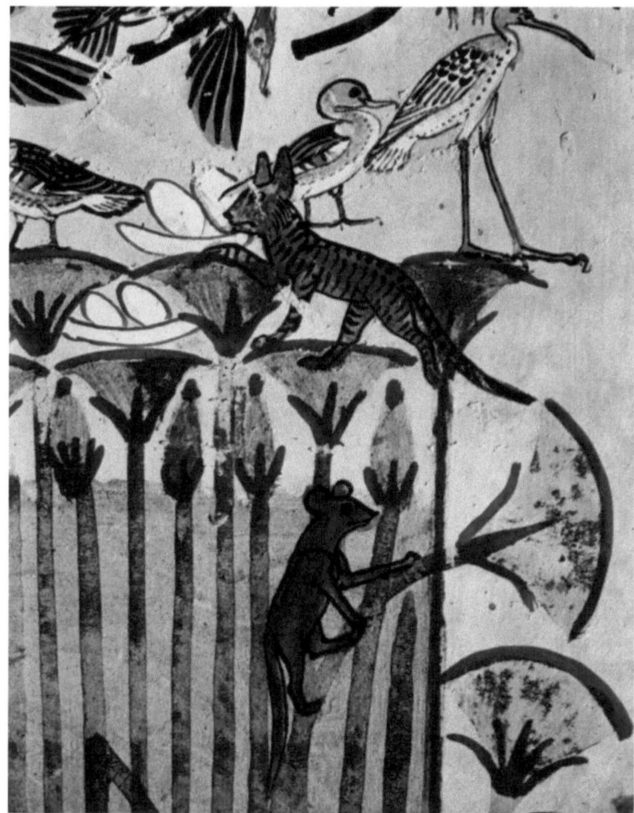

Abb. 31: Die Darstellung der Tiere in einer Grabkammer zeigen ein inniges Naturverständnis, die Schönheit der uns umgebenden Welt. Foto: The Yorck Projekt, ISBN: 3936122202 public domain

sein Diener und gleichzeitig „Türöffner des Himmels". In der Totenstadt wird dann die Zelebrierung mit Gesängen und Weihrauch fortgesetzt. Derartige Zeremonien gleichen in Symbolgehalt und rituellem Gestus den heutigen Fronleichnamsprozessionen. Nur der Pharao und Auserwählte dürfen aber zum „Allerheiligsten" vordringen: „Es ist unzugänglicher, als was im Himmel ist, verhüllter als die Dinge der Unterwelt, verborgener als die Bewohner des Urwassers." (Geo, S. 87) Damit wurde bekräftigt: Der Pharao ist Stellvertreter der Götter auf Erden. Nur durch ihn kann Ordnung und göttliche Gerechtigkeit auf Erden gesichert

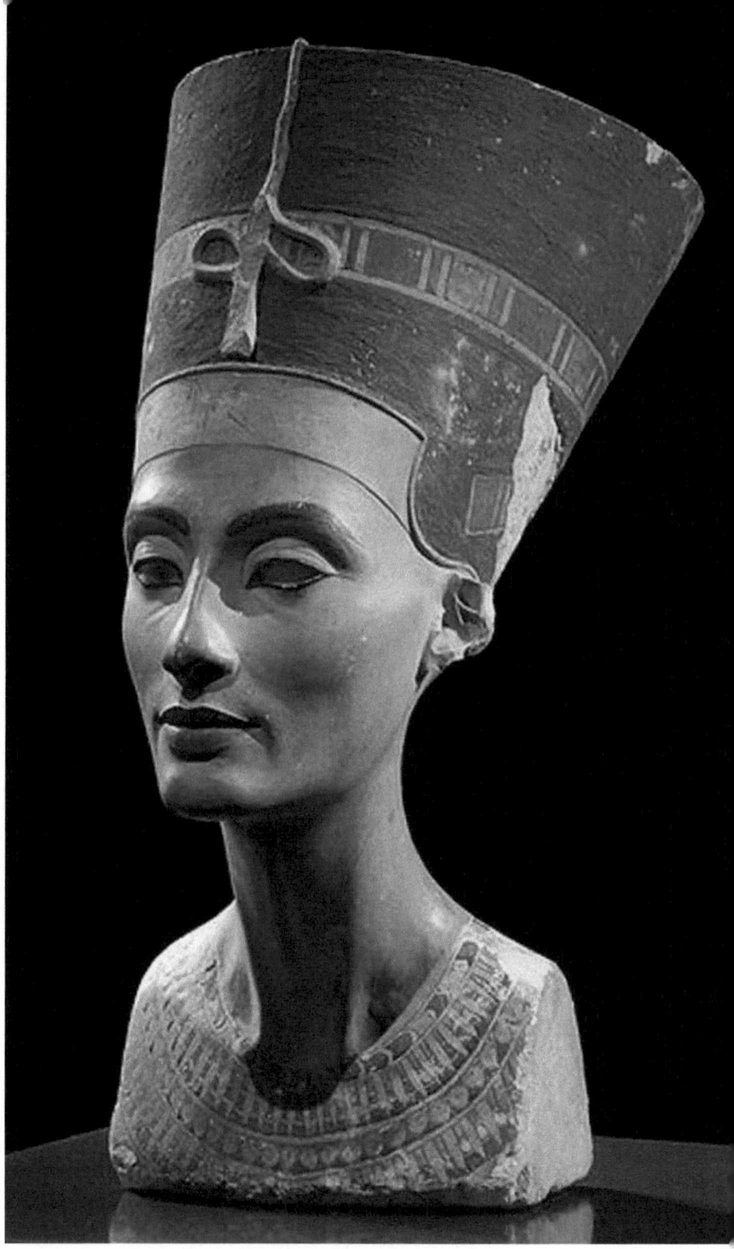

Abb. 32: Fotografie der Büste der Nofretete im Neuen Museum, Berlin. Foto: Philip Pikart, CC BY-SA 3.0

werden. In den rituellen Prozessionen empfanden die Ägypter diese Gewissheit. Danach gingen die Rituale in eine allgemeine Erntedank-Feier über.

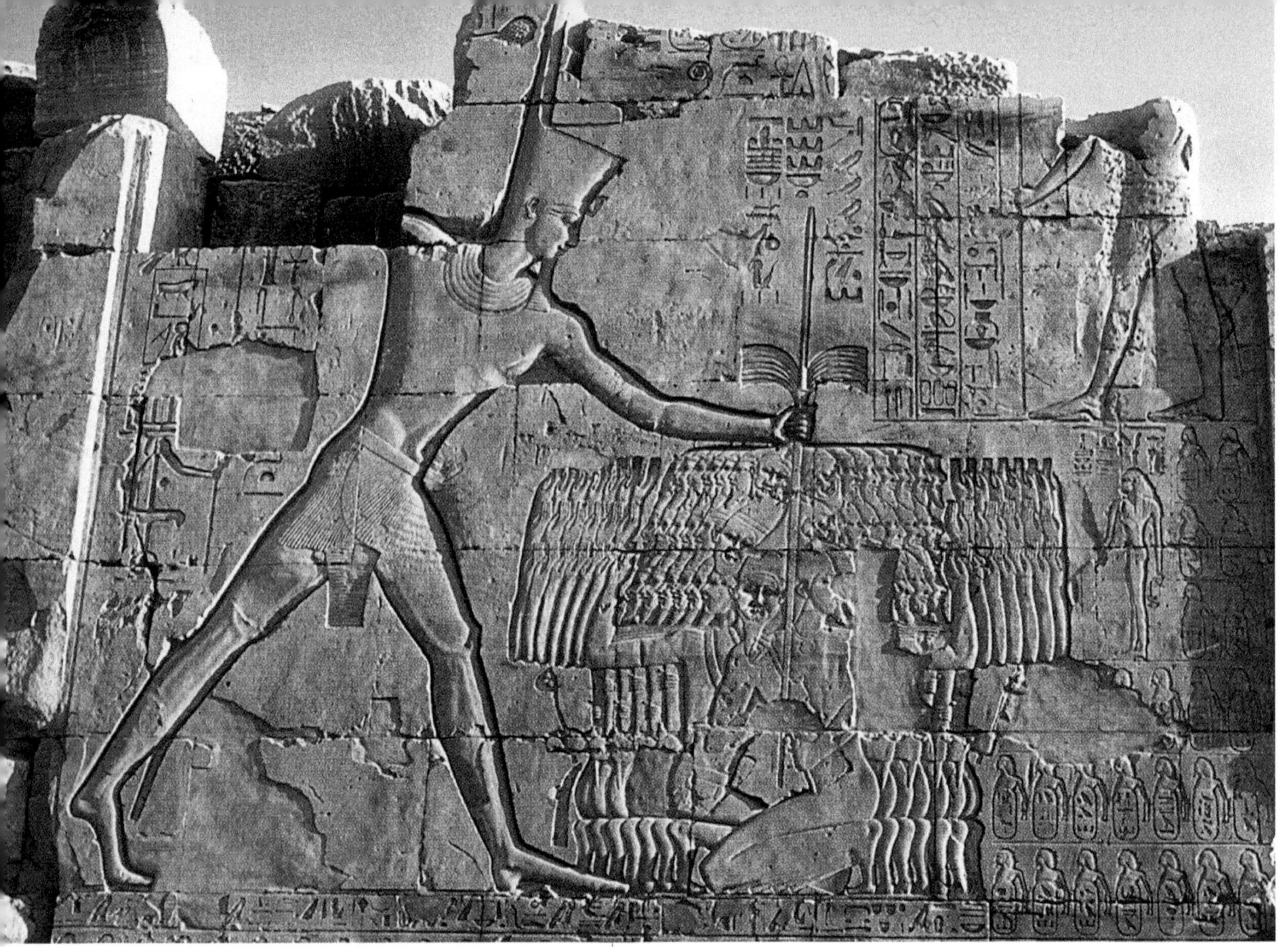

Abb. 33: Thutmosis III. erschlägt die Feinde aus der DSchlacht bei Megiddo, um 1.450 v. u. Z., Teil eines Reliefs am Tempel von Karnak, Foto: Olaf Tausch, CC BY-SA 3.0

Die Rituale sind im Religiösen das, was der Drill im Militärischen ist: das Einüben von Verhaltensweisen, die nicht mehr vom Verstand kontrolliert werden, die durch immer gleich wiederholte feierlich gesungene Appelle, angebliche Gesetze und dramatische Drohungen den Verstand und vor allem den Widerspruch ausschließen. Das war auch den Ägyptern klar:
„Wenn man die Osiris-Zeremonien vernachlässigt zu ihrer Zeit an diesem Ort [...],

dann wird das Land seiner Gesetze beraubt sein, und der Pöbel wird seine Oberen im Stich lassen, und es gibt keine Befehle für die Menge.
Wenn man den Feind nicht köpft, den man vor sich hat
Aus Wachs, auf Papyrus oder aus Holz nach den Vorschriften
Des Rituals,
dann werden sich die Fremdländer gegen Ägypten empören

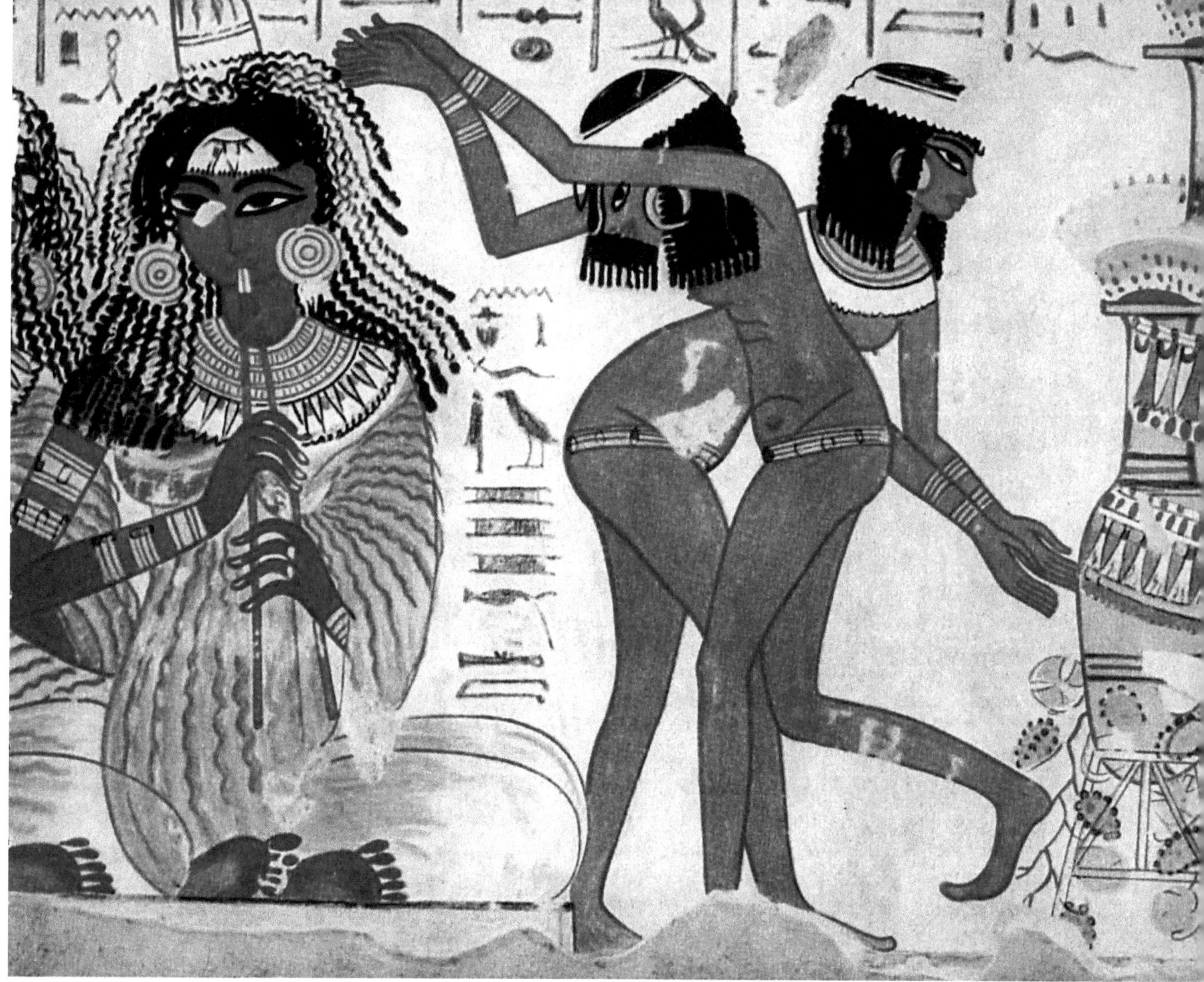

Abb. 34: Wandmalerei mit Tanzenden und Musikerinnen aus dem Grab in Theben, Foto: The Yorck Projekt, ISBN: 3936122202 public domain

und Bürgerkrieg und Revolution im ganzen Land entstehen.
Man wird auf den König in seinem Palast nicht hören, und das Land wird seiner Schutzwehr beraubt sein." (zit. nach Assmann, S. 171/172)

Die offizielle Kunst – im Unterschied zur Grabeskunst – zeigt sich repräsentativ, demonstrativ monumental: Ihre starre Ordnung spiegelt das politische System wider. Die Plastiken der Pharaonen wirken wie erstarrte Steinsäulen für die Ewigkeit bestimmt. Die beliebte Form des Würfelhockers presst den Menschen in die quadratische Struktur des Steins. Sie zählt auf, so wie die Hieroglyphen die Anzahl der Säcke Korn oder Schafherden registrieren. Ein Regelkanon bestimmt die ägyptische Kunst: Die Füße erscheinen im Profil wie auch der Körper, nur die Schultern werden von vorne gezeigt, der Kopf ist wieder im Profil abgebildet, nur das Auge nicht. Alles Wesentliche ist typisiert: Diese Regelhaftigkeit kennzeichnet die gesamte ägyptische Kunst. Die Architektur der Tempel ist häufig auf die Funktion der Prozessionen ausgerichtet: Im Eingangsbereich beginnt es mit breiten Sälen, die dann durch Säulen eingeengt werden, um schließlich zu einem bedrückend engen Raum zu führen, dem Heiligtum. Die Architektur soll beeindrucken und gleichzeitig bedrücken, erniedrigen.

Die Darstellungen der Heldentaten der Pharaonen gleichen in ihrer Brutalität denen der vorderasiatischen Euphrat- und Tigris-Region, besonders eindrucksvoll in dem Tempel des großen Thutmosis III. (um 1486-1425 v. u. Z.) in Karnak, dem kämpferischen König des Neuen Reichs, der als Eroberer den Machtbereich bis an die Grenzen der heutigen Türkei erweitert. Dort marschieren die Kolonnen auf, sie durchqueren Flüsse und Wüsten und erobern Feindesland. Thutmosis III. packt übermächtig selbst viele Feinde bei den Haaren und erschlägt sie mit der Keule oder zertritt sie mit seinen Füßen. Gefangene werden abgeführt und erscheinen aufgereiht in großer Menge.

Doch in vielen Grabesbildern des Neuen Reichs regt sich etwas Neues, besonders schön zu sehen an den Grabmalereien des Schreibers und Beamten Nacht in Theben-West, entstanden um 1395 v. u. Z.. Drei Mädchen musizieren auf Flöte, Langhalslaute und Harfe. Der Rhythmus der nackten mittleren Tänzerin wird betont, indem sie zur hinteren Musikantin schaut, ein Regelbruch in der ägyptischen Kunst. Das Lied, das die drei Grazien intoniert haben könnten, ist in dem Grab aufgeschrieben: „Drum feiere den schönen Tag und ermatte nicht dabei! Sieh, niemand nahm seine Sachen mit sich, sieh, niemand kommt wieder, der

fortgegangen ist." (zit. nach Hagen 2007, S. 56) Ein Bruch mit der Religion, dem Jenseitsglauben. Die Kunst will sich emanzipieren. Von einer Kunst, die in Gräbern verschlossen ist, will sie an das Tageslicht. Statt die Nacht und die Dunkelheit zu beschwören, will sie das Diesseits feiern.

Eine Revolution bereitet sich vor. Der sie ausführt, ist der Pharao Amenophis IV. (über die Zeit seiner Regentschaft liegen verschiedene Daten vor: 1351–1334, 1340–1324, oder 1353–1336 v. u. Z.). Im fünften Jahr seiner Regierungszeit ändert er seinen Namen in Echnaton und versucht damit, eine religionspolitische und kulturelle Revolution durchzusetzen. Er knüpft an die frühere Verehrung des Sonnengottes Re an und entwertet Amun. Ziel war, die einflussreiche Amun-Priesterschaft in Theben zu entmachten und auch das eigene Ansehen als Pharao und als oberster Priester des Aton aufzuwerten. Echnaton als Sohn des Aton und Nofretete als seine Gemahlin wurden die alleinigen Oberpriester und begründen so eine Dreifaltigkeit: Nur durch ihre Vermittlerinstanz erlangte man Gehör beim Gott Aton. Die Diskussion darüber, ob Echnaton einen Monotheismus, nur eine Bevorzugung Atons oder einen Henotheismus einführen wollte, bei dem die anderen Götter in einer Übergangsphase geduldet wurden, führt in eine religiöse Scheindebatte. Echnaton wollte die Macht bei sich konzentrieren und andere magische Vorstellungswelten beseitigen. Echnaton begründete eine Trinität, die auch heute de facto in den Gottesvorstellungen zum Beispiel der katholischen Kirche weiterlebt: Gott, Gottessohn und Mutter Maria. Gott Aton ist das eine abstrakte Prinzip, das alle Kräfte spendet, mit entsprechender Macht-Realisation auf der Erde. Aber nicht, dass er das bestehende gesellschaftliche Herrschaftsverhältnis als göttlich idealisiert, ist das Revolutionäre – das haben vor ihm auch andere Pharaonen behauptet. Er schließt alle anderen Götter aus und begründet ein abstraktes Wirkprinzip, ein alles andere

bestimmende
Kraftzentrum.
Damit revolutio-
nierte er das Welt-
bild. Während
früher jeweils eine
andere Gottheit
dafür zuständig
war, ob die Kuh
kalbte, Regen fiel
oder der Nil über
die Ufer trat, wird
jetzt alles auf eine
einzige Kraft redu-
ziert, letztlich auf
Echnaton selbst.
Ein absolutisti-
sches Machtprin-
zip wird
ideologisch-reli-
giös ausgestaltet.

Echnaton ließ 50
Kilometer nörd-
lich von Theben
die neue Resi-
denz- und Haupt-
stadt „Achetaton"
(Horizont des
Aton), das heutige
El-Amarna, errich-
ten. Der Tempel
des Aton und die

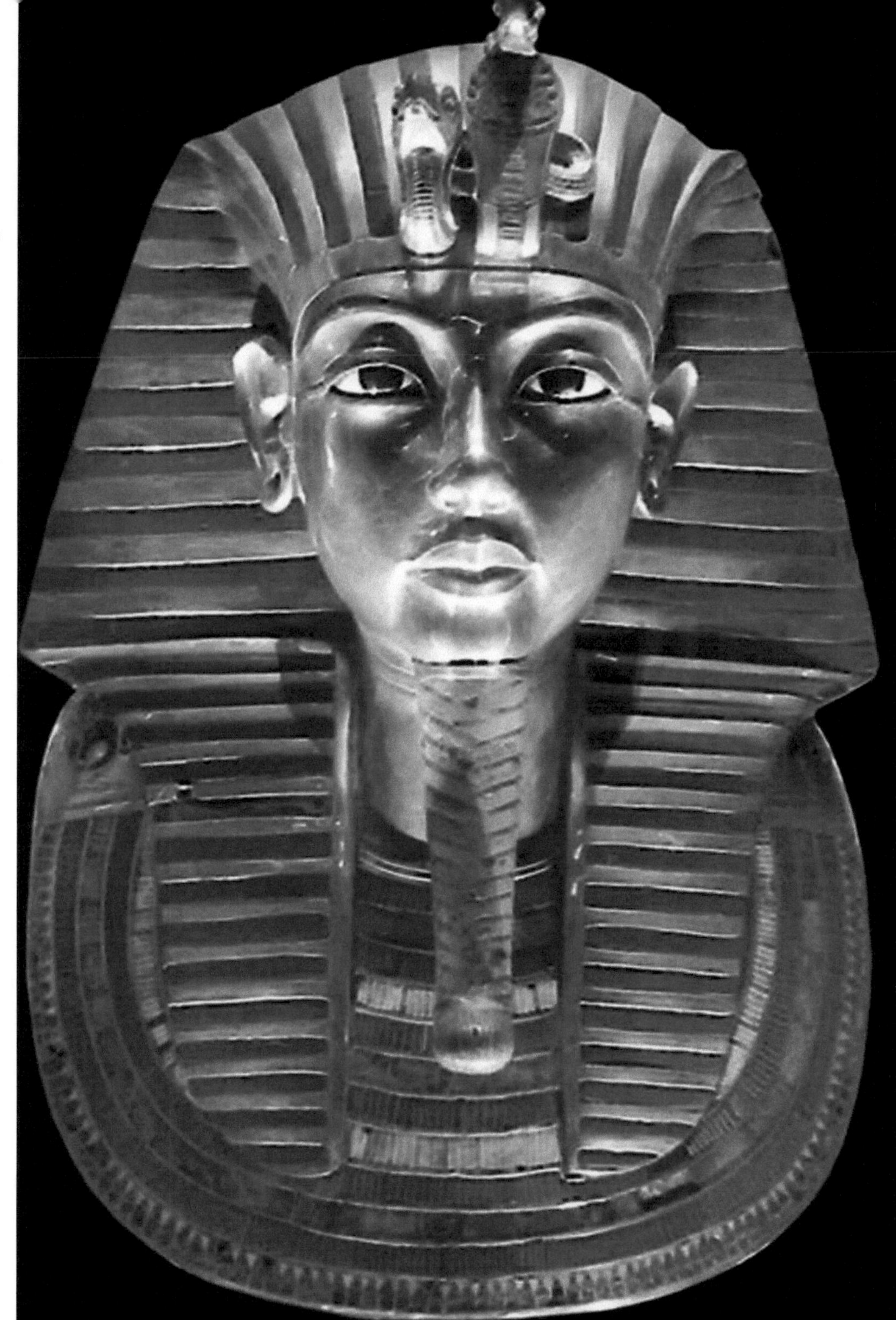

*Abb. 35: Die Toten-
maske von Tutancha-
mun im Ägyptischen
Museum Kairo.
Foto: MykReeve .CC
By-SA 3.0*

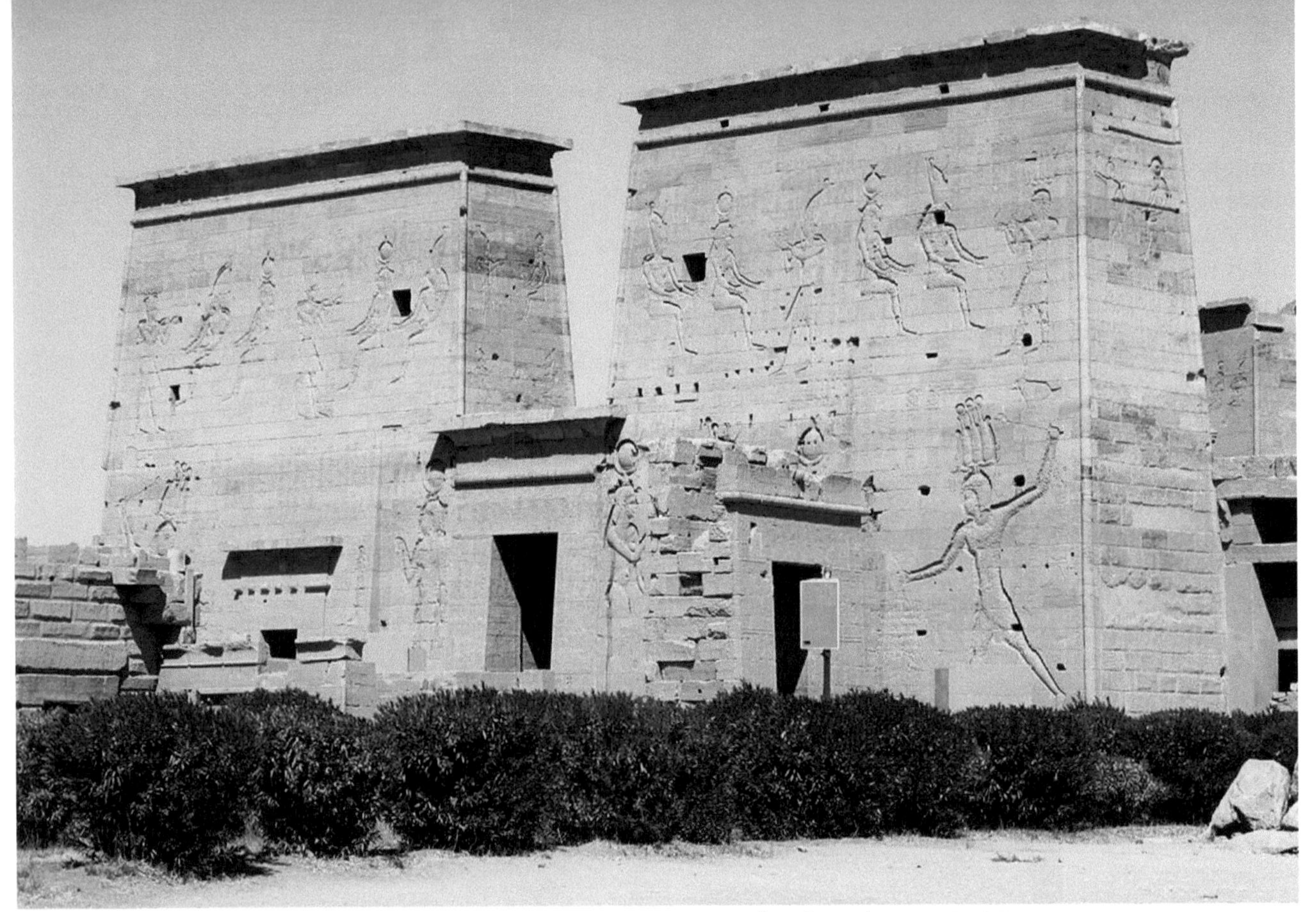

Abb. 36: Der Eingang zum Tempel der Isis, Philae, Foto: Steve F-E-Cameron (Merlin-UK), CC BY-SA 2.5

Residenz des Pharaonen waren die beiden Zentren: Sie wurden verbunden durch eine breite Straße, auf der der Pharao im Streitwagen – wie der Gott Aton am Firmament in seinem Sonnenwagen – während der rituellen Zeremonien fuhr. Die Tempel waren für die Sonnenstrahlen geöffnet, sie wandten sich ganz vom Jenseits der bisherigen Kunst ab. Die Kraft spendenden Sonnenstrahlen sollten auch während der Riten empfunden werden. Die Kunst wird realistisch. Tiere, Vögel, Pflanzen werden naturalistisch dargestellt und in den Gebäuden öffentlich zur Schau gestellt: Sie künden von der Leben spendenden Kraft für alles. In der Sonnenhymne, bei der einige Forscher auch Echnaton als Autor sehen, heißt es:

„Du erhabener Gott, der sich selbst ›baute‹,
Der jedes Land erschuf, und was darinnen ist, hervorbrachte
An Menschen, Herden und Wild und
Allen Bäumen, die auf dem Erdboden wachsen –
sie leben, wenn du für sie aufgehst." Und:
„Du erscheinst schön,
Du lebendige Sonne, Herr der unendlichen Zeit!
Du bist funkelnd, schön und stark, die Liebe zu
dir ist groß und gewaltig..." (zit. nach Hagen, S. 70)

Der Begriff der Schönheit in Verbindung mit Liebe gewinnt an Dominanz. Die Starrheit, die von Ewigkeit

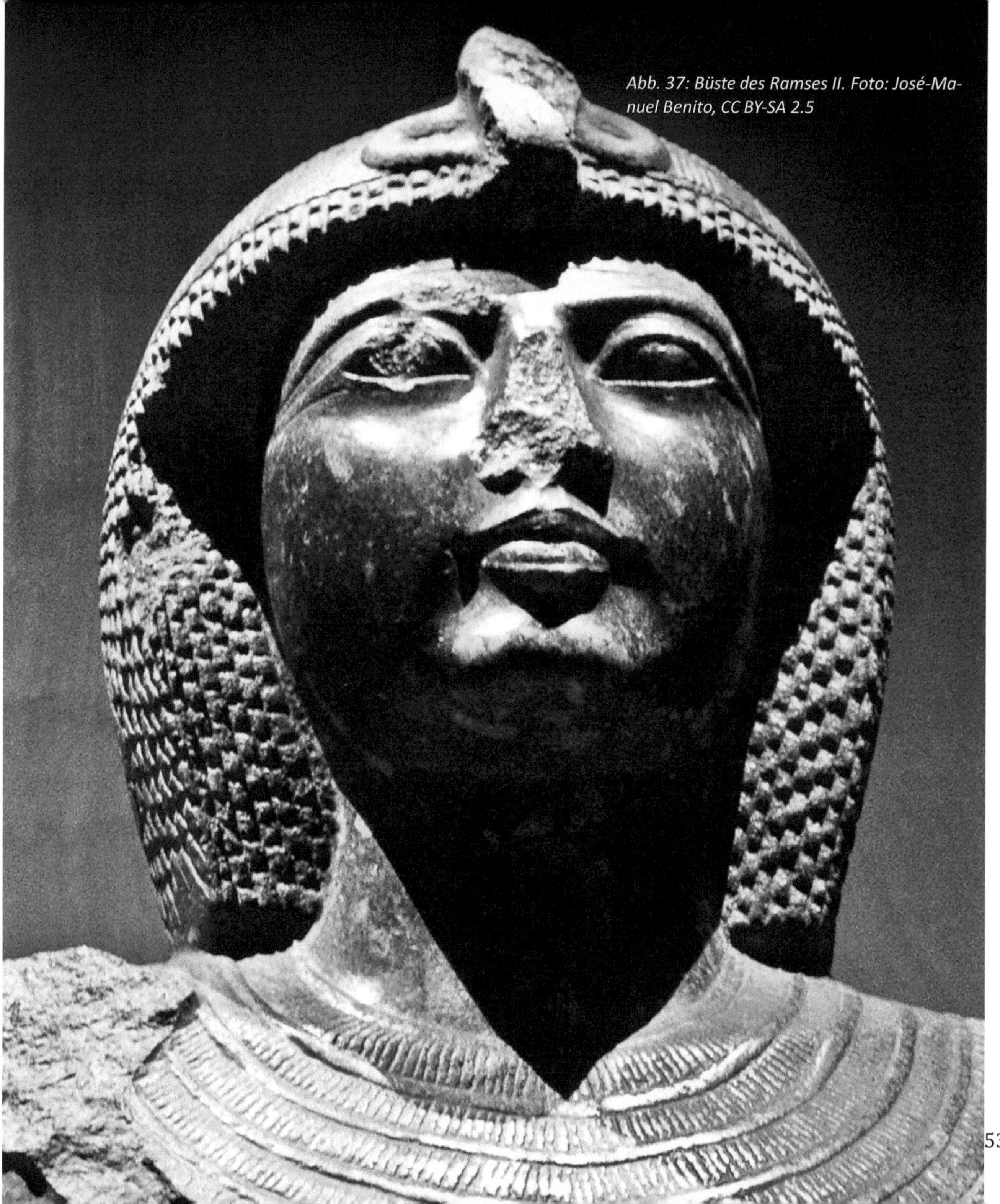

53

und zeitloser Macht zeugende ägyptische Kunst bricht auf und wird eine das Leben bejahende Kunst. Die Armarna-Werke und besonders die des Bildhauers Thutmosis ("Liebling des guten Gottes, Aufseher der Arbeiten und Bildhauer" wird er in einer Inschrift benannt) beginnen die Individualität der Persönlichkeit, individuelle Schönheit herauszuarbeiten. Zum ersten Mal in der Geschichte der Menschheit werden individuelle Charaktermerkmale von lebenden Persönlichkeiten als Schönheitsideal formuliert. In der Werkstatt von Thutmosis, in der wohl mehr als 20 Bildhauer arbeiteten, wurde nicht nur die Statue von Nofretete gefunden. Sie diente als Vorlage für die Produktion von anderen Statuen. Nofretete heißt übersetzt "Die Schöne, die da kommt" oder "Die Schöne ist gekommen". Rose-Marie und Rainer Hagen schreiben: "Der schlanke Hals, der geschwungene Mund, die mandelförmigen Augen, die faltenlose Haut – der Bildhauer Thutmosis hat aus der realen Königin (und sechsfachen Mutter) ein Ideal entwickelt, das noch heute gültig ist." (Hagen 2007, S. 72) Das Ideal überzeitlicher Schönheit wird personalisiert in der gottgleichen Herrscherin des Landes. Bei den gefundenen Büsten in der Werkstatt von Thutmosis konnten auch Modelle von Echnaton, von Königskindern und hochrangigen Beamten identifiziert werden. Warum wurden diese in Serie produziert? Sie dienten als Objekte der Verehrung und des Herrscherkults.

Andere Statuen und Büsten aus der Werkstatt von Thutmosis zeigen Privatpersonen – offenbar in der Amarna-Zeit in bedeutenden Positionen – sehr realistisch, wobei auch entstellende individuelle Gesichtszüge oft nicht retuschiert wurden. Im Unterschied zu der älteren ägyptischen Kunst, die idealisierte und ein "zeitloses Antlitz" präsentierte, werden jetzt das Lebensalter und besondere Charakterzüge hervorgehoben. Auch Nofretete wird in einigen Statuen oder Reliefs als gealterte Frau dargestellt. Ein Relief zeigt Echnaton und Nofretete in ihrer Intimsphäre, wie sie

mit ihren Kindern spielen, ein Novum in der Kunst. Auf dem Relief küsst Echnaton seine Tochter, während er selbst von den Sonnenstrahlen des Aton geküsst wird. Er und Nofretete empfangen von den Sonnenstrahlen das Henkelkreuz, das Leben spendet. Auch dieses Relief wurde massenhaft hergestellt und diente dem Herrscher- und Heiligenkult.

Ein neues Weltbild wird herausgearbeitet. Das alte Herrscherbild behauptet den Pharao als einen in Stein gemeißelten zeitlos-machtvollen Gott-Mensch-Sphinx. Ein gewaltiger Totenkult zeugt von der Furcht vor dem Tod. Eine große Götterschar bestimmt über Siege und Niederlagen, über eine reiche Ernte und über Geburt und Tod. Die Menschen haben eher Angst, einen der vielen Götter zu vernachlässigen und dadurch zu beleidigen. Ihre Ideologie spiegelt deutlich wider, dass sie sich fremdbestimmt fühlen. In der Armarna-Kunst zeigt sich das Gegenteil: Gegenwartsbezogenheit, eine einzige abstrakte Gottheit spendet das Leben, aber der Mensch produziert die Schönheit. Gott, ein abstraktes Prinzip, hat die Welt erschaffen. Dann ist es aber dem Menschen überlassen, sich in der Welt wohnlich einzurichten. Es wird ein heiteres, sorgenfreies Leben beschworen. Frauen tanzen, Musiker sorgen für Stimmung, der Herr jagt Vögel im Dickicht der Sümpfe oder amüsiert sich bei Segelfahrten auf dem Nil. Erstmals in der Geschichte der Menschheit wird Individuation und Individualität möglich – und in der Kunst sichtbar.

Woher rührt dieses neue Weltbild? Viele Ägyptologen verweisen auf die revolutionären Ideen Echnatons. Jan Assmann sieht Echnaton als Ersten in der Reihe der Religionsstifter: Moses, Zarathustra, Buddha, Jesus, Mohammed... (Assmann, S. 167) Schon Echnatons Vater Amenophis III. hatte vorsichtige Reformen eingeleitet und den Sonnengott Aton in den Mittelpunkt gestellt. Dieser hatte auch Frieden mit dem mächtigen Hethiterreich, das sich nördlich der Grenzen Ägyptens gebildet hatte, geschlossen und „diplomatische Beziehungen" aufgenommen. Drei mächtige „Weltmächte" – Ägypten, die Hethiter und assyrische Reich – bildeten ein Gleichgewicht. Echnaton selbst verachtete den Krieg und baute die diplomatischen Beziehungen weiter aus. Zwischen den drei Weltmächten hatten sich Stadtstaaten, Kulturen entwickelt, die ihren Reichtum auf dem Handel im Mittelmeerraum begründeten. Kreta, die minoische Kultur, die Kanaanäer, die Phönizier mit der wahrscheinlich ersten den Sprechakt nachvollziehenden „phonetischen" Schrift und die Israeliten.

In dieser Kräftekonstellation liegt der Grund für die außergewöhnliche Bedeutung und die Leistung Echnatons. Ägypten nahm eine Zwischenstellung ein. Sein Reichtum beruhte auf der Landwirtschaft und der städtischen Produktion – und nicht in erster Linie in kriegerischen Raubzügen wie bei den Hethitern oder den vorderasiatischen Stadtstaaten im Euphrat-Tigris-Bereich. Ägypten konnte aus eigener Kraft bestehen, profitierte aber von den Handelsbeziehungen mit den Kretern, Phöniziern und Israeliten. Innen- und außenpolitische Stabilität, der Status quo mussten das Interesse Echnatons sein und eine Friedensordnung sein Ziel. Umfangreiche Kriege minderten den Reichtum – und waren gegen die Hethiter oder Assyrer auch äußerst risikoreich. Die Bedeutung des Militärs, die Stellung ihrer Repräsentanten sank in Ägypten entsprechend, während das Ansehen der Verwaltung in Amarna wuchs. Echnaton hatte also nicht nur die Priesterschaft in Theben entmachtet sondern auch teilweise das Militär.

Die Bedeutung des Handels zum gegenseitigen Vorteil wuchs. Die Produkte mussten nicht nur nützlich sein sondern auch schön – wie die sprichwörtliche Seide Salomons. Die Schönheit bekam mit dem Produktenaustausch einen eigenständigen Wert. Ein neues, nützliches und schönes Produkt herzustellen, ist auch ein Gewinn für den Produzenten, es ist auch gleichzeitig eine Grundlage für die Entfaltung von Individualität und Selbstbewusstsein. Völker, die Waren herstellten und sie im Mittelmeerraum vertrieben, konnten so ein Bewusstsein entwickeln, etwas Besonderes, „auserwählt" zu sein. Echnatons neue Religion vollzog diesen Wandel in der Welt erstmals ideologisch nach. Frieden, gegenseitige Achtung, Gerechtigkeit und Schönheit: Diese Werte konnten unter despotischer Herrschaft und der Dominanz des Militärs sowie kriegerischer Aktivitäten nicht zum Ideal erhoben werden. Es sind gesellschaftspolitische Werte, die die neue Religion regelt, wie die nachfolgender Religionsstifter. Zwar hatte die neue Gerechtigkeits- und Friedens-Ideologie in den Maat-Vorstellungen eine mächtige Grundlage. Aber Maat wollte Gerechtigkeit vor allem für das Jenseits – Echnatons Aton-Religion richtete den Blick auf das Diesseits. Mit der Betonung gesellschaftspolitischer Werte wurde gleichzeitig die Natur entmystifiziert. Tiere, Pflanzen verlieren ihre mystische Bedeutung, sie werden zu Dekorationen in Amarna und verschönern die öffentlichen Gebäude und die Privathäuser in der Stadt. Sie werden zu Attributen der Schönheit. Schönheit konnte zum ersten Mal als gesellschaftliche Bereicherung empfunden und erlebt werden. Schönheit bekommt in der Einheit mit dem erarbeiteten Produkt einen Wert. Schönheit wird Allgemeingut von vielen voneinander unabhängigen Produzenten: Im gegenseitigen Austausch stellen sie Konsens über die verschiedenen Ansichten von Schönheit her. Kultur braucht eine materielle Basis. Diese war mit der Produktion neuer Bedarfsgüter und der Herausbildung der urbanen Lebensweise gegeben. Wer wie bisher im Freien nächtigte und keine Häuser baute, brauchte auch keinen Hausschmuck.

Ein ideologisches Konstrukt konnte und wollte Echnaton nicht aufgeben: die Ordnung als von Gott gewollt und er mit seiner Frau Nofretete als alleinige Ober-

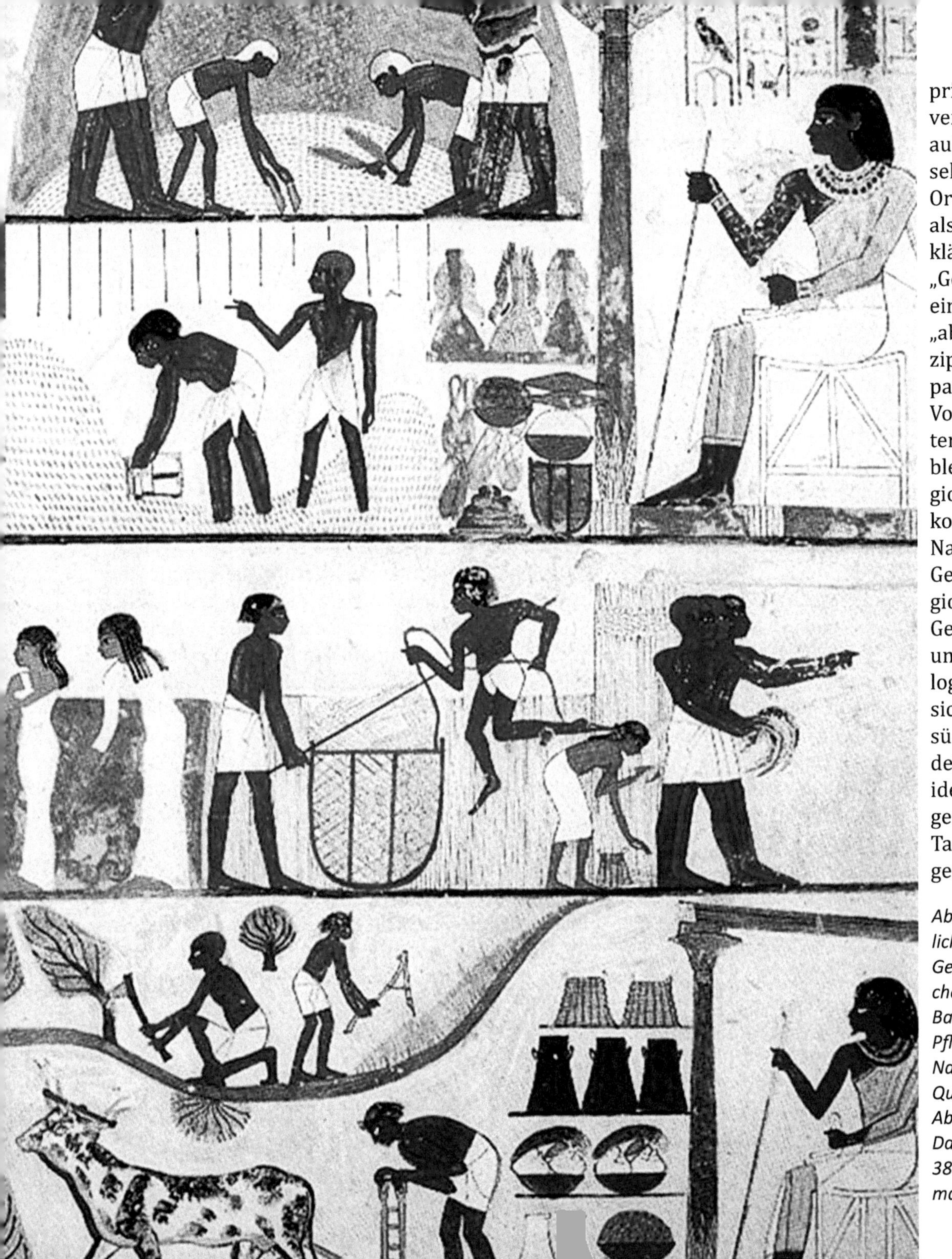

priester und Stellvertreter Gottes auf Erden. Die gesellschaftliche Ordnung wurde als göttliche verklärt mit einem „Gottvater" als einem ordnenden „abstrakten" Prinzip, das aus den patriarchalischen Vorstellungswelten abgeleitet bleibt. Seine Religion wurde vollkommen von einer Natur- zu einer Gesellschaftsreligion. Hinter der Gerechtigkeits- und Friedensideologie verbergen sich die Sehnsüchte der Handelsvölker nach idealen Bedingungen für ihre Tauschbeziehungen. Kaufleute tre-

Abb. 38: Landwirtschaftliche Szenen: Dreschen, Getreidespeicher, mit Sichel ernten, graben, Baumschnitt und das Pflügen: beobachtet von Nacht; 18. Dynastie, Quelle: Mathias Seidel, Abdel GhaffarShedid Das Grab des Naht ISBN 3805313322, public domain

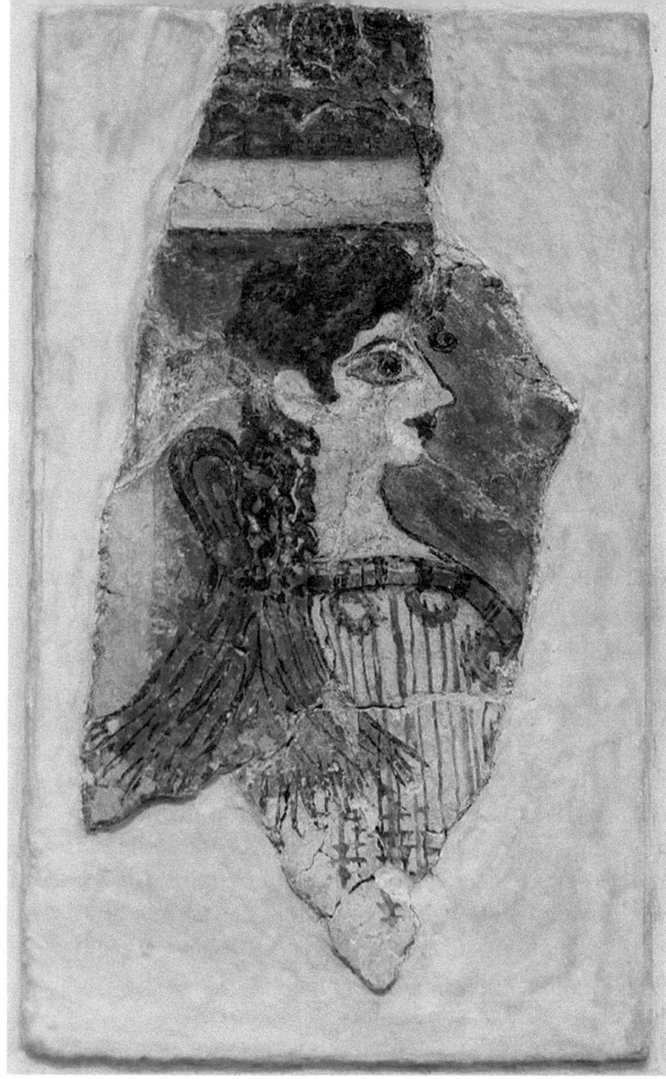

Abb. 39: „Pariserin", 1.500 bis 1.450 v. u. Z., Wandmalerei aus Knossos (Königspalast, Höhe 22 cm, (Detail), Foto: Jebulon, public domain

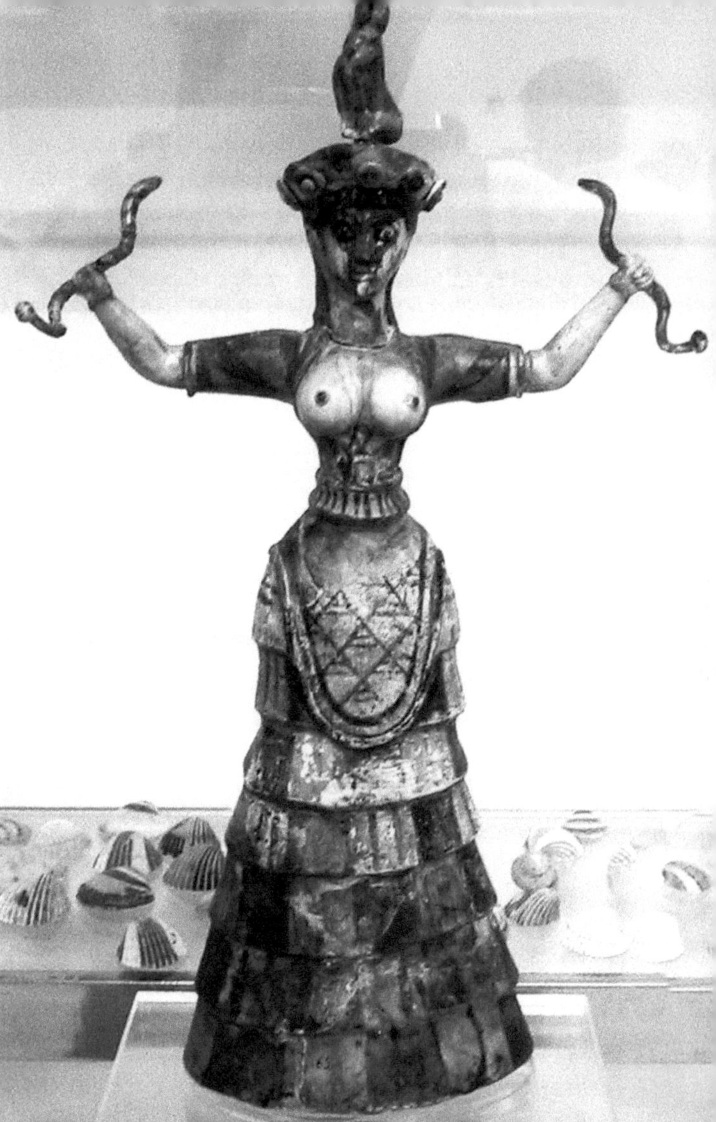

Abb. 40: Kretische Frauenfigur, die oft als Schlangengöttin bezeichnet wird, 1.600 v.u.Z., Foto: Chris 73, CC BY-SA 3.0

ten sich als Gleiche gegenüber – letztlich muss eine Verallgemeinerung der Tausch- und Warenbeziehungen in einer Ideologie der Gleichheit münden. Indem Echnaton auf seiner Gottesabstammung und Stellvertreter-Position beharrte, konservierte er hierarchische Vorstellungen aus einer militärischen Gliederung der Gesellschaft. Aber er verklärt sie als abstrakte Prinzipien der Gerechtigkeit und des Friedens – das ist das neue daran. Die Kunst, die Porträtbüsten, die Riten und Prozessionen dienten dazu, diese Vorstellungswelten einzuüben und zu verfestigen. Mit der Diesseitsorientierung wird die Natur zunehmend verstanden – aber die gesellschaftlichen

Verhältnisse werden weiterhin durch Rituale und Idolbildungen verschleiert. Im Fall der Nofretete als Göttin und Herrscherin verbindet es sich sogar mit einem Schönheitsideal. Kunst bekommt den Nimbus des Göttlichen. Solange hierarchische Verhältnisse in der Gesellschaft herrschen, transportiert Kunst mit Herrscher- und Heiligenbildern das Idealbild der Macht.

Echnatons Regierungszeit dauerte 17 Jahre. Nach seinem Tod setzte sofort der Erbstreit ein mit der Folge, dass die alte Priesterschaft in Theben und das Militär wieder mächtig wurden. Damit wurde auch der Diesseitsglaube und die entsprechende Kunst und Kultur beseitigt. Die Stadt Amarna wurde zerstört, der Name Echnaton aus den Dokumenten gelöscht. Kriegerische Auseinandersetzungen zehren in der Folgezeit nicht nur die wirtschaftliche Kraft Ägyptens aus, führen nicht nur zu sozialen Auseinandersetzungen sondern sorgen auch zu einem Verfall der Kunst und Kultur. Seit dieser Zeit vor rund 3.400 Jahren kann ein verhängnisvoller Kreislauf in der geschichtlichen Entwicklung beobachtet werden: Die Ausweitung des Handels, die Produktion besserer Produkte sorgt auch für kulturellen Aufschwung. Kriege beenden in der Regel den friedlichen Austausch sowie Handel und sorgen für den Verfall von Kultur und Kunst. Die Bilder- und Vorstellungswelten werden quasi in den Schlachten „ermordet". Wenn bei den Völkern die kriegerischen Aktivitäten dominierten, wurden gleichzeitig erreichte künstlerische und kulturelle Werte vernichtet.

Mit der erneuten Etablierung der alten Ordnung nach Echnaton mit Priesterkaste, Militär und Beamtenapparat mit dem Pharao an der Spitze wandelt auch die Kunst Ägyptens wieder ihr Gesicht und erstarrt zu jener Demonstration der Allmacht, der ewigen Werte, des Jenseitsglaubens, das die ägyptische Kunst 3000 Jahre lang kennzeichnet und das die ägyptische Gesellschaftsform so stabil machte. Das wird in der Kunst von Tutanchamun (Regierungszeit von 1332 - 1.323 v. u. Z.) deutlich Seine Statuen erstarren wieder mit ihrer frontalen Ansicht und goldenen Ausstattung zu Abbildern der Ewigkeit.

Aber die Gedanken und Vorstellungswelten Echnatons leben mächtig weiter: in den religiösen Überzeugungen und in der Kunst der Handelsvölker, der Phönizier und Israeliten, in abgewandelter Form auch bei den Griechen und später bei den Römern. Jan Assmann berichtet über die Exzerpte von Josephus Flavius, der über den im 3. Jahrhundert v. u. Z. lebenden ägyptischen Priester Manetho berichtet: „Manetho erzählt von einem ägyptischen Priester namens Osarsiph, der zu Zeiten Amenophis III. (also des Vaters des aus den Königslisten gestrichenen Echnaton) sich zum Führer einer Gruppe Aussätziger machte. Der König hatte diese Aussätzigen in Konzentrationslagern interniert und zur Zwangsarbeit verpflichtet. [...] Osarsiph verhandelt mit dem König und erreicht freien Abzug in die alte Hyksosstadt Avaris im Ostdelta. Dort organisiert er seine Aussätzigen in einer Leprakolonie und gibt ihnen Gesetze. Das erste Gebot befiehlt: Die Götter dürfen nicht angebetet werden. Das zweite befiehlt das Essen der heiligen Tiere und die Missachtung sonstiger Speisegebote. Das dritte verbietet den Umgang mit Außenstehenden. Zuletzt, heißt es, nimmt Osarsiph den Namen Moses an. So kommen bei ihm der verdrängte Ketzerkönig und der jüdische Erzprophet zusammen." (Assmann, S. 78)

Widersprüchliche Bilder der Liebe und Gleichheit

In der Ablehnung der alten Götterwelt gleichen sich Echnatons Ideologie und die der jüdischen Religion. An die Stelle der vielfältigen Götterwelt setzt Echnaton sein eigenes Herrscherbild und das seiner Frau Nofretete. Er als Stellvertreter Gottes auf Erden verkündet die abstrakten, Ordnung stiftenden Gesetze.

Alles andere gerät zum Ornament und zum schmückenden Beiwerk. Diese Bilderwelt ist ausdrücklich erwünscht, vermag sie doch seine Herrlichkeit zu illustrieren. Die Israeliten gehen mit ihrer Ideologie scheinbar – aber nur auf den ersten Blick – einen Schritt weiter: Sie verbannen mit den alten Göttern jegliche Bilder. Gott hat die abstrakten Gesetze per Offenbarung Moses übermittelt – gleiches wiederholt sich später bei Mohammed und der Begründung des Islams. Es wird behauptet, dass die Gesetze nicht aus der Natur der Dinge abgeleitet seien. Bilder lenken von dieser transzendenten Macht ab und verführen zum Götzenkult, zum Anbeten dieser Bilder. Gott dagegen ist allmächtig und unvorstellbar. Gott und seine Ordnung sind unsichtbar. Diese Wertung sehen sie als richtig, den Götzenkult mit sichtbaren Dingen, die tauschbare Waren geworden sind, und Bildern dagegen bewerten sie als verdammenswürdig. Sie erheben einen Absolutheitsanspruch, im Besitz der einzigen Wahrheit zu sein. Ihr Gott der Gesetze richtet „Richtig – Falsch", weil er das alles regelnde Prinzip verkörpert. Aber die Israeliten laden ständig Schuld auf sich, indem sie um das Goldene Kalb tanzen. Im täglichen Tun vergehen sie sich an den Vorschriften und machen sich ein Bild. Die Juden brauchen zu ihrer Gottesvorstellung keinen personifizierten Stellvertreter wie einen König oder einen Pharao mehr. Da sie aber die Gesetze und Vorschriften als von Gott vermittelt behaupten, bekommen Pharisäer und Priesterschaft eine große Bedeutung.

Im 2. Buch Mose, 20. Kapitel, wird der Bezug deutlich: „2. Ich bin der Herr, dein Gott, der dich aus Ägyptenland, aus dem Diensthause, geführt hat.
3. Du sollst keine anderen Götter neben mir haben.
4. Du sollst dir kein Bildnis noch irgendein Gleichnis machen, weder des, das oben im Himmel, noch des, das unten auf Erden, oder des, das im Wasser unter der Erde ist." Das ist eigentlich ein sehr widersprüchlicher Befehl, der überhaupt nicht befolgt werden kann. Man denkt immer in Bildern. Auch in diesem Befehl wimmelt es von Bildern: Herr, Diensthaus, Himmel, Erde, Wasser.

Das jüdische Volk wurde von den Ägyptern, Babyloniern oder Assyrern häufiger überfallen, in Gefangenschaft genommen oder beherrscht. Die Zeit eines selbstständigen Königtums in Prosperität wie bei Salomon oder David bilden eher eine Ausnahme. Die Identität stiftende Einheit konnte nicht in einem siegreichen Herrscher gefunden werden. „Gott" hatte sie aus der Unterdrückung in Ägypten befreit und sie in das Gelobte Land geführt. In Israel wurden die Nomaden sesshaft und schufen sich eine patriarchalisch ausgerichtete, auf die Vorstellungen der ägyptischen Mythen- und Götterwelt und der Euphrat-Tigris-Region aufgepfropfte Religion – die aber monotheistisch umgedeutet und gleichzeitig transzendiert wird (hierbei stand Echnaton Pate). Gott erschafft durch sein Wort die Welt. Das Wort Gottes gerinnt in den Gesetzestafeln des Moses (wie bei Hammurapi) zum Gesetz. Das Wort, das menschliche Kommunikationsmittel, wird zum Sinn stiftenden Ordnungsprinzip. Das Alte Testament enthält Weisungen, Anordnungen, Lebensvorschriften, die ritualisiert und in Prozessionen oder in den Tempeldiensten eingeübt werden. Die Rechte der Volksversammlung und die des Königs werden vertraglich festgelegt und ritualisiert. Die familien- und vermögensrechtlichen Fragen sind bis in Einzelheiten geklärt. Die Formalitäten bei Käufen, und Grundstücksverkäufen sind geregelt. Der Warenaustausch wird durch göttliches Recht sanktioniert, Gott wird unsichtbar, Gott ist das regelnde Prinzip. Hinter all dem scheint aber das regelnde Prinzip des Warenaustauschs durch – das aber gleichzeitig sehr widersprüchlich mit dem Verbot des Tanzes um das goldene Kalb geächtet wird.

Früher herrschte die Vorstellung vor, dass der mächtigere Gott auch für den Sieg im Kampf sorgen würde.

Die Vorstellung, dass Gott ein mächtiger Herrscher und der „Vater" des Landes sei, konnte bei den drei „Weltmächten" gepflegt werden – aber nicht mehr bei Handelsvölkern. Hier wird ein Gott des Ausgleichs und des Friedens notwendig, ein Gott, der eine Gleichheit der Rechtssubjekte schafft. Vor dem unsichtbaren Gott sind alle gleich und frei – wenn sie sich an seine Gebote halten. Eine Ideologie entsteht, die Jahrtausende zu ihrer Verwirklichung brauchen wird. Natürlich sind die neuen Vorstellungen bei den Israeliten noch mit alten Vorstellungen durchmischt. So wirkt der alte Vulkan- und Gewittergott Jahwe mächtig nach. Aber der neue Gott wird vor allem als Arbeitsgott gedacht. Er ist Gärtner, der die Erde befeuchtet, und Töpfer, der den Menschen formt: deutlich unterschieden von der Vorstellungswelt des Nomaden, der die Dinge nimmt, wie er sie vorfindet. Die neue Ideologie der Israeliten setzt sich von dem Führer- und Herrschaftskult der Weltmächte ab, obwohl mit dem Vatergott patriarchalische Strukturen tradiert werden.

Die Diesseitsbejahung in den Bilderwelten Echnatons und das Bilderverbot der Israeliten sind zwei Seiten derselben Medaille. Es ist die Erkenntnis der Macht der Bilder und die Machbarkeit der Bilder. Nofretete ist Göttin, Schönheitsideal, das Prinzip der Schönheit: Sie kann stellvertretend für andere Prinzipien, Vorstellungswelten und andere schöne Waren angebetet werden. Das birgt auch die Möglichkeit, diesem Schönheitsideal nachzueifern, sich an die Stelle der Gott-Herrscherin zu setzen. Die Diesseitsbejahung der Ideologie Echnatons wird in den Schönheitsidealen des Handelsvolks der Griechen zur weiteren Entfaltung kommen. Das Volk Israels erkennt allerdings darin das Goldene Kalb, den verführerischen Mammon, den falschen Glanz des schönen Scheins und verkündet, dass Gott das Prinzip, das Gesetz sei. Das Handelsvolk der Israeliten gerät in einen großen Konflikt: Es handelt mit den Waren, die dem Schönheitsideal entsprechen müssen, weigert sich aber, ihre Ideologie entsprechend vollkommen anzupassen. Reinheit und Weisheit bekomme man nur durch die Versenkung in Gott, in die ewigen Prinzipien. Die Gesetze und Prinzipien, die die Handelsverträge regeln, die Diebstahl und Raub ächten, die die Verletzung von Menschen und den Mord verbieten, werden als von Gott gestiftet und als ewig geltende Gesetze verklärt. Man kann Talmud und Altes Testament als ein Gesetzbuch lesen. Ihre Religion versperrt die Einsicht, dass die Gesetze, Wertvorstellungen vom Menschenverstand erdachte Prinzipien sind, die für ein geordnetes, gerechtes Miteinander sorgen können. Diese Religion verhindert gleichzeitig damit auch die Ausbildung eines ausgewogenen Schönheitsideals, das immer verdächtigt wird, vom rechten Pfad der Reinheit wegzulocken, zu verführen.

Beide Ideologien, die Echnatons und die der Israeliten, sehen die Dominanz des Geistigen und die Machbarkeit der Dinge. Beide Ideologien lehnen die Götzenwelt und die Anbetung der Dinge ab – allerdings in beiden Fällen nur halbherzig. Echnaton schreibt mit der Verordnung des allmächtigen Prinzips ausdrücklich die Verehrung seiner Person und die seiner Frau als einzige Verkünder der neuen Ordnung vor. Die Israeliten verteufeln die Dingwelt als Götzenwelt – wie später die Anhänger der Religion Mohammeds –, frönen ihr gleichzeitig in ihren Tauschgeschäften und fühlen sich in diesem Zwiespalt fortwährend von großer Schuld beladen. Mit den Mitteln der alten Kulte, des Opfers, der Entsagung, der Unterwerfung versuchen sie, sich ritenhaft reinzuwaschen.

Der Hinweis von Assmann, dass Echnaton der erste in einer Reihe von Religionsstiftern ist (es folgen Moses, Jesus, Zarathustra, Buddha und Mohammed), sollte näher betrachtet werden. Damit behauptet er ja einen Einschnitt in der Ideologiegeschichte der Menschheit,

der bis heute nachwirkt. In dem ersten Entwicklungs-
abschnitt versuchte der Mensch mit der Kunst die
Dingwelt zu bezeichnen. Er nahm seine Umwelt, wie
sie war. Er sah Kräfte walten, die er sich nutzbar zu
machen versuchte. Ihn beeindruckten Kräfte der
Natur, der Erde, der Frau, die neues Leben zeugte. Der
nomadisierende Jäger lebte in erster Linie in der Gegenwart. Er versuchte sich vielleicht in Jagdzauber,
glaubte eventuell, mit Hokuspokus Krankheiten zu besiegen oder zu verhüten. Aber eine gesellschaftliche
Religion hat er nicht entwickelt, weil sie nicht notwendig war. Das gemeinschaftliche Füreinander – nur
so war Überleben möglich – war Selbstverständlichkeit. Eine wie auch immer geartete Individualität
konnte nicht entwickelt werden, beweist unter anderem das vollkommene Fehlen jeglicher Porträtkunst.

Der zweite große Einschnitt erfolgt mit der Sesshaftigkeit, dem Herausbilden von urbanen Siedlungs-
strukturen und dem Zusammendrängen großer
Menschenmassen in relativ kleinen Gebieten: Produktion über den täglichen Bedarf hinaus, Anhäufen von
Reichtum und die Auseinandersetzung um die Verteilung unter den Mitgliedern der Gemeinschaft werden
hier erst möglich. Es kommt zur Staatenbildung, zur
sozialen Differenzierung und zur Demonstration und
Zementierung der Macht der herrschenden Eliten in
den Bildern. Nicht nur der Pharao konzentriert und
versinnbildlicht in der Sphinx als Gott alle Macht und
Kraft dieser Erde. Überall auf der Welt verkörpert der
König, Kaiser oder Pharao in diesem „fortgeschritte-
nen" Stadium als Gott oder als Stellvertreter, als Sohn
Gottes (was in der gesellschaftlichen Stellung und in
der ideologischen Bedeutung keinen Unterschied
macht) die uneingeschränkte Herrschaft. Die Brutalität und der Militarismus der assyrischen Kunst zeigen
recht deutlich, dass diese Ordnung gewaltsam durchgesetzt werden musste. Auch in einzelnen ägyptischen Werken zeigt sich nackte Gewalt, aber
insgesamt präsentiert sich die ägyptische Kunst mit

der Würde der Ewigkeit. Sie erdrückt durch Monumentalität und behauptet mit den Pyramiden den di-
rekten Kontakt zu den Göttern. Das berechtigt die
Herrscher auch zur totalen Verfügungsgewalt über die
Untertanen. Die trotzdem immer wieder aufmucken –
wie die Israeliten im alten Ägypten.

Ihre materielle Basis und ihre Kraft gewinnt die Rebellion gegen die alte Ordnung in den zu Reichtum ge-
kommenen Städten der Handelsvölker an der
Ostküste des Mittelmeeres, im Gebiet Palästinas, des
Libanon und Westsyriens. Die alten Götter Babylons
und der Assyrer sind die Herrscher, Kriegsgötter, Götter der Vernichtung. Die Götter Ägyptens sind die des
Totenreichs. Echnaton brachte die ägyptische Kunst
aus dem Grab an das Tageslicht, gestaltete mit ihr
seine neue Hauptstadt Amarna. 3.000 Jahre bewahrte
die ägyptische Kunst einen einheitlichen Kanon. Nur
die 17 Jahre während Herrschaft Echnatons brachte
einen radikalen Wandel und gefährdete die Stabilität
der bisherigen gesellschaftlichen Ordnung. Das Neue
ist eine Diesseitsbezogenheit, eine neue Gesellschaftlichkeit, die sich mit dem ausweitenden Handel entwickelte. Im Mittelmeerraum hatten sich neue Formen
des urbanen Lebens herausgebildet, in Kanaan, dem
heutigen Israel, in Phönizien, dem heutigen Libanon,
in Kreta und auf dem griechischen Festland.

Globalisierungswelle in der Antike

Der blühende Handel verlangte neue Kommunikati-
onsformen und eine Vereinfachung der Schrift. Der
britisch-australische Archäologe Gordon Childe
schrieb schon 1941, „dass eine einfache Buchstaben-
schrift ersonnen wurde, um die Geschäfte der kleinen
Kaufleute zu erleichtern [...] Der Kaufmann musste
sein eigener Buchhalter sein. Dies war der soziologi-
sche Ursprung der phönizischen Schrift." Die Schrift
lehnte sich zwar an die altägyptische und mesopotamische Schrift an; aber sie setzte die Worte aus Ein-

zelbuchstaben zusammen, die der ge-
sprochenen Sprache nachempfunden
wurden. „Eine solche „pseudohiero-
glyphische" Silbenschrift mit rund
120 bekannten Zeichen war zu Beginn
des 2. Jahrtausends v. Chr. in der liba-
nesischen Hafenstadt Byblos in Gebrauch, nach der sie als
„Byblos-Schrift" bezeichnet
wird."(Haarmann 2012, S. 219

In der Darstellung dieser Kulturen im
Mittelmeerraum werden diese meist
isoliert geschildert. Im zweiten Jahrtausend v. u. Z. war aber eine erste
„Globalisierungswelle" der Menschheitsgeschichte zu verzeichnen. Die
Phönizier hatten Handelsbeziehungen
zu fast allen Völkern des Mittelmeer-
raumes, zu den Ägyptern, zu den
Stadtstaaten des Zweistromlandes, zu
den Bewohnern Kretas und auch den
des griechischen Festlands oder Spa-
niens. In dem Warenaustausch nahmen sie bereitwillig die Kunst anderer
Länder auf und exportierten sie in andere Länder, entwickelten aber keinen
eigenen Stil. Dabei war der erreichte
Lebensstandard in den phönizischen
Küstenstädten beachtlich. Von der
phönizischen Stadt Ugarit (heute: Ra's
Schamra) ist belegt, dass sie schon
1.900 v. u. Z. Handel mit Kreta betrieb.
Im weiteren Verlauf entwickelte sie
sich zu einem „internationalen" Han-
delszentrum, in dem Kaufleute aus
vielen Ländern ihre eigenen Wohn-
viertel mit Kanalisation und fließen-
der Wasserversorgung und ihre
Heiligtümer hatten. Mehrsprachigkeit

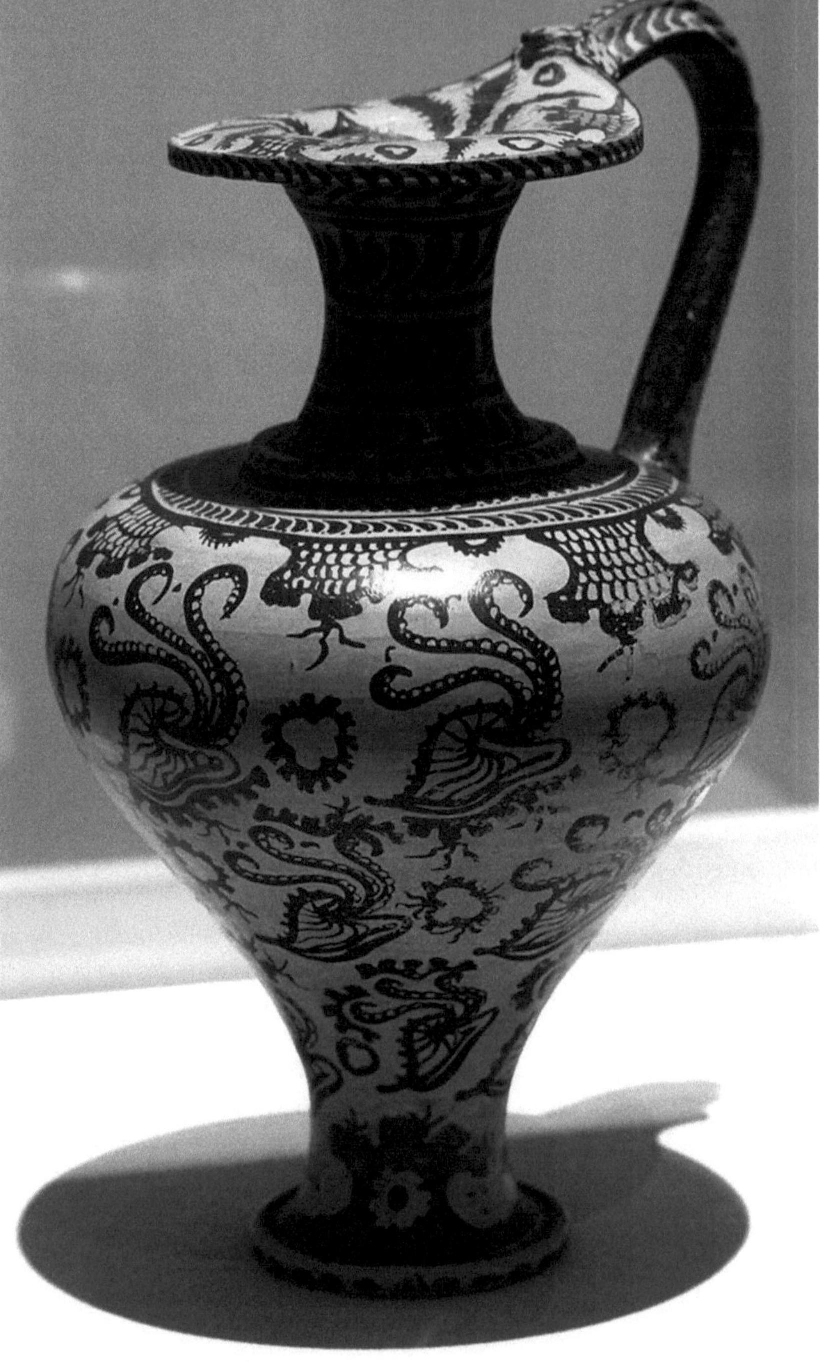

Abb. 41: Minoische Keramik im Meeresstil, Author Andree Stephan, CC BY-SA 3.0

war ein Muss für die Kaufleute. An den Schulen der Stadt wurden die verschiedenen Schriftsysteme der damaligen Welt gelehrt. Das wahrscheinlich erste den Sprechakt nachbildende Alphabet und wahrscheinlich auch die ersten Notenaufzeichnungen entstanden in dieser Stadt. Weitere bedeutende Handelsstädte waren Tyros und Sidon, letztere vor allem berühmt für seine Künstler, Kaufleute und Handwerker.

Die „Revolution" des Echnaton vollzog also nur nach, was bei anderen Völkern bereits praktiziert wurde. Auch auf Kreta hatte sich seit 2.000 v. u. Z. eine Kultur entwickelt, die auf dem Handelsaustausch im Mittelmeerraum beruhte. Besonders intensiv war der Austausch mit den Kykladeninseln (den Griechenland vorgelagerten Inseln), dem Festland selbst, mit den Städten der türkischen Küste, den Phöniziern und den Ägyptern. Der Einfluss der minoischen Kultur lässt sich auch in den Dokumenten aus Amarna und deren Kunst belegen. Einige Besonderheiten der minoischen Kultur deuten auf eine Vorreiterrolle hin. Die Existenz von Palästen in Knossos, Malia, Phaistos, Galatas und Kato Zakros lassen auf eine soziale Differenzierung der Bevölkerung und auf einen zentralen Verwaltungsapparat der Insel schließen. Diese Paläste sind nicht befestigt und haben keine Schutzmauern, ein Beleg für soziale Ausgewogenheit und die relative Friedfertigkeit der Gesellschaft. Zwar kann die führende Rolle der kretischen Seeleute – manche Historiker sprechen von einer Vorherrschaft in der Zeit von 2.000 bis 1.500 v. u. Z. – nicht ohne militärischen Schutz erfolgt sein, aber in den Wandbildern, den Statuen und Friesen finden sich keine Gewalt- oder kriegerische Darstellungen.

Statt dessen exportieren die Kreter Gefäße, die im „Meeresstil" geschmückt sind mit Tintenfischen, Polypen, Seealgen, Muscheln und Korallenriffen. Andere Themen sind Tiere, Sportler und spielende Kinder und Tiere. Die Normalität wird entdeckt, Schönheit

offenbart sich im Alltäglichen. Die sogenannte Schnittervase (1.550 bis 1.500 v. u. Z.) zeigt Erntearbeiter, die fröhlich singend von der Arbeit heimkehren. Während in der ägyptischen und assyrischen Kunst mit Monumentalität und kriegerischer Brutalität Eindruck und Überwältigung erzeugt werden soll, überraschen in der minoischen Kunst Rhythmus und Bewegung. Delphine, fliegende Fische und verschiedene Versionen des Stierspiels sind die beliebten Themen der Fresken in Knossos und in der Hagia Triada. Oder es finden sich Abbildungen schöner Frauen, wie die sogenannte „Pariserin" (1.500 bis 1.450 v. u. Z.), die Würde und Stolz repräsentiert.

Die kretischen Funde, nicht nur die der vielen kleinen weiblichen Idolfiguren, künden von einer mindestens gleichberechtigten Stellung der Frau in der damaligen Kultur. Auch die Abwesenheit der Männer als Seefahrer muss zur Selbstständigkeit und Verantwortung der Frauen beigetragen haben. Das hat zu Spekulationen über ein Matriarchat und einen Göttinnenkult geführt. So wird die Fayencenstatuette aus Knossos in der Literatur allgemein als „Schlangengöttin" (um 1.600 v. u. Z.., 29 cm hoch) bezeichnet. Es ist belegt, dass Priesterinnen bei kultischen Bräuchen eine dominierende Rolle inne hatten. Bei den Stierspielen hatten die Frauen die besten Zuschauerplätze – im Gegensatz dazu war bei den Olympischen Spielen im späteren Griechenland die Anwesenheit von Frauen bei Androhung der Todesstrafe verboten. Aber die besondere Achtung der Frau war kein Matriarchat im Sinne von Frauen-Herrschaft. In der Stellung der Frau wirkt sicherlich noch die matrilineare Einteilung der Gemeinschaft durch die Abstammung von der Mutter aus prähistorischer Zeit nach. Die kultischen Bräuche beschwören die Erd- und Naturkräfte, die Geburt und den Tod, das Werden und Vergehen. Die Symbole dafür sind die Taube (Luft und Himmel), Löwe und Stier (irdische Kräfte) und die Schlange (Kräfte der Erde). Die Frau als Gebärende vereint diesen Kreislauf. Das Symbol der Schlange ist hoch positiv besetzt, weil sie sich häutet und als unsterblich gilt: ein Zeichen der Wiedergeburt. All diese Symbole erfahren in der späteren griechischen Kunst eine Umdeutung. Für den „Kult" der Naturkräfte brauchte man keine monumentalen Kultstätten, Heiligtümer und Kultbilder, „zelebriert" oder gefeiert wurde im Freien, allenfalls gab es kleine Altäre in den Palästen und Privathäusern. Aus diesem Kult entwickelte sich der Glaube an eine Naturgöttin als Herrin der Tiere und der Pflanzen sowie eine Muttergottheit. Sie ist Verkörperung der Kräfte der Natur – eine Vorstellung von einer Gottheit als Herrscherin in der Gesellschaft ist damit aber nicht verbunden.

Dieser Kult und die damit verbundene Weltsicht veränderten sich grundlegend durch den zunehmenden Einfluss der Festlandsgriechen. Ab 1.450 v. u. Z. fielen vermutlich schon Mykener, bei Homer Achaier genannt, auf der Insel ein und zerstörten viele Paläste. Sie übernahmen allerdings auch minoische Kulturanteile, leiteten insgesamt aber einen langsamen Zerfallsprozess ein. Der Gegensatz der mykenischen zur minoischen Kultur war erheblich. Die mykenische Zivilisation mit ihren unabhängigen Städten wie zum Beispiel Athen, Korinth, Pylos, Tiryns, das griechische Theben oder Mykene war schon kriegerisch ausgerichtet. Diese Städte wurden von monarchischen Herrschern regiert, die Paläste innerhalb gewaltiger Schutzmauern auf leicht zu verteidigenden Berggipfeln errichtet: Monumentalität sollte auch von ihrer Dominanz und Macht zeugen. Die Burgherren bevorzugten zur Dekoration Jagddarstellungen und kriegerische Motive.

Als um 1.200 die mykenischen Zentren zerstört wurden, war dies nur ein Beispiel einer breiten Kulturregression im gesamten Mittelmeerraum. Die Ursachen sind vielfältig: Die kriegerischen Aktivitäten im gesamten Raum nahmen zu, auch die mykenischen Zentren bekämpften sich gegenseitig. Dadurch wurde der Handel enorm beeinträchtigt, was wiederum zu Wirtschaftskrisen, Hungersnöten und verstärkter Migration und weiteren bewaffneten Auseinandersetzungen führte. Hinzu kamen Naturkatastrophen wie Erdbeben und Vulkanausbrüche. Insgesamt kann die Zeit von 1.200 bis rund 800 v. u. Z. als Zerfallsprozess und als Zerstörung bereits erreichter Kultur bewertet werden. Die Kunstwerke werden barbarisch und formenarm. Die Sinnes- und Bewegungsfreude minoischer Kunst mit ihren Tier- und Pflanzendarstellungen weicht einer geometrisierenden, starren Kunst. Die kriegerischen Auseinandersetzungen in der Zeit von 1.200 bis 800 v. u. Z. haben im ganzen Mittelmeerraum prosperierende Städte, deren Handel und damit auch Hochkulturen zerstört. In dieser Situation sahen zum Beispiel die Phönizier, die ständig von den Assyrern überfallen und geplündert wurden, einen Ausweg in der Gründung von Karthago 814 Kilometer nördlich von Tunis weit weg von ihrem bisherigen Siedlungsgebiet. Auch die Griechen begannen – durch Hungersnöte in der Heimat dazu gezwungen und durch den wieder erwachenden Handel begünstigt – mit der Kolonisation des Mittelmeer- und des Schwarzmeer-Raums.

Die Kunst der alten Griechen schafft Helden-Ideale

Nach langer Zeit kriegerischer Auseinandersetzungen trat im 8. Jahrhundert vor unserer Zeit (v. u. Z.) ein Wandel ein. Gewerbliche Produktion und Handel erwachten wieder – und mit ihnen die Kunst. Athen war ein Zentrum der Gefäßkunst. In diesen Gefäßen wurden Olivenöl, Wein, Salben und Parfüms exportiert. Textilien, Waffen und andere Luxusgüter wurden vor allem aus dem orientalischem Raum importiert. Beispielgebend war der Übergang vom geometrischen zum orientalischen Stil in Korinth: Die Keramik wurde jetzt mit Fantasievögeln, Fabelwesen, mit Tierdarstellungen und Pflanzenornamenten geschmückt. Auf den ersten Blick scheint es, als ob der Faden der minoischen Kultur wieder aufgenommen wurde. Sicher wirkt die Kunst Kretas – auch in den nachfolgenden Jahrhunderten – kräftig nach. Aber in den kriegerischen 400 Jahren von 1200 bis 800 v. u. Z. hatte sich die Weltsicht hin zu einer monarchistisch-aristokratischen Ordnung grundlegend verändert und verfestigt.

Die Griechen profitierten von den Errungenschaften der Handelsvölker und gründeten in Südfrankreich und Spanien, besonders aber auf Sizilien und in Süditalien, zahlreiche Kolonien. Darauf weist auch Herodot, im 5. Jahrhundert v. u. Z. hin: „Jene mit Kadmos [einem mythischen phönizischen Königssohn] in Hellas eingewanderten Phoiniker haben durch ihre Ansiedlung in Boiotien [der mittelgriechischen Landschaft nordwestlich von Attika] viele Wissen-

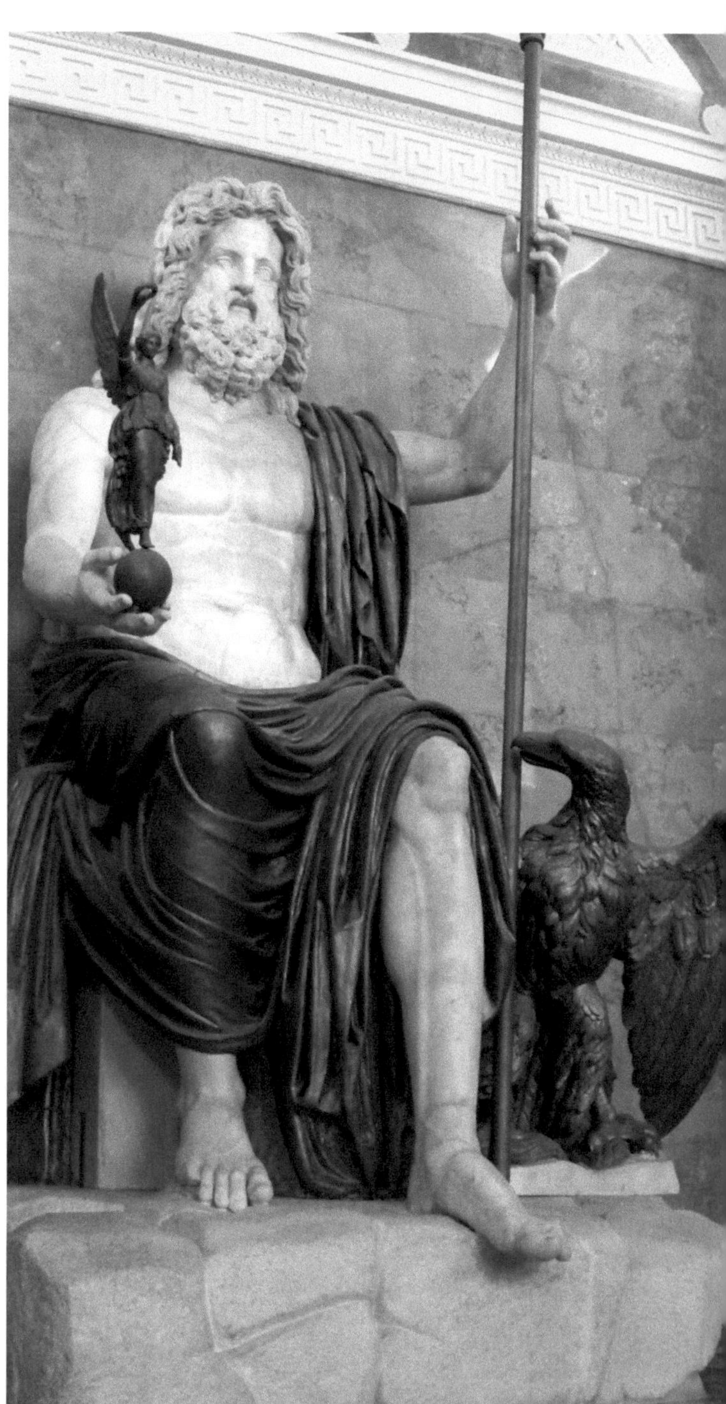

Abb. 42: Zeus von St. Petersburg, Künstler unbekannt, die Statue wurde im 19. Jahrhundert mehrfach restauriert, Hermitage St. Petersburg. Foto: George Shuklin, CC BY-SA 3.0

.

Chronlogie des antiken Griechenlands

um 1.200 v. u. Z.	Ende der mykenischen Palastzeit
um 1200–750 v. u. Z.	dunkle Jahrhunderte
	Am Ende dieser Periode stehen:
	die Mythenbildung durch Homer,
	die Dichtungen des Hesiod
um 900–700 v. u. Z.	Geometrische Zeit auf Töpferwaren
um 800–500 v. u. Z.	archaische Zeit
	Gründung von Stadtstaaten
	insgesamt 1.000
	Gründung von Kolonien
ab 800 v. u. Z.	Orakel zu Delphi
ab 700 v. u. Z.	Olympische Spiele in Olympia
um 660 v. u. Z.	Tyrannis-Herrschaft in Korinth
640 v. u. Z.	Vormachtstellung Spartas nach Sieg
	über Agos
um 550 v. u. Z.	Sparta gründet Peloponnesischen Bund
510 v. u. Z.	Beseitigung der Tyrannis in Athen
um 500/480–336 v. u. Z.	Klassik
500–494 v. u. Z.	Ionischer Aufstand gegen Perser
	Beginn der Perserkriege
um 500 v. u. Z.	Geschichtsschreibung beginnt, Herodot
490 v. u. Z.	Sieg bei Marathon
478–477 v. u. Z.	Athen gründet Attischen Seebund
468 v. u. Z.	Sieg über die Perser
467–406 v. u. Z.	Perikles lässt die Akropolis bauen:
	Propyläen, Erechtheion, Niketempel,
	Parthenon mit Statue der Athene
460–446 v. u. Z.	Erster Peloponnesischer Krieg
	zwischen Sparta und Athen
ab 450 v. u. Z.	Athen wird auch geistiges Zentrum
	mit Sokrates, Platon, Aistoteles,
	Aischylos, Sophokles oder Euripides
431–404 v. u. Z.	Zweiter Peloponnesischer Krieg
404 v. u. Z.	Sparta kann trotz Sieg Führungsrolle
	Athens nicht übernehmen
395–387 v. u. Z.	Korinthischer Krieg, Argos, Athen,
	Korinth und Theben gegen Sparta
378/377 v. u. Z.	Neugründung Attischer Seebund
371 v. u. Z.	Schlacht von Leuktra, Theben
	besiegt Sparta, Ende seiner Hegemonie
359 v. u. Z.	Philipp II. wird König Makedoniens
ab 334 v. u. Z.	Legendäre Eroberungen Alexanders
323/322 v. u. Z.	Lamischer Krieg, Athen scheitert
200–197 v. u. Z.	Zweiter Makedonischer Krieg:
	Römer besiegen Makedonien,
	Rom wird Protektoratsmacht
146 v. u. Z.	Griechenland wird römische Provinz
133 v. u. Z.	Rom annektiert Reich von Pergamon

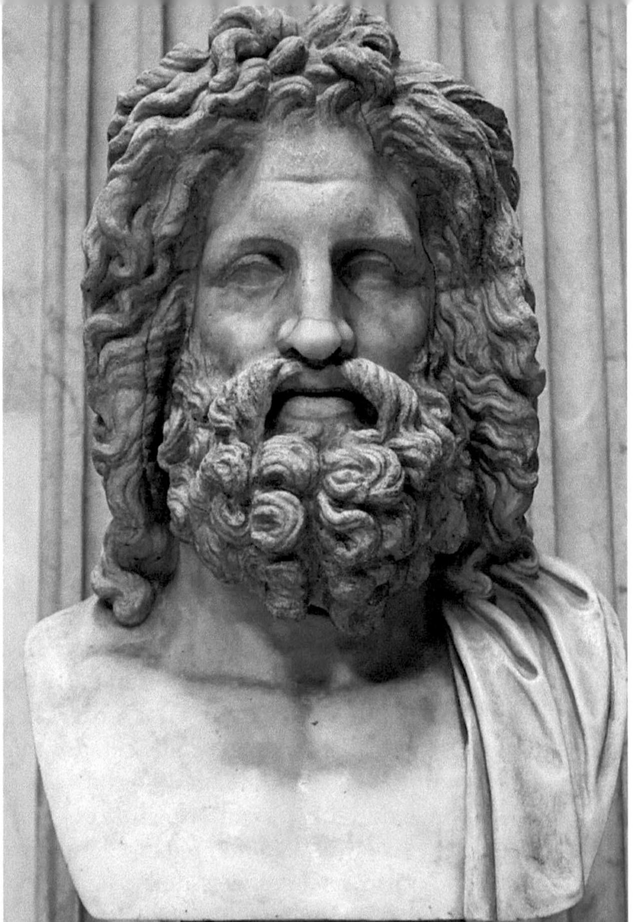

Abb. 43: Zeus-Büste als Ptolmey I Sator, Memphis 323 v. u. Z.. Der General Alexander des Großen, Ptolmey I Sator, Statthalter in der ägyptischen Provinz, ließ sich als Abkömmling von Zeus und als Heiland darstellen. Eine Ähnlichkeit mit anderen Zeus- und Philosophenbüsten ist offensichtlich. Vatikan Museum, Museo Pio-Clementino, Foto: Jastrow, Public domain

schaften und Künste nach Hellas gebracht, so auch die Schriftzeichen, die die Hellenen, wie ich glaube, bis dahin nicht gekannt hatten. [...] Der hellenische Stamm, der damals ihr hauptsächlicher Nachbar war, waren die Ionier. Sie übernahmen die Buchstaben von den Phoinikern, bildeten sie auch ihrerseits ein wenig um und nannten sie Phoinikeia, was recht und billig war, denn die Phoiniker hatten sie ja in Hellas eingeführt." (zit. nach Haarmann 2012, S. 226)

Die Schrift ist dann ein ideales Mittel zur Verbreitung der patriarchalischen Ordnung. Ideologischer Ausdruck ist die olympische Götterwelt, wie sie in den Schriften Homers und Hesiods kanonisiert wird. Ohne genaue Kenntnis der olympischen Götterwelt ist die Kunst der Griechen nicht verständlich. Über allen Fabelwesen, Titanen, Kentauren, Amazonen und Göttern mit vielen Charakteren thront Zeus als absoluter Herrscher und Kriegergott. Er ist die dominierende Vaterfigur und oberster Richter. Er ist wie der Christengott mit dem Attribut der Unsterblichkeit ausgestattet. Aber Zeus ist kein Schöpfergott und kein Gott als Verkörperung eines abstrakten Prinzips. Er musste sich seine Vormachtstellung erkämpfen. Zeus musste seinen Vater Kronos mit List und Tücke vom Thron stürzen. Und Kronos selbst hatte zuvor den Vater und Himmelskönig Uranus entmannt. Hier scheint der Ödipus-Komplex kräftig durch. Zeus musste auch vorher die Titanen besiegen – übermächtig erscheinende auswärtige Feinde. Obwohl dieses griechische Mythos eine Geschlechterfolge von Uranus, Kronos bis Zeus kennt, endet mit Letzterem der Kampf um die Vorherrschaft: Die Überlegenheit von Zeus ist für alle Zeiten festgeschrieben und damit die Wunschvorstellung der aristokratisch Regierenden nach ewiger Herrschaft. Erika Simon hält fest, dass für die „Stellung des Zeus im Olymp die Regierungsform der mykenischen Zeit Vorbild war. Sein Amt gleicht dem des Völkerfürsten Agamemnon. Die Ähnlichkeit zwischen ihrem Herrschen drückt sich in einem symbolischen Gegenstand aus, dem Zepter [...] Das Königtum war in die sakrale Sphäre übergegangen, es gab in Athen für die Ausübung der alten Feste einen eigenen Staatsbeamten, einen Archon mit dem Beinamen König (Basileus)." (Simon, S. 24) Mit den Mythen werden aristokratische Werte und Normen eingeübt und tradiert.

Der Zeus-Kult hatte seinen Höhepunkt zur Zeit der Tyrannenherrschaft im 6. Jahrhundert v. u. Z. – hier

Die griechische Götterwelt

Zeus (Jupiter, lat): Göttervater, Herrscher über Himmel, Blitz und Donner; jüngster Sohn des Kronos und der Rhea; jüngerer Bruder von Poseidon, Hades, Hera und Demeter; Vater von Athene, Apollon, Artemis, Ares, Hermes, Dionysos, Herakles; sein Planet ist der Jupiter

Poseidon (Neptun, lat.): Gott des Meeres, der Erdbeben und Pferde; älterer Bruder des Zeus; Sohn des Kronos und der Rhea

Hera (Juno, lat.): Familien-Göttin, zuständig für Hochzeit, Mutterschaft und Geburt; Helferin in den Nöten der Entbindung; eifersüchtige Gattin und Schwester des Zeus; Mutter von Ares

Demeter (Ceres , lat.): Erdgöttin, Schwester des Zeus, Muttergöttin, Fruchtbarkeitsgöttin; dreifaltige Göttin als Jungfrau, Mutter und Alte Frau; Schwester, Geliebte des Zeus;

Apollon (Apollo, lat.): Gott der Poesie, des Lichtes, der Pest und der Prophetie; Musenführer (Beiname: Musagetes); gleichgesetzt mit dem Sonnengott Phoibos; Sohn des Zeus und der Titanin Leto; Vater des Asklepios; sein Himmelskörper ist die Sonne

Artemis (Diana): Jungfräuliche Göttin der Jagd und des Mondes (zusammen mit Selene); Tochter des Zeus und der Leto; Zwillingsschwester des Apollon; keinem Manne untertan, sondern frei und kinderlos; ihr Himmelskörper ist der Mond

Athene (Minerva): Dem Haupte des Zeus entsprungene jungfräuliche Göttin der Weisheit, Schutzherrin der Helden, der Städte, des Ackerbaus, der Künste und Wissenschaften, des Krieges und des Friedens; Stadtgöttin Athens

Ares (Mars): Gott des Krieges und der Schlachten; Sohn des Zeus und der Hera; Vater von Deimos und Phobos; ehebrecherische Liebesbeziehung zu Aphrodite; sein Himmelskörper ist der Planet Mars

Aphrodite (Venus, lat.): Göttin der Liebe und Schönheit; geboren aus dem Schaum, das aus dem Blut und dem Samen aus dem Glied des Uranos gebildet wurde, nachdem Kronos es seinem Vater abgeschnitten und ins Meer geworfen hatte; ihr Planet ist die Venus

Hermes (Mercurius, lat.): Gott der Diebe, des Handels und der Reisenden; Götterbote; Sohn des Zeus und der Nymphe Maia; sein Planet ist der Merkur

Hephaistos (Vulcanus, lat.): Gott der Vulkane, des Feuers, der Schmiedekunst und der Architektur (baute den Göttern ihre Paläste und gab den Menschen die Hausbaukunst); schmiedete mit den Zyklopen für Zeus die Donnerkeile

Hestia (Vesta, lat.): Jungfräuliche Göttin des Herdfeuers und der Familieneintracht; älteste Schwester des Zeus

Dionysos (Bacchus, lat.): Gott des Weines und der Ekstase; jüngster der großen Götter; Sohn des Zeus

Hades (Pluto, lat.): Bruder des Zeus; bemächtigte sich durch Raub der Persephone; Herrscher der Unterwelt

Persephone (Proserpina , lat.): Tochter des Zeus und der Demeter; Königin

Herakles (Herkules, lat.): Heil- und Orakelgott, Beschirmer der Sportstätten und Paläste; Sohn von Zeus und Alkmene

Hebe (Iuventas, lat.): Göttin der Jugend; Mundschenk der Götter, Tochter von Zeus und Hera; Frau des Herakles (nach Wikipedia)

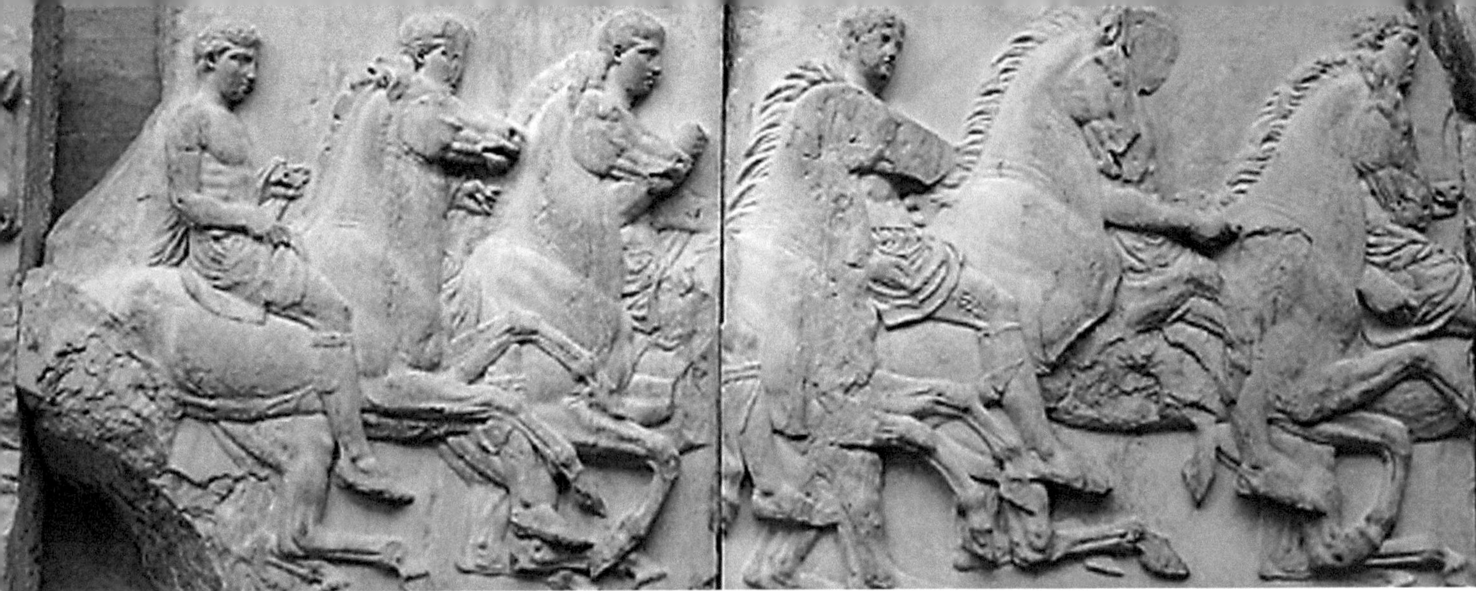

Abb. 44: Der Stolz der Athener: die Reiterstaffel, Parthenon Athen , jetzt im Britischen Museum, London, Foto: ChrisO, CC BY-SA3.0

wurden auch die ersten Zeus-Tempel in Griechenland errichtet –; also zu einer recht späten Zeit. Andere Gottheiten zum Beispiel Hera oder Aphrodite wurden schon zwei Jahrhunderte zuvor Tempel gebaut. Die Tyrannen hatten auch ein politisches Interesse daran, die Herrschaft des Götterkönigs zu betonen und den Glauben daran im Volk zu verankern. Die berühmteste Götterstatue der Antike war der von Phidias um 430 v. u. Z. geschaffene zwölf Meter hohe Zeus in Olympia. Der antike Historiker Pausanias hatte die inzwischen zerstörte Zeus-Statue anschaulich beschrieben: „Der Gott sitzt auf einem Thron und ist aus Gold und Elfenbein gemacht, und ein Kranz liegt auf seinem Haupt in der Form von Ölbaumzweigen. In der Rechten trägt er eine Nike, ebenfalls aus Elfenbein und Gold, die ein Band hält und auf dem Kopfe einen Kranz hat. In der linken Hand des Gottes befindet sich ein Zepter, mit lauter Metalleinlagen verziert. Der Vogel, der auf dem Zepter sitzt, ist der Adler. Aus Gold sind auch die Sandalen des Gottes und ebenso sein Gewand; an dem Gewand sind Figuren und Lilien angebracht. [...] Vier Niken in der Gestalt von Tanzenden befinden sich an jedem Bein des Thrones und zwei weitere am Fuß jedes Thronbeines. [...]" (zit. nach Simon, S. 33) Die

Siegesgöttinnen feiern den absoluten Herrscher. Es ist das Herrscherbild per exzellance, das noch über 2000 Jahre später seine Entsprechung zum Beispiel in dem Napoleon-Thronbild von Jean-Jaques Ingres findet.

Nach den vollbrachten Heldentaten sichert Zeus seine patriarchalische Herrschaft durch die Zeugung von Kindern. Die Rangfolge wird also nach der Abstammung vom männlichen Erzeuger bestimmt. Von den zwölf olympischen Göttern sind acht seine Kinder: Athene, Aphrodite, Apollon, Ares, Artemis, Dionysos, Hephaistos, Hermes. Diesen schenkt er unterschiedlich seine Gunst. Sein besonderer Liebling ist Apollon. Die Friese am Zeus-Tempel in Olympia zeigen auf der einen Seite in der Mitte Zeus selbst, auf der anderen Seite Apollon im Mittelpunkt. Apollon verkörpert das aristokratische Idealbild, er ist Krieger mit Lanze und Bogen. Er ist der unerbittliche Rächer seines Göttervaters, Hüter von dessen Gesetzen, die ohne Wenn oder Aber gelten. Gleichzeitig ist Apollon Stadtgründer und Baumeister. Das Hauptheiligtum von Apollon ist nach griechischem Mythos gleichzeitig der Mittelpunkt, der „Nabel der Welt": Dieser ist markiert durch den Stein „Omphalos", ein Phallus-Symbol im Apollon-

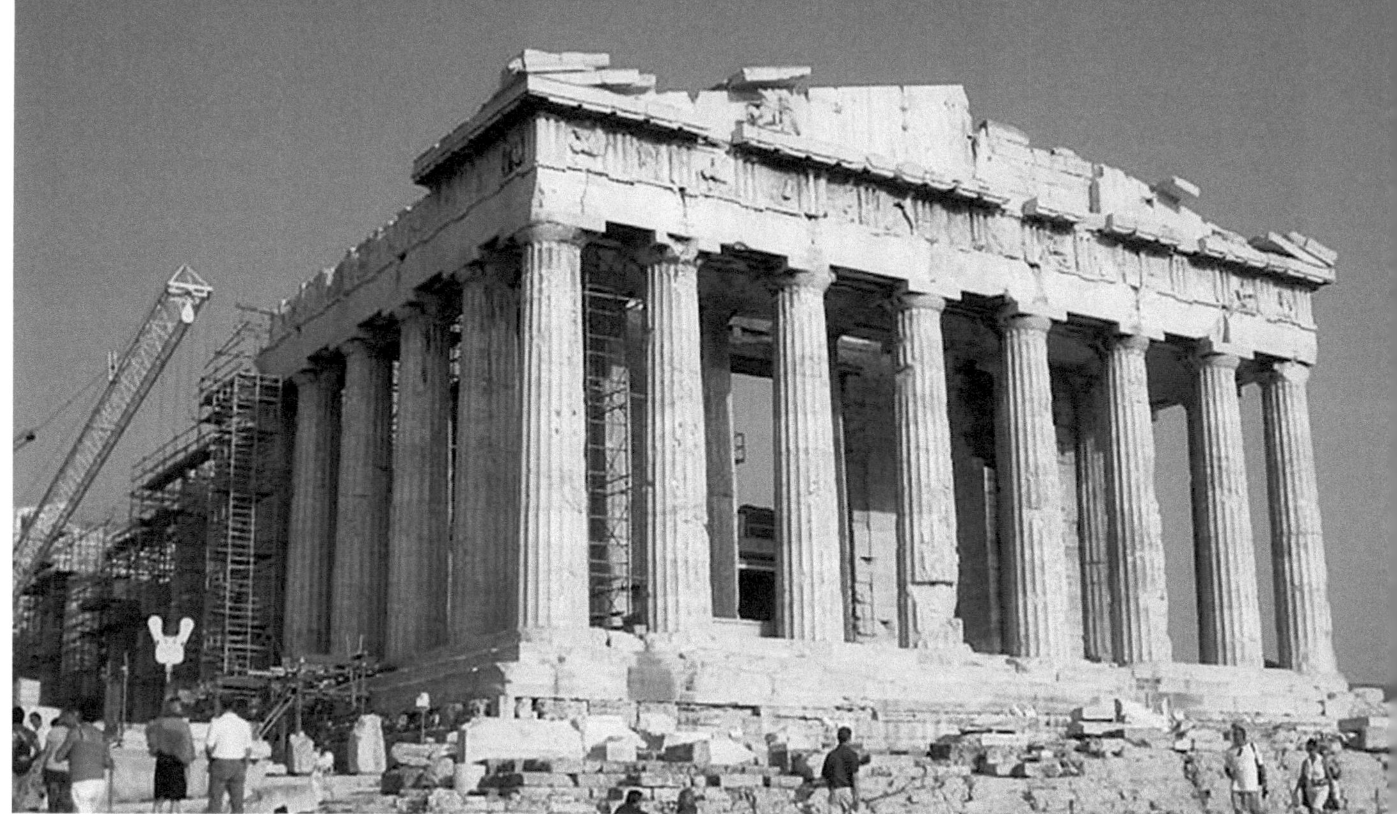

Abb. 45: Das Parthenon auf der Akropolis: Die dorischen Säulenkapitole künden von klassischer Strenge. Foto: Wladyslaw Sojka, CC BY-SA 3.0

Tempel zu Delphi.

Durch die Vorherrschaft dieser beiden Götter wird das patriarchalisch-aristokratische Weltbild zementiert. Apollon ist das Ideal des gestählten, wehrhaften, allen überlegenen aristokratischen Kämpfers. Die Plastik- und Bildkunst gestaltet ihn in archaischer Zeit als würdevolle Frontalplastik, die an ägyptische Starrheit als Künder von Ewigkeit erinnert. Dann vermenschlichen sich seine Züge, bis es in der Hochklassik die Gestalt mit dynamischer Beweglichkeit annimmt. Aber bei aller Anmut und Ausgewogenheit der Bewegung: Es bleibt ein aristokratisches Ideal, das nicht die Züge der Individualität bekommt. Es ist das Ideal einer Minderheit, die ihre Kampftüchtigkeit in den Spielen erprobt. Ausgeschlossen sind aber nicht nur die Frauen sondern auch die Sklaven und die anderen zur Arbeit Verdammten.

Die Bildhauer haben in der klassischen Phase die Körperlichkeit des Menschen, das lebendige Spiel der Gliedmaßen begriffen. Aber sie sperren den Menschen in das Gefängnis des Ideals ein. Die Statuen sollen Vollkommenheit zeigen. Der Kunsthistoriker Zinserling deutet dieses Streben positiv: „Ihrem Elitebewusstsein entsprach eine auf das Normative zielende Kunst, die eine Harmonisierung der Gegensätze anstrebte. [...] Der Mangel an Individualität bedeutet also nicht negativ ein Fehlen von Persönlichkeitsbewusstsein, sondern positiv einen bewussten Verzicht auf nur Besonderes in Physiognomie und Charakter." (Zinserling, S. 140) Dieses normierende Menschenbild mit dem aristokratischen Helden bedeutet aber gleichzeitig auch eine Sackgasse. Eine idealere Schöpfung als das schon geschaffene Idol ist schwer möglich, der Spielraum ist eingegrenzt – auch spätere Gestaltungen wie der Doryphorus des Polyklet (tätig zwischen 450 und 400 v. u. Z.) oder der Idolino (Umkreis des Polyklet) wirken nur wie Variationen ein und desselben Ideal-Menschenbildes. Gleiches gilt für den Apollon Sauroktonos von Praxiteles (um 350 v. u. Z.) oder für die römische Kopie der Statue von Lysipp (Sich reinigender Athlet, Apoxyomenos, um 320 v. u. Z.). Deshalb wirken die griechischen Statuen auch wie in der Bewegung erstarrt, wie isolierte Demonstrationen konstruierter Harmonie und Schönheit, Ideale eben. Diese idealen Athleten schleudern die Speere und werfen den Diskus, um im militärischen Kampf zu siegen, um Herr-

schaft auszuüben. Dieser reale Kontext scheint in den idealisierten Statuen ausgeblendet, ist aber vom Künstler implizit mitgedacht. Wir denken uns zwar die Klassik als die Blüte der griechischen Demokratie: Die Kunst zeigt aber ein Vorherrschen der aristokratischen Ideologie, die auf die Unterdrückung der Masse der Bevölkerung und die Unterwerfung aller anderen Völker abzielt. In Athen lebten um 430 v. u. Z.. rund 43 000 Bürger, 10 000 Metoiken (Migranten ohne Bürgerrechte) und rund 120 000 Sklaven. Die politischen Ämter wurden auch in der klassischen Zeit fast

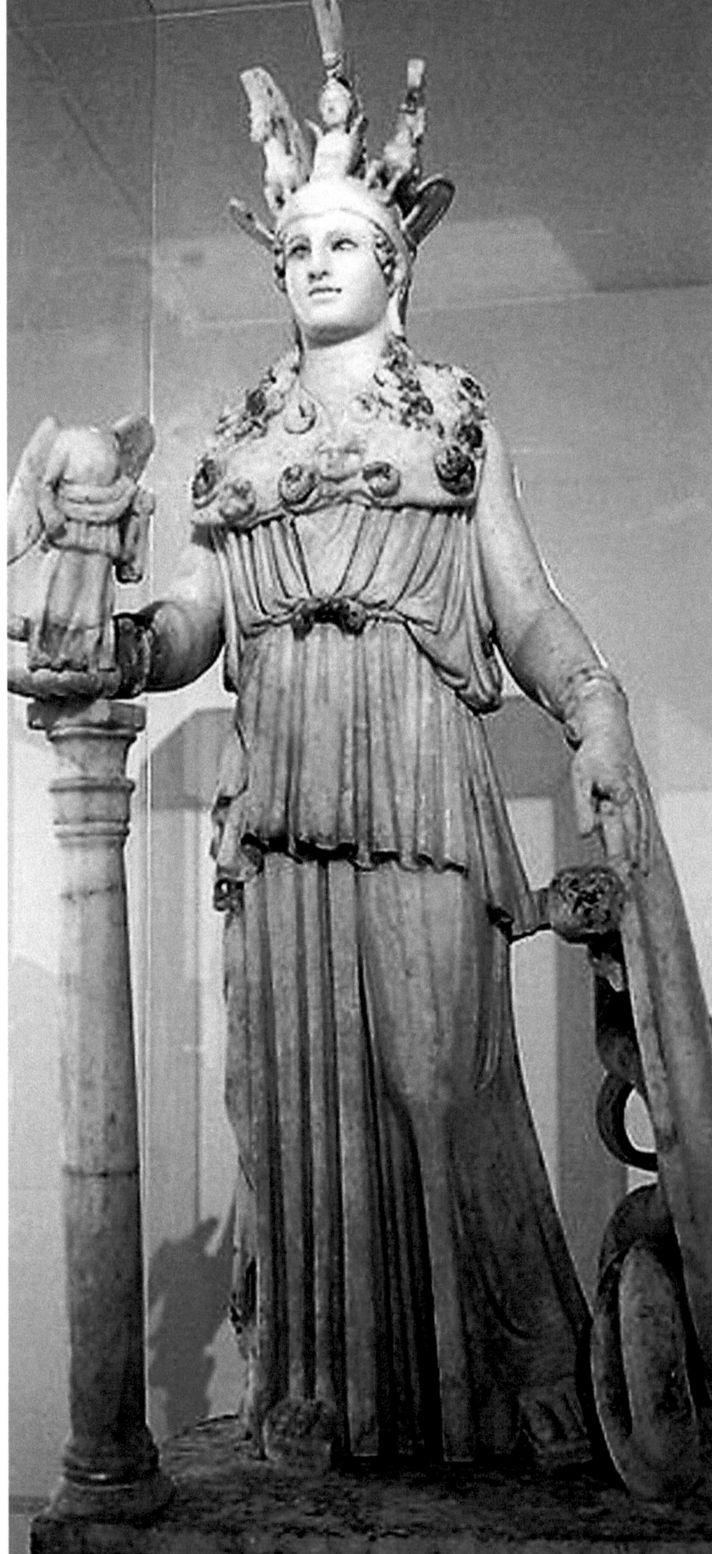

Abb. 46: Athena Parthenos, sogenannte Athena varvakion, römische Kopie nach einem Original der Phidias-Werkstatt, um 438 v. u. Z., Marmor, Höhe 1,05 Meter, Athen, Archäologisches Nationalmuseum, CC BY-SA 3.0 Foto: MarsyasOther

ausnahmslos von Adligen ausgeübt. Allenfalls kann man in Athen von einer aristokratischen Sklavenhalter-Demokratie sprechen.

Deutlich zeigt sich diese Ideologie auch an der Verehrung der Schutz- und Stadtgöttin Athens, der Pallas Athene. Ihr Mythos wurde in kriegerischer mykenischer Zeit begründet: Sie war die Schutzgöttin mykenischer Herrscher und thronte im Palast des Königs. Schon in mykenischer Zeit stand ihr Tempel neben dem Herrscherhaus auf der Akropolis. Das Mythos der Geburt Athenes stellt die Realität patriarchalisch auf den Kopf: Sie wurde aus dem Kopf von Zeus geboren. Geburtshelfer ist der kriegerische Gott Ares mit der Doppelaxt. Die wichtigsten Attribute Athenes sind der Helm, die Lanze, das Schild und die Siegesgöttin Nike. Wieder hat Phidias das monumentale Kultbild 460 bis 430 v. u. Z. mit einer Höhe von 12,5 Metern aus Gold und Elfenbein für die Akropolis geschaffen, das Pausanias beschreibt (das Original ist zerstört, erhalten ist eine kleinere römische Kopie): „Mitten auf dem Helm sitzt die Figur einer Sphinx [...] beiderseits an dem Helm aber sind Greifen angebracht. Das Bild der Athene steht aufrecht, mit einem Chiton bis zu ihren Füßen, und auf ihrer Brust ist das Medusenhaupt aus Elfenbein angebracht. Und eine Siegesgöttin gegen vier Ellen hoch hat sie in der Hand und eine Lanze, und zu ihren Füßen steht der Schild, und neben der Lanze befindet

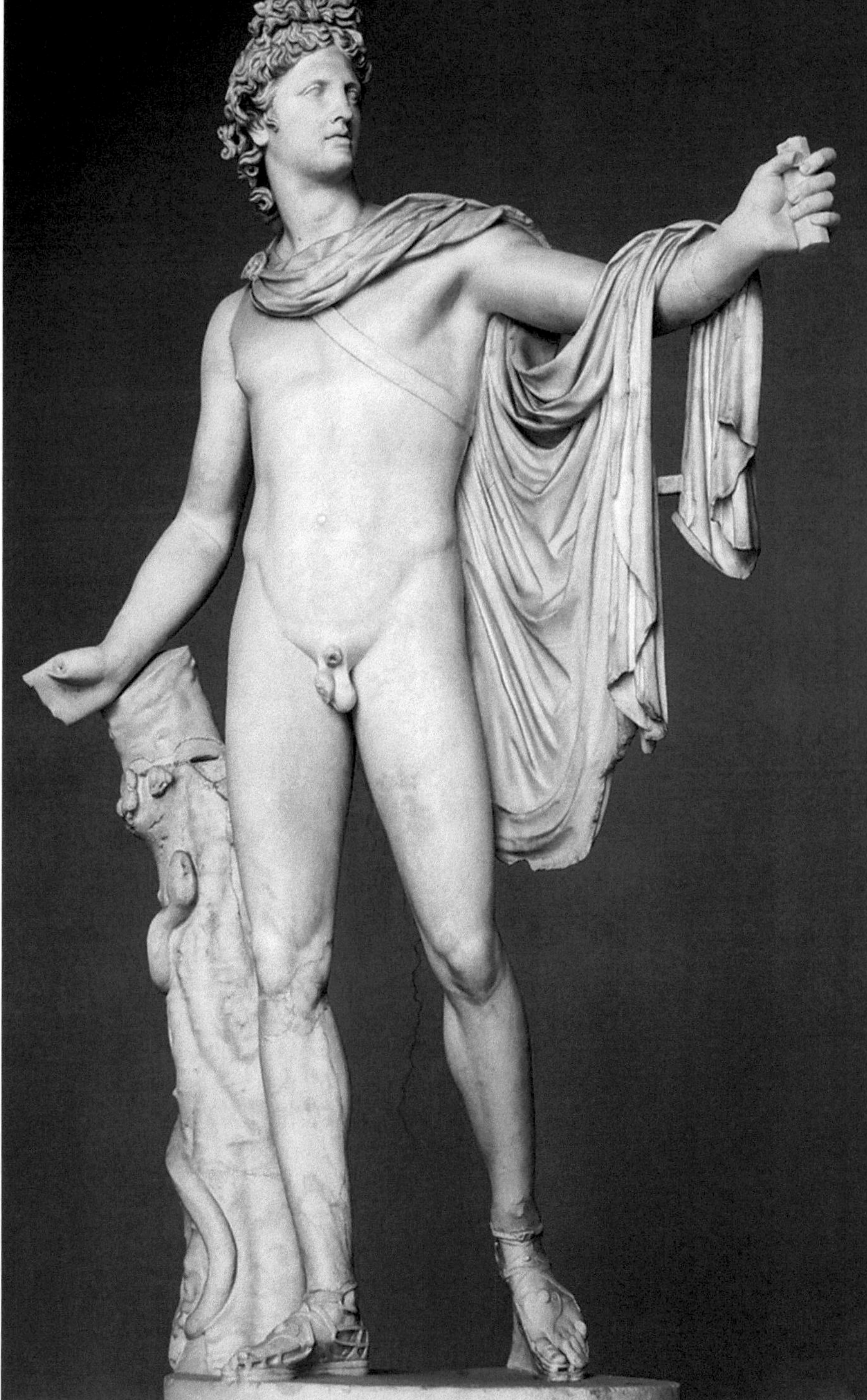

Abb. 47: Apoll von Belvedere, Leochares, römische Kopie, um 320 v. u. Z., Höhe 2,24 M.Rom, Vatika, Foto: Marie-Lan Nguyen, public domain

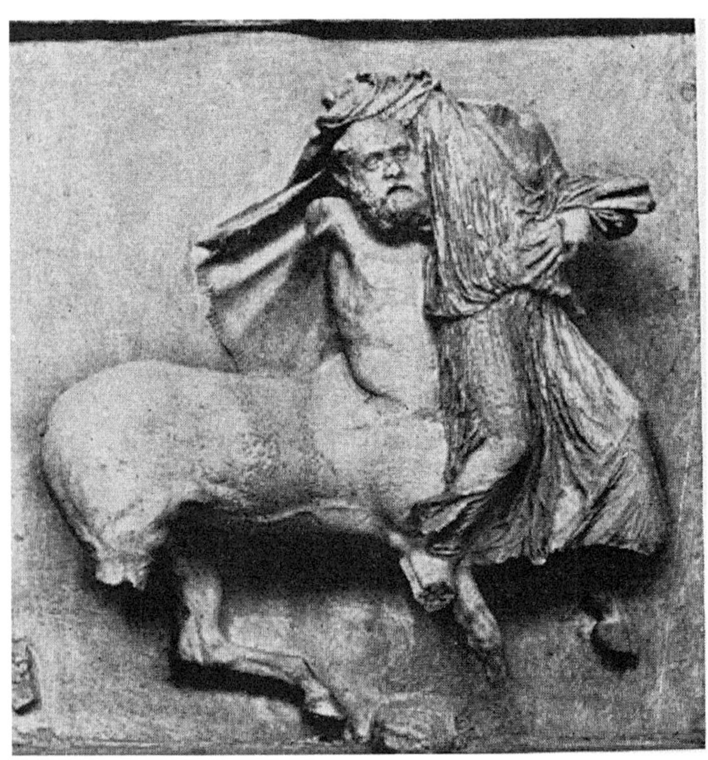

Abb. 48: Kentaur und Lapithin, um 440 v. u. Z., Südmetope 29 des Parthenon, London, Britisches Museum, zit. n. Hamann, Seite 612

sich eine Schlange, und diese Schlange mag wohl Erichthonios darstellen. An der Basis der Statue ist die Entstehung der Pandora abgebildet." (zit. n. Simon, S. 207) Sphinx und Greifen sind dem orientalischen Kulturkreis als Demonstration der Macht und Stärke entlehnt. Athene beeindruckt waffenstrotzend in monumentaler Größe. Das Medusenhaupt ist eine patriarchalische Uminterpretation der Weiblichkeit: Ursprünglich war Medusa schön. War sie eine Göttin der Liebe und der Schönheit? Als Athene sie mit Poseidon beim Liebesspiel in ihrem Tempel überraschte, verwandelte Athene Medusa in ein Ungeheuer mit Schlangenhaaren. Jeder, der sie sah, erstarrte vor Furcht in Stein. Die Schlange an den Füßen von Athene weist auf Erichthonios, dem ersten König von Attika, hin. Dieser wurde nach dem griechischen Mythos von Hephaistos und Geia, der Erdenmutter, gezeugt und Athene zur Pflege übergeben. Der Sage nach soll er einen Schlangenunterleib gehabt haben. Pandora schließlich wird von Hephaistos aus Lehm geschaffen und von den Göttern mit Schönheit und vielen Gaben ausgestattet („die Allbeschenkte", also ein positives Bild). Diese „erste Frau" ist nach Hesiod dann ein „schönes Übel", das die „Büchse der Pandora", also alles Böse, auf die Welt brachte.

Die Friese und die Giebel des Parthenons machen klar, worum es in dieser Ideologie zentral geht: um den Kampf der Geschlechter und die Inthronisierung des Gott-Königs Zeus. Vordergründig wird die wichtigste Prozession der Athener, der Panathenäen-Ritus, erzählt. Die Athener Bürgerschaft zeigt sich würdevoll in zivilisierter Ordnung. Wenn man durch den Eingang der Propyläen auf das Parthenon zutritt, fällt zuerst der Stolz der Athener, die Reitertruppe, ins Auge. Der Rossebändiger demonstriert die Überlegenheit des Menschen über die bezähmte wilde Natur. Die militärische Leistung steht im Mittelpunkt. Leider fast gar nicht mehr erhalten ist an dieser Stelle der Metopen-Fries über den Kampf der Griechen mit den Amazonen. Denn hier ist der Ausgangspunkt der Erzählung, der mit dem Sieg über die kriegerischen Frauen endet. Die alten Griechen schilderten den Sieg der Zivilisation als den Sieg über weibliche Dominanz. In der Kolonisation der nördlichen Schwarzmeerküste hatten sie auch Kontakt mit den Skythen, den weiblichen Kriegerinnen, deren List und Gewandtheit berühmt und gefürchtet waren. Von der Westseite geht die Prozession um die beiden Nord- und Süd-Flügel des Parthenons. Die Südseite schildert den erbitterten Kampf der Lapithen gegen die Kentauren, zivilisierte Menschen gegen Halb-Pferd-Halb-Mensch-Wesen. Die Bändigung des Pferdes wurde schon im Eingangsbereich als zivilisatorische Leistung demonstriert. Worum geht der Kampf zwischen Zivilisierten und

Kentauren? Der Sage nach haben sich die Kentauren
bei der Heirat des Königs der Lapithen Peirithoos
„vom Wein erhitzt" an dessen Frauen vergangen. Sie
„ergriffen also Besitz" von Frauen, die mittlerweile in
Privatbesitz gelangt waren. Dabei praktizierten sie die
alten Bräuche, nach denen der Mann nur mit „frem-
den" Frauen aus einer anderen Gemeinschaft kopulie-
ren durfte. Die matrilineare Ordnung kämpft gegen
die patriarchalische. Die Kentauren werden in der
Regel brutal und lüstern dargestellt, eben Barbaren.
Aber der griechische Mythos bewahrt auch Verständnis für die „alte Zeit". Der wichtigste Kentaur Cheiron
wurde wegen seiner Jagd- und Heilkünste verehrt. Er
hat vielen griechischen Helden wie Achilles und Asklepios sein Können vermittelt. Auf der Nordseite
werden die Kämpfe während des Trojanischen Krieges geschildert (leider sehr wenig erhalten). Die Prozession in der Schilderung des Metopen-Frieses endet
mit der Übergabe des Peplos-Gewandes an die
Athene-Priesterin auf der Ostseite in Anwesenheit der
olympischen Götterschar. Im Zentrum des Giebels
über dem Fries wird dort die Zeugung der Athena aus
dem Kopf von Zeus gezeigt, nachdem ihm Hephaistos
mit der Doppelaxt den Schädel gespalten hat, um ihn
von Kopfschmerzen zu befreien. Zum Glück ist Zeus
unsterblich.

Zeus, Apollon und Athene (Vater, Sohn und Tochter)
sind die beherrschenden Götter des Olymp, wie sie
von Homer und Hesiod überliefert worden sind. In
dieser Charakterisierung wurden sie zur Religion, die
dann über 1.000 Jahre zur gemeinschaftlichen Ideologie der Griechen wurde. Zeus ist der übermächtige,
richtende und Anweisungen erteilende Gottvater,
diese Charakterisierung teilt er mit dem Gott der
Juden und der Christen. Religionswissenschaftler
haben deshalb immer wieder darauf hingewiesen,

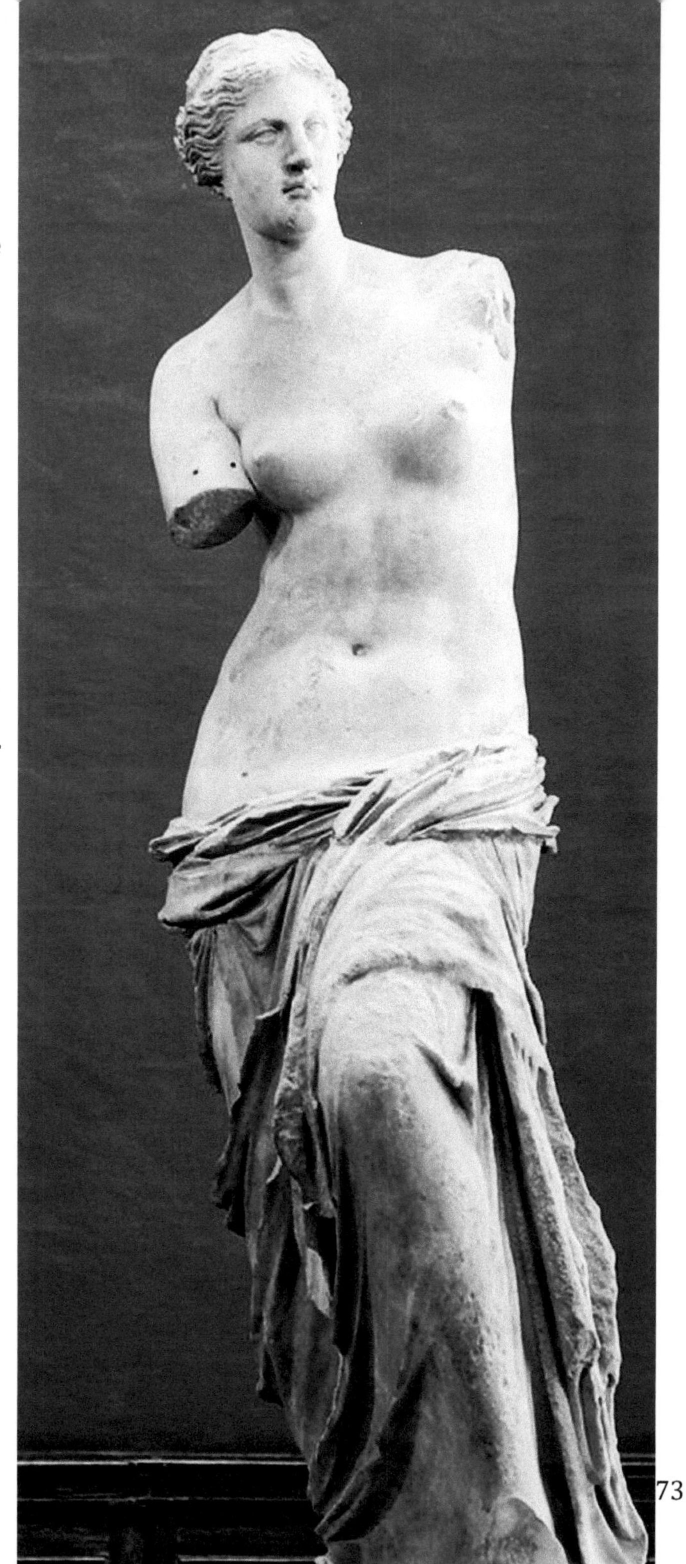

*Abb. 49: Venus von Milo, Marmor, um 130-100 v. u. Z. Gefun-
den in in Melos im Jahr 1820 (Detailansicht), Höhe:. 2,02
Meter, Louvre, Foto: Jastrow, public domain*

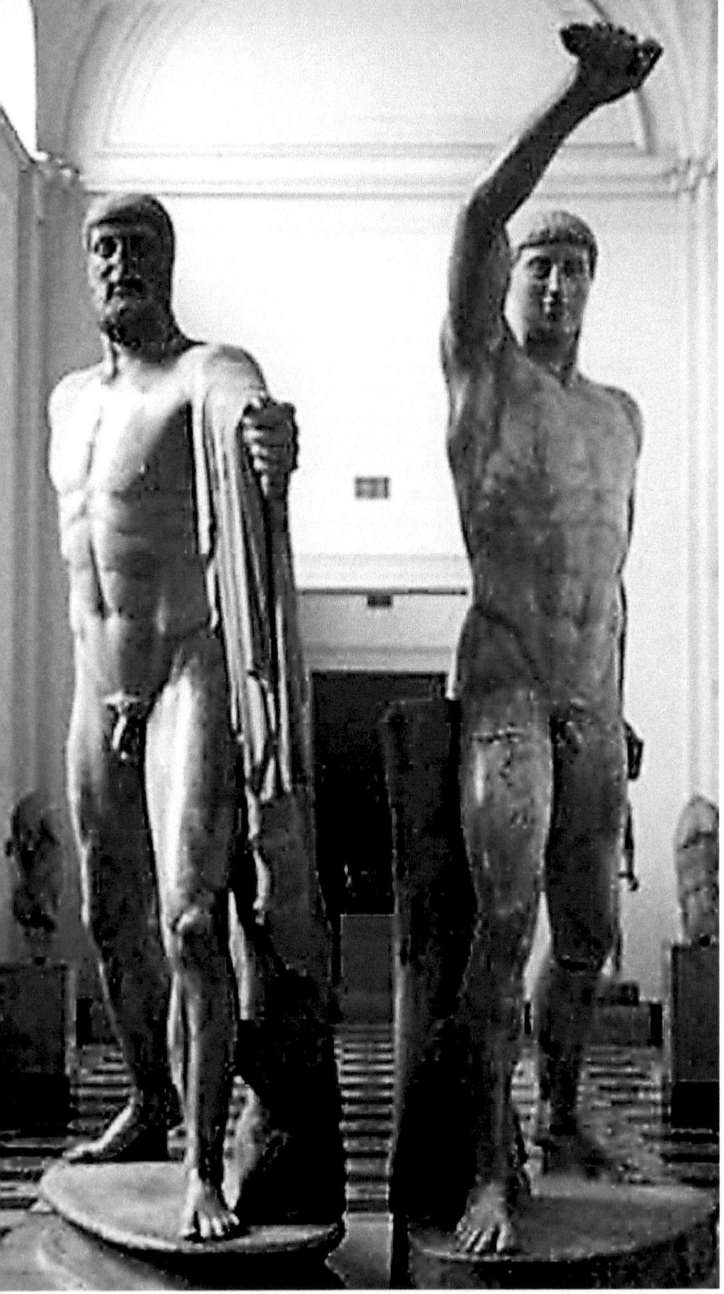

Abb. 50: Gruppe mit den Tyrannenmördern Harmosios und Aristogeiton, römische Kopie nach Kritios und Nesiotes, 477/476 v. u. Z., Marmor, Höhe 1,83 und 1,85 m, Neapel, Museo Archeologico Nazionale Foto: Kritios, CC BY-SA 3.0

dass der olympischen Religion ein Hang zum Monotheismus eigen ist.

Wie erklären sich die vielen anderen Gottheiten und deren Bedeutung? Es war eine einschneidende Leistung Homers und Hesiods, dass sie viele Götter aus sehr unterschiedlichen Kulturen Europas und des Orients unter dem Dach des Olymp vereinten, sie unter die Herrschaft des Zeus stellten und so eine patriarchalische Religion institutionalisierten. Denn Zeus ist in der Götterwelt der Griechen einer der jüngsten Götter und dazu noch ein von den einwandernden indogermanischen Völkern importierter kriegerischer Gott. Die Ureinwohner Griechenlands, die Pelasger, waren den Einwandernden in der Kunst des Ackerbaus, nicht aber in der Kriegskunst, überlegen: Sie hatten vor allem weibliche Fruchtbarkeitssymbole. Von Göttinnen kann deshalb nicht gesprochen werden, weil die Statuetten zwar weibliche Züge aufwiesen, aber kein Gesicht hatten. Wurden damit auch Kräfte des Himmels, der Erde, des Wassers symbolisiert? Auf jeden Fall sind es ganz „natürliche" Kräfte, die in den Statuen thematisiert werden. Frauen hatten Einfluss, aber sie übten keine Herrschaft in der Gemeinschaft aus, mit ihnen war keine Macht über andere verbunden.

Die „Göttin" Hera war eine der ältesten und am meisten verehrten in Griechenland. Bei Homer heißt sie die Kuhäugige, sie ist also die „Göttin" der Gemeinschaften, die ihren Reichtum auf den Besitz von Vieh begründen, also im attischen Kernland Böotien, in Samos und auch auf Kreta. Die Kolonisatoren brachten ihr Götterbild nach Sizilien und Süditalien. Der Dichter Alkaios aus Lesbos (630 bis 580 v. u. Z.) hat Hera „die ruhmvolle äolische Göttin, die Hervorbringerin von allem" genannt. Hera hat also auch die Züge von Rhea und von Gaia: Sie ist eine Erdmutter. Im Homerischen Mythos wird die „Göttin" dann zum Attribut des Zeus: Als Rhea wird sie seine Mutter und als

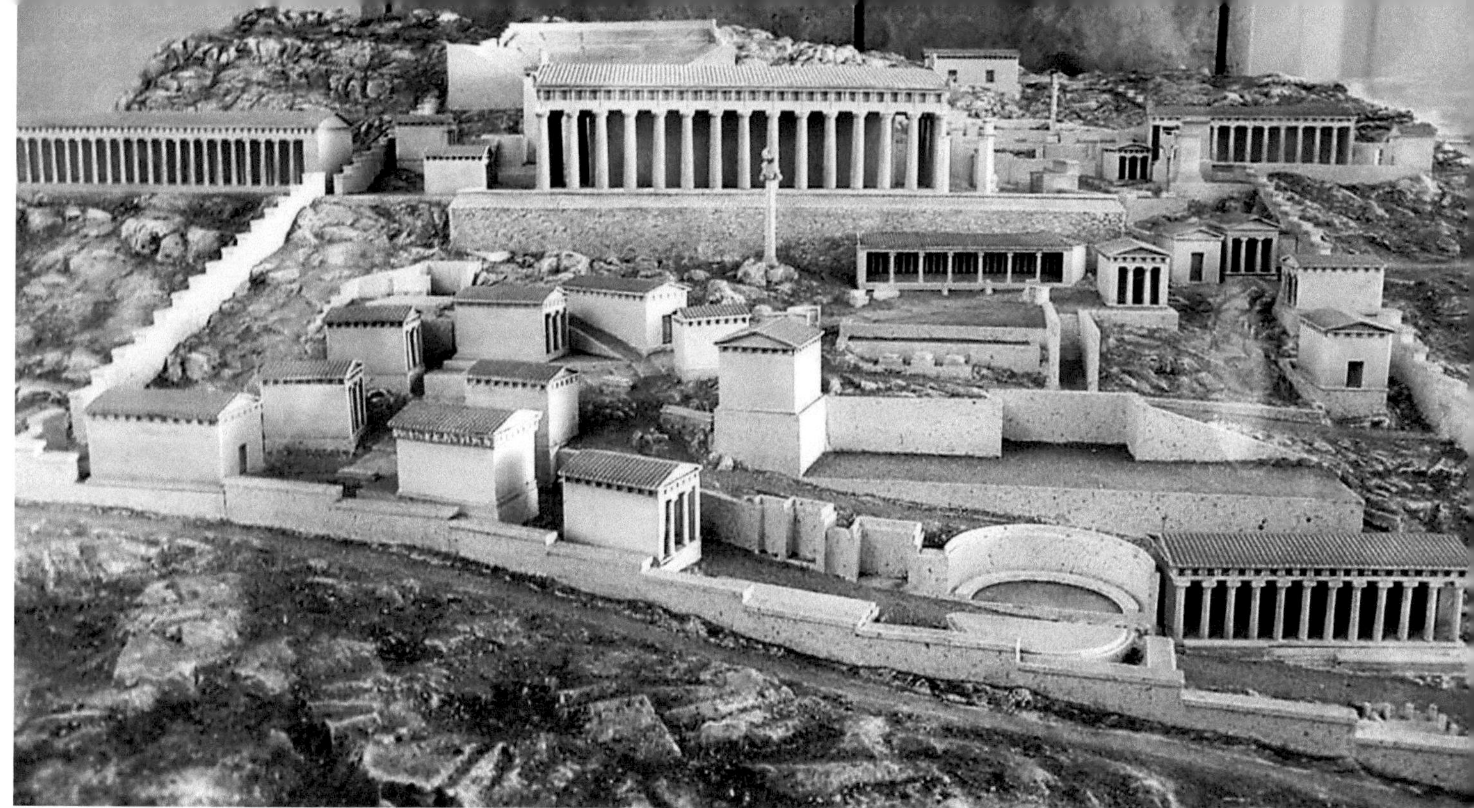

Abb. 51: Der Wallfahrtsort Delphi als Nachbildung im Archäologischen Museum Delphi, Foto: Nanosanchez, public domain

Hera seine Frau. Doch friedliche Eintracht herrscht nicht. Die Erdmutter Gaia zeugt die Titanen und auch Tityos, die Rivalen des Zeus. Zeus siegt über alle, Apollon tötet Tityos. Eine Trinkschale um 460/450 v. u. Z. zeigt Apollon, wie er mit dem Schwert Tityos ermordet. Dessen Mutter Gaia betrachtet entsetzt die Szene und verhüllt sich mit einem Schleier. Hera ist in der griechischen Mythologie die Gattin und gleichzeitig die Schwester von Zeus und somit die Tochter von Kronos und Rhea. Sie gehört zu den zwölf olympischen Gottheiten, den Olympioi. Der Name Hera ist möglicherweise die weibliche Form von Heros (Herr).

Weitere weibliche „Gottheiten", die in prähistorischer Zeit Repräsentationszeichen von Gemeinschaften und später als Hauptgottheiten verehrt wurden, waren Demeter (Erd- und Kornmutter), Artemis (Behüterin der Tiere und gleichzeitig für die Jagd zuständig), Urania (Königin des Himmels), schließlich Aphrodite als Symbol der Liebe, die viele Eigenschaften in sich vereinigt.

„Muse, sage mir die Werke der goldenen Aphrodite, Herrin auf Kypros; süßes Verlangen weckt sie den Göttern, überwältigt der sterblichen Menschen Geschlechter, die Vögel hoch in den Lüften, die Scharen der Tiere, aller zusammen, mag sie das Festland, mag sie das Weltmeer zahllos ernähren: jedes buhlt um die Gnaden der schön bekränzten Kythera." (Homerische Hymnen 5,1–6) Aphrodite ist in der griechischen Mythologie die Göttin der Liebe, der Schönheit und der Begierde. Ursprünglich für die Fruchtbarkeit zuständig, wurde sie erst später zur Liebesgöttin. Verheiratet war Aphrodite mit Hephaistos, dem Gott des

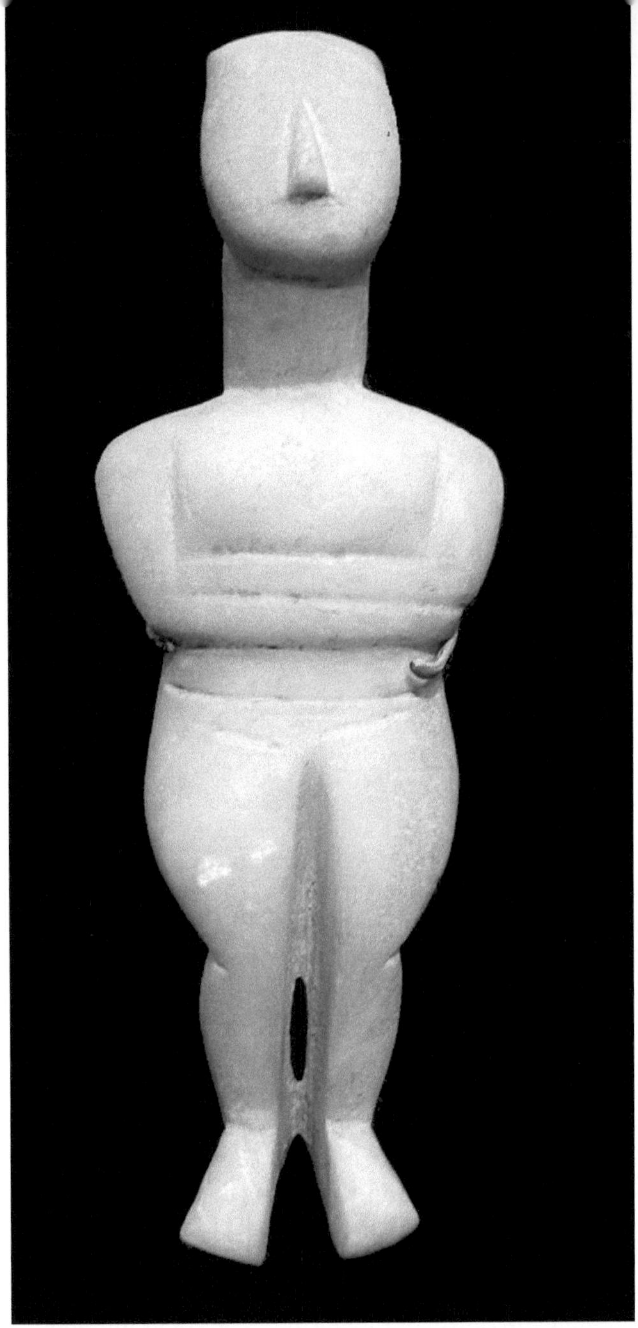

Abb. 52: Weibliche Statue, erste Hälfte des 3. Jahrtausend v. u. Z.. Mamor, Höhe 17,3 cm, Kykladen: Die Frau wird als „Symbol" in abstrakter Form präsentiert. Diese Frauendarstellungen prägte das Kunstschaffen über 3.000 Jahre.Foto: Mountain, public domain

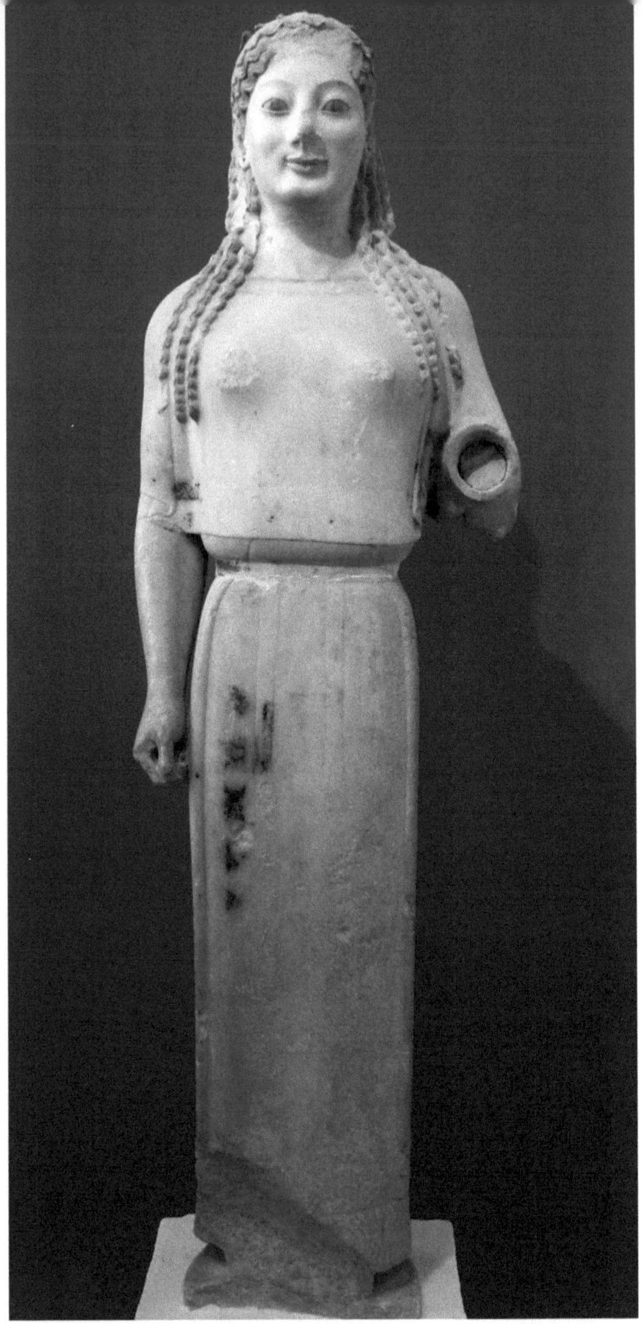

Abb. 53: Peplos, en marbre de Paros, um 530 v.u.Z., Akropolis-Museum: Klassiche Würde und Strenge kennzeichnen sie. Auch aus Kreta ist dieser Frauentyp dargestellt, wie zum Beispiel der Kore von Auxerre, Foto: Marsyas, CC BY-SA 2.5

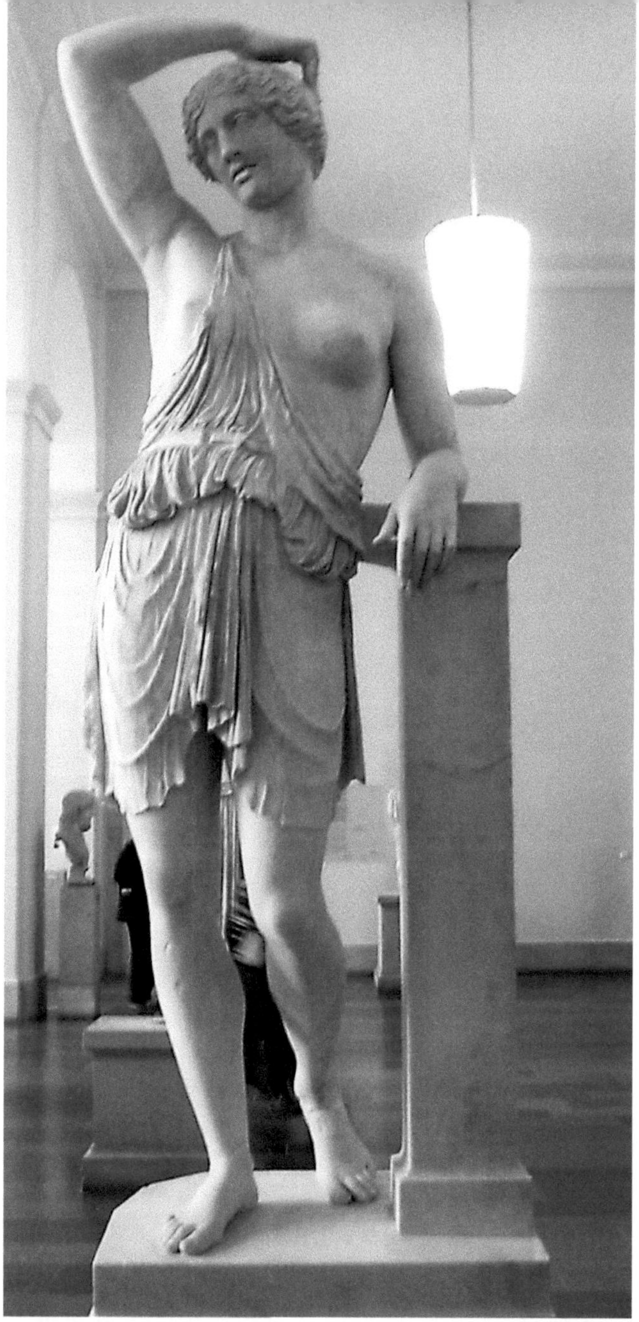

Abb. 54: Verwundete Amazone (Typus Sciarra), römische Kopie nach einer Bronze wahrscheinlich von Polyklet, um 440/430 v. u. Z, Marmor, Höhe 1,83 m, Berlin, Staatliche Museen zu Berlin, Preußischer Kulturbesitz: Die Amazone ist besiegt.Foto: Marcus Cyron, CC BY-SA 2.5

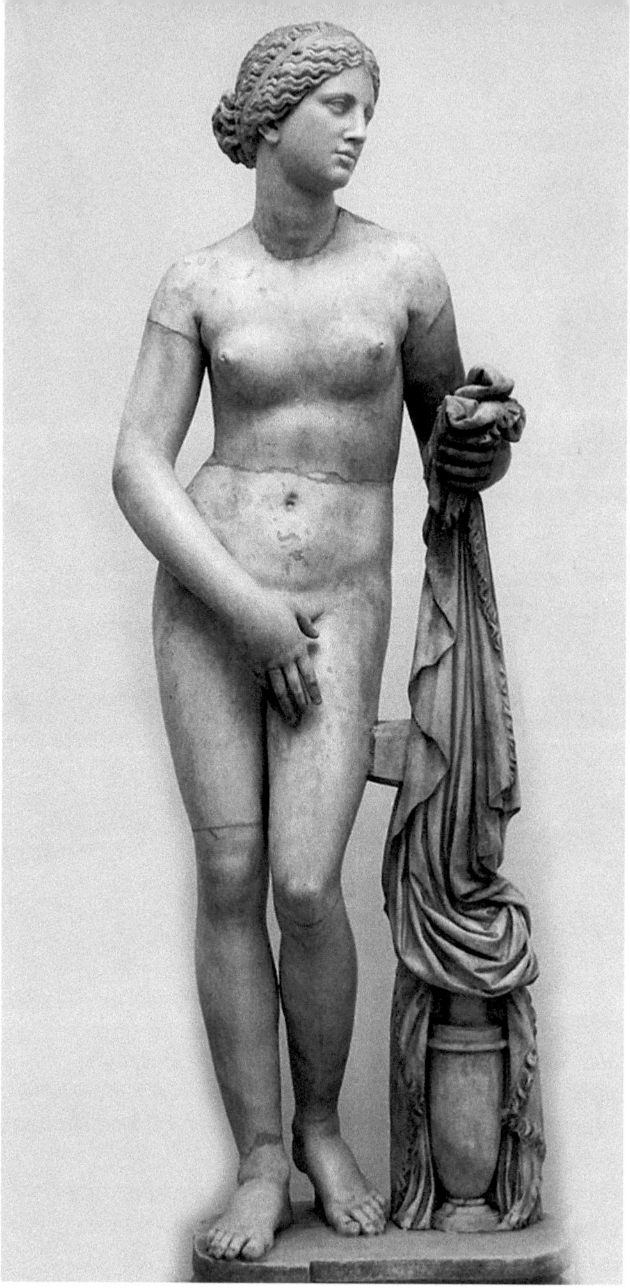

Abb. 55: Knidische Aphrodite des Praxiteles, römische Kopie, Nationales Museum Rom: Die Frau wird als Ideal unter Betonung ihrer Schönheit, ihrer zarten Formen, ihrer demütigen Haltung und ihrer sexuellen Verfügbarkeit charakterisiert.Foto: Marie-Lan Nguyen, public domain

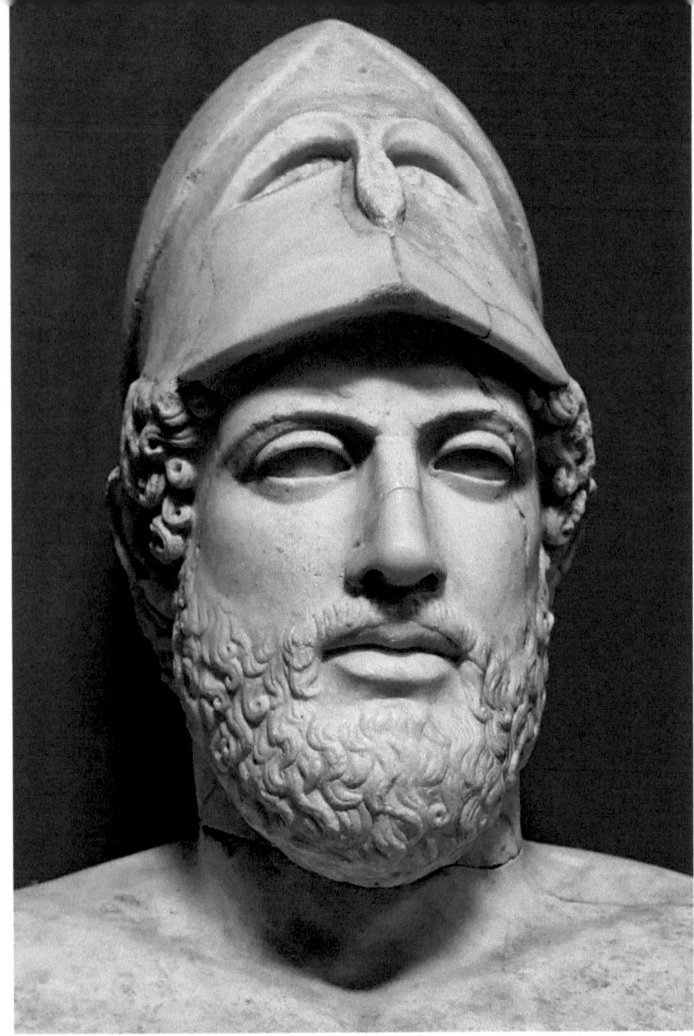

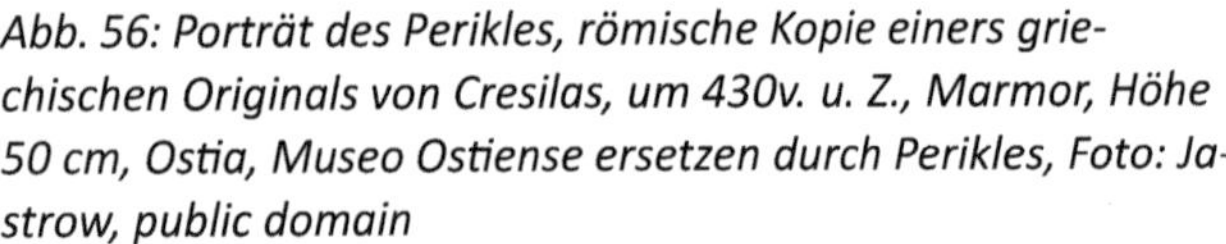

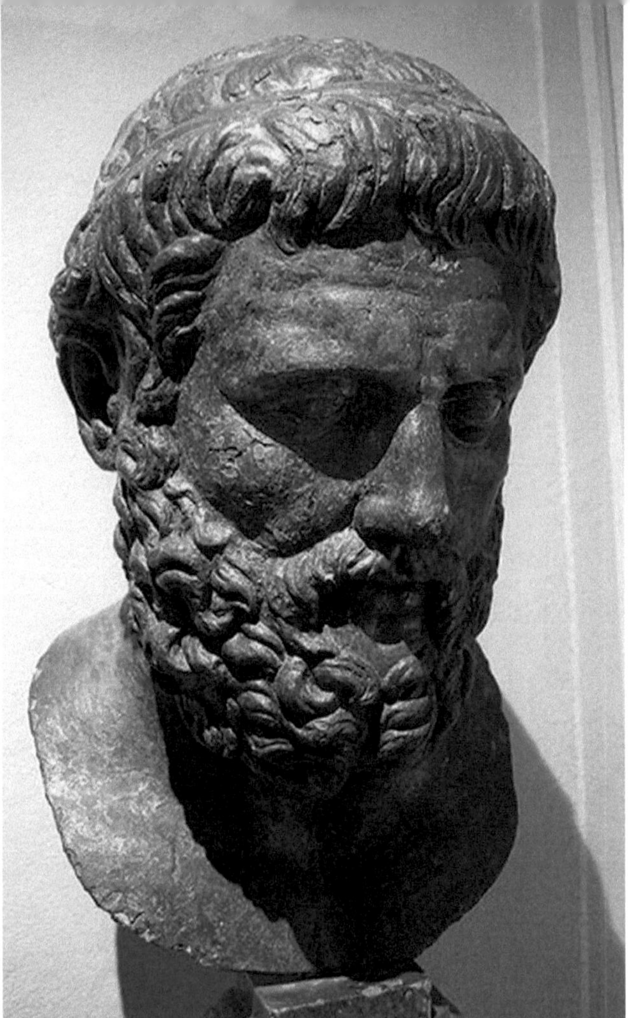

Abb. 56: Porträt des Perikles, römische Kopie einers griechischen Originals von Cresilas, um 430v. u. Z., Marmor, Höhe 50 cm, Ostia, Museo Ostiense ersetzen durch Perikles, Foto: Jastrow, public domain

Abb. 57: Sophokles, Archeologico firenze, bronzi della Meloria, Die Gesichter werden nicht individuell sondern typisierend gestaltet. Hier ist der Philosoph charakterisiert. Foto: sailko, CC BY-SA 3.0

Feuers und der Schmiedekunst, den sie allerdings ständig mit Sterblichen und Unsterblichen betrog. Notorisch war ihre lange Beziehung zum Kriegsgott Ares, aus der Eros, Harmonia, Phobos, Deimos und Anteros entstanden – wie es auch Demodokos bei den Phaiaken in seinem burlesken Lied besingt. Laut Homer wurden die beiden mitten im Akt von Hephaistos in flagranti in einem Netz gefangen. Als er sie so den anderen Göttern präsentierte, erhoben diese das sprichwörtliche homerische Gelächter. (Wikipedia)

Aus Aphrodites Liebschaft mit dem Trojaner Anchises ging Äneas hervor, Held im Trojanischen Krieg, der dann zu den mythischen Stammvätern der Römer gehören sollte und aus dessen Sohn angeblich das Geschlecht der Julier, zu dem auch Gaius Julius Cäsar gehörte, entsprang.

All diese weiblichen „Gottheiten" – wenn sie denn als Gottheiten bezeichnet werden können, weil mit ihnen in prähistorischer Zeit keinerlei Macht oder Herrschaft für das menschliche Miteinander verbunden waren – sind Vegetations-„Gottheiten". Sie wurden verehrt, weil sie als Spenderinnen der notwendigen Lebensmittel galten. Es ist wahrscheinlich, dass auch Athene einst als Muttergottheit galt, noch Phidias bringt sie in Verbindung mit Pandora, der Urmutter der Menschen. Athene veredelt im griechischen Mythos den Olivenbaum, zähmt die Pferde und ist auch die Konstrukteurin der Schiffe. Vegetationsgottheit war auch Dionysos – seine Verehrung ist wesentlich älter als die von Zeus oder Apollon. Poseidon, der Gott des Meeres, wurde als Meeresgöttin Poseidonia auf der Insel Naxos verehrt. Dass die Anwesenheit von vielen Göttinnen auf eine ehemalige matrilineare Ordnung in Griechenland hinweist, betont auch Haarmann: „Die Zusammensetzung des antiken, griechischen Götterpantheons und die Namen insbesondere der weiblichen Gottheiten passen nicht zur typischen Tradition der indoeuropäischen Mythologie, wohl aber zum Göttinnenkult der vorindoeuropäischen Bevölkerung. Die Gestalten von Göttinnen wie Demeter, Cybele-Artemis, Hestia, Athene und Aphrodite sind sämtlich vorgriechisch, ebenso wie die Funktionen, die sie für die Menschen erfüllen (Haarmann 1996a). Auch die Dominanz einer weiblichen Gottheit, von Bendis, der Hauptgöttin bei den Thrakern, sowie die Vielfalt der lokalen Göttinnenkulte bei den Illyrern (Ansotica in Liburnien, Ica und Iria in Flanona, Iutossica in Alvona, Latra in Nedinum) weisen auf die Kontinuität vorindoeuropäischer Traditionen hin (Wilkes 1992: 245 ff.). Hätten Indoeuropäer von Anbeginn in Anatolien und auf dem Balkan gesiedelt, würde man in der mythologischen Überlieferung der Griechen und anderer antiker Völker eher eine Dominanz männlicher Gottheiten erwarten." (Haarmann 2012, S. 57)

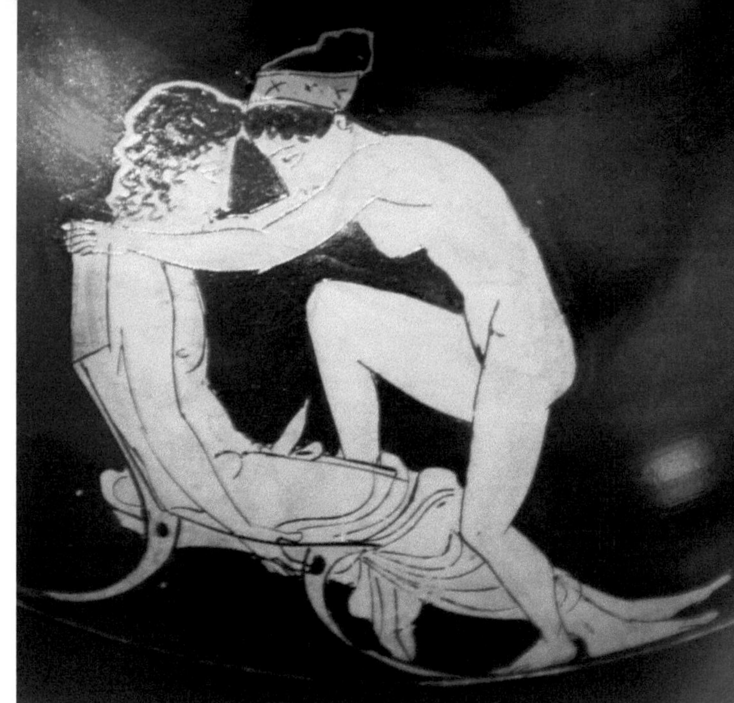

Abb. 58: Schuwalow-Maler und S-Töpfer, Jüngling und Hetäre beim Liebesspiel. Detail einer attischen rotfigurigen Oinochoe, um 430 v. u. Z.. Aus Lokri (Italien). Foto: Bibi Saint-Pol, public domain

All diese Fakten belegen eine Zäsur in der Zeit von 1.400 bis 800 v. u. Z., in der in Griechenland kriegerische Gottheiten die patriarchale Ordnung mythisch verklären. Die Dominanz der weiblichen „Gottheiten" weist auf eine matrilineare Ordnung der Gemeinschaften in der prähistorischen Zeit hin. In der kretischen Zeit leben noch viele alte Bräuche fort, sie werden ab 1500 v. u. Z. unter mykenischem Einfluss allmählich aufgelöst. Homer und Hesiod kanonisieren dann die Herrschaft des Kriegsgottes Zeus und weisen den bisherigen Haupt„idolen" nur untergeordnete Rollen zu. Der Wandel hin zu einer patriarchalischen Religion bedeutet gleichzeitig den Wandel von natürlichen Vorstellungen hin zu einer Gesellschaftsreligion. Das heißt: Die religiösen Vorstellungen verstellen den Blick für die Erkenntnis gesellschaftlicher Verhältnisse. Mit dem Herrschaftsanspruch des

79

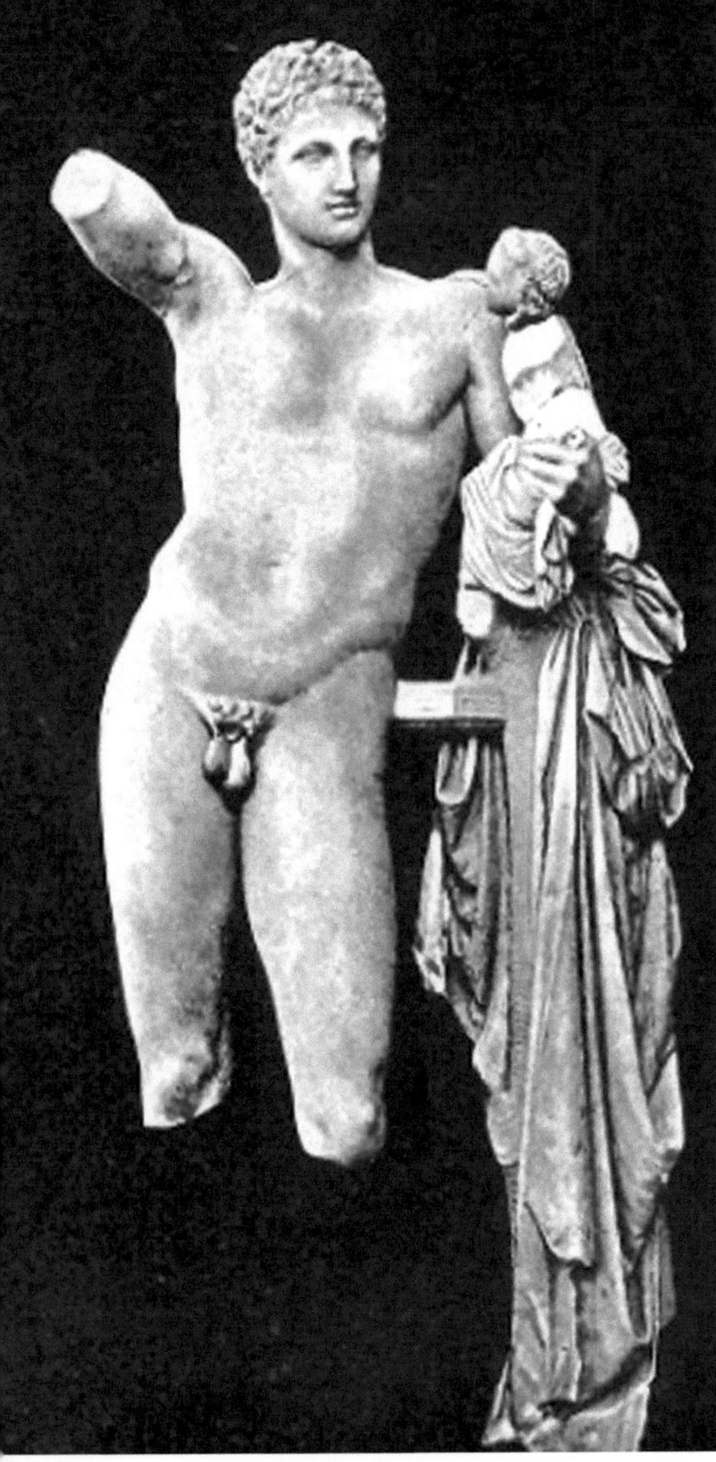

Mannes entwickelt sich auch der Geschlechterantagonismus. Das geht dann so weit, dass bei den Olympischen Spielen Frauen unter Androhung der
Todesstrafe ausgeschlossen wurden. In der griechischen Plastik spiegelt sich die Unterordnung der
Frau, ihre schmückende aber einflusslose Rolle in der
griechischen Gesellschaft wider. Noch in archaischer
Zeit wird die Frau (Kore von Auxerre, Mitte des 7.
Jahrhunderts) würdevoll wie der Mann in statischer
Geschlossenheit gestaltet. Dann aber verweichlichen
ihre Züge, die zart gestalteten Gewänder umfließen
und betonen die Körperformen, bis dann bei Praxiteles (Aphrodite von Knidos, kurz nach 350 v. u. Z.) die
Hüllen ganz fallen. Auch hier gestaltet Praxiteles ein
Ideal, das die Reizwirkung ganz bewusst einkalkuliert.
Aber seine Aphrodite ist nur noch schmückendes Beiwerk, Stein gewordene Ergebenheit. Nichts gegen
Nacktheit, aber hier wird nicht Sinneslust und Freude
thematisiert sondern die Demonstration eines schönen Gebrauchsgegenstands. Vasenbilder zeigen dann
auch die Nutzung der Frauen als Sexualobjekte. Es
gibt auch Bilder, auf denen Liebende sich fröhlich vereint zeigen. In der Öffentlichkeit behaupten Frauenstatuen das „Schöne und Gute" als leere Hülle, sie
repräsentieren weder Freiheiten noch politischen Einfluss.

Es spricht aber für die griechische Kunst, dass sie
auch Widersprüche zu benennen weiß. Die gegneri-
schen Amazonen werden seit 700 v. u. Z.. gestaltet –
und nicht wie die Barbaren als Zwittertiermenschen.
Sie erscheinen in anmutiger Gestalt zum Beispiel in
den verwundeten Amazonen, die Polyklet, Phidias
und Kresilas in einem Wettstreit um 440/430 v. u. Z..
für das Artemisheiligtum in Ephesos geschaffen
haben. Während früher Historiker in den Amazonendarstellungen ein Gleichnis für den Sieg über die Per-

ser gesehen hatten, deutet Siebler sie heute als „Thematisierung einer gesellschaftlichen Konfliktsituation". Er schreibt: „Die im Kriegertum der Amazonen manifestierte Gleichheit zum Mann könnte deshalb auch so verstanden werden, dass die feindlichen Kriegerfrauen gegen griechische Lebensnormen verstießen und damit die gesellschaftliche Ordnung gefährdeten. Das Besondere an den ephesischen Amazonen wiederum ist aber ihre Darstellung in griechischer Manier, womit sie auf eine Stufe mit hellenischen Kriegern gestellt werden. Und in den Gesichtszügen liegt Nachdenklichkeit, vielleicht über den Hochmut, die gültigen Normen über den Haufen werfen zu wollen und dafür mit einer Verwundung bestraft worden zu sein." (Siebler I, S. 74) Diese Amazonendarstellungen stellen die herrschende Ideologie in Frage. Im Ansatz ist die Gleichberechtigung mitgedacht, obwohl sie mit der Darstellung als Leidende und Verwundete auch verworfen wird. Die „gesellschaftliche Konfliktsituation" kommt auch darin zum Ausdruck, dass sich die alten Griechen eine emanzipierte Frau nur als Kriegerin denken konnten. Das Ideal des Krieges als „Vater" aller Dinge verstellt auch die Sicht auf eine mögliche Gleichberechtigung.

Scheinbar eine Ausnahme der idealisierenden und schön färbenden Kunst bilden die Porträtstudien vor allem von Militärführern, Staatsmännern, Philosophen und Schriftstellern (also keine Frauen), in denen auch Individualität zum Ausdruck gebracht werde. Als Beispiel wird das Porträt des Themistokles (um 470/60 v. u. Z.), Heerführer und Politiker der Athener bei der siegreichen Schlacht gegen die Perser bei Salamis im Jahre 480 v. u. Z.., genannt. In diesem Porträt würden zum ersten Mal individualisierende Züge auftauchen. Michael Siebler schreibt: „Zweifellos nämlich

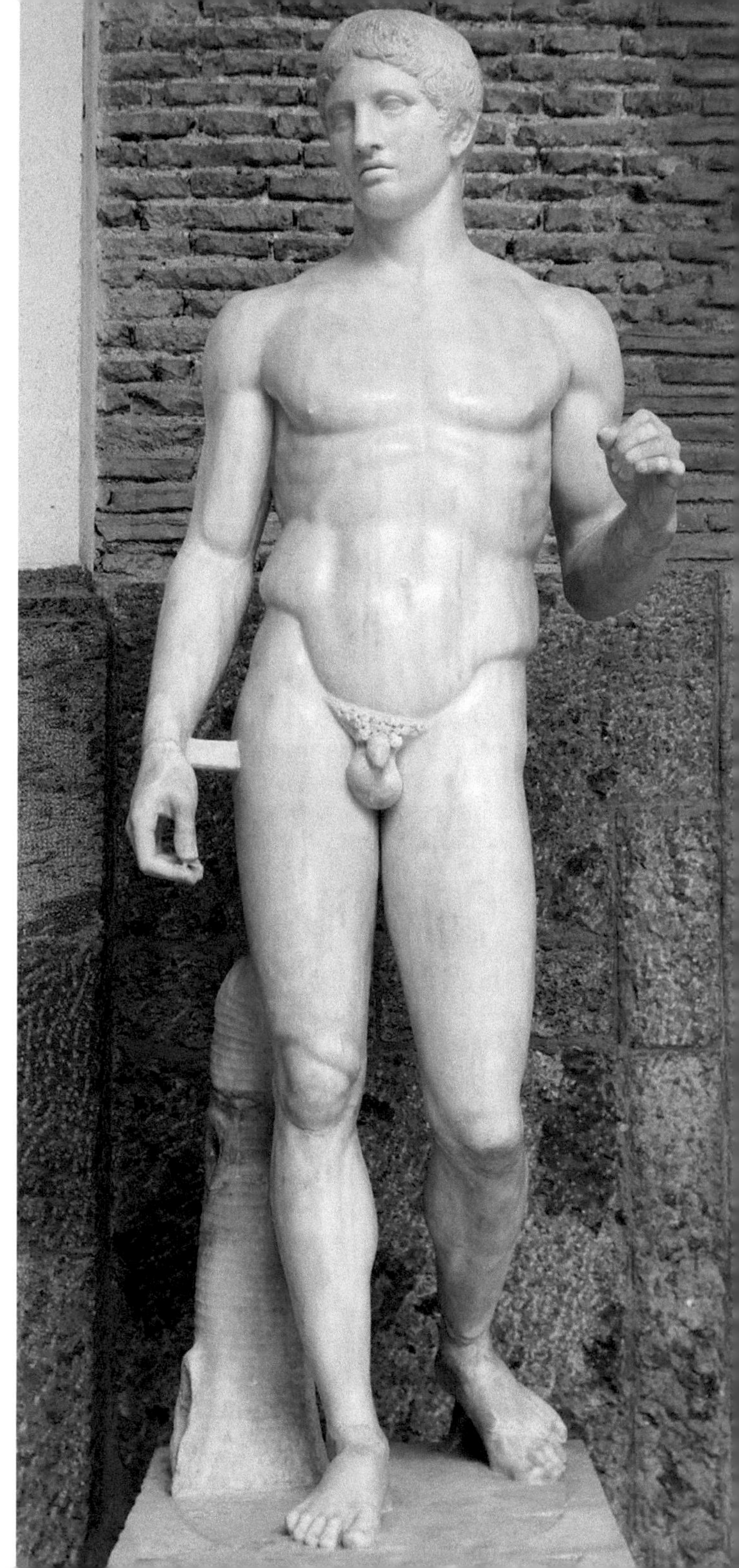

Abb. 60: nach Polykleitos, Doryphoros, Statue eines jungen Kriegers mit einem Speer, Römische Kopie eines griechischen Originals aus der klassischen Zeit, Marmor, Höhe: 200 Zentimeter, Nationales Archäologisches Museum Neapel, Foto: Marie-Lan Nguyen, CC BY-SA 2.5

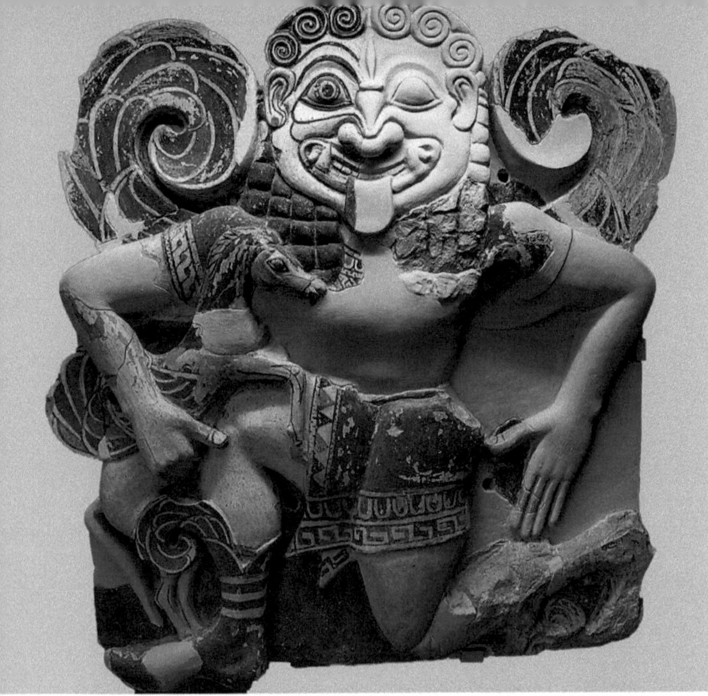

Abb. 61: Terrakottaplakette, die eine geflügelte Gorgoneion darstellt, die in der schematischen archaischen Art läuft. In der rechten Hand hält sie Pegasus, das geflügelte Pferd, das laut Mythos aus dem ausgetretenen Blut der enthaupteten Medusa geboren wurde. Das Werk aus Syrakus wurde gegen Ende des 7. Jahrhunderts v. Chr. gefertigt, Foto: Rabax63, CC BY-SA 4.0

zeigt das Themistokles-Porträt physiognomische Einzelheiten, wie sie bislang in der Bildniskunst nicht üblich waren, signalisiert es eine deutliche Abkehr von den ›idealistischen‹ Prägungen der archaischen Epoche, wie beim Typus des ›Kouros‹ und der ›Kore‹." (Siebler I, S. 60) Das sorgfältig gewellte Haar, die Sorgenfalten auf der Stirn, der wohlgeformte Mund, der wuchtige Hals, der selbstbewusst klare Blick künden von Entschlossenheit und voraussehendem Denken. Es ist das Porträt eines Siegers, eines Herrschers, das Ideal eines weisen Politikers. Siebler räumt ein: „Dass sein Porträt der eigenen Selbstinszenierung diente, wird man kaum bezweifeln. […] Vielleicht nutzte er die eklatante Abweichung seiner Porträtstudie vom ›Normaltypus‹, um auf seine Leistung für die Demo-

kratie aufmerksam zu machen." (ebd.) In gleicher Weise wie Themistokles wird später die Büste des Politikers und Militärstrategen Miltiades gestaltet (um 400 geschaffen, Miltiades lebte von 550 bis 489 v. u. Z.). Auch Büsten von Homer und Perikles gleichen dem Typus. Später wird dieses Ideal des Philosophen und Politikers geradezu glorifiziert wie in der Sokrates-Statue (um 320 v. u. Z..), die Leochares, dem Hofkünstler von Alexander dem Großen, zugeschrieben wird. Die Beschreibung von Charaktereigenschaften wie Nachdenklichkeit oder Entschlossenheit wird also nicht benutzt, um die Individualität hervorzukehren, sondern um zu typisieren. Nur auf Grund ihrer Charaktereigenschaften sind die Personen besonders geeignet für ihre Posten. Aber Individualität schimmert schon durch. Ein neues Menschenbild ist im Keim angelegt, kann aber nicht zur Entfaltung kommen, weil das aristokratische Herrscher- und Götteridealbild übermächtig bleibt.

Das wird auch an der Gestaltung der Gruppe der Tyrannenmörder Harmodios und Aristogeiton deutlich. Es ist das erste explizit politisch-agitatorische Standbild der Weltgeschichte, von Themistokles in Auftrag gegeben. Es soll die „demokratischen" Tugenden stärken und rechtfertigt dafür sogar den Mord an dem Tyrannen Hipparchos am athenischen Panathenäen-Fest des Jahres 514 v. u. Z.. Der Bildhauer Antenor schuf dieses erste politische Denkmal ohne religiösen Hintergrund, das 510/509 auf dem Marktplatz aufgestellt wurde. Es wurde zum Sinnbild für Freiheit und Demokratie, so dass die Perser es bei der Einnahme Athens im Jahre 480 v. u. Z.. zerstörten. Nachdem die Athener wieder die Macht zurückgewonnen hatten, wurde es von den Künstlern Kritios und Nesiotes erneut geschaffen und 477/476 auf dem Marktplatz wieder aufgestellt. Dieses Standbild ist in einer römischen Kopie erhalten. Es zeigt zwei im Kampf gestählte Körper, entschlossen zur kämpferischen Tat. Ihre nackte Gestalt und Haartracht tragen Züge des Zeitlosen. Das

Gesicht des Älteren erinnert an Zeus, das des
Jüngeren an Apollon. Es sind Ideale, Themistokles versuchte offenbar, Bildmuster von der religiösen Welt in die politische Welt zu
transformieren.

Die klassische griechische Kunst in der Zeit von
510 (das Ende der Diktatoren-Herrschaft) bis
320 v. u. Z.. zeigt widersprüchliche Tendenzen.
Prägend ist, dass sich das patriarchalische Weltbild dominierend durchsetzt – und damit eine
Verherrlichung des Kriegertums. Richtungswei-
sende Kraft ist die Aristokratie Athens und teilweise auch die Bürgerschaft der Stadt. In dieser
Zeit eroberte die Stadt die Vorherrschaft in der
damaligen Welt. Um diese Macht zu wahren, war
eine teilweise Einbeziehung „unterer Schichten"
des Bürgertums notwendig. Vor allem ihnen ver-
dankte Athen die bedeutenden militärischen Erfolge, die die Vorherrschaft begründeten.
Marathon (490 v. u. Z.) wurde vor allem durch
die neue Taktik der Hoplitenphalanx gewonnen.
Hopliten waren untere Schichten und Bauern,
aber „frei". In der entscheidenden Seeschlacht
von Salamis über die Perser um 480 v. u. Z.., geführt vom Aristokraten und „Demokraten" Themistokles, waren nicht nur dessen Besonnenheit
und Kriegslist sondern die Einsatzbereitschaft
und der Mut der Matrosen ausschlaggebend.
Ihnen mussten auch Rechte eingeräumt werden,
um die Unterdrückung der anderen Stadtstaaten
sicher zu stellen. Von diesen anderen Stadtstaaten des attischen Staatenbundes wurden dann
brutal Abgaben eingefordert. Das Hauptkunst-
werk der damaligen Zeit, die Pallas Athene im
Parthenon, war gleichzeitig Schatz und Machts-
ymbol des attischen Staatenbundes.

Ein demokratisches Weltbild kann in der Kunst
nicht entstehen. Der politische Mensch, das ist

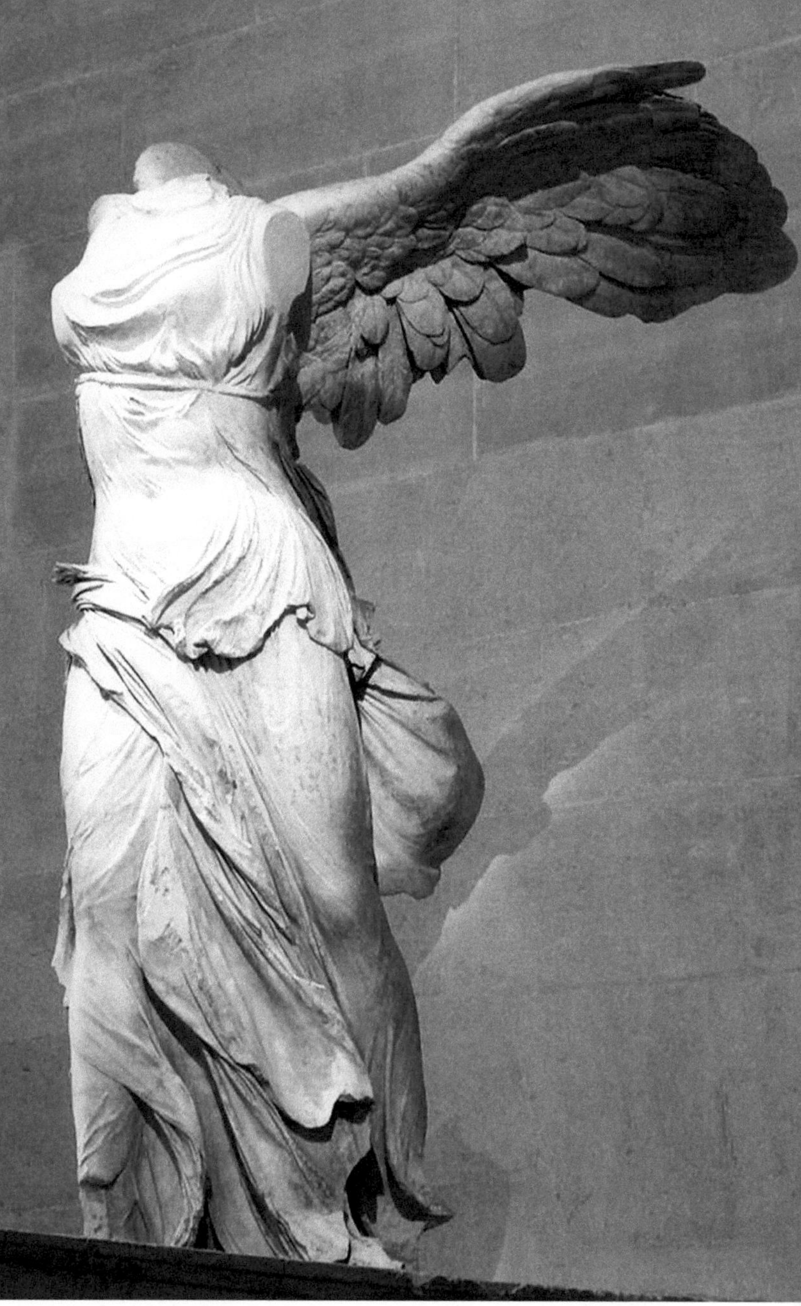

Abb. 62: Nike von Samothrake: Es wird angenommen, dass die 2,45
Meter große Figur um 190 v. u. Z. von rhodischen Bildhauern gefertigt
wurde. Foto: Lyokoï88

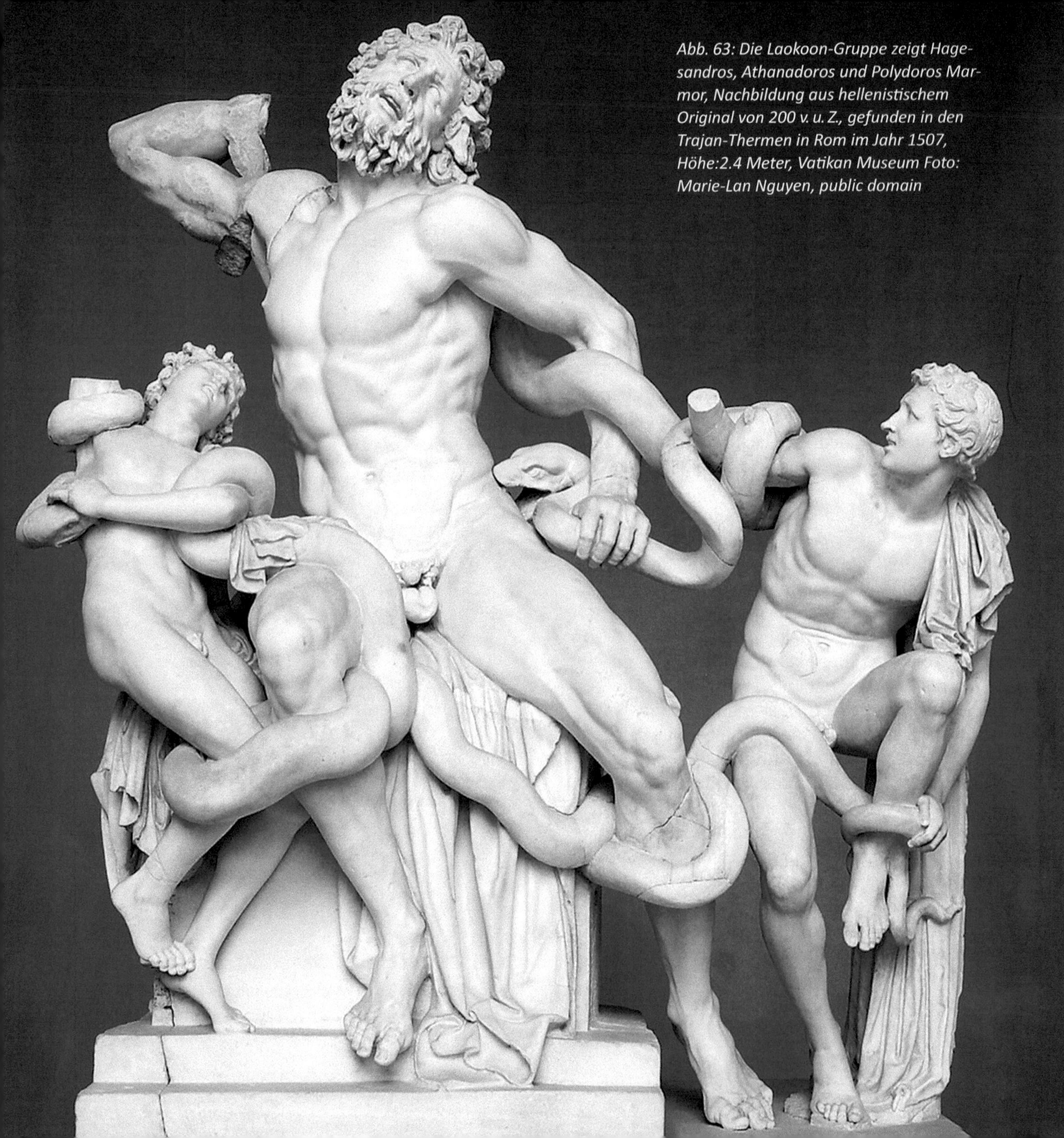

Abb. 63: Die Laokoon-Gruppe zeigt Hagesandros, Athanadoros und Polydoros Marmor, Nachbildung aus hellenistischem Original von 200 v. u. Z., gefunden in den Trajan-Thermen in Rom im Jahr 1507, Höhe:2.4 Meter, Vatikan Museum Foto: Marie-Lan Nguyen, public domain

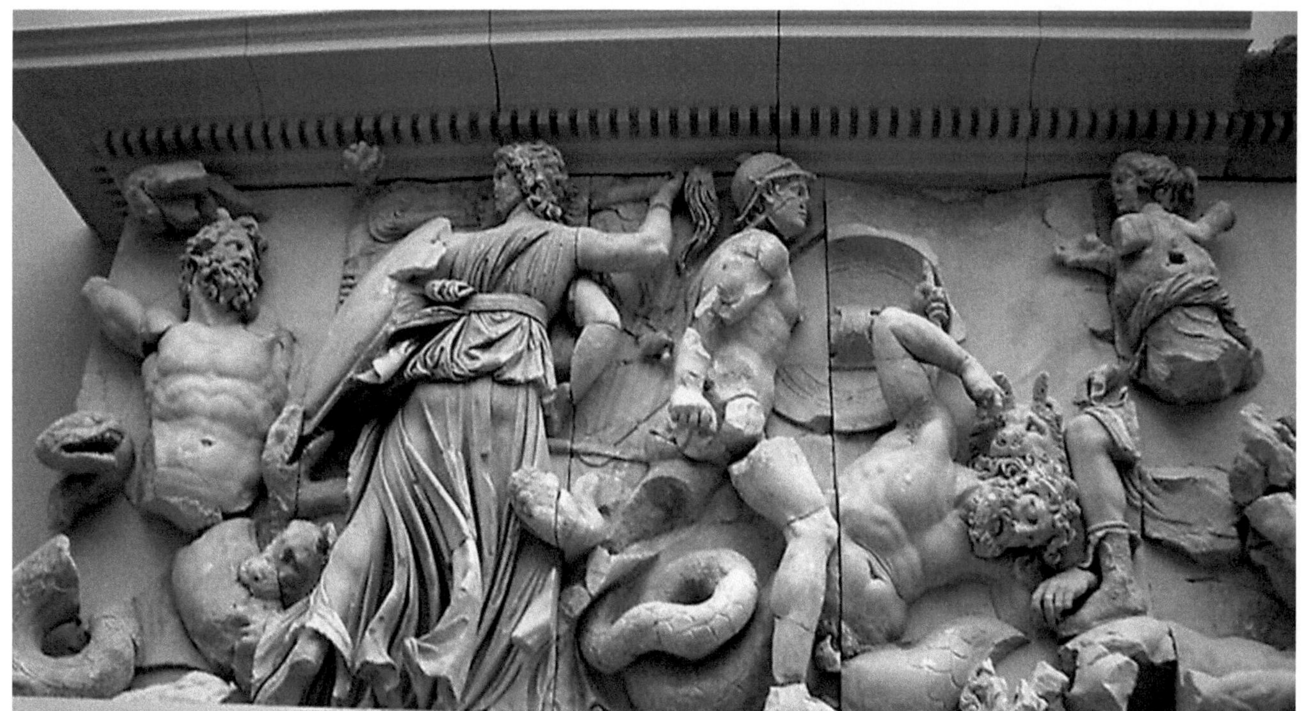

Abb. 64: Detail des Reliefs des Pergamon Altars. von links: Hekate kämpft mit Klytios und Oltos (?) gegen Artemis, Foto: GNU, CC BY-SA 3.0

nur der freie Bürger Athens, der dazu bestimmt ist, Krieger zu sein und die Herrschaft des Stadtstaates auszuweiten. In der Kunst wird an der politischen Ausrichtung des Gemeinwesens – der Machtausweitung durch militärische Auseinandersetzungen – nicht gezweifelt. Im Gegenteil: Die Heroisierung und Idealisierung dient der Verfestigung eines von Manneskraft und kriegerischer Kraft strotzenden Sieger-Menschenbildes.

Aber die griechischen Künstler der klassischen Epoche machten erstmals in der Kunstgeschichte die Augen auf und versuchten, die Realität abzubilden. Diesen Aspekt hebt auch Gombrich hervor: „Die große Revolution in der griechischen Kunst, die Entdeckung der Naturwiedergabe und der Verkürzung, spielte sich zu einem Zeitpunkt ab, der der erstaunlichste

Wendepunkt in der Geschichte der Menschheit ist. Es war die Zeit, in der zuerst Männer in den griechischen Städten auftraten, die die uralten Überlieferungen und Göttersagen in Zweifel zu ziehen wagten und die Natur der Dinge vorurteilsfrei zu erforschen suchten. ...“ (Gombrich, S. 82) Die Entdeckung der Naturwiedergabe und der Verkürzung ist natürlich unter stilistischen Gesichtspunkten ein revolutionärer Durchbruch und inhaltlich gesehen die Möglichkeit, die Dinge vorurteilsfreier zu untersuchen. Sie versuchten in der Tat, die alten Göttersagen in Zweifel zu ziehen, aber sie scheiterten auch daran. Schließlich musste Sokrates deshalb den Schierlingsbecher trinken. Die überlieferte Götterwelt war zu wirkmächtig. Und sie gab auch die ideologische Begründung der Vormachtstellung Athens und der Notwendigkeit kriegerischer Auseinandersetzungen.

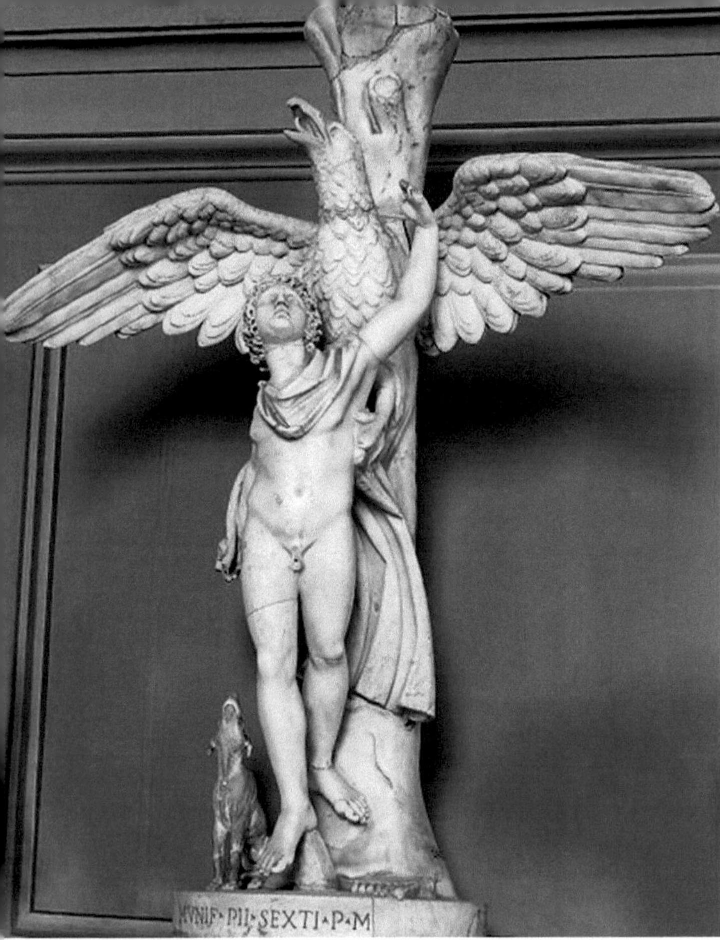

Abb. 65: Römische Kopie des Leochares. Ganymed wird von dem mächtigen Adler (Zeus) entführt, Marmor. Foto: Jastrow, public domain

Mit der Verherrlichung der Siege des Gottvaters Zeus und seines Sohnes Apollon präsentiert die griechische Kunst eine Brutalität und eine Glorifizierung der Kriege, die in dieser inhaltlichen Aussagekraft der assyrischen in keiner Weise nachsteht. Sie ist nur „menschlicher" gestaltet. Die Formen werden realitätsgetreu, die Starrheit der Motive weicht einer geschwungenen, ausgewogenen Linienführung. Die Motive für das „notwendige" Töten werden im Mythos mitgeliefert. Die Titanen (Feinde anderer Länder) maßen sich an, die Herrschaft des Zeus in Frage zu stellen. Die Kentauren müssen besiegt und beseitigt werden, weil sie das Gastrecht des Zeus verletzt haben. Titanen und Kentauren stehen stellvertretend für andere Staaten und Völker. Just in dem Augenblick, indem Achilles die Amazonenkönigin Penthesilea ersticht, verliebt er sich unsterblich in sie. Die Kinder der Niobe mussten durch die Pfeile von Apollon und Artemis vernichtet werden, weil Niobe den höchsten Gott Zeus und seine Geliebte Leto beleidigt hatte. Artemis tötet den Jäger Aktaion, weil er das Jagdrecht verletzt hatte. Im Mittelpunkt stehen Töten und Krieg. Aber es waltet immer die höhere Gerechtigkeit der im Olymp wohnenden, den Menschen entrückten Götter. Götter und Menschen sind scheinbar getrennt, nur erstere besitzen die unfehlbare, schicksalhafte Urteilskraft. Aber ihre Taten sind nur allzu verständlich: Es sind Machtstreben, Liebe, Rachsucht, Enttäuschung, Eitelkeit oder Trauer, keine menschliche Regung ist diesen Göttern fremd. Die Götter werden menschlicher, verständlicher, aber sie bleiben Gottheiten. Kunst und Mythos verbinden sich und verstellen Erkenntnismöglichkeiten. Indem die Götter menschlicher werden, bieten sie auch die Möglichkeit des Erkenntnisfortschritts, sich ganz auf den Menschen mit gleichen Anlagen und gleichen Fähigkeiten zu konzentrieren.

In der griechischen Ideologie ist der entscheidende Erfolg immer der militärische Sieg. „Der Krieg ist aller Dinge Vater, aller Dinge König. Die einen macht er zu Göttern, die anderen zu Menschen, die einen zu Sklaven, die anderen zu Freien." Das formulierte der Philosoph Heraklit (520 bis 460 v. u. Z.) und postulierte damit den Kampf als das konstituierende Prinzip. Alles sei aus dem vernichtenden aber mit Vernunft begabten Feuer hervorgegangen – Zeus verkörpert dieses Prinzip. Und obwohl sich alles in ständiger Veränderung befinde, leite Krieg und Kampf einen immer währenden Kreislauf ein – diesem defätistischen Verständnis schließt sich 2500 Jahre später

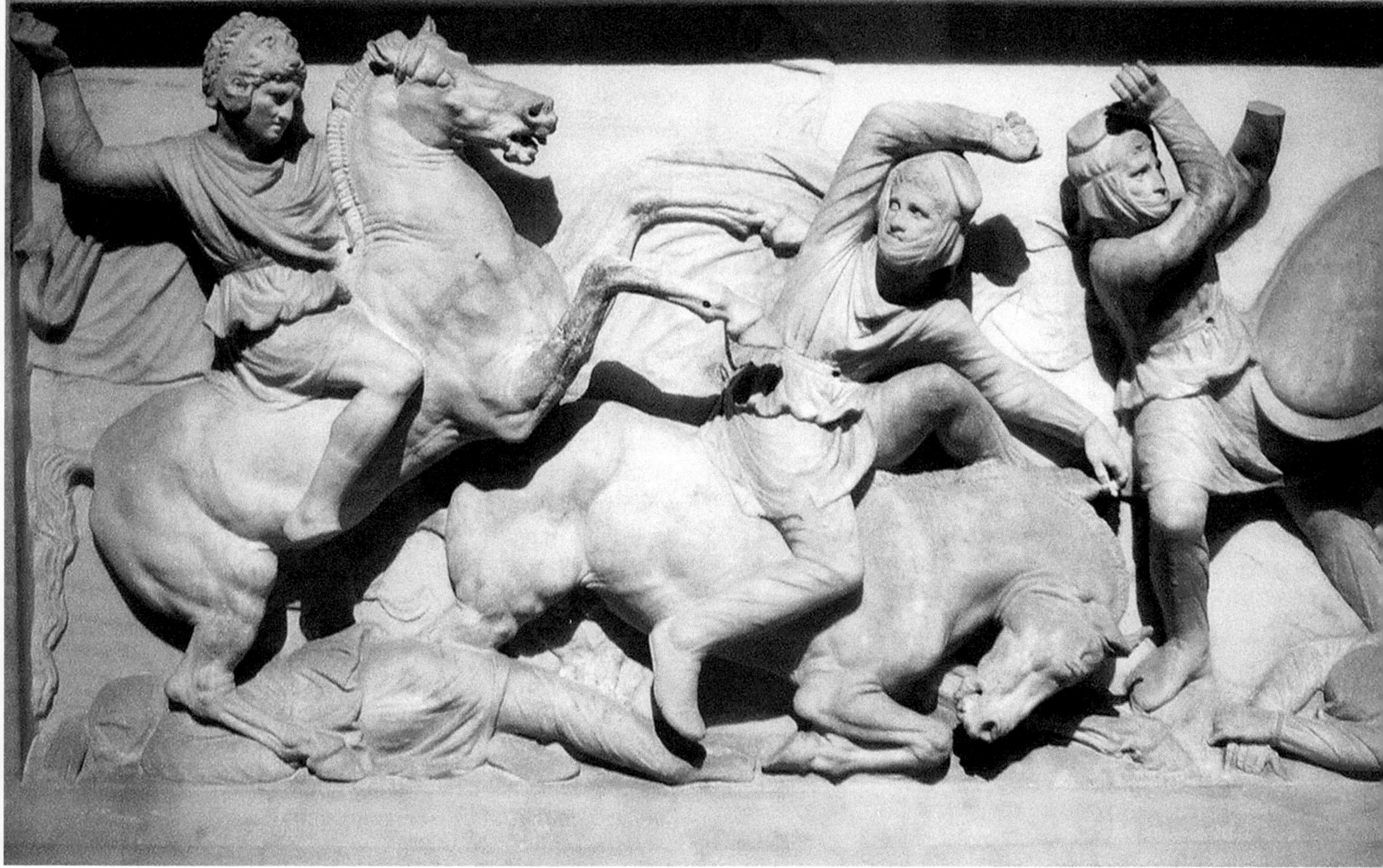

Abb. 66: Detail des Alexander Sarkophags, Archäologisches Museum Istanbul. Hier bekämpft Alexander die Perser in der Schlacht von Issus im Jahr 333 v. u. Z..Foto: Patrickneil, CC BY-SA 2.5

auch der Philosoph Friedrich Nietzsche grundsätzlich an und erhebt Heraklit zu seinem Geistesvorfahren. Aber schon der Geschichtsschreiber Herodot (490/480 bis 424 v. u. Z..) widerspricht ihm: „Lasset nichts unversucht, denn nichts geschieht von selbst. Alles pflegt durch den Menschen zu geschehen." Und: „Niemand, der bei Verstand ist, zieht den Krieg dem Frieden vor; denn in diesem begraben die Söhne ihre Väter, in jenem die Väter ihre Söhne." Krieg stelle also die Natur der Dinge auf den Kopf. Auch Herodot beschreibt die Geschichte als die Geschichte der Kriege – die Möglichkeit friedlicher Kooperation und gegensei-

tigen Handels war noch nicht gegeben. Arbeit war selbst in Athen geächtet und Aufgabe vor allem der Sklaven – es ist eine Gesellschaftsordnung, der sich zum Beispiel Nietzsche mit seiner „naturhaften" Unterteilung von Herren und Knechten anschließt. Die patriarchalische Ordnung und das aus ihr abzuleitende Recht des Stärkeren, das nicht nur in der Kunst, der Religion oder den Olympischen Spielen idealisiert wurde, stellt Erkenntnisschranken dar. Das ist auch der Grund, warum sich die griechische Kunst so großer Beliebtheit im Feudalzeitalter Europas erfreute. Es umgibt die Herrscher und Helden mit der Aura des

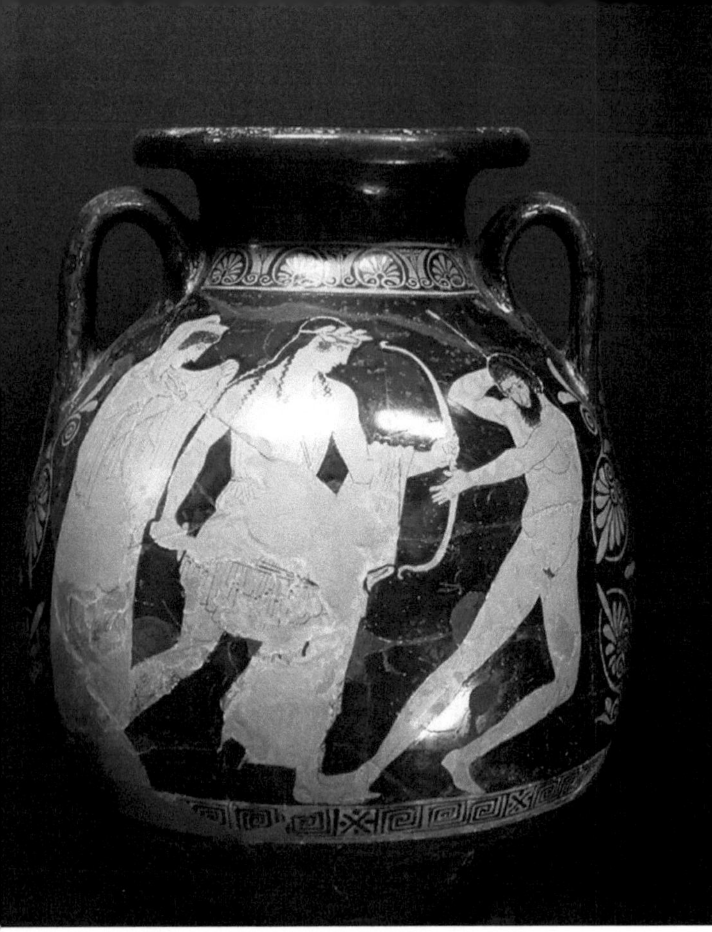

Abb. 67: Polygnotos: Apollo erschießt mit einem Pfeil Tityos, der versucht hatte, seine Mutter Leto zu entführen, um 450–440 v. u. Z., Louvre, Foto: Jastrow, Public domain

lehnt sich an alt-orientalische Vorstellungen an, aus denen auch das testamentarische Paradies-Mythos entstanden ist. Friede und ein sorgloses Leben war auch deshalb möglich, weil dieses goldene Geschlecht mit den Göttern befreundet war. Oberster weiser und gütiger Gott-Herrscher war Kronos, der Vater von Zeus. Nachdem das goldene Geschlecht ausgestorben war, schufen die Götter das silberne Geschlecht, schlechter ausgestattet mit Verstand und Urteilsvermögen, zusätzlich mussten sie noch Leid ertragen lernen. Dann folgte ein weiteres, noch schlechter gestelltes Geschlecht, dann die Heroen und schließlich das derzeit herrschende Jammertal mit Krieg, Zerwürfnis, Rachsucht und Totschlag. Ein immerwährender Niedergang ist vorgezeichnet, an einen Ausweg oder gar einen Fortschritt ist nicht zu denken. Zeus wird schließlich die dekadente Menschheit vernichten.

Empedokles (um 495 bis um 435 v. u. Z..) knüpft zwar an den Vorstellungen Hesiods vom Goldenen Zeitalter an, widerspricht ihm aber in zentralen Punkten. Er sieht die Welt von den zentralen „Urkräften" oder „Urtrieben", der Liebe und Freundschaft einerseits und dem Streit und Kampf andererseits, bestimmt. Auch er geht von einem Idealzustand einer konfliktfreien, harmonischen Welt aus und verknüpft sie mit der griechischen Götterwelt: Aber nicht Kronos ist bei ihm der oberste Gott während des Idealzustands sondern die Liebesgöttin Kypris oder Aphrodite. Diese weibliche Göttin hat einen Widerpart, den Streit, der sie verdrängt und so einen Kreislauf einleitet, in dem einmal die Liebe, dann aber der Streit die Oberhand gewinnen. Sigmund Freud knüpft ausdrücklich an diese Gedankengänge an, Empedokles habe den Todestrieb als Naturtrieb entdeckt und so die Psychoanalyse „gewissermaßen biologisch unterbaut" (siehe Freud, S. 90-93). Es ist aber die Begründung eines mechanistischen und biologistischen Weltbildes, das auf die gesellschaftliche Entwicklung projiziert wird. Die

Idealen, des Göttlichen und zementiert die patriarchalische Ordnung als von höchster Instanz initiiert und für die Ewigkeit gewollt.

Trotzdem hält sich hartnäckig die Erinnerung an eine gewaltlose Zeit. Aber sie wird in die Bilder der patriarchalischen Mythen verpackt – und nicht als geschichtliche Entwicklung begriffen. Schon bei Hesiod (vor 700 v. u. Z..) lebte in „Urzeiten" ein „goldenes Geschlecht" in einer Art Paradies, reichlich Nahrung ohne anstrengende Arbeit war vorhanden. Hesiod

Eigengesetzlichkeit gesellschaftlicher und menschlicher Entwicklung und die Möglichkeiten der Veränderungen werden nicht begriffen. Empedokles sieht die Welt aus vier Urstoffen, Feuer, Wasser, Luft und Erde, zusammengesetzt, die er mit den Gottheiten Zeus, Hera, Aidoneus und Nestis in Verbindung bringt. In seiner Schrift „Reinigungen" (Karthamoi) versucht er eine biologische Evolutionstheorie zu begründen, wie durch Reinkarnation und Läuterung sich pflanzliche Lebewesen zu tierischen, schließlich zu menschlichen Wesen entwickeln. „Am Ende aber werden sie Seher, Dichter, Ärzte und Fürsten für die auf Erden lebenden Menschen; von da aus wachsen sie empor zu Göttern, die in höchsten Ehren stehen, die den anderen Unsterblichen Herdgenossen sind und den Tisch mit ihnen teilen, ohne Anteil an menschlichen Leiden und unverwüstlich." (Fragmente 146 und 147, Kirk, S. 348 f.) So gelangt auch Empedokles zum griechischen Ideal, das in der Glorifizierung des Fürsten und Gottes gipfelt, obwohl dies im Widerspruch zu seiner Theorie des Kreislauf-Kampfes widerstreitender Kräfte steht.

Das griechische Welt- und Menschenbild bleibt in diesem relativ statischen, von idealistischen Gotteslenker-Ideen geprägten Vorstellungen gefangen. Platon knüpft ausdrücklich an Hesiods Gedankengänge an, unterteilt aber die Weltgeschichte in eine vorwiegend von Kronos beherrschte friedliche Idealwelt und in eine von Zeus bestimmte, in der Krieg und Zwietracht dominieren – ein Kreislauf, den die Götter bestimmen. Der Aristoteles-Schüler Dikaiarch versuchte zwar natürliche Erklärungen für das „Goldene Zeitalter" und dessen Verfall zu finden. Am Anfang herrschte Überfluss auf der Erde, man musste nicht hart arbeiten und lebte deshalb gesund. Kriege seien aus dem Grunde nicht geführt worden, weil es keinen Besitz gab. Dem Ackerbau und der harten Arbeit gab er die Schuld für den Verfall – er sah aber keine Alternative außer der Entsagung und Mäßigung. Der in der Antike

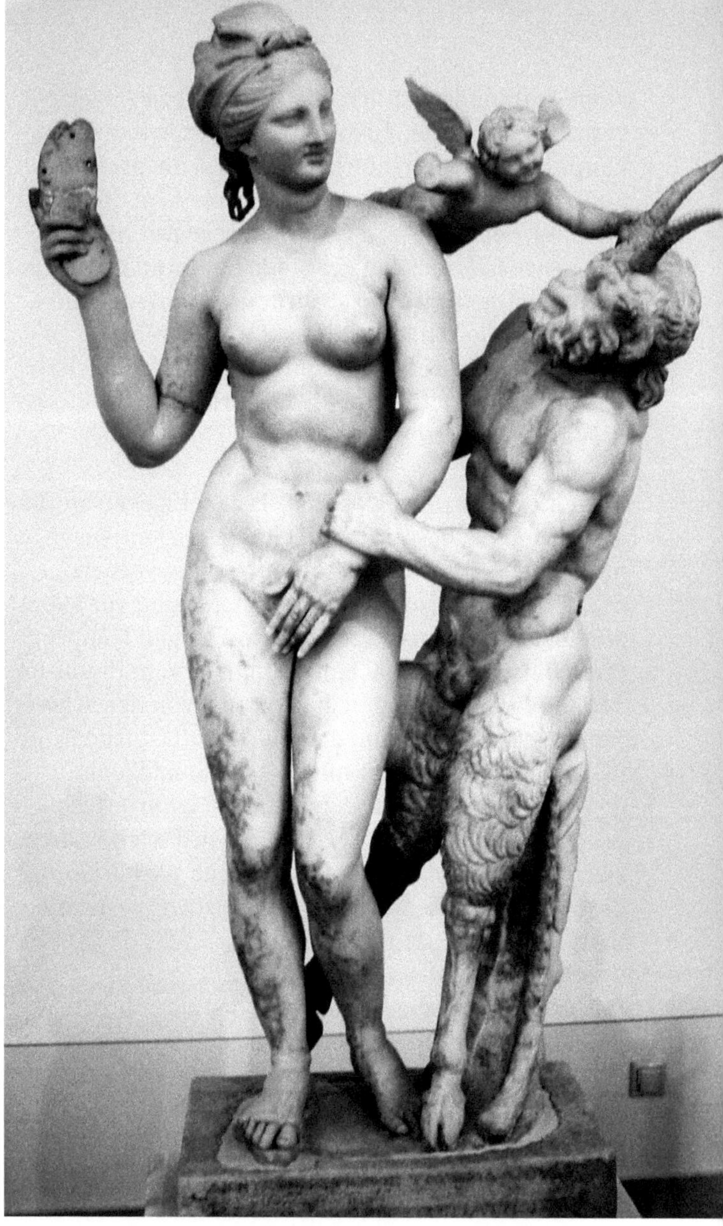

Abb. 68: Aphrodite,Pan und Eros aus Delos, Künstler unbekannt, rund 100 v. u. Z., Athen Nationalmuseum, Foto: DerHexer (Talk), CC BY-SA 3.0

sehr populäre Dichter Arat interpretierte den Verlust des Goldenen Zeitalters als den Rückzug der Gerechtigkeitsgöttin Dike von den Menschen, denen sie anfänglich freundschaftlich von Angesicht zu Angesicht verbunden war. Der spätantike Dichter Avienus knüpft an seinen Dichterkollegen Arat an, preist das Gerechtigkeitsempfinden des Menschen im Goldenen Zeitalter, hebt hervor, dass es in dieser Zeit noch keinen privaten Landbesitz gegeben habe und geißelt vor allem die Gier und die Habsucht der Kaufleute, die erst durch die Schifffahrt in großem Stil möglich geworden seien. Die Lobpreisung des Goldenen Zeitalters gerät zur Kritik auch zivilisatorischer Errungenschaften.

Besonders von den Peloponnesischen Kriegen an, also ab 431 v. u. Z.., bestimmen die kriegerischen Auseinandersetzungen und der Kampf um die Vorherrschaft die griechische Welt. Grabstelen und vor allem die Gestaltung von Grabmälern von jungen Männern (zum Beispiel Grabmal eines Jünglings vom Ilissos um 340/330 v. u. Z.) künden in der Kunst von den schweren Auseinandersetzungen, von denen fast jede Familie betroffen war. In der öffentlichen Staatskunst werden diese Auseinandersetzungen ignoriert, es wird kein Gegenbild entworfen, es wird wieder idealisiert. Die Kunst nahm die kriegerische Wirklichkeit, deren heldenhafte Idealisierung sie zuvor geschaffen hatte, nur geschönt zur Kenntnis.

Das gilt auch für die Malerei, von der allerdings fast überhaupt kein Original erhalten geblieben ist. Wir können die Entwicklung und die Inhalte nur aus den Beschreibungen der Zeitgenossen und der Historiker vor allem von Plinius dem Älteren (24. - 79 n. u. Z.) und Pausanias Periegetes (115 - 180 n. u. Z.) entnehmen. Über die Anfänge der griechischen Kunst gibt es sehr widersprüchliche Einschätzungen. Plinius behauptet, der Lydier Gyges habe die Malerei in Ägypten „erfunden" und sie nach Griechenland gebracht. Aristoteles schreibt, dass Eucheir, ein Verwandter der mythologischen Figur Daidalos, der in Kreta gewirkt haben soll, der Begründer der Malerei sein soll. An-

dere nehmen an, dass Saurias von Samos der „Erfinder" des Schattenrisses sei. Wieder andere weisen Kleanthes von Korinth diese Rolle zu. Als Inhalte der frühen Malerei werden angegeben: Götterdienst, Bacchus-Kult, Darstellungen heroischer Taten und athletische Gestalten, ein Themenkreis, der sich auch in den folgenden Jahrhunderten fortsetzt. Man kann annehmen, das auch die griechischen Plastiker der klassischen Periode ausgezeichnete Zeichner und wohl auch Maler gewesen sind. Wie sollte Myron (um 500 - 440 v. u. Z.) ohne Vorzeichnungen seinen dynamischen Diskobol sowie die Athene oder den zweifigurigen Marsyas geschaffen haben? Myron war es auch, der als erster mit seiner „Symmetria", in dem er über das richtige Maßverhältnis als Ausdruck der Schönheit nachdachte, kunsttheoretische Überlegungen anstellt. Die Rolle als erster Kunsttheoretiker wird von anderen Autoren Polyklet (um 480 - 400 v. u. Z.) zugeschrieben, der einen „Kanon" schrieb. Nach dem römischen Schriftsteller Plutarch erstrahle die Schönheit der Werke von Polyklet dadurch, „dass viele Maße in das richtige Verhältnis kommen durch eine gewisse Symmetria und Harmonie."

Polygnotos (um 500 - 400 v. u. Z.) war Maler und Plastiker. Seine Bilder in Delphi schildern den Fall Trojas, sie sind die ersten „Historienbilder", Ein anderes zeigt den Abstieg von Odysseus in die Unterwelt. Auch ein Bild von der Schlacht von Marathon soll er geschaffen haben. Er soll auch der erste gewesen sein, der Frauen in durchscheinenden Gewändern gemalt haben soll. Plinius berichtet, dass der Maler viel Wert auf Details legte, wie etwa die Öffnung des Mundes und das Zeigen der Zähne, was seine Figuren aus der traditionellen Starrheit hin zu Beweglichkeit und Lebensnähe führte. Er versuchte also, durch Einsatz von Farbübergängen und Schattenwirkungen eine realistische Darstellung zu erreichen – erste Ansätze einer perspektivischen Malerei. Auch der Maler Agatharchos, der um 450 v. u. Z. in Athen arbeitete, beschäftigte sich mit der Frage, wie dreidimensionale Gegenstände zweidimensional so zu gestalten sei, „dass eine zurücktretend, anderes hervortretend zu sein scheint". Der Maler Mikon der Ältere wurde durch seine Kampfdarstellungen mit den Amazonen und den Kentauren, durch die Darstellung der Schlacht von Marathon sowie durch mehrere Siegerstatuen bekannt. Apollodor von Athen schließlich war der Maler, der die bis dahin vorherrschende Umrisszeichnung, wie sie zum Beispiel auf Vasen auch weiterhin praktiziert wurde, durch die perspektivische Plastizität und Körperlichkeit seiner Figuren überwand.

Er bereitete damit den Boden für Zeuxis von Herakleia (um 420 - 360 v. u. Z.) vor. Plinius berichtet über den Wettstreit mit seinem Zeitgenossen Parrhasius: „Zeuxis malte im Wettstreit mit Parrhasius so naturgetreue Trauben, dass Vögel herbeiflogen, um an ihnen zu picken. Daraufhin stellte Parrhasius seinem Rivalen ein Gemälde vor, auf dem ein leinener Vorhang zu sehen war. Als Zeuxis ungeduldig bat, diesen doch endlich beiseite zu schieben, um das sich vermeintlich dahinter befindliche Bild zu betrachten, hatte Parrhasius den Sieg sicher, da er es geschafft hatte, Zeuxis zu täuschen. Der Vorhang war nämlich gemalt." (Plinius, Nat. Hist. XXXV, 64) Augentäuschung, Illusionismus, Vorgaukelung falscher Tatsachen wird also als Eigenschaft wahrer Meisterschaft herausgestellt. Allerdings versuchte Zeuxis, das äußerliche Ideal aus dem lebenden Beispiel zu gewinnen und so zu einer idealen Wahrheit zu finden. So malte er in seinem Bild „Helena" im Auftrag der unteritalischen Stadt Kroton „die" Schönheit der Frau. Als Modelle dienten ihm die fünf schönsten Frauen der Stadt. Plinius rühmte vor allem sein Bild „Penelope" als Sinnbild der Sittlichkeit. Aber auch den klassischen Themen wie die Darstellungen des Kentaurenkampfes oder ein „großartiger Zeus, umgeben von Göttern", widmete er sich.

Der Konkurrent von Zeuxis, Parrhasios, bediente alle Felder der Bildkunst und bezeichnete sich selbst als Erster unter allen Malern, der die Kunst bis an ihre Grenzen geführt habe, die nicht mehr zu überschreiten seien. Er idealisierte mit seinen Bildern „Herakles", „Perseus", „Dionysos" oder dem Entwurf des Schildes der Athene die griechische Götterwelt. Er kennzeichnete in seinem Gemälde „Das Volk von Athen" die Menschen sehr widersprüchlich als stolz, erhaben, mitfühlend grimmig und ängstlich zugleich. In einem seiner zahlreichen erotischen Bilder hat er auch eine Fellatio, eine Form des Oralverkehrs, dargestellt. Gleichzeitig widmete er sich mit einer Darstellung einer Amme mit Kind, einer getreuen Abbildung eines Priesters oder einfachen Soldaten dem Genrebild. Um zu einer naturgetreuen Darstellung des Prometheus zu gelangen, soll er extra einen Sklaven gekauft haben, den er folterte, um die schmerzverzerrte Gestalt möglichst echt wiederzugeben.

Im Wettstreit mit Parrhasios illustrierte Timanthes die Szene der Ilias-Sage, in der Odysseus mit Ajax sich um die Waffen Achills streitet. Bei der Abstimmung auf Samos soll Timanthes den Sieg davongetragen haben. Gerühmt wurde vor allem sein Gemälde der Opferung der Iphigenie in Aulis, auf dem ihm die vom Schmerz gekennzeichneten Gesichter der Opfernden individuell unterschiedlich überzeugend gelungen seien. Auch von dem Begründer der Malerschule von Skyon, Eupompos, wird eine überaus realistische Darstellungsweise berichtet. Auf die Frage, welche Vorbilder er in der Kunst habe, soll er auf eine Menschenmenge gezeigt haben: Es kommen darauf an, das Leben, die Natur wirkmächtig wiederzugeben. Euphranor vom Isthmos, auch um 350 v. u. Z. tätig, wurde vor allem durch sein Bild „Flüchtende Leto mit ihren Kindern Apollo und Artemis auf den Armen" und eine Statue von „Paris" berühmt. In der „Schlacht von Mantineia" soll er zahlreiche Kämpfer in dramatischem Getümmel dargestellt haben. Ein „Schlachtengemälde" von Aris-

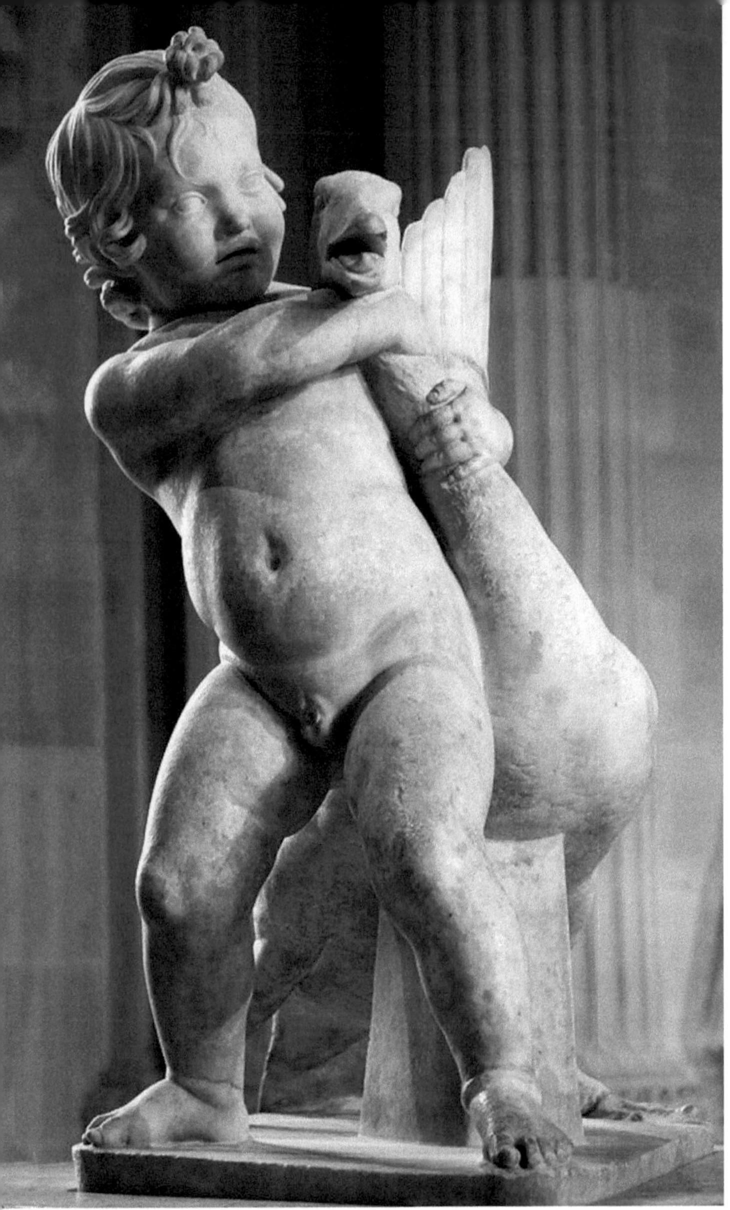

Die griechische Kunst und Kultur des Schönen und Guten, das im göttlichen Ideal des Helden seine Vollendung findet, zeigte mit der Darstellung von kriegerischen Auseinandersetzungen, die allerdings immer von der griechischen Überlegenheit kündeten, ein widersprüchliches Bild. Einerseits Idealbildung, andererseits wird wild bewegtes Kampfgetümmel gezeigt. Die Idealbildung findet in den Herrscherporträts Alexanders des Großen (356 bis 323 v. u. Z.) ihre Vollendung. Da betritt der strahlende Adonis und Erdenherrscher mit der Stirnlocke die Weltbühne. Er versammelt die besten Plastiker und Maler seiner Zeit um sich. Sie färben seine Sicht der Dinge schön. Die Bildhauer Leochares, Lysippos und der Maler Apelles perfektionierten die Illusion des schönen Scheins, wobei ein Zug ins Niedliche, ins Schönfärberische nicht zu übersehen ist. Alexander ließ sich als Gott feiern und führte seinen Stammbaum väterlicherseits auf Herakles und Karanos, dem ersten König der Makedonier, zurück. Plutarch hebt die Abstammung Alexanders vom Göttervater Zeus hervor. Das Bild des Helden und Weltbeherrschers erstrahlt noch einmal in leuchtenden Farben.

Berühmt war vor allem das Gemälde „Die Verleumdung" von Apelles, von dem Lukian berichtet: „Auf der rechten Bildseite sitzt ein Mann mit langen Ohren, bei denen wenig fehlt, dass man sie für Midas-Ohren halten könnte. Seine Hand ist nach der Verleumdung ausgestreckt, die aus dem Hintergrund auf ihn zukommt. Neben ihm stehen zwei weibliche Gestalten, die ich als die Unwissenheit und das Misstrauen ansehe. Von der linken Seite nähert sich ihm die Verleumdung in Gestalt eines außerordentlich reizenden, aber erhitzten und erregten Mädchens, deren Züge und Bewegungen Wut und Zorn ausdrücken: In der Linken hält sie eine brennende Fackel; mit der Rechten schleift sie einen jungen Mann an den Haaren herbei, der die Hände zum Himmel emporstreckt und die Götter zu Zeugen anruft. Vor ihr her geht ein bleicher, hässlicher Mann mit stechen-

Abb. 69: Der Ganswürger, Boethos von Chalcedon zugeschrieben, römische Kopie, *um 100 v. u. Z., Höhe: 92,7 cm,* Louvre, Foto: Jastrow, public domain

teides von Theben II soll über 100 Figuren abgebildet haben. Von Theon von Samos ist die theatralische Darstellung von Soldaten im Kampf überliefert.

dem Blick, der aussieht, als hätte ihn eine lange Krankheit ausgemergelt: Jeder wird in ihm den Neid erkennen. Dahinter kommen zwei weibliche Gestalten, die auf die Verleumdung einreden und sie herausputzen und zu schmücken scheinen: Diese sind – wie mir der Museumsführer erklärte – die Arglist und die Täuschung. Ganz hinten folgt eine trauernde Gestalt in schwarzem, zerrissenem Gewand: die Reue, die sich weinend nach rückwärts wendet und voller Scham die herannahende Wahrheit anschaut." (Krenkel, S. 689 f.) Hier behauptet erstmals in der Kunstgeschichte ein Maler, im Besitz der Wahrheit zu sein, während Verleumder und Neider sein Werk schlecht zu reden versuchen. Botticelli und Dürer haben „Die Verleumdung des Apelles" in ihrem Werk aufgegriffen.

Die griechische Kunst wurde unter Alexander dem Großen Weltkunst. Aber sie brachte der Welt nichts revolutionär Neues, außer der Tradierung der griechischen Götterbilder und der Heroen-Ideologie. Es behauptete die Vorherrschaft und zwang die Besiegten zur Nachahmung und Unterordnung. Im Fries des Pergamon-Altars (errichtet von 180 bis 164 v. u. Z.) werden die Mythen, die 300 Jahre zuvor für das Parthenon bebildert wurden und von der Vorherrschaft Athens zeugen sollten, nur neu aufgefrischt und für die Herrscher von Pergamon uminterpretiert. Der alte Kampf wird auf dramatischste Weise neu inszeniert. Die Helden scheinen vor muskulöser Kraft fast zu zerplatzen. Siebler beschreibt das Geschehen sehr schön: „Wer den Fries abschritt, sah einen Kampf der Olympischen Götter gegen die aufbegehrenden Giganten, wie er ihn so wohl nicht erblickt hatte: Zeus, Athena, Apollon, Poseidon und all die anderen ringen stiernackige Giganten nieder, schleudern Blitze gegen sie, die sich in ohnmächtiger Wut gegen ihre Bezwinger wehren. Ein einziges Hauen, Stechen und Würgen – eine Anatomie des Schmerzes, die auch heute noch berührt." (Siebler I, S. 94) Die Herrscher von Zeus Gnaden und Abkommen stehen fest, die Besiegten

kennzeichnen Qual und Todesangst.

Doch in einzelne Plastiken schleicht sich auch Bedrückung und Zweifel ein. Der Faustkämpfer vom Kapitol aus dem 3. Jahrhundert v. u. Z. zeigt einen blutenden und verletzten Boxer mit deformierter Nase. Er erholt sich nach dem Kampf -– zwar mit gestähltem Körper, aber nachdenklich und sichtlich erschöpft. Hier erscheint nicht der strahlende Sieger sondern der Verletzte nach dem Wettstreit. Man schaut hinter die Kulissen des Kampfes und sieht die Blessuren. Der Held ist einsam und müde. Die römische Kopie einer Statue, um 200 v. u. Z. entstanden, zeigt eine trunkene Alte mit einer großen Weinamphore in ihrem Schoß, die ihr Leid beklagt. Ihre Gewänder und Ohrringe künden davon, dass die Frau schon bessere Zeiten erlebt hat. Die Alte träumt von der Vergangenheit. Ihr bleibt nur der Suff und das Wehklagen.

Und die großartige Laokoon-Gruppe (im späten 2. Jahrhundert oder Anfang des 1. Jahrhunderts geschaffen) zeugt vom mühseligen Kampf ums Dasein, der jedoch vergebens zu sein scheint, da der unergründliche Wille der Götter den sterblichen Menschen kein besseres Schicksal gewährt. Das Pathos ist noch kraftvoll und muskulös vorhanden. Allein, was nützt es? Es ist ein Dokument der Verzweiflung, des vergeblichen Aufschreis. Insgesamt ist die Kraft, die die griechische Kunst einst ausgeströmt hat, in den vielen Kämpfen aufgebraucht, erschöpft. Vor allem zum Schluss unterliegen sie den Römern, ihre Helden verschwinden.

Gleichzeitig wird aber auch die Wirklichkeit geschönt und verniedlicht. Aus dem wilden Kentaur, der die Frauen raubt, wird der Hirtengott Pan mit Ziegenbock-Unterleib und Menschenoberkörper. Er verfolgt im amourösen Mythos liebestrunken die Nymphe Syrinx, die sich ihm entzieht und sich auf der Flucht in ein Schilfrohr verwandelt. Pan umarmt das Schilfrohr, das daraufhin klagende Laute von sich gibt. Pan will die wehleidig-lieblichen Laute nicht missen, bricht das Schilfrohr in sieben kleine Stücke und erfindet so die Hirtenflöte, die Musik. In der Statue aus Delos nähert sich Pan der Göttin Aphrodite, die schützend-schamvoll eine Hand vor ihr Geschlechtsteil hält, die andere Hand droht mit einem Schuh in der Hand dem lüsternen Pan Schläge an. Dabei lächelt Aphrodite sinnlich-huldvoll, sich ihrer bezaubernden Schönheit bewusst. Eine Putte mit Engelsflügelchen schwebt über dem Ganzen und verleiht dem Geschehen eine himmlische, olympische Atmosphäre. Hier stoßen Gefühlswelten aufeinander, die ganz und gar nicht zueinander passen. In vielen Statuen macht sich auch der stupsnasige, glatzköpfig, unbekleidete Satyr mit überdimensional geschwollenem männlichen Glied an die ebenfalls unbekleidete Nymphe heran. Der lüsterne, unbefriedigte Mann will sich der Schönheit nähern, zeigt aber seine gierig-fratzenhafte Natur. Es ist eine Kunst, die von einem gestörten Geschlechterverhältnis kündet; die Unterdrückung der Frau rächt sich in einer verklärenden Idealisierung. Es sind Motive, die hier erstmals gestaltet werden, die aber später in der Rokoko-Zeit bis zum mythenhaften Symbolismus des späten 19. Jahrhunderts massenhaft auftreten.

Oder es erscheint der niedliche Knabe mit dem noch kleinen aber bedeutenden Unterschied auf der Kunstbühne. Der Ganswürger zeigt den sorgfältig frisierten Knaben, der einer Gans den Hals umdreht. Ach wie niedlich: Es ist die Kunst einer kleinen Elite, die sich angewidert vom großen Weltgeschehen zurückgezogen hat und das private Vergnügen sucht.

Eine Zweiteilung der Kunst deutet sich an: eine offizielle Staatskunst und eine private zur Ergötzung der Reichen, der privilegierten Schichten, die ihre Villen und Paläste ausdekorieren und mit schönen Nichtigkeiten verzieren. Diese Seite der hellenistischen kommt dann in der römischen Kunst zu ihrer eigentlichen Blüte.

Die Rezeption der griechischen Kunst vor allem in der europäischen Kunstgeschichte huldigt vor allem dessen patriarchalischen Charakter und bringt den Zeitgeist einer feudal-aristokratischen Epoche zum Ausdruck. Der Neurologe Semir Zeki beschreibt die Widersprüchlichkeit des männlichen Helden-Ideals, das bewundert, aber nicht erreicht werden kann, sehr schön: „Winckelmann, der häufig als Vater der Kunstgeschichte gilt, hatte ausgesprochen klare Vorstellungen – man könnte sagen: ein Konzept – von Schönheit, wie es sich in griechischen Skulpturen widerspiegelte, die er mit seiner Sicht der griechischen Kultur im Allgemeinen in Beziehung setzte. Nach seiner Ansicht wurde griechische Kunst aus und in einem freien gesellschaftlichen und politischen Rahmen geboren, der jedoch mit einem Widerspruch und einer Spannung behaftet war, die sich in der Kunst widerspiegelte. Dieses Spannungsverhältnis herrschte zwischen „einer ›tatkräftigen‹ männlichen Freiheit, die sich in den heftigen Kämpfen der Frühphasen griechischer Kultur verwirklichte [...] und einer freizügigen Sinnenfreude an Dingen". [...] Für Winckelmann [...] repräsentierte der ›Torso im Belvedere‹ – und unvollendetes Werk – die höchste Schönheit in der griechischen Kunst und brachte diese scheinbare Spannung am kraftvollsten zum Ausdruck. [...] Er sah darin ›ein hohes Ideal eines über die Natur erhabenen Körpers und eine Natur männlich vollkommener Jahre, wenn dieselbe bis auf den Grad göttlicher Genügsamkeit erhöht wäre‹. [...]„Die sichtbare Ruhe und Stille, die an die selige Selbstversunkenheit idealer Jugend erinnern, sind aufgeladen mit Andeutungen nackter physischer Gewalt eines Helden, der alles verwüstete, was ihm in den Weg kam. [...] Vielleicht wählte Winkelmann also nicht ganz umsonst ein unvollständiges Werk aus, das sein höchstes Ideal griechischer Schönheit repräsentierte." (Zeki, 2010, S. 104)

Rom: Die Klaviatur der Bildsprache der Macht

Auch Michelangelo bewunderte vor allem die Nachbildung des griechischen Apollonius von Leochares. Angeblich brach er bei dem Anblick in Tränen aus und bezeichnete ihn als seinen „Lehrer". (siehe Abbildung auf Seite 225)

Die griechische Kunst lebt noch einmal auf: in den Kopien der römischen Kunst. Diese ist vor allem Beutekunst. Aus allen besiegten Ländern werden die kostbarsten Stücke nach Rom gebracht, so zum Beispiel der Jerusalemer Tempelschatz. Vor allem liebäugelten die römischen Aristokraten mit den Idealbildern der klassischen Epoche der griechischen Kunst. Die Helden wurden überall auf den Marktplätzen aber auch in den Villen der reichen Römer aufgestellt. Griechische Plastiker wurden gleich mit importiert, damit sie vor Ort in Rom die Kunstwerke kopieren konnten. Es ist eine geraubte, erborgte, eine gekaufte Kunst, die nicht das eigene Lebensgefühl repräsentiert sondern eine Wunschvorstellung gestaltet. Potjomkinsche Dörfer für eine gekünstelte Kunstlandschaft. Das Ideal wurde noch einmal aufpoliert, um vergangenen Glanz auf die neuen Herrscher zu übertragen.

Der Römer sehnt sich nach der Würde, der inneren Geschlossenheit und Folgerichtigkeit, die die griechische Ideal-Plastik einst ausstrahlte. Er versucht

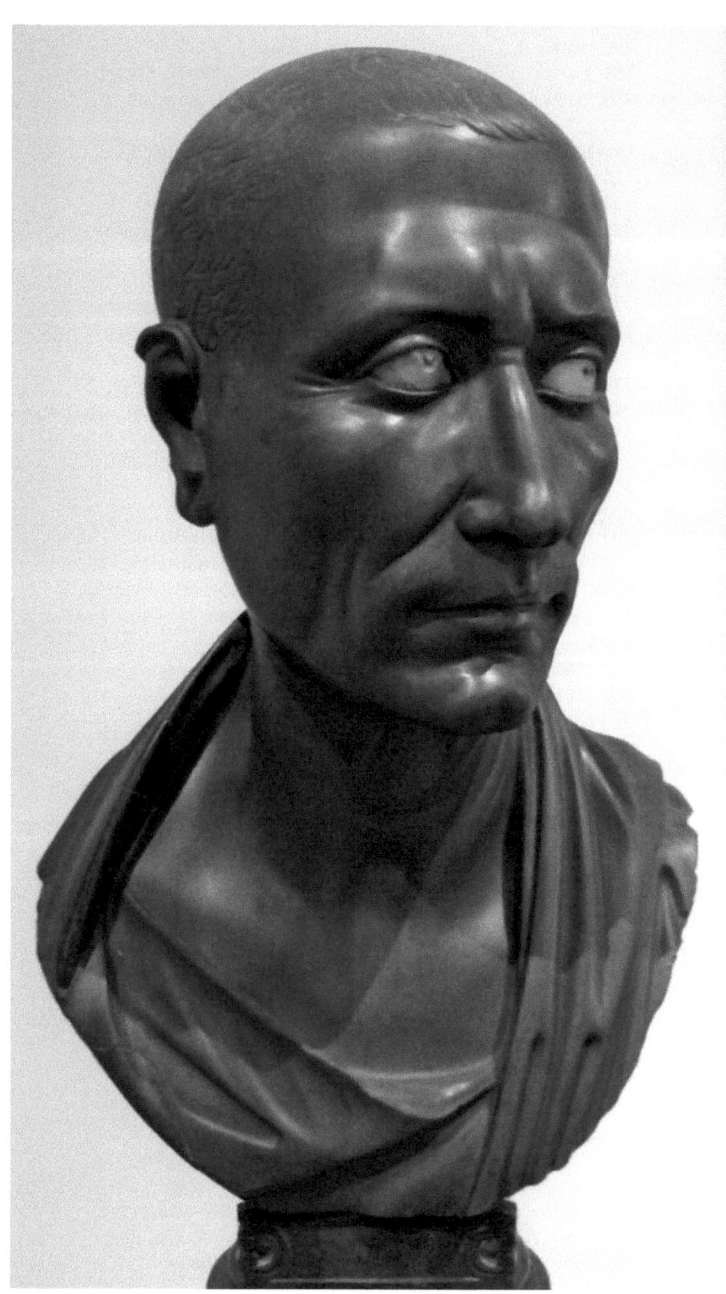

Abb. 70: Caius Iulius Caesar, 1. Jahrhundert n. u. Z., Grüner Schiefer, marmorne Augeneinlagen, Höhe 41 Zentimeter, Berlin, Staatliche Museen zu Berlin – Stiftung Preußischer Kulturbesitz, Antikensammlung, Foto: Louis le Grand, public domain

Chronologie des römischen Weltreichs
eine Geschichte der Kriege

1.700 - 1.200 v. u. Z.	Bronzezeit
1.200 - 800 v. u. Z	frühe Eisenzeit, Einwanderung der indogermanischen Italiker und Etrusker
1.000 - 950 v. u. Z.	erste Siedlungen auf dem Palatin
750 - 550 v. u. Z.	griechische Kolonisation Süditaliens
753 v. u. Z	traditionelles Gründungsdatum Roms
750 - 510 v. u. Z	**Römisch/etruskische Königsherrschaft**
510 - 27 v. u. Z	**Römische Republik**
ca. 510 v. u. Z	L. Iunius Brutus ist erster Consul in Rom
510 - 287 v. u. Z	Ständekämpfe
396 v. u. Z	Eroberung der etruskischen Stadt Veji
387 v. u. Z	Kelten in Rom: römische Niederlage (Allia)
340 - 338 v. u. Z	Unterwerfung Latiums
328 - 290 v. u. Z	Samnitenkriege
275 v. u. Z	römischer Sieg über Pyrrhus (Beneventum)
264 - 241	**1. punischer Krieg**
241 v. u. Z	Seesieg des C. Lutatius Catulus
238 v. u. Z	Sizilien, Sardinien und Korsika sind römisch
225 - 222 v. u. Z	**Rom besetzt Norditalien (Keltenkrieg)**
218 - 201 v. u. Z	**2. punischer Krieg**
218 v. u. Z	Hannibal überquert die Alpen und siegt
211 v. u. Z	Hannibal vor Rom ("ante portas")
202 v. u. Z	Karthago wird besiegt
192 - 188 v. u. Z	Krieg gegen Syrien und Griechenland
149 - 146 v. u. Z	**3. punischer Krieg: Sieg über Karthago**
148 v. u. Z	Errichtung der Provinz Macedonia
135 v. u. Z	erster Sklavenkrieg in Sizilien
133 v. u. Z	Errichtung der Provinz Asia
111 - 105 v. u. Z	Krieg gegen Jugurtha von Numidien
104 - 101 v. u. Z	Zweiter Sklavenkrieg in Sizilien
103 v. u. Z	innere Unruhen in Rom
102 - 101 v. u. Z	Sieg über die Teutonen und Cimbern
82 - 79	Diktatur Sullas
73 - 72 v. u. Z	Sklavenaufstand des Spartacus
59 v. u. Z	**Konsulat Caesars**
58 - 51 v. u. Z	Eroberung Galliens durch Caesar
49 - 48 v. u. Z	Bürgerkrieg zwischen Caesar/Pompeius
ab 46 v. u. Z	Caesar Alleinherrscher
15. März 44 v. u. Z	Caesar wird ermordet
33 - 31 v. u. Z	Bürgerkrieg zwischen Octavian /Antonius
27 v. u. Z - 476 n. u. Z	**Die römische Kaiserzeit**
27 v. u. Z - 14 n. u. Z.	**Das Zeitalter des Augustus**
19 v. u.Z.	Augustus wird Consul auf Lebenszeit
9 v.u. Z.	Niederlage gegen den Cherusker Arminius
37 - 41 n. u.Z.	Kaiser Gaius, genannt Caligula
41 - 54 n. u.Z.	Claudius Princeps
54 - 68 n. u.Z.	Nero
64 n. u.Z.	Brand Roms, erste Christenverfolgung, Tod der Apostel Petrus und Paulus
68 n. u.Z.	Krieg in Gallien, Spanien, Nero-Selbstmord
68/69 n. u.Z.	4 Kaiser: Galba, Otho, Vitellius, Vespanian
69 - 79 n. u.Z.	**Vespasian, flavisches Kaiserhaus**
79 - 81 n. u.Z.	Titus
24. 8. 79 n. u.Z.	Vesuvausbruch: Untergang Pompejis
80 n. u.Z.	Einweihung des Colosseums
81 - 96 n. u.Z.	Domitian
96 - 180 n. u.Z.	**Die Adoptivkaiser**
96 -98 n. u.Z.	M. Cocceius Nerva
98 - 117 n. u.Z.	M. Ulpius Traianus
116 n. u.Z.	Assyria, Mesopotamia werden Provinzen
117 - 138 n. u.Z.	Hadrian
138 - 161	Antoninus Pius
161 - 180 n. u.Z.	Marcus Aurelius
180 - 192 n. u.Z.	Commodus (Terrorherrschaft)
193 - 235 n. u.Z.	**Das severische Kaiserhaus**
193 - 211 n. u.Z.	Septimius Severus;
211 - 217 n. u.Z.	Caracalla
212 n. u.Z.	Bürgerrecht Roms für alle Reichsbewohner
231 - 235 n. u.Z.	Krieg gegen die Perser und Germanen 235 - 284 n. u.Z.
	Krise des Reichs - Soldatenkaiser
235 - 238 n. u.Z.	Maximinus Thrax
238 n. u.Z.	Gordianus III.
244 - 249 n. u.Z.	Philippus Arabs
249 - 251 n. u.Z.	Decius, Christenverfolgung des Decius
251 - 253 n. u.Z.	Trebonianus Gallus, Volusianus, Aemilianus
253 - 260 n. u.Z.	Valerian, Christenverfolgung
ab 256 n. u.Z.	Gegenkaiser in allen Teilen des Reichs,
259 n. u.Z	Gallien spaltet sich vom Reich ab
260 - 268 n. u.Z.	Gallienus; Goten in Griechenland, Kleinasien
268 - 270 n. u.Z.	Claudius II. Gothicus
270 - 275 n. u.Z.	Aurelian
275 - 284 n. u.Z.	Tacitus, Probus, Carus, Numerianus, Carinus
284 - 337 n. u.Z.	**Von Diocletian zu Konstantin**
284 - 305 n. u.Z.	Diocletian
28. 10. 312 n. u.Z.	Maxentius unterliegt Konstantin
314 - 324 n. u.Z.	Rivalität und Kriege Konstantin / Licinius
324 - 337 n. u.Z.	Konstantin wird Kaiser
324 n. u.Z.	offizielle Anerkennung des Christentums
11. 5. 330 n. u.Z.	Hauptstadt wird Konstantinopel
337 - 476 n. u.Z.	**Die Spätantike – Niedergang**
337 - 340 n. u.Z.	Dreikaiserherrschaft der Konstantin-Söhne
ab 364	Herrschaft Valentinians(Westen),Valens (Osten)
375 n. u.Z.	Schlacht Adrianopel: Sieg der Westgoten
379 - 395 n. u.Z.	Theodosius I. wird Augustus des Ostens
7. 1. 395 n. u.Z.	Tod Theodosius I.: Reichsteilung: Honorius (Westen) und Arkadius (Osten)
395 - 423 n. u.Z.	nominelle Herrschaft:Honorius im Westen
395 - 408 n. u.Z.	tatsächliche Herrschaft: Vandale Stilicho
ab 400 n. u.Z.	Ravenna ist Hauptstadt des West-Reichs
408 - 450 n. u.Z.	Theodosius II. Kaiser im Ost-Reich
410 n. u.Z.	Rom wird von den Westgoten erobert,
424 - 455 n. u.Z.	Valentinian III.
429 - 434 n. u.Z.	Vandalen in Nordafrika, Vandalenkriege
452 - 453 n. u.Z.	Zug Attilas gegen Italien, dortiger Tod
455 - 472 n. u.Z.	Schattenkaiser im Weströmischen Reich
ab 461 n. u.Z.	Kaiser Westroms nur in Italien anerkannt
475 n. u.Z.	Romulus Augustulus letzter Kaiser Westroms
28. 8. 476 n. u.Z.	Romulus wird abgesetzt; das aus Ostgermanen bestehende Heer in Italien ruft den Skiren Odoakar zum König von Italien

aus: **Ende des Weströmischen Reichs**

sich ihr mit massenhaft angefertigten Kopien zu nähern. Er kann sie nicht erreichen, weil das Lebensgefühl des athletisch-aristokratischen Kämpfers nicht mehr vorhanden ist. Krieg ist längst zum Geschäft geworden, er ist ein Mittel, um Reichtum und Macht zu erweitern, indem Massen von Untertanen für die privilegierte Bürgerschaft Roms verheizt werden. Krieg wird in vielen Ländern und an vielen Fronten geführt, es kommt nicht mehr auf den athletischen Aristokratenkämpfer an sondern auf Massen von Untertanen. Die Wettkämpfe – wo einst Athleten wie in den Olympischen Spielen ihre Kräfte und ihr Können gemessen haben – verkommen in Rom zu einem Spektakel, in dem Tiere und Menschen vor einem sensationslüsternen Publikum geschlachtet werden.

Rom wurde zum Machtzentraum der Welt, von dem aus Feldherren an die unterschiedlichsten Fronten geschickt wurden, um das Territorium zu erhalten und zu erweitern. Dem hatte auch die Kunst zu dienen: Porträtbüsten von siegreichen Feldherren und erfolgreichen Politiker-Strategen säumten die Straßen Roms, von der republikanischen Zeit bis zum Ende des römischen Reiches. In einem Dokument rund 100 Jahre nach dem Untergang des weströmischen Reiches wird die Anzahl der im öffentlichen Raum aufgestellten Statuen mit fast 4.000 angegeben, neben den Triumphbögen, Siegessäulen, Reiterstandbildern und Kolossalstatuen. Rom entwickelte eine Kunst der Machtdemonstration, des repräsentativen Scheins. Man konnte an den aufgestellten Büsten die jeweilige politische Kräftekonstellation ablesen. Denn in Ungnade gefallene Politiker oder besiegte Feldherren wurden beseitigt. Es entwickelte sich eine Porträt-

Die römische Götterwelt (die zwölf Hauptgottheiten)			
römisch	**griechisch**	**Funktion/Besonderheiten**	**Kennzeichen**
Jupiter	Zeus	Göttervater, zuständig für Blitz, Donner und Luft	Adler, Blitzbündel, Zepter
Juno	Hera	Familien-Göttin, zuständig für Hochzeit, Ehe, Mutterschaft und Geburt, Helferin in den Nöten der Entbindung	Pfau, königliche Kopfbinde
Neptun	Poseidon	Gott des Meeres, der Erdbeben und Pferde	Dreizack, Streitwagen
Minerva	Athene	jungfräuliche Göttin der Weisheit, Schutzherrin der Helden, der Städte, des Ackerbaus, der Künste und Wissenschaften, des Handwerks, des (strategischen) Krieges und Friedens	Helm, Schild, Lanze und Eule
Mars	Ares	Gott des zerstörerischen Krieges und der Schlachten	Schwert, Schild, Helm
Venus	Aphrodite	Göttin der Liebe und der Schönheit	Taube, Muschel, Gürtel, Spiegel
Apollo	Apollon	Gott der Poesie, des Lichtes, der Mäuse, der Pest und der Prophetie	Saiteninstrument Kithara, Pfeil und Bogen
Diana	Artemis	jungfräuliche Göttin der Jagd und des Mondes	Pfeil und silberner Bogen, Köcher, Hirschkuh, Mondsichel
Vulcanus	Hephaistos	Gott der Vulkane, des Feuers und der Schmiedekunst	Schmiedehammer bzw. -zange, Handwerkerkappe
Vesta	Hestia	jungfräuliche Göttin des Herdfeuers und der Familieneintracht	
Merkur	Hermes	Gott der Diebe, des Handels und der Reisenden; Götterbote	Petasos oder Flügelhelm, Hermesstab, Flügelschuhe, Geldbörse
Ceres	Demeter	Erdgöttin, Fruchtbarkeitsgöttin	Ähren, Fackel

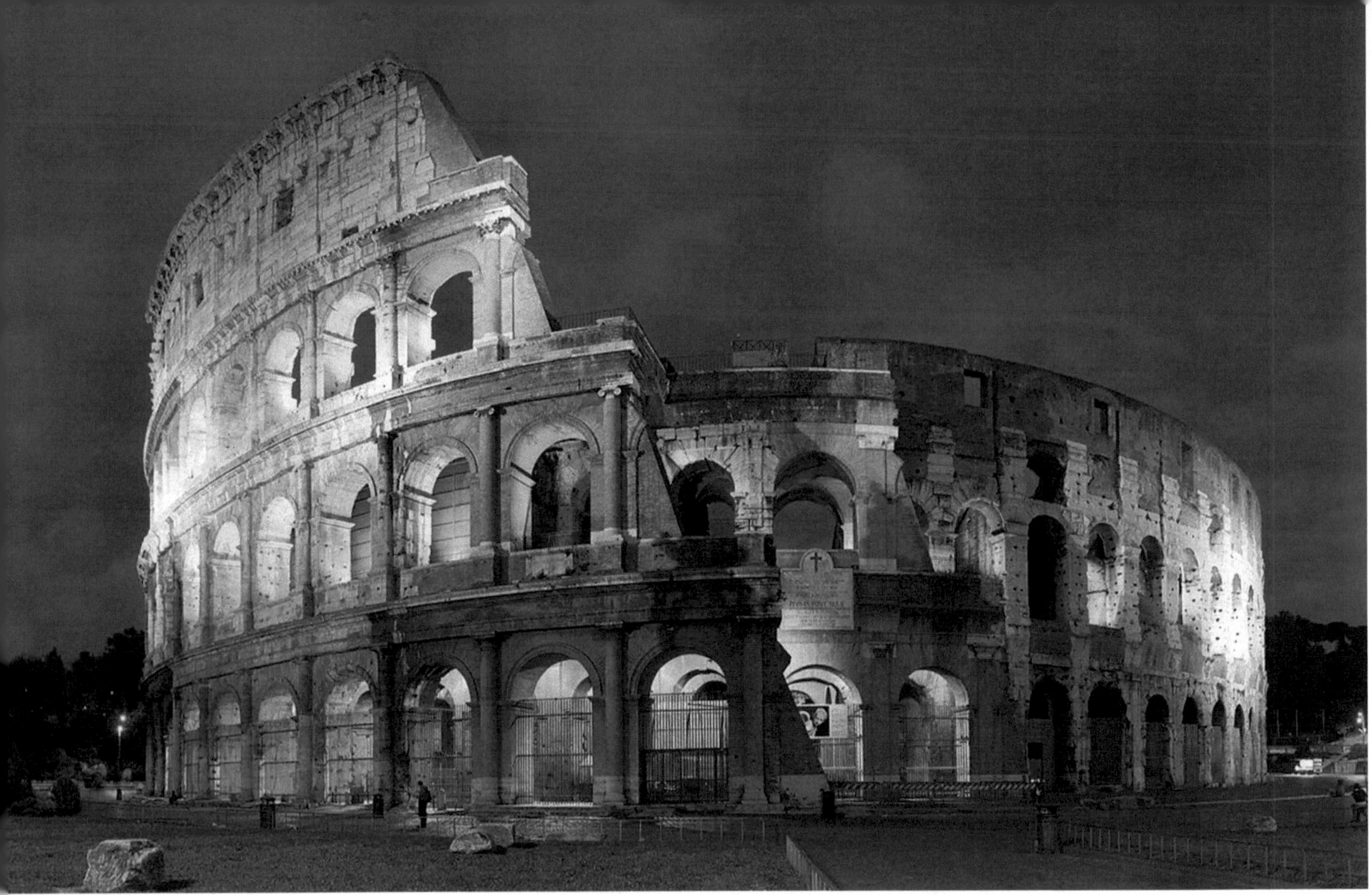

Abb. 71 Panorama des Kolosseums in der Dämmerung. Foto: Diliff, Modifikationen von Vassil. CC BY-SA 2.5

Büsten-Kunst – häufig wurden die Büsten auf den Sockeln nur ausgetauscht.

Schon früh wurden dabei Bilder in der politischen Propaganda eingesetzt, um die Bürgerschaft Roms von den Heldentaten der Feldherren zu überzeugen, Mit „Historienbildern" wurden im dritten und zweiten Jahrhundert v. u. Z. die Ereignisse an den fernen Kriegsschauplätzen illustriert und detailreich geschildert. Der Feldherr M. Fulvius Nobilior ließ zum Beispiel im Jahr 187 v. u. Z. Bilder anfertigen, die zeigten, wie seine Soldaten die Stadt Ambrakia im Kampf eroberten. Die Szene hatte sich so aber nicht zugetra-

gen. Die Bewohner von Ambrakia hatten sich kampflos ergeben – ihnen war deshalb Schutz vor Zerstörung und Plünderung zugesichert worden. Aber der Feldherr hielt sich nicht daran und ließ seine Soldaten rauben und morden – die Überlebenden hatten sich bei der Bürgerschaft beschwert. Die Bürger Roms glaubten natürlich den Bildern.

L. Hostilius Mancinus zeigte in Rom Bilder, wie er als Erster im Jahr 146 v. u. Z. siegreich die Stadtmauern Karthagos überwand und in die Stadt eindrang. Was er verschwieg war, dass er von den Karthagern besiegt und nur durch einen anderen Feldherren vor dem sicheren Untergang gerettet wurde. Besonders beliebt waren in Rom die Triumphzüge, auf denen die erfolgreichen Feldherren ihre Beute, ihre Gefangenen und auch den Verlauf des Kampfes in Historienbildern zeigten.

In der bildenden Kunst Roms ist vom republikanischen Zeitalter an von einer wie auch immer gearteten Demokratie wenig zu spüren. Rom war das Kraftzentrum, von dem aus sich eine kämpferische Gemeinschaft daran machte, die Weltherrschaft zu erlangen. In gemeinschaftlicher Aktion, in gegenseitigem Einverständnis durch Konsensbildung auf dem Forum Romanum und nach formaldemokratischer Abstimmung. Ist das Demokratie? Demokratie wurde als geeignetes Forum verstanden, den Machtradius zu erweitern, als eine gleich gestellte Gemeinschaft von Kriegern, die nur gemeinsam Erfolge erzielen konnte. Als dieses Ziel – die Vorherrschaft in der Welt – erreicht war, wurde die Gemeinschaft aufgebrochen und Caesar konnte sich als Primus inter pares – als Erster unter Gleichgestellten – feiern und als Gott verehren lassen.

Kunst wurde Machtdemonstration und Mittel der politischen Propaganda. Augustus der Erhabene, der erste römische Kaiser (63 v. u. Z bis 14, er regierte von 31v. u. Z. bis 14) war es, der das Kunst-Repertoire perfektionierte und zu einem regelrechten ideologischen System mit

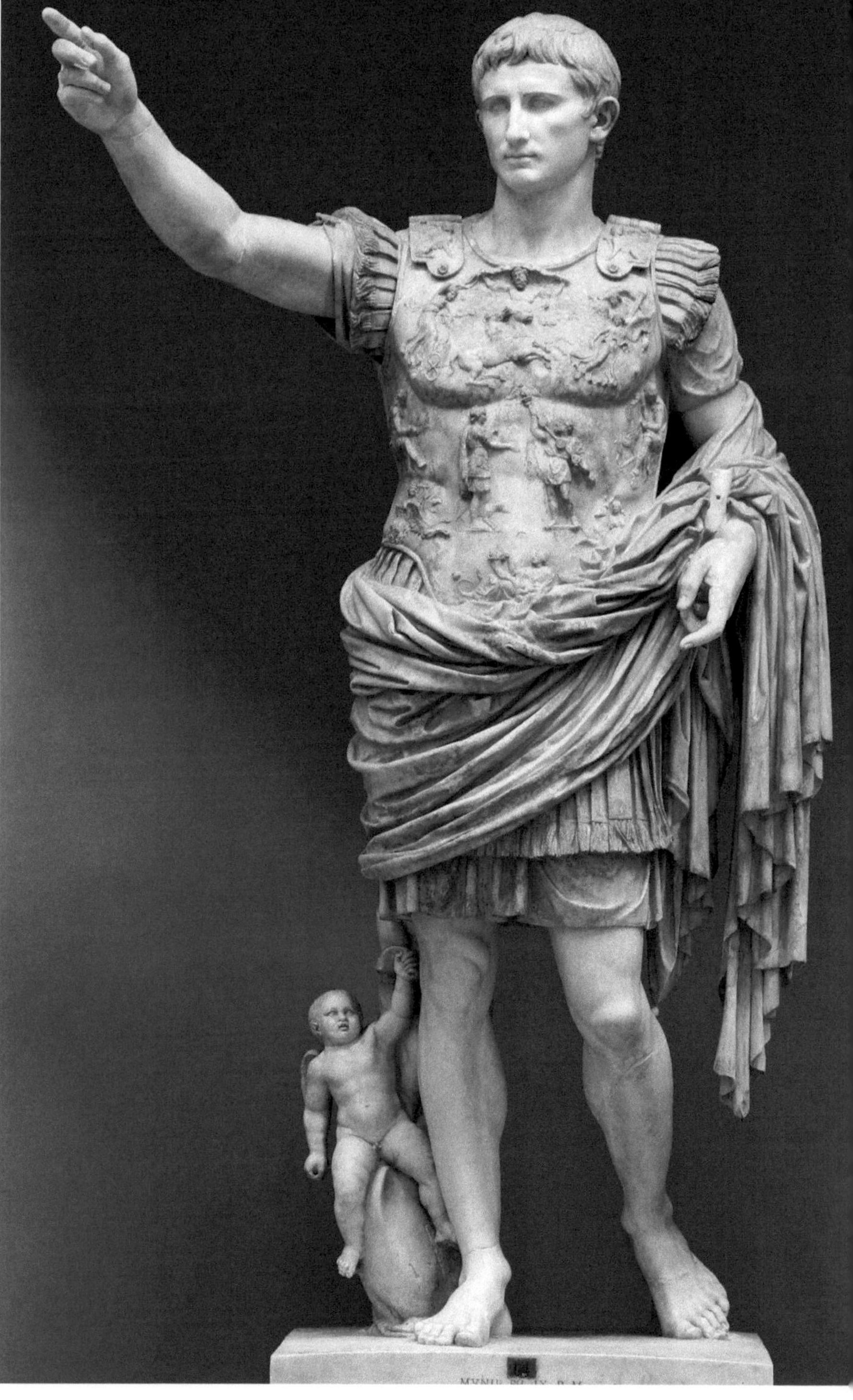

Abb. 72: Augustus von Prima Porta, nach 17 v. u. Z., Marmor, Höhe 2,04 Meter, Rom, Musei Vaticani, Foto: Till Niermann, CC BY-SA 3.0

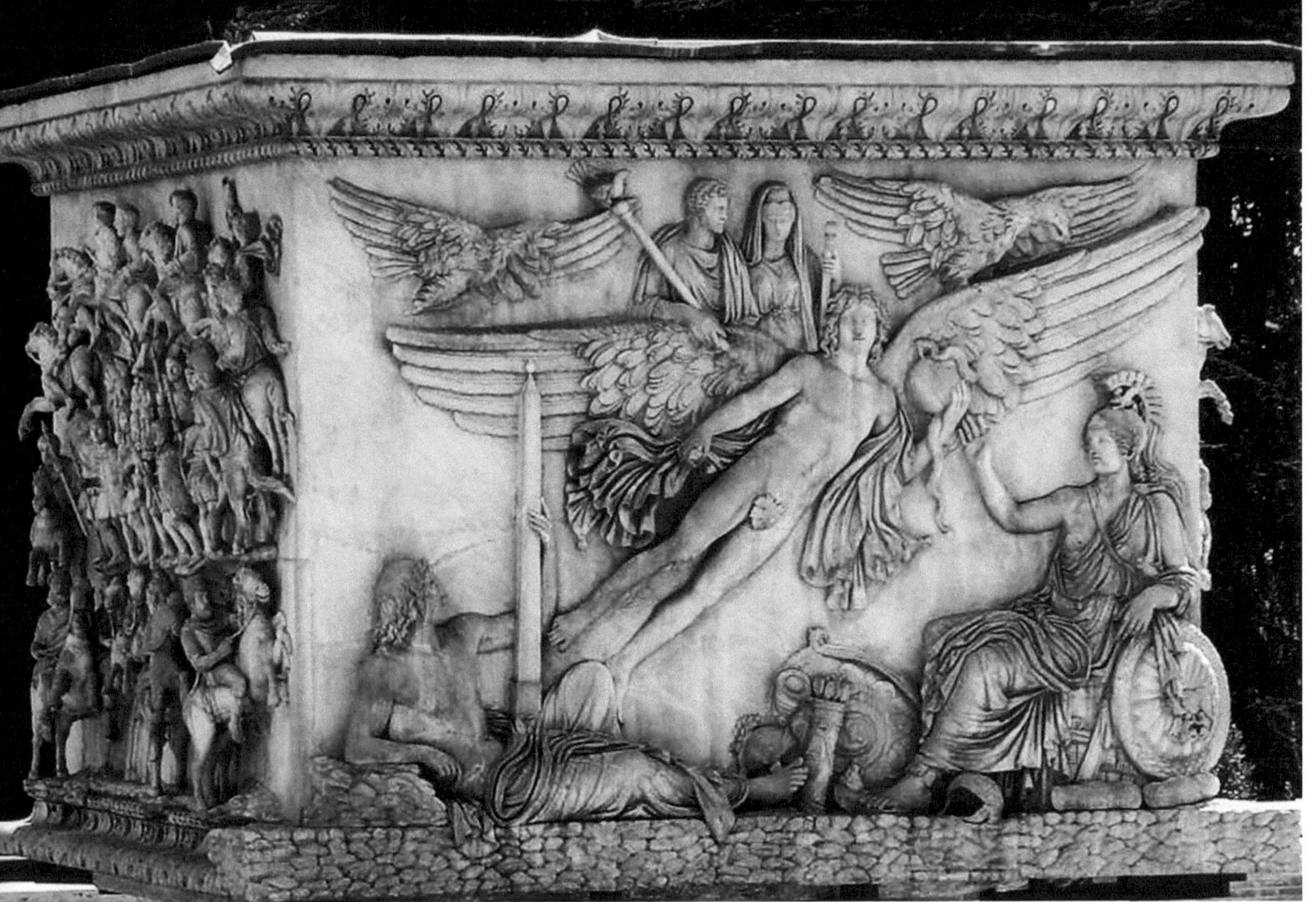

Abb. 73: Apotheose (Vergöttlichung) des Antonius und der Faustina, Rom, Gärten der Vatikanischen Museen: Der geflügelte Genius führt den vergöttlichten Antoninus Pius und Annia Faustina zu den Göttern; links der Genius des Marsfeldes mit dem Obelisken des Augustus; rechts die Göttin Roma., Marmor, 160 bis 170 n. u. Z., Rom, Vatikan, Foto: Lalupa, CC BY-SA 3.0

vielen Facetten ausbaute. Er knüpfte dabei an die repräsentative Büsten-Porträt-Kunst an. Unter seiner Regentschaft erblüht ein Cäsarenkult, der den siegreichen Feldherrn und strategischen Politiker idealisiert und zum Staatsgott erhebt. Die Büsten zeigen Cäsar (44 v. u. Z. ermordet), den Adoptivvater von Augustus, als asketischen Mann in zeitlos-klassischer Manier, klug, streng, bestimmt, vorausschauend, erhaben. Dieser Mann Cäsar, dessen Kult Augustus mehr als 15 Jahre nach seinem Tod betreiben ließ, duldet keinen Widerspruch. Die vielen Cäsar-Büsten, die in allen

Städten der römischen Welt aufgestellt wurden, waren Götterstatuen: Vor ihnen musste in Ehrfurcht verharrt und mit Weihrauch zelebriert werden. Der strenge, weitsichtige Blick, Entschlossenheit, Rationalität, Strenge und Asketentum vermitteln das ideale Bild des Staatsmanns und Herrschers. Augustus brauchte nur an vorhandene Bilderwelten anzuknüpfen. Denn Cäsar hatte schon als erster Bürger Roms vom Senat das Recht zugesprochen bekommen, sein mit Lorbeeren bekränztes Antlitz auf Münzen prägen zu lassen. Jeder musste mit ihm „rechnen".

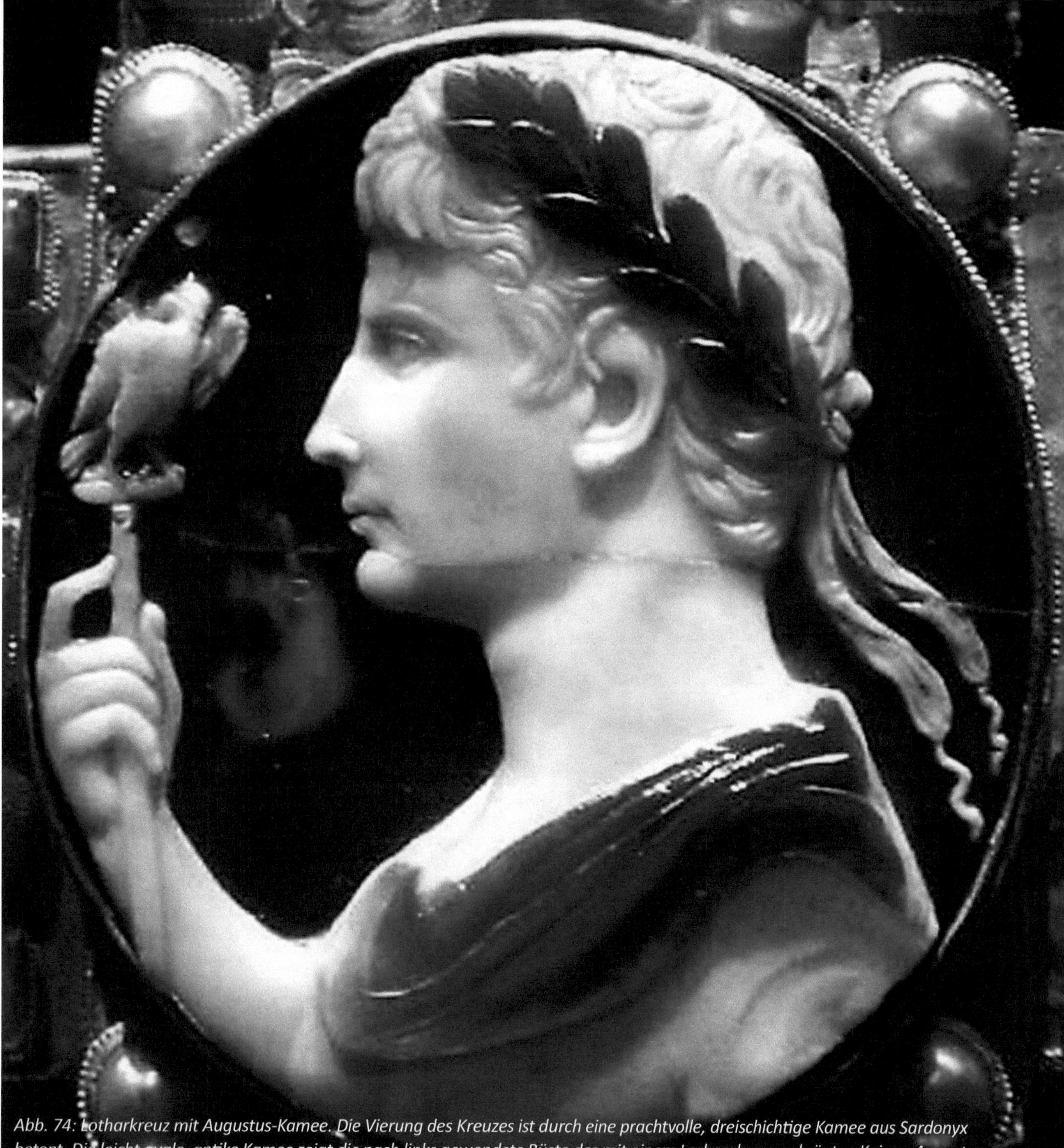

Abb. 74: Lotharkreuz mit Augustus-Kamee. Die Vierung des Kreuzes ist durch eine prachtvolle, dreischichtige Kamee aus Sardonyx betont. Die leicht ovale, antike Kamee zeigt die nach links gewendete Büste des mit einem Lorbeerkranz gekrönten Kaisers Augustus, der in seiner rechten Hand ein Adlerzepter hält.1. Jahrhundert, Aachener Kirchenschatz, Foto Absalypson2, public domain

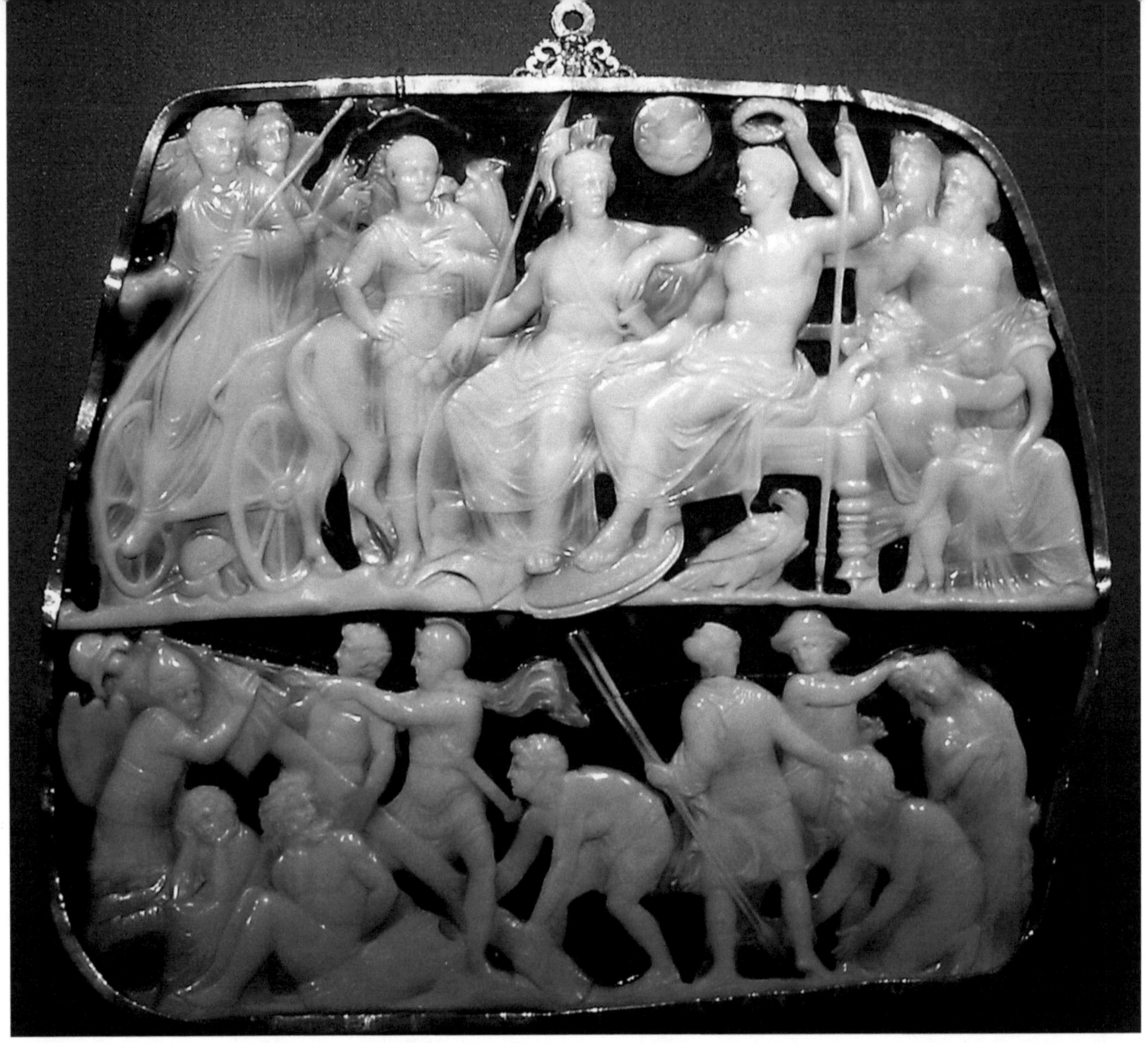

Abb. 75: Kameo: Gemma Augustea. Rom; Frühe Kaiserzeit. 9 - 12 n. u. Z.,. Onyx; zweischichtig. Fassung: Goldreif; Hinterseite in ornamentierter Durchbruchsarbeit; 17. Jh. Höhe: 19 cm, Breite 23 cm. Schatzkammer, Foto: Gryffindor, CC BY-SA 3.0

Augustus spann die Legende fort. Cäsar hatte ab 54 v. u. Z. im Zentrum Roms direkt neben dem Forum Romanum einen Tempel errichten lassen und sich damit in den Rang eines Gottes versetzt. Cäsar führte hier die Abstammung seines Geschlechts auf die Göttin Venus Genetrix zurück. Sie war nach dem zu der Zeit massenhaft verbreiteten Mythos die Ahnherrin des Geschlechts der Iulier, deren Sohn, Aeneas, der Tapferste der Trojaner war. Caesar zelebrierte mit einem

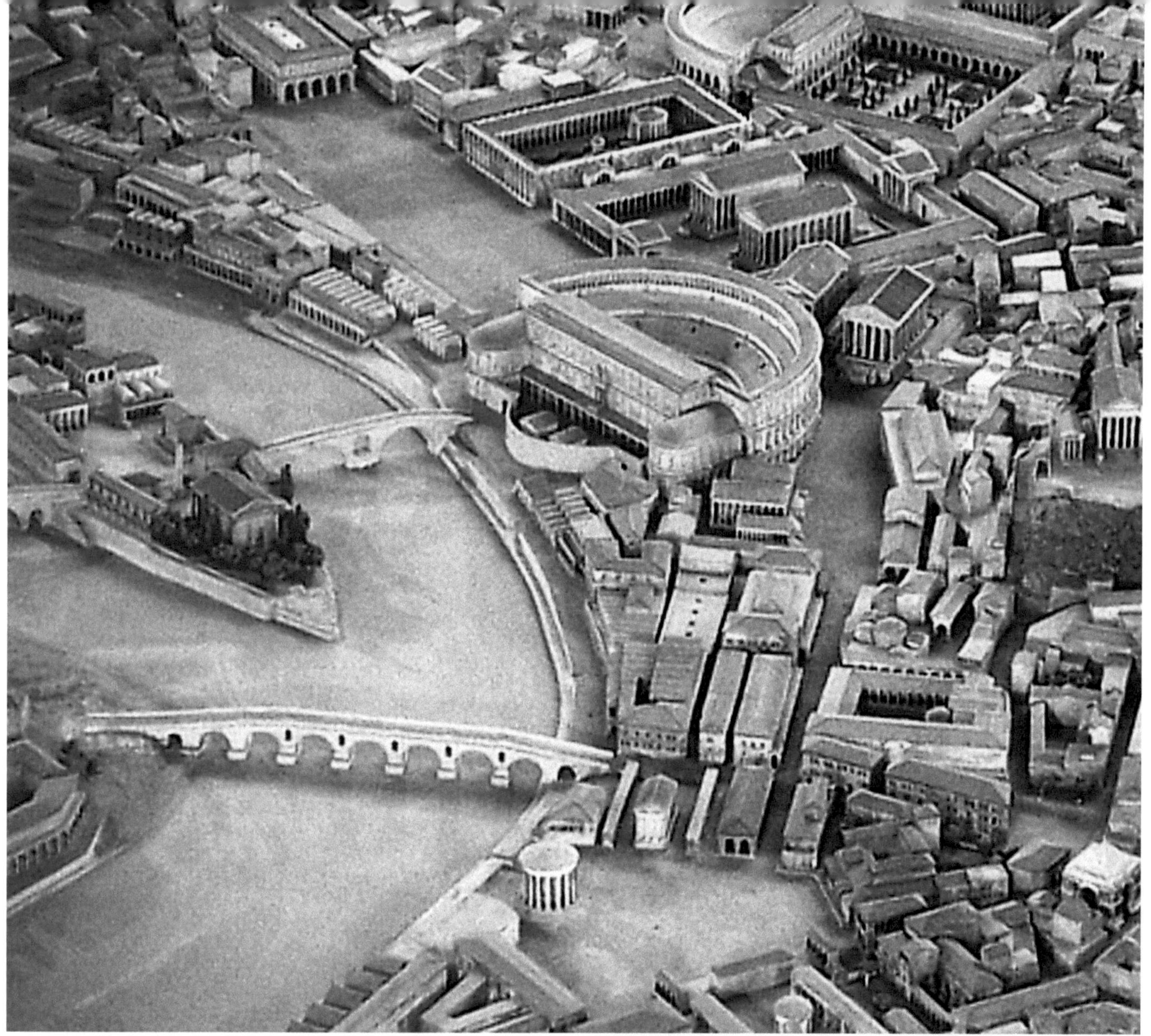

Abb. 76: Der Bereich des südlichen Circus Flaminius in Rom, Foto aus dem Museo della Civiltà Romana in Rom, Foto: Alessandro57, public domain

mythischen Ahnenkult seine göttliche Bestimmung. Das Areal ist mit einem Ausmaß von 170 mal 75 Metern äußerst imposant. Es war von einer doppelten repräsentativen Säulenhalle umschlossen. Caesar hatte den Tempel vor der Schlacht von Pharsalos für den Fall eines Sieges über seinen innenpolitischen Gegner Pompejus zu bauen gelobt.

Augustus ließ direkt neben dem Areal von Caesar seinen Tempel errichten, der dem rächenden Kriegsgott

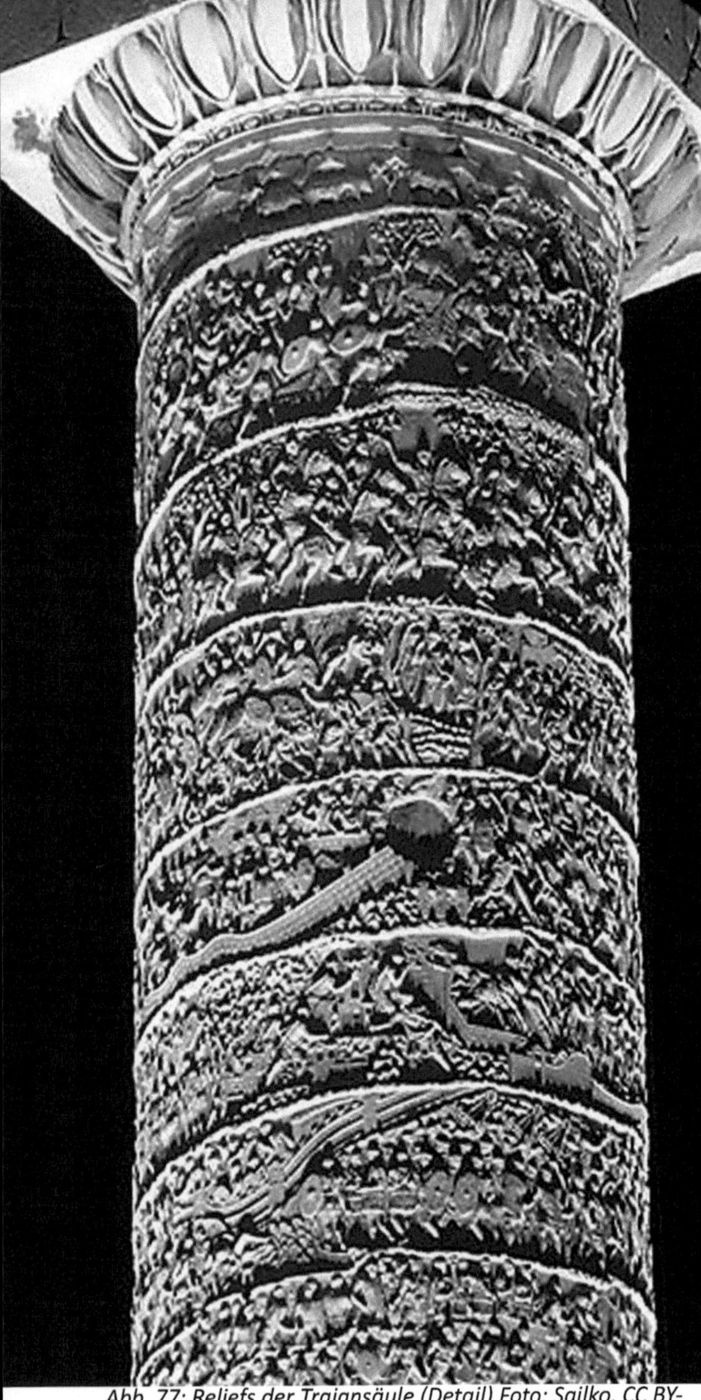

Mars geweiht war – eine Drohung an seine Gegner und insbesondere an die Mörder Caesars. Er stand dem Prachtbau Caesar in nichts nach und übertraf ihn an Größe. 30 Meter hohe Mauern schirmten ihn völlig von seiner Umgebung ab und sorgten für eine sakrale Aura. Auch hier wurde die lange würdige Ahnenreihe des Herrschers betont, hervorgehoben wurde wieder Aeneas mit seinem Vater Anchises und Aeneas Sohn Askanios und erster König von Alba Longa, der Mutterstadt Roms. Dann folgten die Könige von Alba Longa. Die Königstochter und Priesterin von Alba Longa, Rhea Silvia, soll dem Mythos nach mit dem Kriegsgott Mars Roms Städtegründer Romulus und Remus gezeugt haben. Für Romulus, dem Gründer der Stadt, war dann auch ein extra großes Nischenportal reserviert. Dann folgten die Büsten der bedeutendsten Männer der Republik: Bei jeder Person waren die wichtigsten Taten und Daten auf dem Sockel dokumentiert. In der Summe ergibt sich ein Lehrstück über die Geschichte Roms, die mit Göttern beginnend auf ein Zentrum zustrebt. In der Mitte des Platzes befand sich eine große Statue des Augustus im Triumphwagen. Die herrschaftsideologische Botschaft der Anordnung ist klar: Die Rangfolge der bedeutendsten Männer findet in Augustus seine Vollendung.

Das propagandistische Repertoire von Augustus war variantenreich und ist in dieser ideologischen Folgerichtigkeit und Geschlossenheit neu. Es prägte nicht nur die Kultur und Kunst Roms vor allem in den ersten zweihundert Jahren kaiserlicher Herrschaft (also bis zu der Zeit, als Commodus die Phase der Adoptivkaiser im Jahre 196 unrühmlich abschloss und die der sogenannten Soldatenkaiser begann) – im Grunde schuf er die Grundlagen für die Verklärung diktatorischer Herrschaft bis in unsere Tage. Hervorzuheben sind dabei vor allem: 1. die Herrscheridealisierung auch mit künstlerischen Mitteln, die Typisierung der kaiserlichen oder Führer-Person mit entsprechenden Tugenden, die für allgemeinverbindlich erklärt wer-

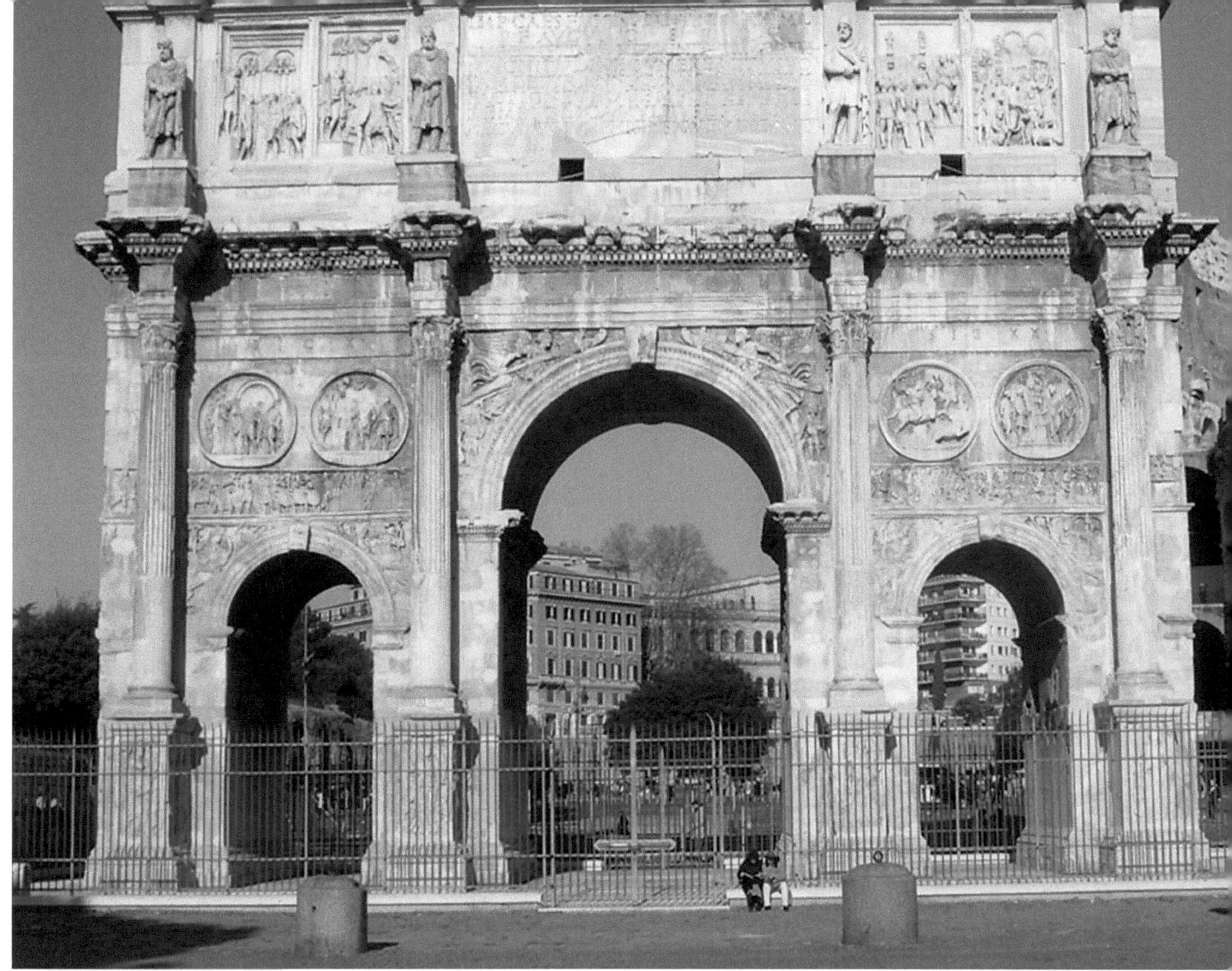

Abb. 78: Ehrenbogen für Kaiser Konstantin den Großen, vollendet 315 n. u. Z.., Marmor, Höhe ca. 24 Meter, mittlerer Durchgang 11,45 Meter hoch und 6,50 breit, Rom, Foto: Alexander Z., CC BY-SA 3.0

den. Die Herrscher garantieren mit ihren militärischen Siegen den Frieden und eine gerechte Ordnung des Staatswesens. 2. Mythen und religiöse Vorstellungen werden bewusst und konzentriert zur Festigung der Macht zum Einsatz gebracht. Die Vergöttlichung der Kaiser wird genutzt, um jeden Mitbürger als Untertanen auch seine persönliche Abhängigkeit und seine totale Unterwerfung fühlen zu lassen. 3. Auch die Architektur wird zur Machtdemonstration durch eine Monumentalisierung der öffentlichen Bauten eingesetzt. Gleichzeitig erleben die Untertanen den Nutzen der neuen Ordnung: Es ist angenehmer und

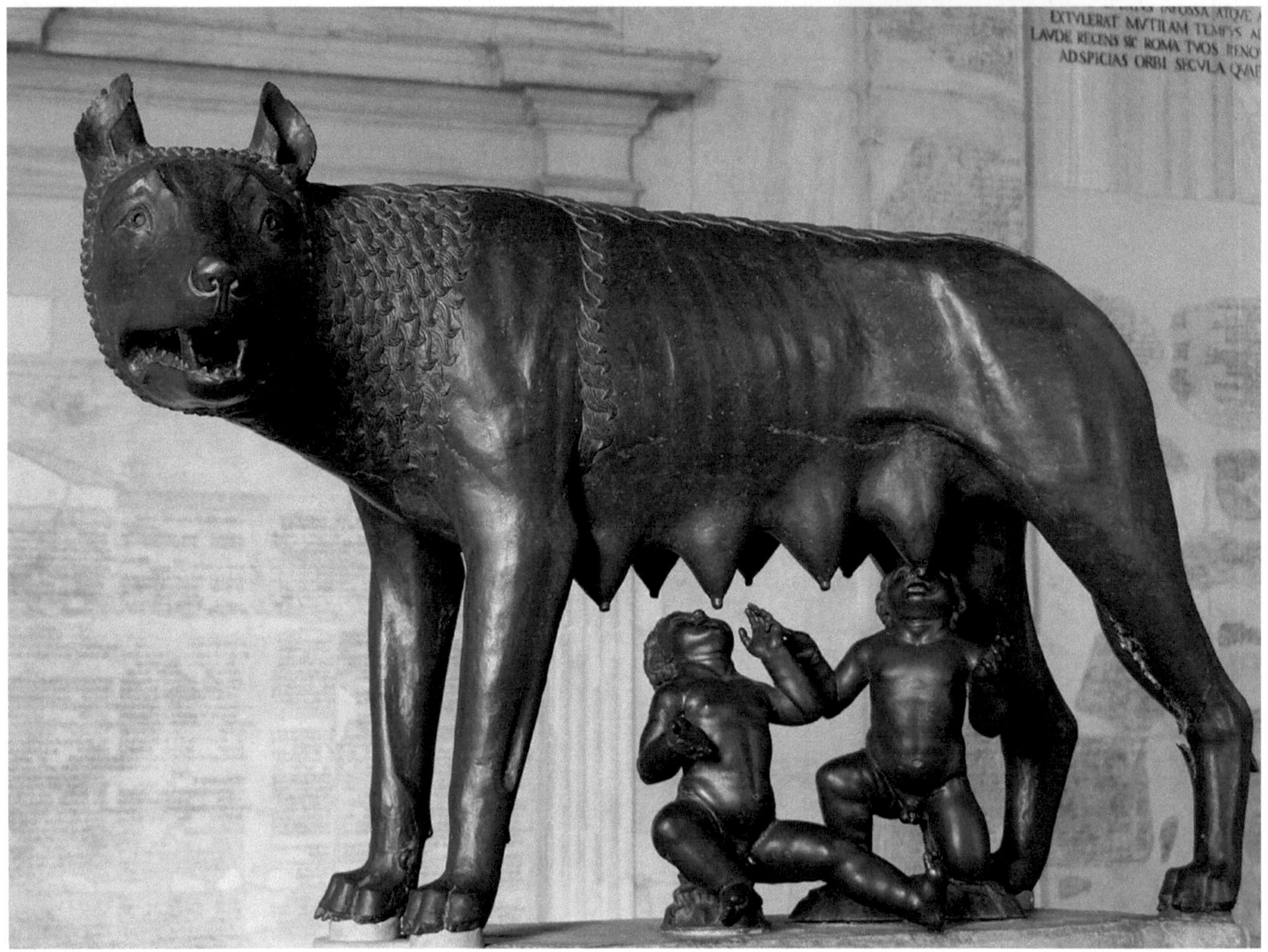

Abb. 79: Lupa Capitolina: Wölfin mit Romulus und Remus. Bronze, 5. Jahrhundert v. u. Z. (Die Zwillinge wurden im 15. Jahrhundert hinzugefügt). Höhe: 75 cm, Capitoline Museums Palazzo dei Conservatori, Halle der Wölfin, Foto: Jastrow (2006), public domain

zivilisierter, zum Beispiel in Bauten mit fließendem Wasser und Abwassersystem zu leben. 4. Zweiteilung der Kunst: Die offizielle Kunst steht unter Aufsicht. Es scheidet sich davon die private Kunst für die Privilegierten und Reichen, die sich ein idyllisches eigenes Reich schaffen dürfen. Das ist eine Entwicklung, die schon im Hellenismus angelegt war, im Rom der Kaiserzeit aber ihre eigentliche Blüte erlebt. Die Kunst der Massen ist die offizielle Staatskunst (für sie gibt es keine andere Kunst). In einer abgehobenen Sphäre, vom alltäglichen Treiben abgesondert, entwickelt sich eine Kunst des schönen Scheins, die eigentlich schöne, „bildende" Kunst. Kunst wird ein ideologisches Reservat der Privilegierten und Reichen.

1. Priorität: die Herrscheridealisierung

Augustus ließ sich als jugendlicher Herrscher, der nie altert, typisieren. Dabei ist Augustus schon an seiner Haartracht zu identifizieren. Charakteristisch für ihn ist, dass die beiden vorderen Stirnlocken mit einem Gabel-Zangen-Motiv geordnet sind. Schon ein einfaches Kennzeichen weist ihn als einzigartig aus. Kör-

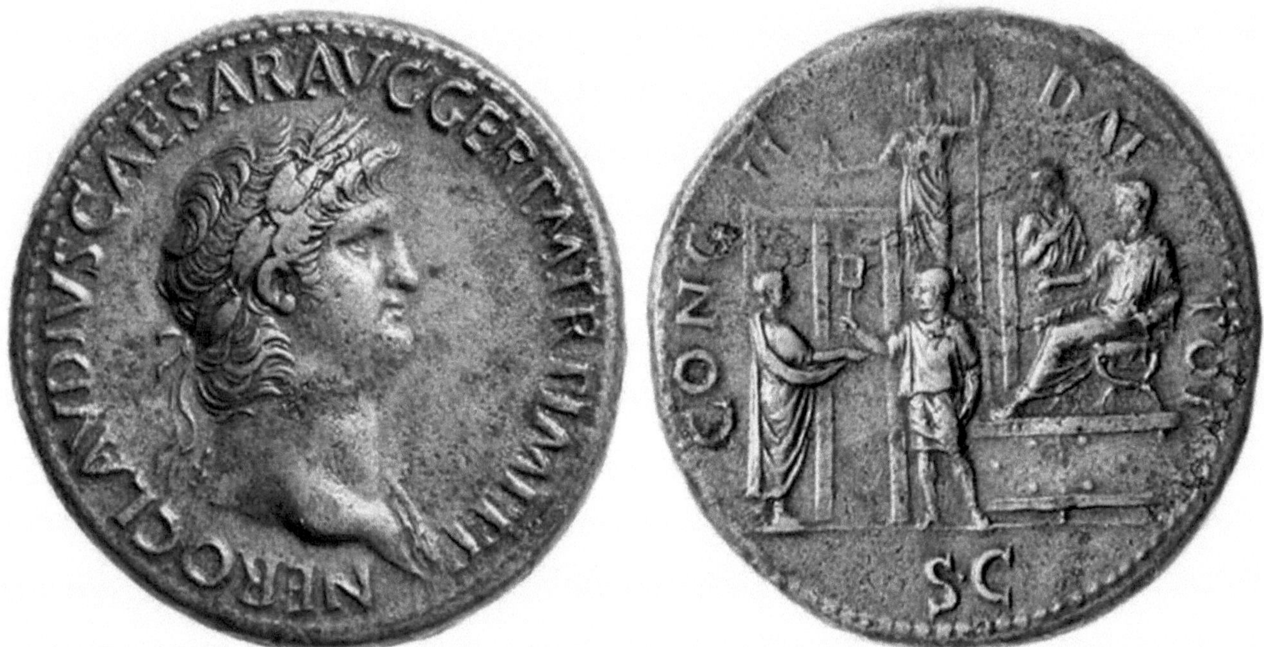

Abb. 80: Nero AE Sestertius, 64-66 n.u.Z. Die Inschrift lautet: NERO CLAVDIVS CAESAR AVG GER P M TR P IMP P P, mit Lorbeerkranz, Rückseite: CONG II DAT POP S-C, Nero sitzt auf einem Podest, der Präfekt steht hinter ihm. Foto: Classical Numismatic Group, CC BY-SA 3.0

perliche Mängel oder Beschwerden sind ausradiert. Er soll nicht nur schlechte Zähne sondern auch ein Fußleiden gehabt haben und war außerdem von kleiner Statur.

Die Statue „Augustus von Prima Porta" zeigt den Feldherren mit Brustpanzer, mit der rechten Hand weist er seinem Volk, seinen Soldaten den rechten Weg, in der linken Hand trägt er die Lanze als Zepter. Der Brustpanzer ist mit einer ganzen Batterie von Allegorien gepflastert. Hervorgehoben wird, dass es Augustus war, der die von den Parthern eroberten römischen Feldzeichen zurückbekam. Trauernde Frauen deuten auf unterworfene Völkerschaften überall im römischen Reich hin. Dann erscheint Apollo als Lichtgott zusammen mit seiner Götter-Schwester Diane, sie verheißen ein Goldenes Zeitalter, eine Ära des Friedens. Das demonstriert auch die darunter angeordnete Erdgöttin, die reichlich Nahrung aus ihrem Füllhorn spendet. Die niedliche kleine Putte als Siegesgöttin zu seinen Füßen, die verehrend zum ihm aufblickt, verdeutlicht die wahre Größe des Augustus. Diese und ähnliche Herrscher-Standbilder und Büsten penetrierten das Herrscherbild im gesamten römischen Reich. Dadurch, dass sie gleichzeitig Stätten der Bewunderung, der Adoration, der Anbetung mit Weihrauch und Zeremonien waren, verfehlten sie ihre ideologische Wirkung nicht. Die Erhöhung vor dem Volk wurde systematisch eingeübt.

Der römische Senat hatte schon in republikanischen Zeiten die Entscheidungsgewalt darüber, welche Statuen in welcher Größe aufgestellt werden durften, ob als erfolgreicher Politiker und Redner, wer sich als

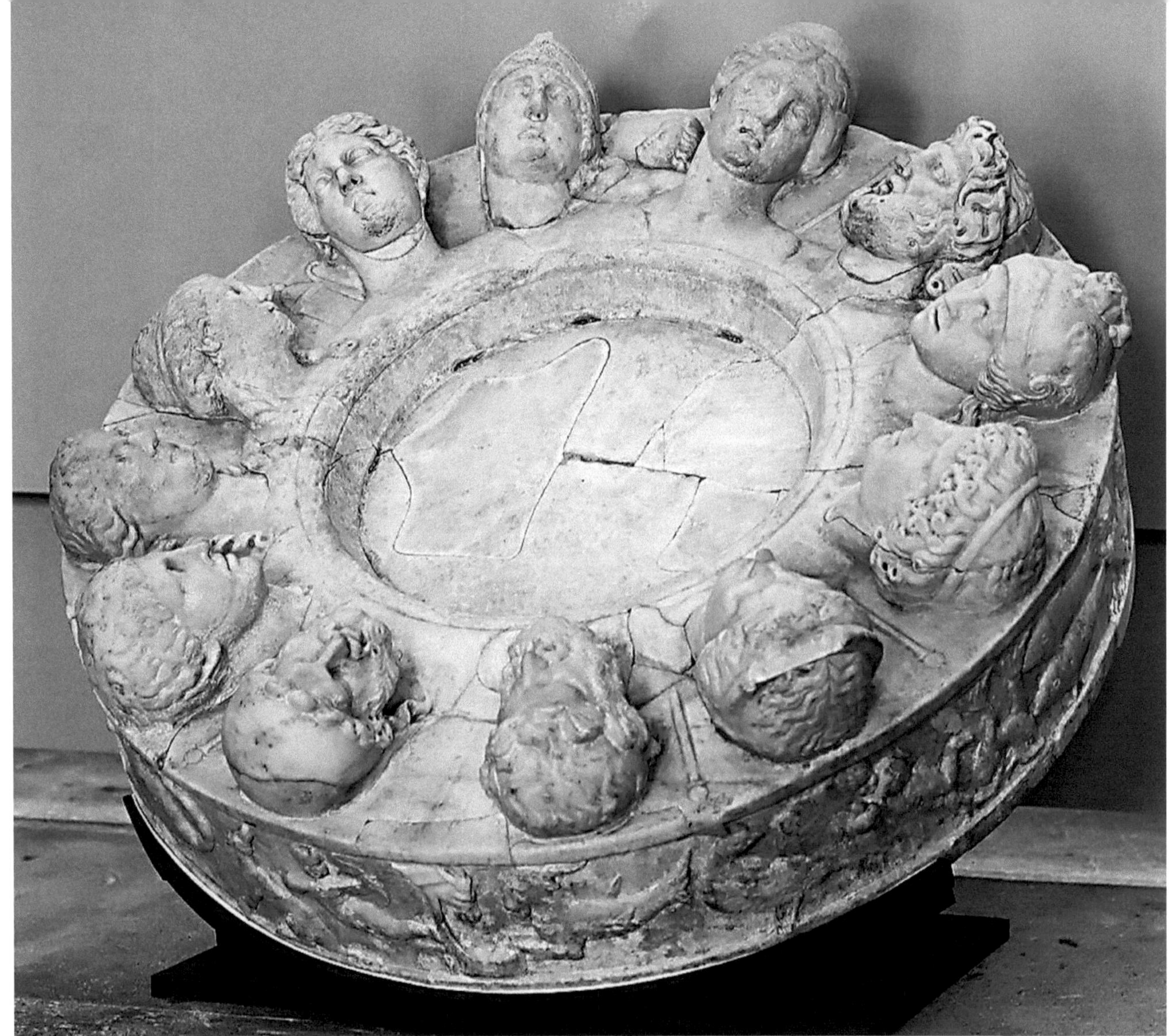

Abb. 81: Altar der zwölf Götter: Venus und Mars verbunden durch Cupido, Jupiter mit Blitz, Minerva mit Helm, Apollo, Juno mit Zepter, Neptun mit Dreizack, Vulkan mit Zepter, Mercury mit Stab, Vesta, Diana mit Köcher and Ceres. Marmor, gefunden in Gabii, 1. Jahrhundert. Louvre, Foto: Jastrow, public domain

Feldherr mit welchen Siegen brüsten durfte. Eine besondere Auszeichnung war die Darstellung hoch zu Ross. In den Kaiserzeiten war sie vor allem dem oberster Herrscher vorbehalten. Das wohl bekannteste noch heute erhaltene Reiterstandbild des Marc Aurel hatte „nur" eine Höhe von 4,24 Meter, also von ungefähr doppelter Lebensgröße. Die Reiterstatuen der Kaiser Domitian und Trajan hatten ein Ausmaß von bis zu sechsfacher Lebensgröße. Auch hier hatte Rom Vorbildcharakter: Es gibt wohl keine Stadt

Europas, in der sich nicht ihre jeweiligen Majestäten auf dem aufbäumenden Ross präsentieren.

Unterstrichen wurde die Wirkung durch die Typisierung von Gesten, deren ständiger Wiederholung und deren Verbindung mit Tugenden und Moralverpflichtungen: „Der militärische Sieg stand für virtus, die freiwillige Unterwerfung der Feinde für Milde, clementia, das Opfer für Frömmigkeit und religiöse Pflichterfüllung, pietas. Diese Eigenschaften zählten schon für Augustus zu den Kardinaltugenden eines guten Herrschers, der auch Gerechtigkeit walten ließ, iustitia. [...] Natürlich gab es noch andere typisierte Darstellungsschemata wie den Auszug in den Krieg, die profectio, die Ansprache des Kaisers vor seinem Heer, die adlocutio, die Rückkehr des Siegers, der adventus, oder die Verteilung von Geld oder anderen Geschenken an das Volk, das congiarium." (Siebler II, S. 18)

Der Senat unterstützte diese Idealisierung nachhaltig. Er verlieh Oktavian im Jahr 27 v. u. Z. den Ehrennamen Augustus, der Erhabene, und vergöttlichte ihn damit. Mit der Kulthandlung „Augurium" hatte der Sage nach Romulus den Willen der Götter empfangen. Die Gleichsetzung mit dem mythischen Gründer Roms verlieh Augustus eine heilige Aura. Das wurde unterstrichen durch das ihm gleichzeitig verliehene Ehrenschild (clipeus virtutis), auf dem Tapferkeit (virtus), Milde (clementia), Gerechtigkeit (iustitia) sowie Pflichterfüllung (pietas) gegenüber den Göttern und dem Vaterland als seine Tugenden hervorgehoben wurden.

Außerdem beschloss der Senat im Jahr 8 v. u. Z., den achten Monat in Augustus umzubenennen, zuvor war schon Julius Caesar mit dem Namen für den siebten Monat geehrt worden. In dem Monat August habe Augustus seine größten Triumphe gefeiert, unter anderem sei Ägypten erobert worden, der das Ende der

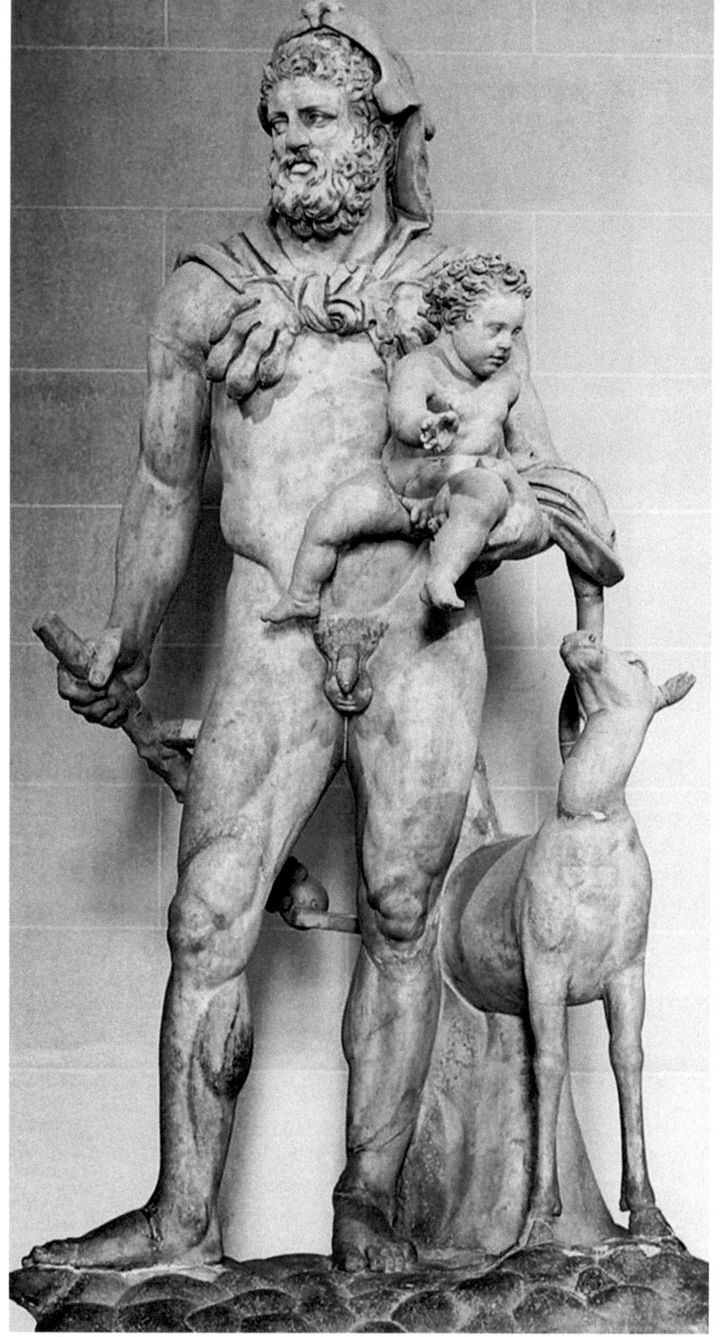

Abb. 82: Herakles und sein Kind Telephos. Marmor, Römische Kopie des 1. oder 2. Jahrhunderts nach einem griechischen Original des 4. Jahrhunderts v. u. Z. Gefunden in Tivoli, Italien. Louvre, Foto: Marie-Lan Nguyen, public domain

Der pater familias – und zur Familie gehörten neben den engsten Angehörigen auch die Diener und Sklaven – hatte in der römischen Familienverfassung Entscheidungshoheit in allen Fragen, bei schweren Verfehlungen letztlich auch über Tod oder Leben.

Augustus verstärkte die patriarchalische Struktur und forderte, die „althergebrachten" Sitten und Moralvorstellungen einzuhalten. Im Jahr 19 v. u. Z. übertrug ihm der Senat die Sittenaufsicht. Daraufhin verschärfte er in den Leges Iuliae die Strafvorschriften für Ehebruch. Eine allgemeine Ehe-Pflicht wurde eingeführt. Seine Tochter Iulia, die sich der väterlichen Moral nicht unterwerfen wollte, ließ er im Jahr 2 v. u. Z. des Ehebruchs anklagen und auf die kleine Insel Pandateria verbannen. Neun Jahre später wurde auch Ovid als unzüchtiger Dichter von Liebeslüsten nach Tomis am Schwarzen Meer verbannt.

Im Senat ließ Augustus schon zum Anfang seiner Herrschaft eine Siegesgöttin aufstellen: Den wichtigen Entscheidungsträgern in Rom wurde damit demonstriert, dass die Vorherrschaft Roms allein auf seine siegreichen Feldzüge zurückzuführen sei. Die Nike mit Engelsschwingen wird als Victoria das Symbol der Herrschaft. Eine Ikonografie der Macht wird hier begründet, die ihre Fortsetzung in Engelsgestalten mit dem Schwert und auch in den Siegesstatuen der aristokratisch-feudalen Herrscher findet. Das führt zu einem weiteren Charakteristikum absolutistische Machtausübung von Augustus, der Zusammenführung von politischer und religiöser Einflussnahme.

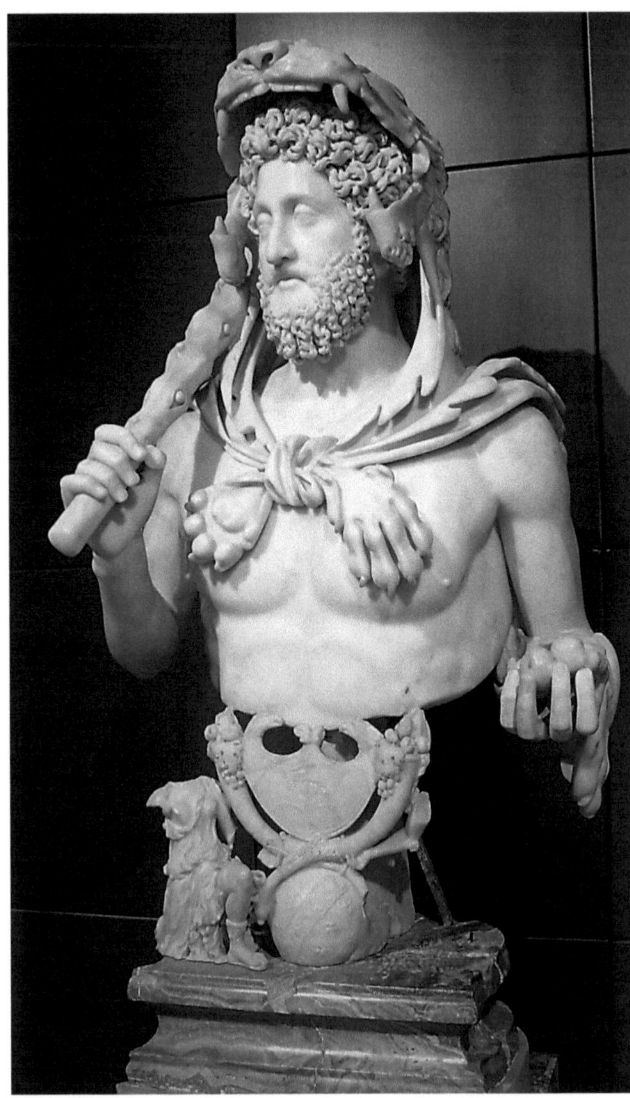

Abb. 83: Marmorbüste des Commodus, 180 bis 192 n. u. Z., Rom, Konservatorenpalast, Foto: Ricardo André Frantz (User:Tetraktys), CC BY-SA 3.0

Bürgerkriege brachte. Im Jahr 2 v. u. Z.. zeichnete ihn der Senat mit dem Ehrentitel pater patriae („Vater des Vaterlandes") aus. Damit wurde klar, dass der Kaiser gegenüber allen Reichsangehörigen die gleichen Rechte wie jedes römisches Familienoberhaupt hatte.

2. Verbindung religiöser und politischer Macht

Im Jahre 13 oder 12 v. u. Z.. bekam Augustus auch das Amt des Pontifex Maximus. Er wurde oberster Priester des römischen Staatskults. So konnte er ab diesem Zeitpunkt auch alle Belange der römischen Religion in seinem Sinne regeln.

Als Augustus ruhmreich aus den Provinzen Spanien und Gallien heimkehrte, beschloss der Senat, ihm einen Altar des Augustusfriedens zu stiften, fertiggestellt wurde er im Jahre 9 v. u. Z.. Es ist eine Lobpreisung kaiserlicher Herrschaft. Im Mittelpunkt steht Augustus als oberster Priester im Gefolge seiner Familie und römischer Beamter und Würdenträger. Es ist also ein erborgtes Bildmotiv, denn schon das Parthenon-Fries ziert eine Prozession. Im Gegensatz dazu ist hier aber der Kaiser als der alles Bestimmende hervorgehoben. Die Bildhauer haben sich bemüht, dem Ganzen Würde und Erhabenheit zu verleihen, herausgekommen ist aber eine monotone Reihung von Personen, selbst die Kinder wirken greisenhaft in ihrer Festtags-Toga. Es ist eine Theateraufführung mit würdevollem Ernst und gewollter bedeutungsvoller Hoheit. An den Seiten behaupten Figuren von Mars, Aeneas, Romulus und Remus die göttliche Abstammung des julischen Geschlechts. Interessant ist die Figur der thronenden Erdmutter Tellus, die zwei Kinder in ihren Armen hält. In ihrem Schoß locken saftige Früchte, vor ihr ruhen friedlich Schaf und Rind. Links und rechts von ihr bebildern zwei weibliche Gestalten Aura (Luft) und Aqua (Wasser): Das ist der augusteische Frieden, das Goldene Zeitalter, wird behauptet. Es ist ein Bild, das in der christlichen Ikonografie dann massenhaft bemüht wird, nur dass dann ein Kind in einer Krippe liegt.

Der Kaiser lässt sich in der Gemma Augustea als Welterlöser darstellen. Siebler erläutert: „Der Prinzeps sitzt auf einem Thron neben der behelmten Stadtgöttin Roma. Zwischen beiden ist das glückliche Sternbild des Kaisers zu sehen, der capricornus (Steinbock), ein astrales Emblem, das auf die Vorausbestimmung als Retter der Menschheit hinweist. Der Adler zu Füßen lässt auch wie die heroische Nacktheit und das Szepter in Händen des Augustus den obersten Gott Iupiter assoziieren; hier bleibt schon offen, ob der Kaiser auf Erden dem Iupiter vergleichbare Stellung oder gar mit

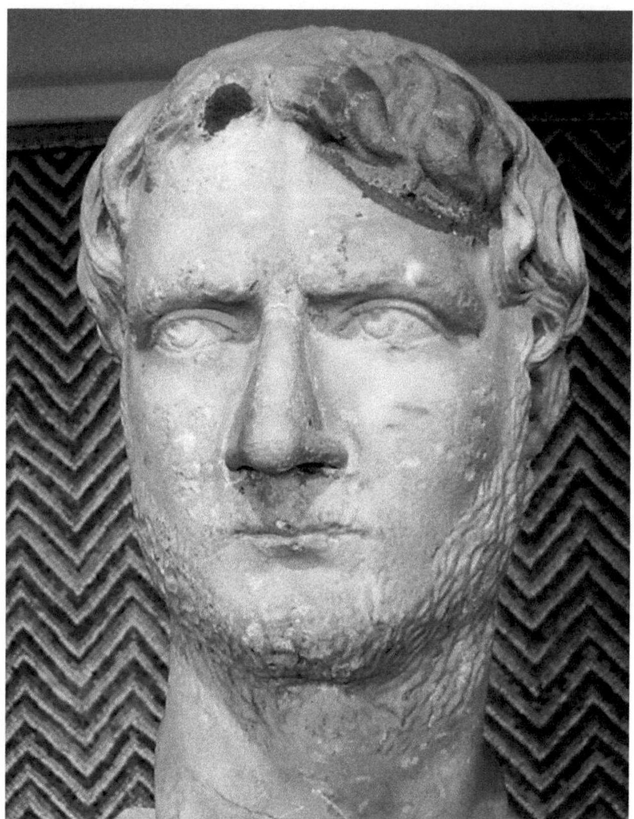

Abb. 84: Büste des Gallienus, um 260, Marmor, zirka 30 Zentimeter hoch, Musée du Cinquantenaire, Brüssel, Foto: ChrisO, CC BY-SA 3.0

ihm identifiziert wird. Hinter dem Sessel erscheinen die Erdgöttin Tellus mit zwei Knaben [...] sowie Chronos, der Gott der Ewigkeit – Sinnbilder für die ewige Herrschaft auf dem Erdenrund. Den Eichenkranz für die Rettung der Menschen aus den Wirren des Bürgerkrieges hält Oikumene, die Repräsentantin der bewohnten Welt." (Siebler, S. 58)

Am klarsten kommen die Gottesvorstellungen aber in den Himmelfahrtsvorstellungen der Kaiser zum Ausdruck. „Ein Genius mit ausgebreiteten Schwingen und flatterndem, um die Achsel geschwungenen Mantel

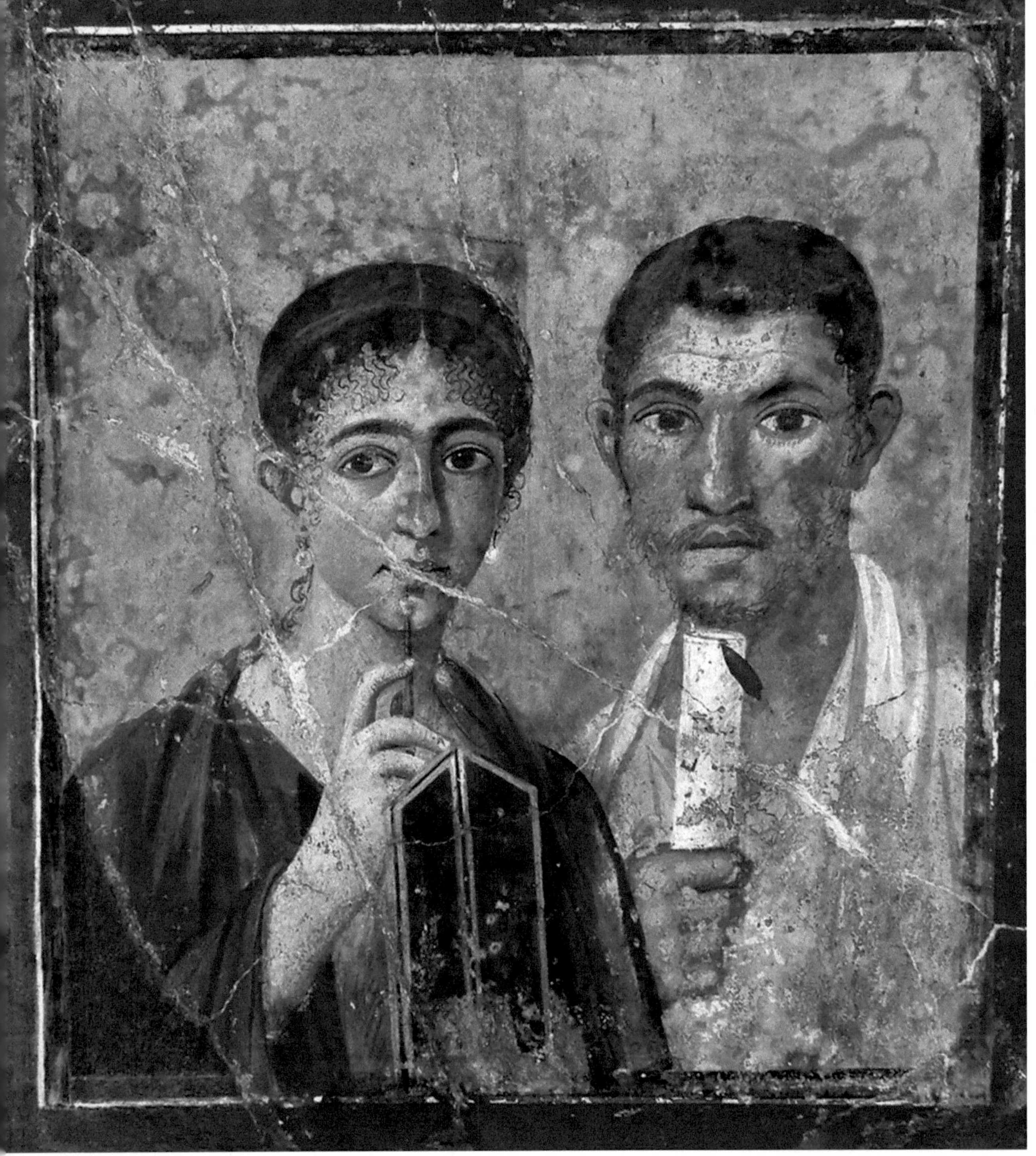

Abb. 85: Da Pompeii, Haus Terentius Neo VII, 2, 6, Pompeji, Die Identität der Dargestellten ist nicht geklärt. Fresko des 1. Jahrhunderts, Nationales Archäologisches Museum Neapel, Foto: Eloquence, public domain

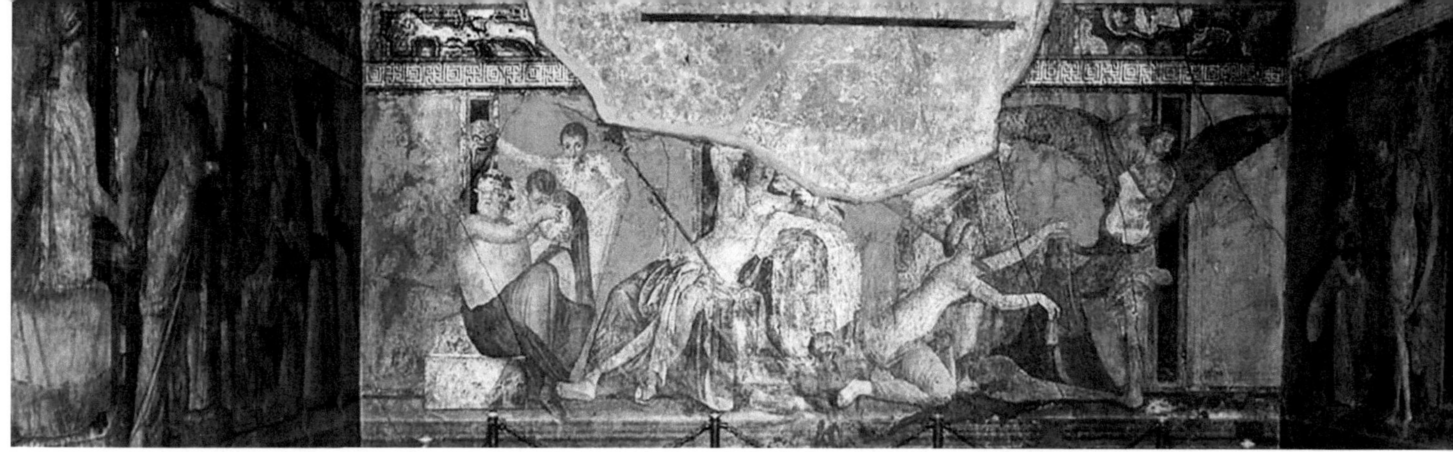

Abb. 86: Fresken aus der „Villa der Geheimnisse" Pompeji: Es wird angenommen, dass die Szene eine Einführung in die Geheimnisse des Dionysos-Mysterienkults darstellt. Foto: Gisleh Hannemyr, CC BY-SA 2.0 (oder Foto: gisleh)

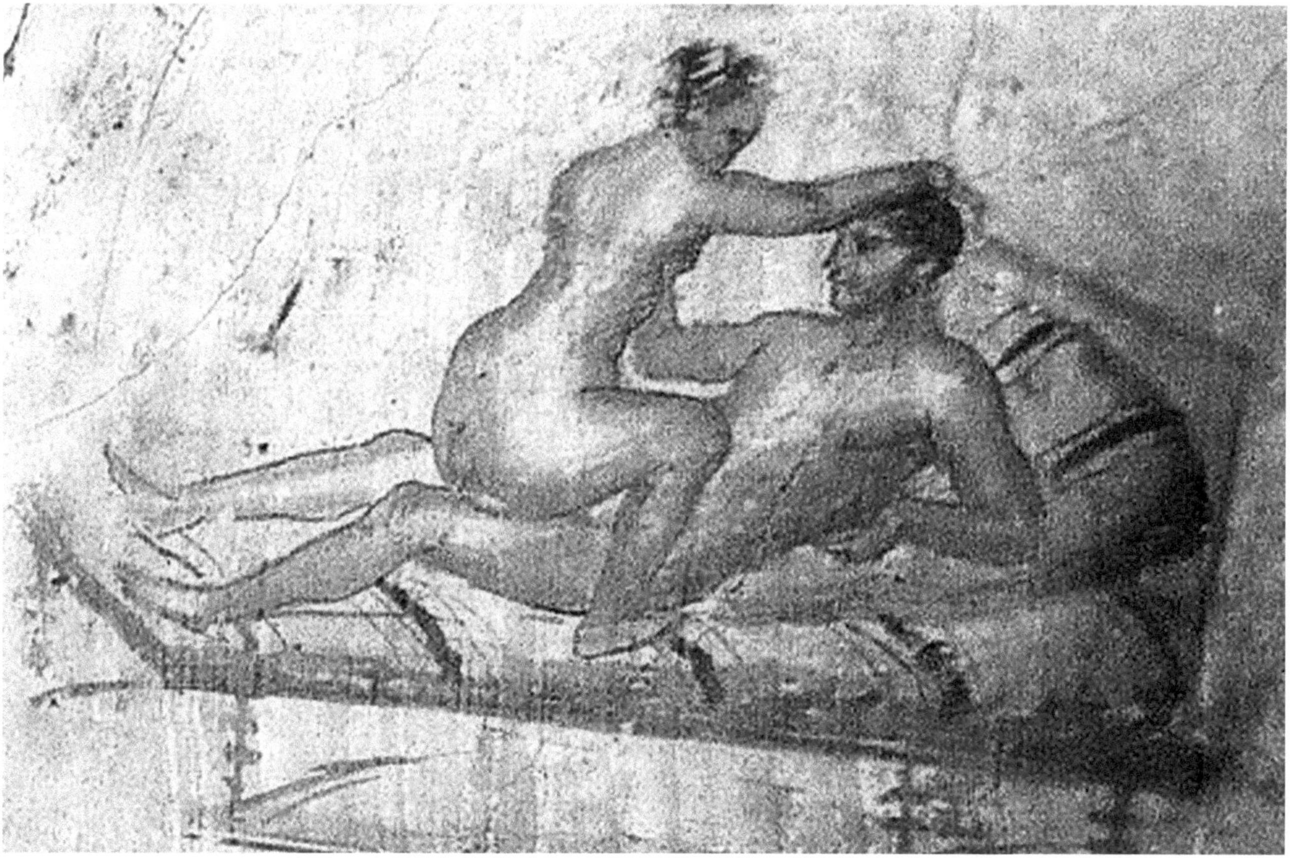

Abb.87: Wandmalerei in Pompeii mit sexuellem Motiv, Quelle: Own work, Author ancient artist, User:Okc~commonswiki, CC BY-SA 3.0

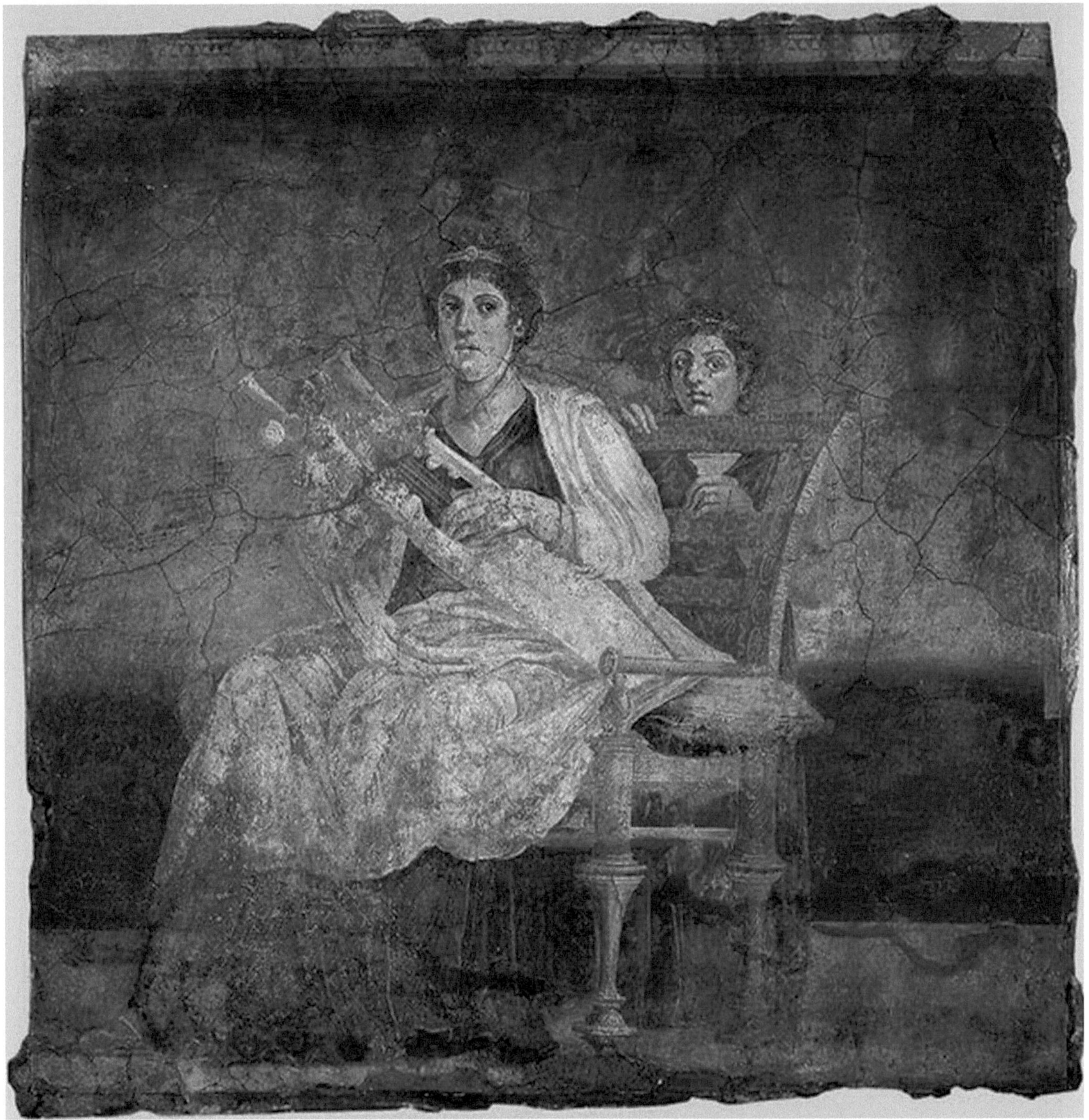

Abb. 88: Sitzende Frau, die eine Kithara spielt, Raum H der Villa von P. Fannius Synistor in Boscoreale, 40 bis 30 v. Chr. Wandmalerei,, public domain

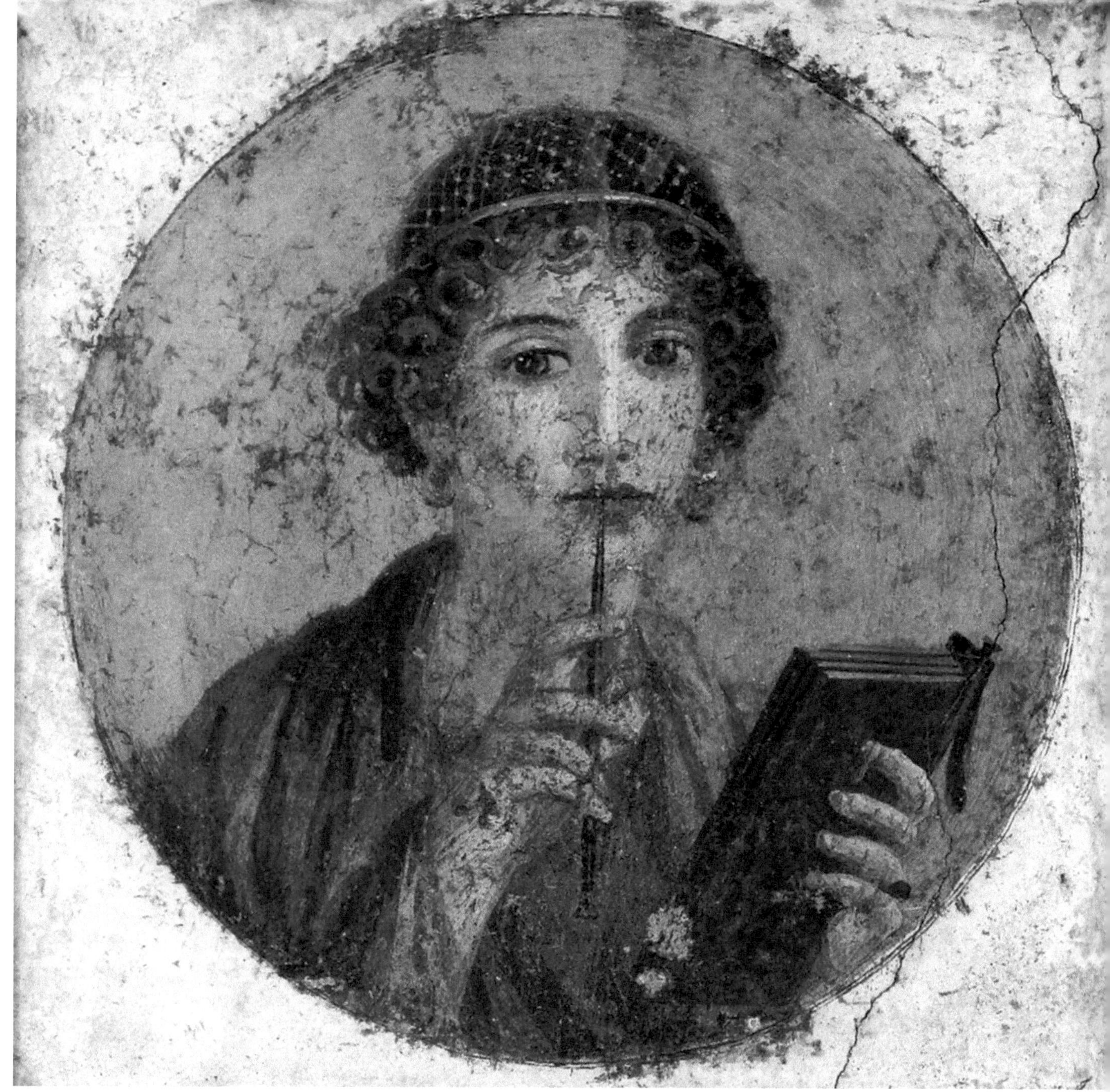

Abb. 89: *Tondo einer Frau mit einem Wachstablett und einem Stift („Sappho" genannt), Nationales Archäologisches Museum Neapel Römisches Fresko um 50 n. u. Z., Pompeji (VI, Insula Occidentalis). Die dargestellte Pompejanerin ist eine Frau der „besseren Gesellschaft" mit reichlichem Goldschmuck im Haar und goldenen Ohrringen. The York Project, ISBN 3936122202, public domain*

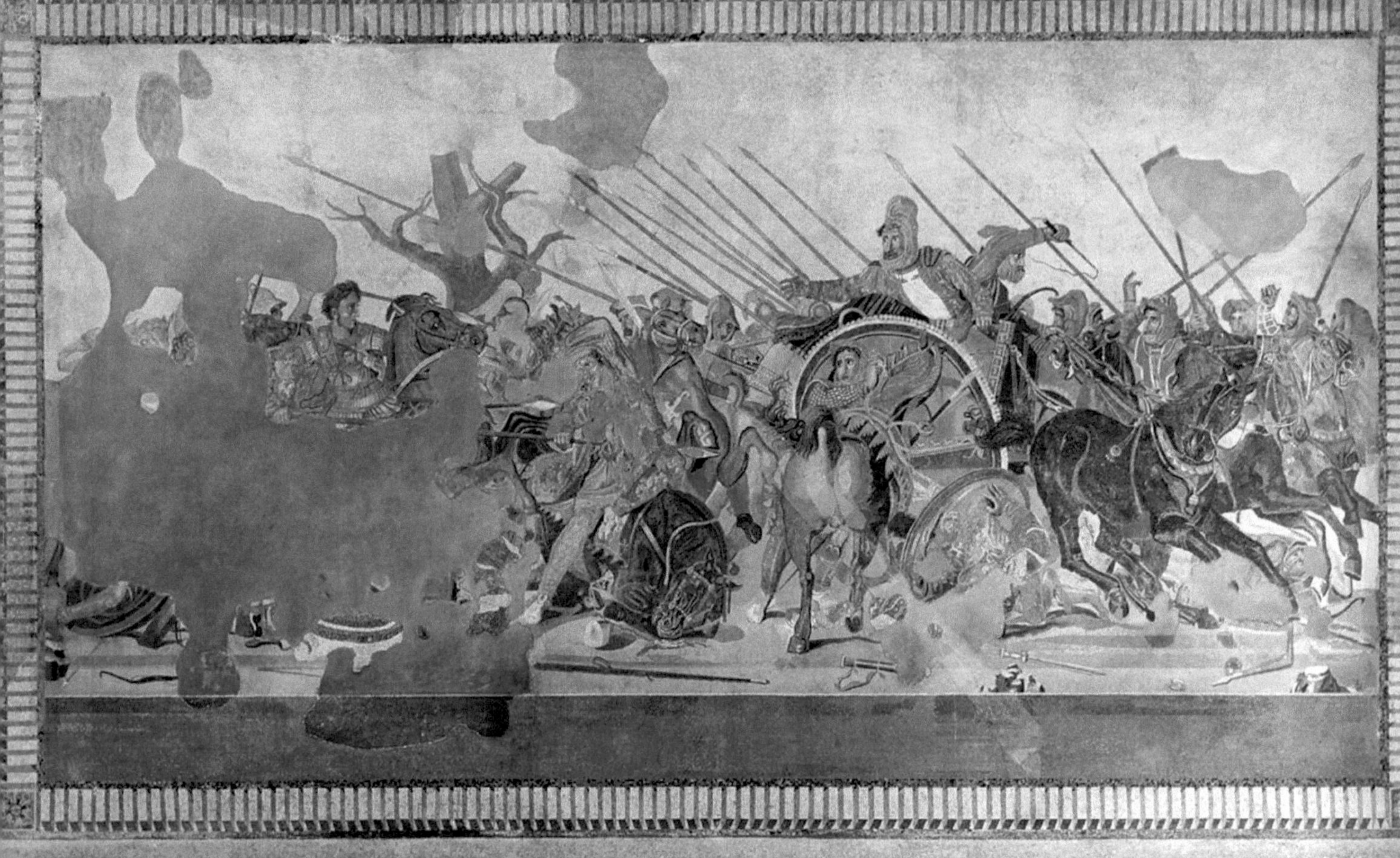

Abb. 90: Alexanderschlacht bei Issos im Jahre 333 v. u. Z., römische Kopie wahrscheinlich nach einem griechischen Bild, Foto: Berthold Werner, CC BY-SA 3.0

schwebt durch die Bildfläche zum Himmel empor. Die würdig-steife Haltung der Gefeierten bleibt von dem Schrägflug des Genius unberührt. Alles ist einfach nebeneinander gestellt, auf dem Antoniusrelief der nackte klassizistische Jünglingskörper des Genius, der steif wie eine durchs Wasser gezogene Leiche außerhalb der beiden Flügel für sich existiert, die Adler, das Kaiserpaar, in den Ecken unten der liegende Campus Martius mit dem Obelisken im Schoß, die minervagleich thronende Roma und die Waffen zwischen ihnen. Es ist eine bürokratische Registrierung der symbolischen Aktivposten im Hauptbuche der Heroisierung und Vergottung des Kaisers. Die beiden anderen bekannten Apotheosen, die der Sabina, der Gattin Hadrians [...] sind wohl belebter und reicher, aber prinzipiell von derselben Kultklittung." (Hamann, S. 822) Die Vorstellungen vom Welterlöser waren ausgearbeitet, aber ganz diesseitig auf die jeweilig Herrschenden bezogen. Im Verbund mit den Zeremonien an den Altären der Tempel und vor allgegenwärtigen Büsten in den Städten, den Triumphzügen und den Festen zu Ehren des Herrschers und der Götter ergibt sich ein geschlossenes ideologisches System, das keinen Widerspruch zuließ.

Diese Gottesvorstellungen wurden ganz bewusst zur

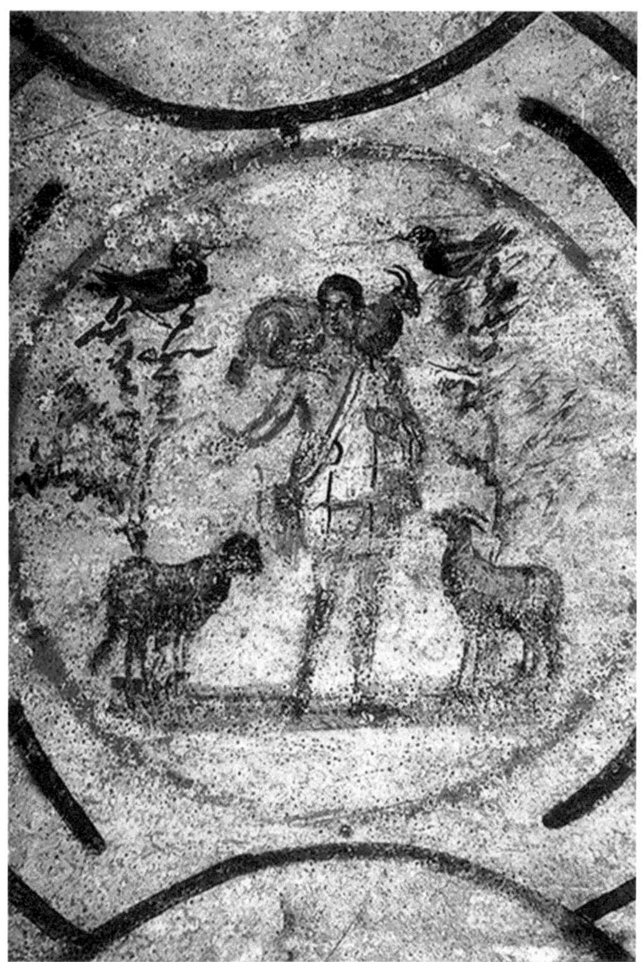

Abb. 91: Der gute Hirte, frühe christliche Malerei, Foto: Gill/Gillerman slide collection.public domain

Machterhaltung und -Erweiterung eingesetzt. Der römische Dichter Vergil (70 bis 19 v. u. Z.) zeigt sich in seinem vierten Gedicht Bucolica (um 40. v. u. Z. geschrieben) von seiner prophetischen Seite und sieht ein neues Goldenes Zeitalter heranziehen. Das beginnt mit der Geburt eines mysteriösen, auserwählten Knaben. Dieser Erlöser beendet die zurückliegende eiserne Epoche. Der römische Gott des Goldenen Zeitalters Saturn übernimmt wieder die Regentschaft.

Die Gerechtigkeitsgöttin kommt als Jungfrau auf die Erde zurück. Dann wird Vergil ganz konkret: Für alle gibt es genug Nahrung und Reichtum, belastende Arbeit ist nicht mehr notwendig. Mit diesem neuen Erlöser ist aber nicht Jesus von Nazareth gemeint sondern ausdrücklich Kaiser Augustus. Genügend Nahrung, großer Reichtum ohne Arbeit lassen sich durchaus als Wahlversprechen für die privilegierte römische Bürgerschaft deuten. Zwar wird Vergil später von christlichen Interpreten als Prophet gepriesen, aber er ist ganz und gar der römischen Mythologie verpflichtet – und seinem Gönner Augustus, wie er auch in einem Vers deutlich macht:

„Bald ist's Zeit, tritt an deine Bahn, o, strahlender Ehren,
teurer Sprössling der Götter, des mächtigen Jupiter Nachwuchs!
Siehe, es wankt und schwankt des Weltendomes Gewölbe,
Länder und Meere, unendlich gedehnt, und die Tiefen des Himmels,
siehe, so grüßt den Aion, den nahenden, jubelnd das Weltall!" (Wikipedia)

Später ließ Augustus seinen Dichterfürsten die Aeneis schreiben, eine Mythologie der römischen Geschichte und Idealisierung der Herkunft des Kaisers. Auftragsarbeit würde man das heute nennen. Die Aeneis wurde schon zu Augustus Zeiten Schullektüre.

Goldenes Zeitalter, Pax Agustei, ewiger Friede: Das war natürlich zu jeder Zeit mehr propagandistischer Werberummel als ernst gemeinte Programmatik. Aber nach seinen innenpolitischen Siegen im Bürgerkrieg konnte er damit punkten, er versprach endgültigen Frieden im Innern unter seiner Herrschaft. Außenpolitisch wurde weiterhin an allen Fronten Krieg geführt, um die Weltherrschaft Roms zu stärken. Wikipedia schreibt: „Nach Vergils Vorbild wird in der römischen Kaiserzeit der Begriff ›Goldenes Zeitalter‹ im Rahmen des Herrscherlobs (Panegyrik) und der kaiserlichen Selbstdarstellung eingesetzt, um den Glanz der eigenen Zeit und den Erfolg des regierenden Kaisers zu verherrlichen. Schon am Anfang der Regierung Neros verkündet Seneca in seiner Satire Apocolocyntosis die Begründung eines neuen Goldenen Zeitalters durch den jungen Herrscher. Der Dichter Calpurnius Siculus, ein Anhänger Neros, preist das Goldene Zeitalter (aurea aetas), das dank Nero ›wiedergeboren wird‹; Saturns Herrschaft wird erneuert, das Volk kehrt zu den alten Sitten zurück, der Krieg verschwindet restlos. Im zweiten der ebenfalls aus neronischer Zeit stammenden, anonym überlieferten ›Einsiedler Gedichte‹ ist von der gegenwärtigen ›goldenen Herrschaft‹ die Rede; die Tage Saturns sind wiedergekehrt, es herrscht wieder die alte Gesittung, man lebt sorglos und gewaltfrei, Raubtiere wie Tiger und Löwen werden zu zahmen Nutztieren. Die unbebaute Erde trägt Früchte in Fülle, doch sind Ackerbau und Seefahrt nicht abgeschafft." Die Angleichung der Gegenwart an die mythische Vergangenheit ist in diesem Gedicht so übertrieben, dass manche Forscher vermuten, es handle sich um eine gegen den Kaiser und die Nero-Panegyrik gerichtete Parodie.

Die kaiserliche Propaganda griff das Motiv auf. Kaiser Hadrian ließ Münzen mit der Inschrift Saeculum aureum (›Goldenes Zeitalter‹) prägen, womit er auf seine Zeit Bezug nahm. Kaiser Commodus nannte seine Herrschaftszeit offiziell das ›goldene commodianische Zeitalter‹. Der Gedanke einer Wiederkehr des Goldenes Zeitalters in der Gegenwart stieß bei Spöttern auf beißende Kritik. So schrieb Ovid in seiner ›Liebeskunst‹, die jetzigen Zeiten seien wahrhaft golden, denn mit „Gold verschaffe man sich Liebe und höchste Ämter." Ovids Kritik war nicht zivilisationsfeindlich, als Nachteile seiner Gegenwart nannte er ausdrücklich militärische Gewalt und Machtgier, als Vorteile materielle Errungenschaften und die Kultur.

3. Architektur als Herrschaftsinstrument

Die Leistung der römischen Kunst liegt im Städtebaulichen, Architektonischen, im Technischen und im Dekorativen. Kolossale Monumentalbauten für die Massen wurden durch den jetzt in großem Stil beherrschten Wölbungsbau möglich: Vergil berichtet von insgesamt 300 Tempeln, die der Kaiser bauen ließ. Augustus weihte auch 29 v. u. Z. das erste steinerne Amphitheater Roms ein. Nach dem großen Brand im Jahre 60 wurde es zerstört, wieder errichtet und im Jahre 80 fertiggestellt. Die Einweihung im Jahr 80 war ein großes Spektakel. Die Spiele, unter anderem Gladiatorenkämpfe oder nachgestellte Seeschlachten in der eigens dafür gefluteten Arena dauerten 100 Tage. Allein bei den Tierhetzen während der Eröffnungsfeierlichkeiten sollen 5.000 Tiere getötet worden sein. Einige Historiker schätzen, dass etwa 300.000 bis 500.000 Menschen im Kolosseum umgebracht worden sind. Viele Millionen Tiere dürften es gewesen sein. Die privilegierte Bürgerschaft wollte unterhalten werden.

Über den zivilisatorischen Fortschritt, den diese Bauten brachten, kann also gestritten werden. Unbestritten ist dagegen die große technische Leistung und die Kunst der Architekten. Räume für große Massen, Zirkusanlagen, Plätze, Theater, Thermen sind neben der Repräsentationskunst wie Triumphbögen das Ziel der römischen Baukunst und der Imperatoren. Zwar werden auch noch Tempel errichtet mit kultisch, religiöser Bestimmung, aber es werden mehr und mehr spektakuläre Masseneinrichtungen wie der Pantheon, der Tempel aller Götter in Rom (errichtet 118 bis 125, ab 609 der Heiligen Maria geweiht).

Das leitete ein Umdenken bei den Architekten ein. Planerisches Vorgehen wurde notwendig. Es galt jetzt, nicht mehr nur einzelne Bauvorhaben zu planen, es musste eine städtebauliche Gesamtplanung vorgenommen werden. Die Architektur als Wissenschaft wurde notwendig. Vitruv (80/70 v. u. Z. bis zirka 15)

– von Augustus gefördert – war einer der ersten, der in seinen „Zehn Büchern über Architektur" den Grundstein dafür legte. Vitruv schuf nicht nur neue Normen für Rohrgrößen und -systeme für das Wassernetz in Rom, er legte auch Grundlagen zu einer Theorie der Architektur. „Vitruv rechnet verschiedenste Wissensgebiete, darunter Arithmetik, Geometrie, Geschichte, Musik und Philosophie zu den Fachgebieten, in denen ein Architekt zum Nutzen seiner architektonischen Tätigkeit bewandert sein sollte. Unter anderem erklärt er in seinem Werk Lehrsätze von Platon und Pythagoras und beschreibt, wie Archimedes das nach ihm benannte Prinzip fand und zu welchen Ergebnissen Eratosthenes und Archytas bei Erdvermessungen kamen. Nach seiner Meinung ist die höchste Stufe der (freien wie bildenden) Kunst der ›summum templum architecturae‹, also die Architektur selbst. Er setzt damit das Primat der Architektur über die Gattungen der bildenden Kunst fest, das vom Mittelalter bis ins 20. Jahrhundert kanonische Wirkung haben sollte." (Wikipedia) Das Wissen des Architekten müsse sich aus „fabrica" (Handwerk) und „ratiocinatio" (geistiger Arbeit) speisen, die es ihm ermögliche, über alle Gattungen der Kunst zu urteilen.

Diese Städteplanung erfordert ein neues strategisches Raumdenken, ein neues Denken in den Dimensionen des neuen Weltreiches. Es ist eine historische und gleichzeitig ästhetisch neue Perspektive. Hier gilt es mit einem alten Vorurteil aufzuräumen, dass die „Entdeckung der Perspektive" eine Errungenschaft der Künstler der Renaissance gewesen sei. Ohne Kenntnis der Perspektive hätten schon die Griechen nicht ihre Statuen und architektonischen Werke vollenden können. Noch wichtiger als bei einer Einzelstatue, einem einzigen Bauwerk ist die Beachtung der Perspektive bei der Städteplanung bei dem Bau der Viadukte, beim Brückenbau. Vitruv besaß schon eine mathematisch exakte Vorstellung von der Perspektive: „Es ist nötig, eine gewisse Stelle als den Punkt zu bestimmen, an dem der Sehstrahl und die übrigen Linien zusammenlaufen; wir sollten diese Linien in Übereinstimmung mit dem Naturgesetz verfolgen, so dass die Erscheinung von Gebäuden im Bühnenbild regelrecht wiedergegeben würde und das, was man sich auf einfachen ebenen Flächen vorstellt, in manchen Fällen so erscheinen sollte, als trete es zurück, und in anderen Fällen, als trete es hervor." (Vitruv, zit. n. Siebler II, S. 32)

Ein Bild der Zeit fällt aus dem Rahmen: die römische Mosaik-Kopie (um 100 n. u. Z.) eines griechischen Bildes der Alexanderschlacht (um 300 v. u. Z.) im Museum zu Neapel. Auf den ersten Blick ist es ganz Triumphbild. Es zeigt den entscheidenden Moment der Schlacht, in dem Alexander der Große den Führer der Leibwächter des Großkönigs Darius mit seinem Speer durchbohrt. Der Wagenlenker flüchtet schon mit dem persischen Großkönig. Darius wendet sein Gesicht mit entsetzter Gebärde dem Geschehen zu. Die Entscheidung ist gefallen. Alexander kann seinen Siegeszug zur Weltherrschaft beginnen. Das alles ist historisch und perspektivisch überzeugend in Szene gesetzt. Die hoch aufragenden Speere, das Kampfgewühl, die jugendliche Entschlossenheit Alexanders, Angst, Schrecken, Kampfeswut. Ein Ross wird gekonnt perspektivisch von hinten gezeigt, es windet sich am hart geführten Zügel ihres Reiters, ein anderes Ross bäumt sich auf, wieder ein anderes liegt röchelnd am Boden. Die Dramaturgie ist aufs Äußerste gesteigert. Allein dieses Mosaik beweist, dass der bewusste Gebrauch der Perspektive, der pointierte Einsatz von Licht und Schatten auch in der Wandgestaltung ein hohes Niveau aufwies. Darüber hinaus: Es werden geschichtliche Zusammenhänge bildnerisch verdeutlicht. Nicht die Seh-Perspektive ist das eigentlich Neue, es ist die neue Weltsicht, das neue Denken in den Zusammenhängen des Weltreiches, das auch das Zusammenführen der Handwerker, der Wissenschaftler, der Planer und Politiker erfordert – in Rom aber immer unter dem Diktat des Imperators mit dem militärischen Ziel des Erhalts der Weltherrschaft.

Im Titusbogen (81 n. u. Z.) erzeugt das Relief mit plastisch modellierten Soldatenfiguren eine Raum- und Bildillusion. Die Betrachter sollen durch den Bogen gehen und die Pracht miterleben können. Der perspektivische Blick und das hohe technische Können ermöglichen es. Aber dann sieht man das Gewollte, das pompöse Zurschaustellen eines einmaligen Festzugs, die Geziertheit und bürokratische Aufzählung, Theater für das Establishment.

Gleichartiges ist beim Trajansbogen (114 n. u. Z.) zu erkennen. Hier verkommen die Figuren zur zeremoniellen Demonstration. Die aufgereihten paradierenden Hauptfiguren illustrieren nur noch, was die Inschrift verkündet: „Dem Imperator Caesar Nerva Traianus, dem besten Augustus, Sohn des göttlichen Nerva, Sieger über Germanien, Sieger über Dakien, Pontifex maximus, zum 18. Mal Inhaber der tribunizischen Gewalt, sieben Mal Imperator, sechs Mal Konsul, Vater des Vaterlandes, dem stärksten Princeps, (haben den Bogen errichtet) Senat und Volk von Rom.“ Auf körperliche Schönheit und Sinnlichkeit wird kein Wert gelegt, es geht um Repräsentation. Das erinnert an die Archaik der assyrischen Schlachtenbilder. Die Schönheit der griechischen Plastizität geht verloren. Da präsentiert sich der Imperator mit geschwellter Feldherrenbrust.

Das wird noch deutlicher an der in den Jahren 101 bis 107 geschaffenen Trajanssäule. Sie ist ein in Stein gehauenes Geschichtsbuch, eine gemeißelte Schriftrolle. Dokumentiert wird, wie Städte erbaut, Handel betrieben, Schiffe in pulsierenden Hafenstädten beladen werden. Es werden Geschichten vom damaligen Leben erzählt und Zusammenhänge hergestellt. Es wird von den vielfältigen Aufgaben in einem Weltreich berichtet. Das hat es zuvor in der Kunst so noch

nicht gegeben, die plastische Schilderung auch des normalen Lebens. Aber dann wird auch überdeutlich, was das alles ermöglicht hat und letztlich erdrückt: Es sind die langen Kolonnen marschierenden Militärs, Schlachten, Belagerungen, Besiegte und Getötete, des Kaisers Befehle und Appelle an seine Untertanen und Soldaten. Das alles ist aus der Sicht des Oberbefehlshabers in der Aufsicht geschildert, wie ein Schlachtplan, bei dem eine genaue Ordnung und Abfolge einzuhalten sind. Die neue Sicht vermischt sich mit der Archaik der Macht und macht sie zur bürokratischen Registratur, bei der Schönheit nur wenig Platz hat. Die Macht verstellt den Blick dafür.

Derweil schwelgt die römische privilegierte Oberschicht auch architektonisch im Luxus. Es wird zur Gewohnheit, sich vor den Toren der Stadt Landhaus-Anlagen errichten zu lassen, auch Livia, die Gattin des Augustus, ließ es sich in der Hügellandschaft bequem machen. Die Hadriansvilla, nicht weit von Rom bei Tivoli, kündet heute noch von der hohen Kunst der römischen Architektur. Amerikanische Milliardäre haben sich an den Stränden des Atlantischen Ozeans römische Prachtvillen nachbauen lassen und fühlen sich in ihnen offensichtlich auch heute noch wohl. Die Malereien in den gut gebauten und mit großem Komfort ausgestatteten Häusern der Wohlhabenden in Pompeji präsentieren einen Abglanz der hellenistischen Malerei, Kunst zum Wohlfühlen. Die dekorativen Wandbilder zeigen ein Leben im Luxus und Müßiggang ohne belastende Arbeit, denn die wurde von den Sklaven verrichtet, die auf den Bildern nur selten erscheinen. Abgeschiedenheit wird Luxus, das verbindet sich mit dem neuen strategischen Raumdenken, das die Villen zu kleinen „Privat-Weltreichen“, zu Palästen werden lassen.

4. Zweiteilung der Kunst – als Instrument der Disziplinierung und als Ästhetik für die Elite
Die Reichen und Privilegierten richten sich schön ein.

Sie lassen Ideallandschaften mit viel Illusionismus und perspektivischer Eleganz entstehen. Es ist die Kulisse der Wohlhabenden, der Geschäftemacher und Politiker, die sich in ihr Privatreich zurückziehen. Es ist der „Welt"-Geist, der aus dem hektischen, brutalen Treiben in die schön dekorierten vier Wände flieht. Eine Flucht in den Innenraum, aus dem sich ein besinnlicher Blick auf das Welttheater werfen lässt.

Die in Boscoreale am Hang des Vesuvs gefundenen Wanddekorationen (50 v. u. Z.) zeigen durch Sockel gegliederte, in senkrechte Felder aufgeteilte Flächen. Diese Felder wirken wie Portale mit einem Ausblick ins Freie: perspektivisch gesehene Architekturlandschaften mit Tempeln, anderen Villen, die sich harmonisch in die Hügellandschaft einfügen, sich schlängelnden Flüsschen, Felsen und Grotten. Daneben entfaltet sich eine reiche Ornamentik aus Pflanzenranken und einer Blütenpracht, die den Zauber hochkultivierter Gartenpracht in den Villen entfalten soll. Hier sieht man schon die Anlage der Rokokomalerei, die verzaubern und nur schön sein und hektisches Treiben in der geschäftig hektischen, widerspruchsvollen Welt vergessen machen will. Da soll man die Vögeln zwitschern hören und den Duft der Blumen riechen können. Entsprechende Parfums zur Steigerung des Illusionismus waren vorhanden.

Die hellenistische Kunst Griechenlands war Vorbild, wurde aber noch gesteigert. In die Ornamentik mischen sich schwebende, „entzückende" Eroten, graziös erscheint die griechische Meernymphe Nereide zwischen Seepferdchen und drolligen Meerkentauren, die jetzt aber keine Ungeheuer mehr wie in der griechischen Mythologie darstellen sondern seltsam witzige Tierchen. Immer wieder werden die mythischen Gestalten aufgerufen, etwa Dionysos, der aber nur als Dekoration erscheint, um die im Zimmer Anwesenden zum fröhlichen Weingenuss einzuladen. Oder die Siegesgöttin Nike wird engelsgleiche Putte, die mild lächelnd Seligkeit und Wohlbefinden verspricht. Griechische gottähnliche Formen und göttliche Attribute werden bemüht, um das Image der Villenbesitzer als gebildet und erhaben darzustellen. Die Mythologie wird aufgerufen, um eine gehobene Atmosphäre, eine sakrale Feierlichkeit zu verbreiten. Der Ernst der griechischen Darstellung, der in der hellenistischen Kunst noch nachklingt, ist aber endgültig verflogen. Da glaubt niemand mehr inbrünstig an die mythischen Sagen, es werden lustig erzählte Geschichtchen. Der Abglanz des Kults und häusliche Intimssphäre werden harmonisierend vermischt. Der mythologische Apparat löst sich in süßlicher Darstellung auf, wird verniedlicht. Die Dekoration wird Schauspiel, Theaterdonner einer herrschenden Klasse. Sie genügt sich in der Vortäuschung falschen Scheins.

Man sieht dieser Kunst das Gestelzte, das Schönfärberische und das Illusionistische auch an. Es ist eine konstruierte Weltsicht, die vertuschen will. Dieser Kunst sind die Ideale und damit auch die Zukunftszuversicht abhanden gekommen. Deshalb der Eindruck des Schwebenden, des Imaginären, des künstlich Erhöhten und gleichzeitig des Trivialen. Alles wird vergeistigt und der wirklichen Welt entrückt. Es ist die Weite eines idyllischen Unschuldslandes innerhalb einer privaten, intimisierten Welt der Innerlichkeit.

Diese Kunst ist ein Rückzug in die Privatheit und trägt schon deutliche Züge der Degeneration. Die Kunst dient zur Verschönung des Müßiggangs. Sie sondert sich ab von der offiziellen Staatskunst. Die behauptet weiterhin Würde, göttliche Bedeutung und Erhabenheit und duldet keinen Widerspruch. Die Christen und politischen Kontrahenten, die sich weigern, vor den staatlichen Altären und Büsten zu zelebrieren, werden verfolgt. Der vom Cäsarenwahn befallene Kaiser Nero verfügte schon im Jahr 64 die erste blutige Christenverfolgung. Weitere folgten in den Jahrhunderten bis zum Jahr 313. Wichtigste Anklage: Unterlassene Anbetung vor den Kaiserstatuen.

Unterdessen regte sich auch bei den sogenannten Philosophenkaisern (Hadraian, 117 bis 138, Antonius Pius, 138 bis 161 und Marc Aurel, 161 bis 180) der Wunsch nach innerer Folgerichtigkeit in der Kunst, eine neue Zeit der Griechensehnsucht. „Hadrian […] liebte griechische Bildung …, er bewunderte griechische Kunst und liebte einen schönen bithynischen Jüngling. Diesen meißelte ihm zur dauernden Gegenwart ein Bildhauer […] als nackten Epheben, weich in praxitelischen Formen, für griechisches Empfinden vielleicht zu verzärtelt und zu füllig, zu verblasen in der Form, nach römischem Geschmack mit Betonung des Kopfes, seinen sinnlichen Lippen, den schwermütigen Augen eines nie ganz zufriedenstellenden verzogenen Kindes, den berückenden weiblichen, üppigen Locken, die eigensinnig um sich greifen und die Stirn fast bis zum Augenansatz verhängen […] In einem Relief tritt er auch als Gott Dionysos auf mit der Traube in der Hand, bewusster seiner vergotteten Schönheit, beleibter und offensichtlicher in der gabenspendenden Geste […] Wir treffen ihn in einem hadrianischen Jagddenkmal als Jäger auf Bären und Wildsauen, hoch zu Ross wie Alexander und die assyrischen Fürsten, mehr ein Reiterdenkmal wie in den griechischen Reliefs als ein Porträt; wir sehen ihn als Priester vor den Statuen von Göttern, Artemis, Apollo, Herakles, Silvanus […] aber immer gewandet als kaiserlicher Beamter und Würdenträger." (Hamann, S. 864) Diese Kunst erschöpfte sich in verzärtelten Kopien, sie lebte von der Sehnsucht, dekorierte den Raum, aber gestaltete ihn nicht neu. Sie trauerte den Idealen nach, ohne neue für das Leben zu formen. Kunst wird „bildende" Kunst. Die Vornehmen flanieren vor den Büsten griechischer Künstler und Philosophen und atmen den Geist hoher Bildung und staatstragender Gesinnung.

Einerseits „verfeinert" die Kunst, in der inhaltlichen Aussage verflacht sie. Sie verliert ihre substanzielle Kraft, zählt vor allem als schön empfundene Attribute auf und findet nicht mehr zu einer Gesamtaussage. Andererseits stützen die Herrscher ihre Macht nicht mehr auf die Überzeugungskraft ihrer Ideale, auf die ideologische Kraft ihrer Bilder sondern zunehmend auf militärische Gewalt. Die offizielle Kunst wird schlichter, formenärmer und beschränkt sich immer mehr auf das als notwendig zu demonstrieren Gedachte. Die Herrscher haben keine Scheu mehr, auch die brutale Seite der Macht zur Schau zu stellen. Statuen zeigen sie in gedrungener Statur, beleibt, oft faltenreich und wohl genährt mit hinterlistigem Blick: Das Soldatenkaisertum braucht nicht mehr den verschönernden Prunk.

Niedergang der Kunst

Commodus (Herrschaft von 180 bis 192) als letzter der sogenannten Adoptivkaiser kündigt schon mit seiner Porträtstatue den kommenden Verfall an. Der Barbar mit der wuchtigen Keule will einen Philosophen mit Rauschebart und vielen Locken darstellen. (Abb. 90) Zugleich mimt er Herkules, der gerade einen Löwen erlegt hat, dessen Tatzen er vor seiner Heldenbrust verknotet hat. Des Löwens Rachen und Mähne dienen ihm als Herrscherkrone. In der linken Hand hält er die Äpfel der Hesperiden, die Äpfel, die in der griechischen Sage von den hellsingenden Nymphen bewacht werden und den Göttern ewige Jugend verleihen. Sein willkürlich abgetrennter Oberkörper wird von einem Schild mit Adlerköpfen getragen, auf dem das von Perseus abgeschlagene Haupt der Medusa zu erkennen ist. Zum Zeichen seiner Weltherrschaft erscheint unten die Weltkugel mit astrologischen Zeichen. Um Erdkugel und Schild ranken Füllhörner, die von Reichtum und Wohlstand künden. Links und rechts knien puttenhaft Siegesgöttinnen (eine ist weggebrochen). Es wird ein ganzer allegorischer Apparat aufgeboten, wobei die Bildaussagen sich heftig widersprechen und so das Ganze zur Lächerlichkeit verkommt. Es ist die Pose eines Herrschers, der das römische Reich als Selbstbedienungsladen auffasste und es in tiefgreifende Krisen und Kämpfe führte: Das Zeitalter der Soldatenkaiser begann.

Der Nordafrikaner Septimius Severus (Kaiser von 193 - 211 n. u. Z.) errang gestützt auf seine Legionen die Macht. Militärische Erfolge wurden mehr und mehr notwendig, denn im Norden wurde das Reich von den Germanen, im Osten von den Parthern, die im Iran, Mesopotamien und Teilen der Türkei herrschten, bedroht. Der bisher erreichte wirtschaftliche Wohlstand schwand, die Militärlasten waren drückend, die Produktion schrumpfte genauso wie der Handel unter den Städten. Eine Zeit permanenter Wirtschaftskrisen setzte ein – auch die Künstler hatten keine Aufträge.

Einen Höhepunkt stellte der Septimius-Severus-Bogen am Forum Romanum im Jahr 203 dar. Alte Bilder zeigen, dass auf diesem Triumphbogen der Triumphwagen mit Septimius Severus, Caracalla und Geta von sechs Pferden gezogen stand – ähnlich wie die Quadriga mit vier Pferden das Brandenburger Tor ziert. Die Platten des Bogens werden dann im „Landkartenstil" stark vereinfacht in schräger Vogelperspektive mit Architektur und Figuren angereichert. Die Ereignisse des Partherkrieges werden nicht plastisch vorgeführt, sie werden platt illustriert, sie erinnern an die republikanischen Traditionen der Historienmalerei. Das Kunstwollen, eine Erhöhung und Idealisierung erlischt. Kriege sind zum Geschäft geworden, das große Entbehrungen und Anstrengungen erfordert.

„Eine gewisse Barbarisierung griff immer stärker um sich. Die große Errungenschaft der griechischen Kunst, der organisch gewachsene Körper, blieb nicht mehr richtunggebendes Leitbild des Kunstschaffens. Gleichzeitig setzte eine gewisse Spiritualisierung der Lebensvorstellungen ein, die von orientalischen Religionen, von denen das frühe Christentum ja nur eine

Spielart war, immer weiter gefördert wurde. Erlösungsreligionen wie der Mithraskult und das Christentum fanden in den sich ständig verschlechternden Lebensverhältnissen und in wachsender Lebensunsicherheit einen günstigen Boden." (Zinserling, S. 331)

Das kommt auch in den Porträtstatuen der Zeit zum Ausdruck. Der Blick der Herrscher ist nicht mehr wie bei Augustus welterobernd und siegesbewusst in die Ferne gerichtet. Septimius Severus gibt sich in seiner Statue in sich gekehrt, mit sich selbst beschäftigt, in Zweifeln versunken. Er kommuniziert nicht und erteilt seinen Untertanen keine Botschaften. Philippus Arabs (Herrschaft von 244 bis 249), Sohn eines syrischen Räuberhauptmanns, wird als ungebildeter, skrupelloser General mit Zornesfalten und tief liegenden Augen, die trübe und kraftlos schauen, geschildert. Gallienus (Herrschaft von 253 bis 260 mit seinem Vater, von 260 bis 268 Alleinregent) versuchte mit seiner Lockenanordnung und dem typischen Gabel-Zangen-Motiv Augustus-Porträts nachzustellen. Allerdings wirken sie unbeholfen und gewollt monumentalisiert, archaische Tendenzen setzen sich durch.

Insgesamt kann sich in der Zeit der Soldatenkaiser nichts Neues entwickeln. Im Gegenteil: Kämpfe und Konzentration auf militärische Stärke zehren das Land aus, Zuversicht und Optimismus erlöschen und rauben der Kunst ihre Kraft. Die Formen erstarren zusehends, die Skulpturen verlieren ihre Plastizität und verkommen zu Zeichen. Deutlich zu sehen ist dies auch am Ludovisischen Schlachtensarkophag: Die Darstellung ist vollgestopft mit einem Gewimmel von Kämpfenden. Es fehlt die Perspektive, die Tiefe des Raums ist nicht erfasst, die Figuren werden in einer Fläche gereiht, aufgezählt. Oben kämpfen heldenhaft die siegreichen Römer, die Germanen verrecken unten. Es wird eine formelhafte Kunst. Die Stagnationstendenzen sind schon ganz offensichtlich.

Das, was die Größe Roms ausmacht, birgt in sich den
Keim des Untergangs: Die Machtkonzentration in den
Händen des Kaisers, die Unterwerfung vieler Länder
ermöglichen zuerst aufblühende, mit Kultur und Komfort ausgestattete Städte. Aber das gewaltige Kriegs-
heer, das zur Sicherung der Grenzen notwendig ist,
verschlingt anschließend den Reichtum, führt zu
immer höheren Steuern und so zu Not und Armut in
den Städten. Um hier den „Frieden" zu sichern, wird
die Unterdrückungsgewalt der Statthalter und des
zentral regierenden Kaisers gestärkt. Angst und
Unmut in der Stadtbevölkerung nehmen zu, die einen
Ausweg nicht im Diesseits in der Ausgestaltung ihres
Umfelds sondern in den Visionen eines jenseitigen se-
ligen Lebens sucht. Die Städte werden ausgezehrt, der
einst rege Handel erlahmt, es fehlen die Mittel zur
Ausrüstung der Truppen. Rekrutiert werden die
Kämpfer oft aus den unterworfenen „Barbaren". Die
Herrscher Roms bilden so ihre künftigen Eroberer
selbst aus.

Byzanz: Wiege der christlichen Kultur Europas

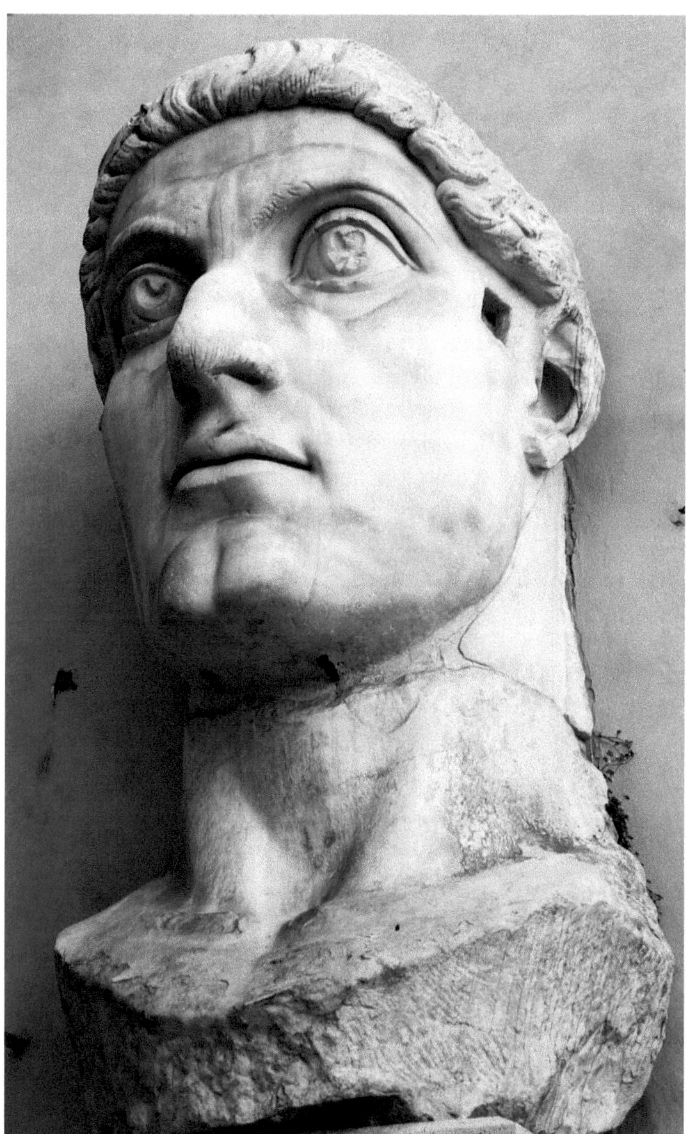

Abb. 92: Kopf der Kollossalstatue Konstantins, zwischen 312 und 315 n. u. Z., Marmor, Höhe allein des Kopfes 2,97 Meter, Rom, Musei Capitolini, Palazzo dei Conservatori, Foto: Jean-Pol GRANDMONT, CC BY-SA 3.0

Konstantin der Große (seit 306 an der Macht und von 324 bis 337 Alleinherrscher) versuchte noch einmal in der Kunst die Größe und Würde des römischen Reiches monumental wiederzubeleben. Mit einer Kolossalstatue, um 312 und 315 geschaffen, lässt er sich als Führer und Mahner feiern. Nicht nur die Größe von über zehn Metern Höhe erinnert an die Zeus- und

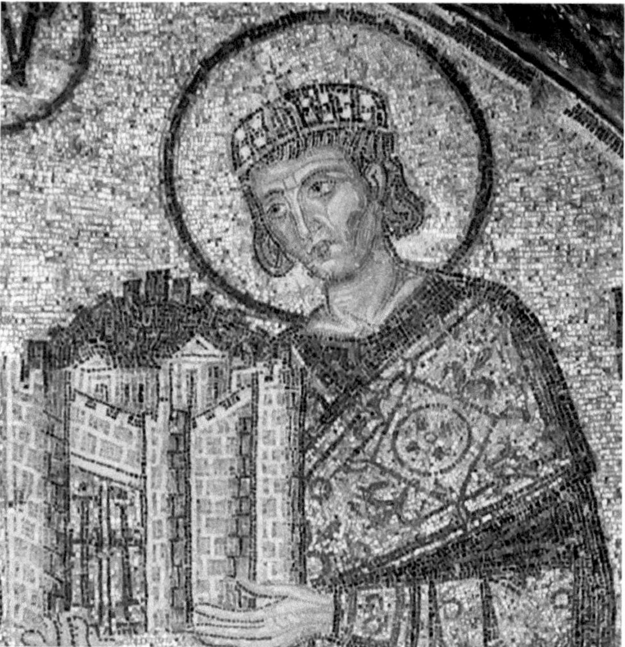

Abb. 93: Konstantin, mit Krone und dem christlichen Kreuz gekennzeichnet, präsentiert der Jungfrau Maria ein Modell der Stadt Byzanz. Detail eines südwestlichen Eingangs-Mosaiks der Haghia Sophia, Istanbul, Foto: Myrabella, public domain

Jupiter dar. Er ist ganz Gott, der Blick ist starr in die Ferne gerichtet, als schaue er die Ewigkeit und überblicke das ganze Weltreich zugleich. Starr und leblos sind auch die Gesichtszüge, erstarrt sind die physiognomischen Details – und doch strahlt das Porträt Macht, Entschlossenheit und überpersönliche Spiritualität aus. Diese Kolossalstatue ist nicht zur Erbauung geschaffen, die Untertanen sollen vor ihr ehrfürchtig erschauern und beten. Die rechte Hand ist mahnend erhoben, sie gebietet Pflichterfüllung, Disziplin und Treue. Das Porträt wirkt unpersönlich, gleichzeitig überpersönlich, ein Schritt zur zeichenhaften Bildniskunst der Spätantike, die sich mit Vorliebe des Symbols bedient. Das Porträt wird zum Symbol eines Ranges. Erhalten geblieben sind nur Kopf und Hand. Allein die Wirkung des Kopfes ist schon erdrückend, in realiter wurde sie noch gesteigert, da die Sitzstatue Konstantins wahrscheinlich auf dem Thron entrückt, in einen stoffreichen Purpurmantel gehüllt und mit allen Insignien der Macht geschmückt war (Zepter, Weltkugel, Siegesgöttin).

Das Porträt mit unheimlichem, starrem und rätselhaftem Ausdruck atmet Unnahbarkeit und Spiritualität. Die archaische Vereinfachung und Monumentalität wird zu einem System der rituellen Machtausübung ausgebaut und erstarrt im Hofzeremoniell. Siebler berichtet über den „überschwänglichen Gebrauch von

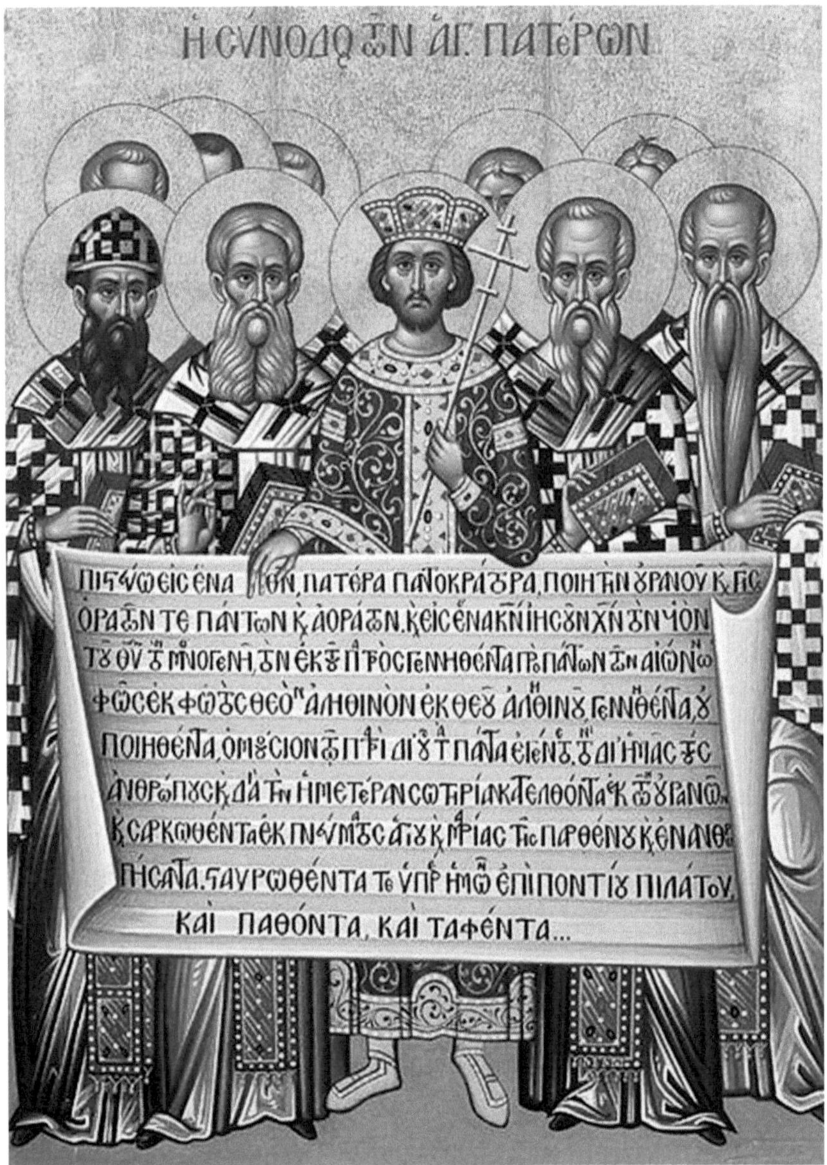

Abb. 94: Ikone: Erstes Konzil von Nicäa. Kaiser Konstantin entrollt den Text der ersten Hälfte des Nicänischen Glaubensbekenntnisses, public domain

Athene-Statuen von Phidias, die in den Tempeln von Athen und Olympia aufgestellt wurden. Der sakrale Charakter ist unverkennbar: Konstantin stellt sich als

300 - 650   spätantik-frühbyzantinische Zeit

306 - 337	Herrschaft Konstantin der Große
325 - 330	Ausbau Konstantinopels durch Konstantin
325	Konzil von Nicäa
337 - 361	Constantius II.
364 - 378	Valens
378	schwere Niederlage gegen Goten,
379 - 395	Theodosius I. ()
395	Teilung des Römerreichs (West/Ost)
395	Arcadius, erster Kaiser des Ostreichs
450 - 457	Kaiser Markarius
451	Konzil von Chalkedon: Patriarch Konstantinopols wird dem Papst in Rom gleichgestellt.
457 - 474	Kaiser Leo I. stärkt Macht gegenüber Militär
527–565	Justinian, Teile Italiens, Spaniens und Nordafrikas werden erobert
529	Verbot der neuplatonischen Schule Athens 541 Ausbruch der Pest
532 - 537	Bau Hagia Sophia, größte Kirche der Welt
565 - 578	Kaiser Justin II, Italien wird zwichen Byzanz und Langobarden geteilt
578 - 582	Tiberios I. Konstantinos, Sieg über Perser
602 - 610	Phokas verliert den Balkan an die Slawen
610 - 641	Herakleios siegt 627 bei Ninive
636	Syrien geht verloren, 637 Jerusalem
640/646	Ägypten geht verloren
641 - 668	Konstans II. Theologischer Streit mit Papst
655	Verlust Seeherrschaft, Phoenix-Niederlage
668 - 685	Konstantin IV. Sieg Byzanz 678 über Araber
685 - 695	Justinian II., Agrar-Reformversuche
695 - 717	Anarchische Zustände
698	Verlust ganz Nordafrikas mit Karthago

707 - 842   Syrische Dynastie und erster Bildersturm

717 - 741	Kaiser Leon III. stoppt arabische Expansion
727	Bildersturm, Kampf um Kaiserkult, gegen das Ersatarken des Möchtums
741 - 775	Konstantin V., Bilderverehrung veruteilt Konflikt mit Papsttum
775 - 780	Leon IV., gemäßigter Bildersturm
780 - 797	Konstantin VI. kehrt zur Bilderverehrung zurück
787	7. Konzil in Nicäa, Einheit mit Rom
797 - 802	Kaiserin Irene, Privilegien für Mönche
800	Kaiserkrönung Karls des Großen, aus Sicht von Byzanz eine Ursurpation
802 - 811	Nikephoros I., Niederlage gegen Bulgaren
811 - 813	Michael I. Rhangabé, Bilderverehrer treiben ihn zum Krieg gegen Bulgaren, denen er unterliegt,
813 - 820	Leon V. kehrt zum Bildersturm zurück.
815	Synode bekräftigt den Bildersturm
820 - 829	Michael II. mit bilderfreundlichem Programm
829 - 842	Theophilos bekräftigt den Bildersturm
831	Sizilien geht verloren, auch Kreta
843	Kaiserinwitwe Theodora verurteilt endgültig den Bildersturm.

842 - 1204/1261   mittelbyzantinisches Reich

Das nun vollkommen gräzisierte Reich konsolidiert sich nach großen Gebietsverlusten wieder.

842- 867	Michael III. Kaisertitel wird Autokrator erweitert
867 - 886	Basileios I. begründet die makedonische Dynastie, die bis 1056 dauert.
886 - 912	Leon VI. der Weise mit neuem Staatsaufbau und zahlreichen Bündnissen (Serben/Kroaten)
913 - 959	Konstantin VII. Porphyrogennetos
920 - 944	Der Flottenkommandant Romanus I- Lakapenos wird Mitkaiser, Bulgarien wird besiegt
943	Johannes Kurkas holt Mandylion von Edessa
957	Besuch der Fürstin Olga von Kiew, Beginn der Christianisierung Russlands
963 - 969	Nikephoros II. Phokas gewinnt Kreta, Zypern, Antiocheia und Aleppo
969 - 976	Johannes I. Tzimiskes, erstes Kloster Athos
972	Vorstoß bis nach Mesopotamien, vor Jerusalem
976 - 1025	Basileios II., Wladimir von Kiew erhält Kaiserschwester Anna zur Gattin, wird Christ, russ. Kirche wird Patriarchen von Byzanz unterstellt.
1018	Bulgaren werden erneut unterworfen.
1025	Höhepunkt der Macht von Byzanz
1024 - 1075	Krisen und 13 Thronwechsel in 50 Jahren
1032	Militärische Erfolge im Osten und in Sizilien
1043	Grabeskirche in Jerusalem wird aufgebaut
1056	Ende der makedonischen Dynastie/Anarchie
1071 - 1078	Bürgerkrieg, große Gebietsverluste
1081 - 1185	Alexios gründet Dynastei der Komnenen
1095	Alexios löst Ersten Kreuzzug aus, statt Hilfe werden Ländereien von Rittern annektiert
1118 - 1143	Blüte unterJohannes II. Komnenos Gründung des Pantokratorklosters
1126	Machtbrechung Venedigs misslingt/Verträge Vormachtstellung italienischer Seestädte
1147 - 1149	Zweiter Kreuzzug
1203 - 1204	Kreuzfahrer erobern Konstantinopel/Plünderung

1204 /1261 - 1453   die spätbyzantinische Zeit

Das Reich schrumpft auf einen Stadtstaat zusammen.

1204 - 1261	Zeit der Lateinischen Herrschaft
1261	Byzantinisches Kaiserreich wiederhergestellt
1282 -1328	Aderonikos II., Byzanz wid von italienischen Seemächten abhängig.
1453	Türken erobern Konstantinopel.

Führerrolle in der Orthodoxie geht an das Großfürstentum Moskau, das die Rolle als „Drittes Rom" beansprucht.

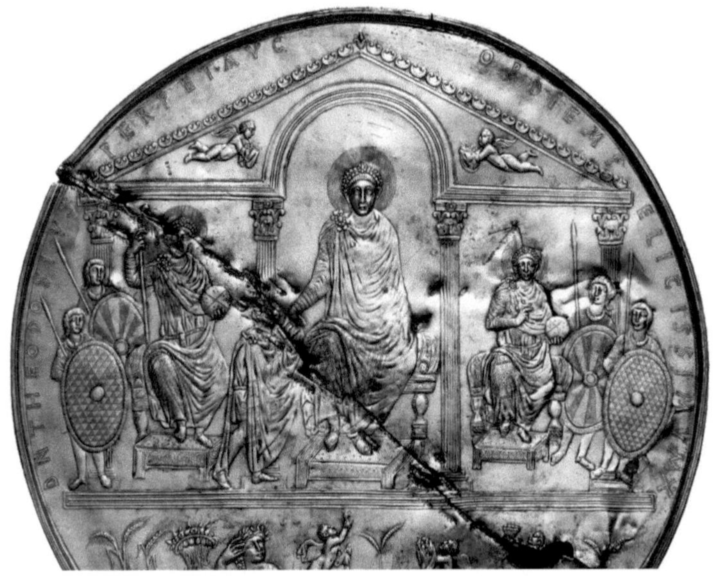

Abb. 95: Theodosius, um 380, Künstler unbekannt, public domain

Purpurgewändern" des Kaisers. Konstantin führte im Jahr 324/325 das Königsdiadem wieder ein. „Auf den Münzen Konstantins ist das Diadem dezidiert in eben dieser Form gestaltet und bald erscheint es mit Perlen und Juwelen besetzt. Die weitere Entwicklung dieser Herrscherinsignie führte zu einem starren juwelenbesetzten Reif und schließlich zur byzantinischen Kaiserkrone [...] Immer feiner und ausgeklügelter wurde das Hofzeremoniell, nunmehr forderte man Anbetung (adoration) und kniefällige Verehrung des Kaisers (Proskynese) sowie rituelles Schweigen. So entstand gleichsam ein Gegenbild zum Prinzipat der Frühzeit. War es für Augustus und seine Nachfolger noch ein Anliegen und für die eigene Machtstellung notwendig, unmittelbar mit dem Senat und dem Volk zu kommunizieren, so wurde dieser Kontakt seit dem 4. Jahr-

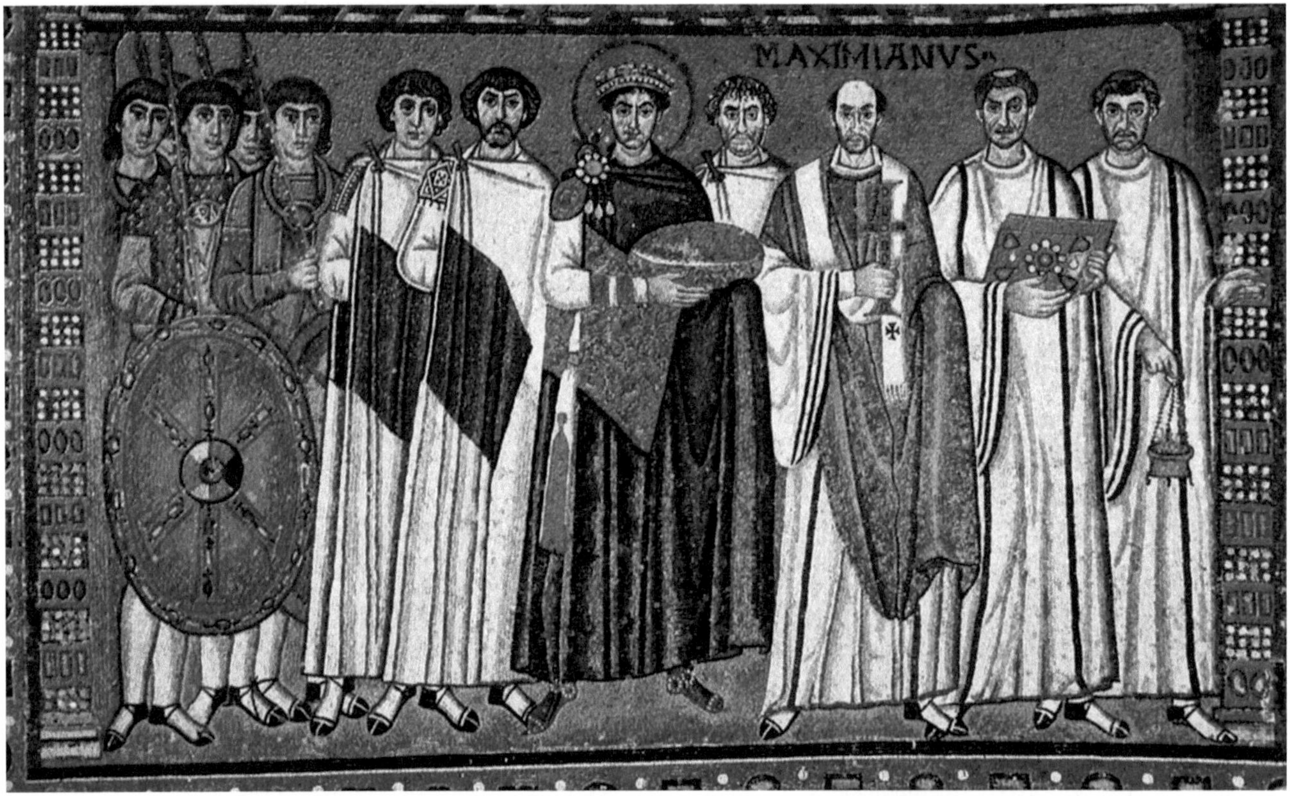

Abb. 96: Ravenna, S. Vitale, Mosaik, Der Kaiser Maximianus, um 547, .The York Project, ISBN 3936122202, public domain

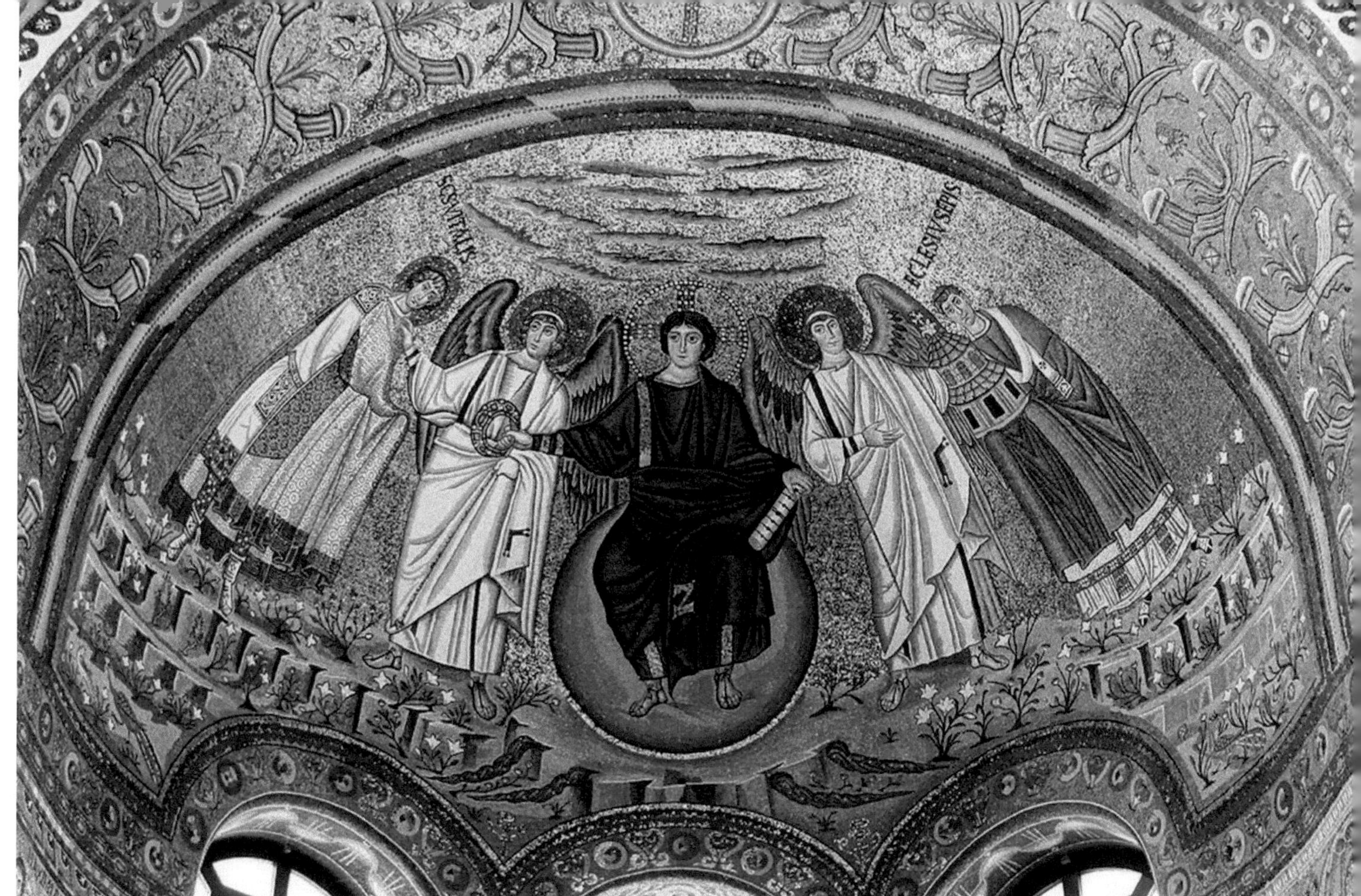

Abb. 97: Ravenna, S. Vitale, Mosaik, Christus mit Engeln und Heiligen, um 530, Foto: José Luiz Bernardes Ribeiro, CC BY-SA 4.0

hunderts n. Chr. bewusst unterbrochen. Immer mehr galt der Kaiser nicht als Mächtiger aus eigener Kraft sondern als ein Berufener, in dem Gott wirkte – eine Kritik am Herrscher war so von vornherein nicht mehr möglich." (Siebler II, S. 24) Dabei betont auch Konstantin der Große seine römischen Kardinalstugenden: „seine militärische Tüchtigkeit, seine Milde, seine Ehrfurcht vor den Göttern, seine Freigebigkeit gegenüber dem Volk und anderes mehr. Abgesehen von den stilistischen Entwicklungen wiederholt sich hier also das seit Augustus eingeführte Vokabular für die offizielle Verehrung des Herrschers." (ebd., S. 84)

Das bestätigen auch die Reliefs vom Konstantinsbogen, des prächtigsten der erhalten gebliebenen Triumphbögen in Rom. Auch hier wird noch einmal das ganze bekannte Vokabular der Machtsprache aufgerufen. Im Mittelpunkt steht der Kaiser hoch zu Ross, dann wird das ganze Bildgeschehen von vorwärtsstürmenden römischen Soldatenkolonnen und zurückweichenden Feinden bestimmt. Alle Reliefs strotzen mit Schlachten, Kampfgewoge, Siegern und Gefallenen. Der einzelne Mensch wird Teil einer uniformen militärischen Masse. Hier herrscht eine sym-

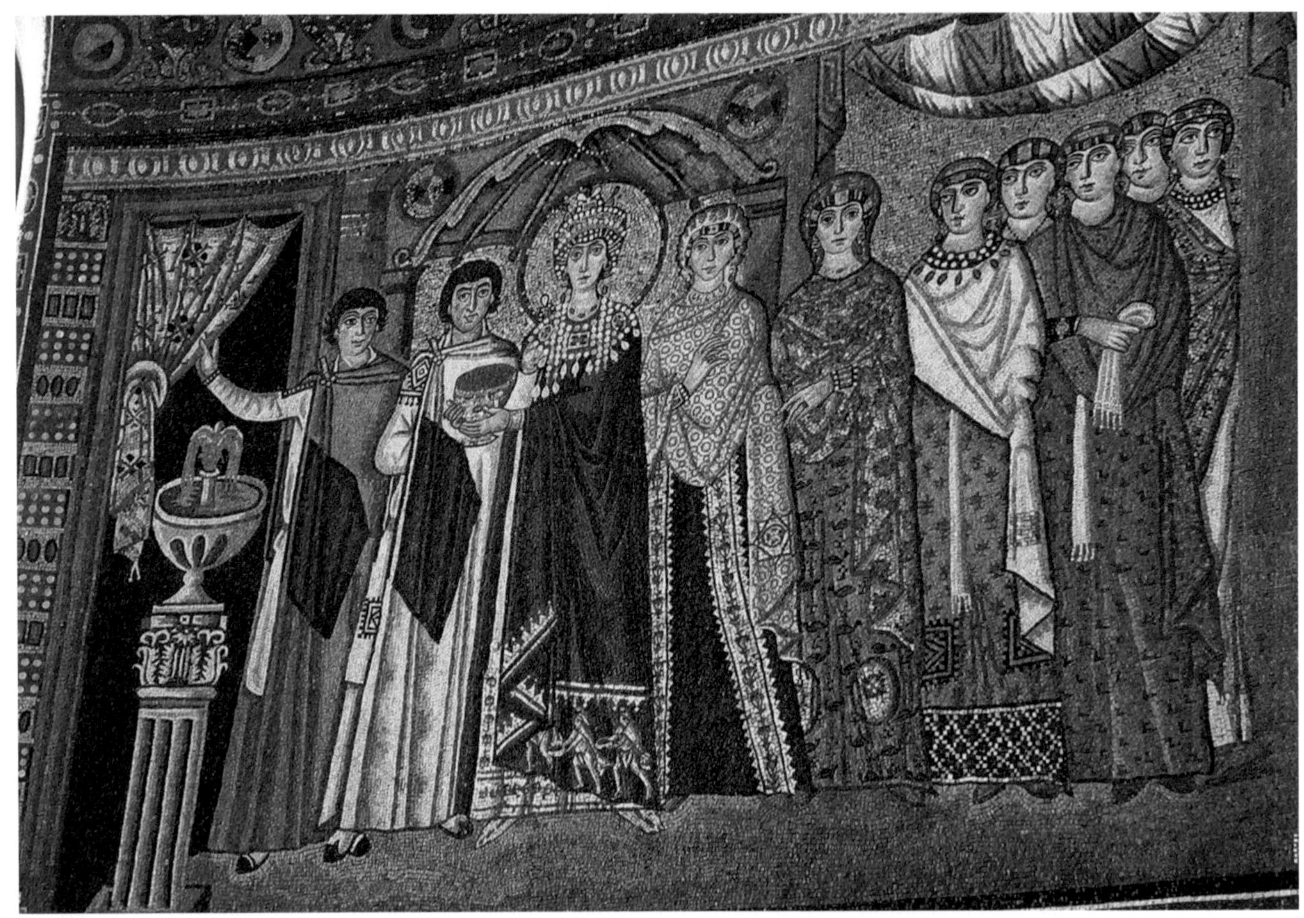

Abb. 98: Ravenna, S. Vitale, Mosaik, Die Kaiserin Theodora, um 547, Foto: Ruge, CC BY-SA 4.0

metrische Ordnung: Strammheit und muskelstarke Energie, Härte und Korrektheit reglement-gewohnter Gefolgsleute lassen sich so am besten demonstrieren. Die Regelhaftigkeit der körperlichen Form wird ein Ausdruck des Soldatischen. Sie findet ihre Erfüllung im Gleichtakt der Kolonnen. Werden noch in der Trajanssäule die Bedeutung des Handels, zivile Errungenschaften hervorgehoben, so sind es im Konstantinsbogen ausschließlich die militärischen Erfolge des Kaisers.

Wandlung zu einer „christlichen" Kunst

Kaiser Konstantin der Große ebnete den bis dahin verfolgten Christen den Weg zur Staatsreligion. Der despotisch-unnahbare Soldatenkaiser als Förderer einer Religion, die Friedfertigkeit und Liebe in den Mittelpunkt ihres Glaubens stellte? Der neue Jupiter als Förderer der Christenheit, die die Anbetung von Götter- und Kaiserstatuen als Götzendienst ablehnte und einzig einem geistigen Prinzip Ehrfurcht entgegenbrachte? In der Tat hatte Konstantin der Große betont, dass er den Sieg über seinen innenpolitischen

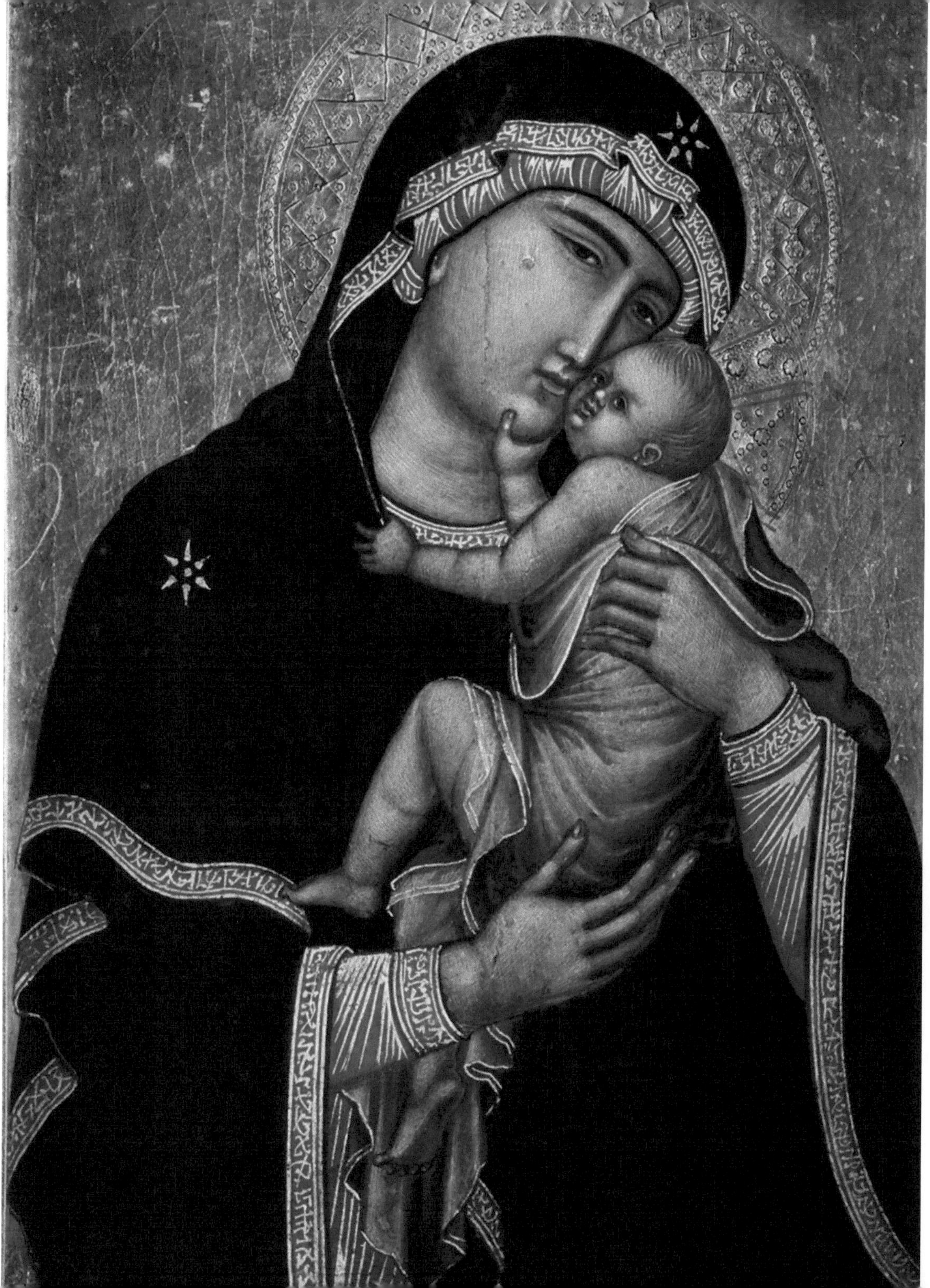

Abb. 99: Cambrai, Kathedrale, Notre-Dame-de-Grâce, Siena, um 1340
Um 1340 gemalt, zeigt sie den großen Einfluss der byzantinischen Kunst auf die sienesische Malerei. OpenStreetMap - Google Earth, CC BY-SA 3.0

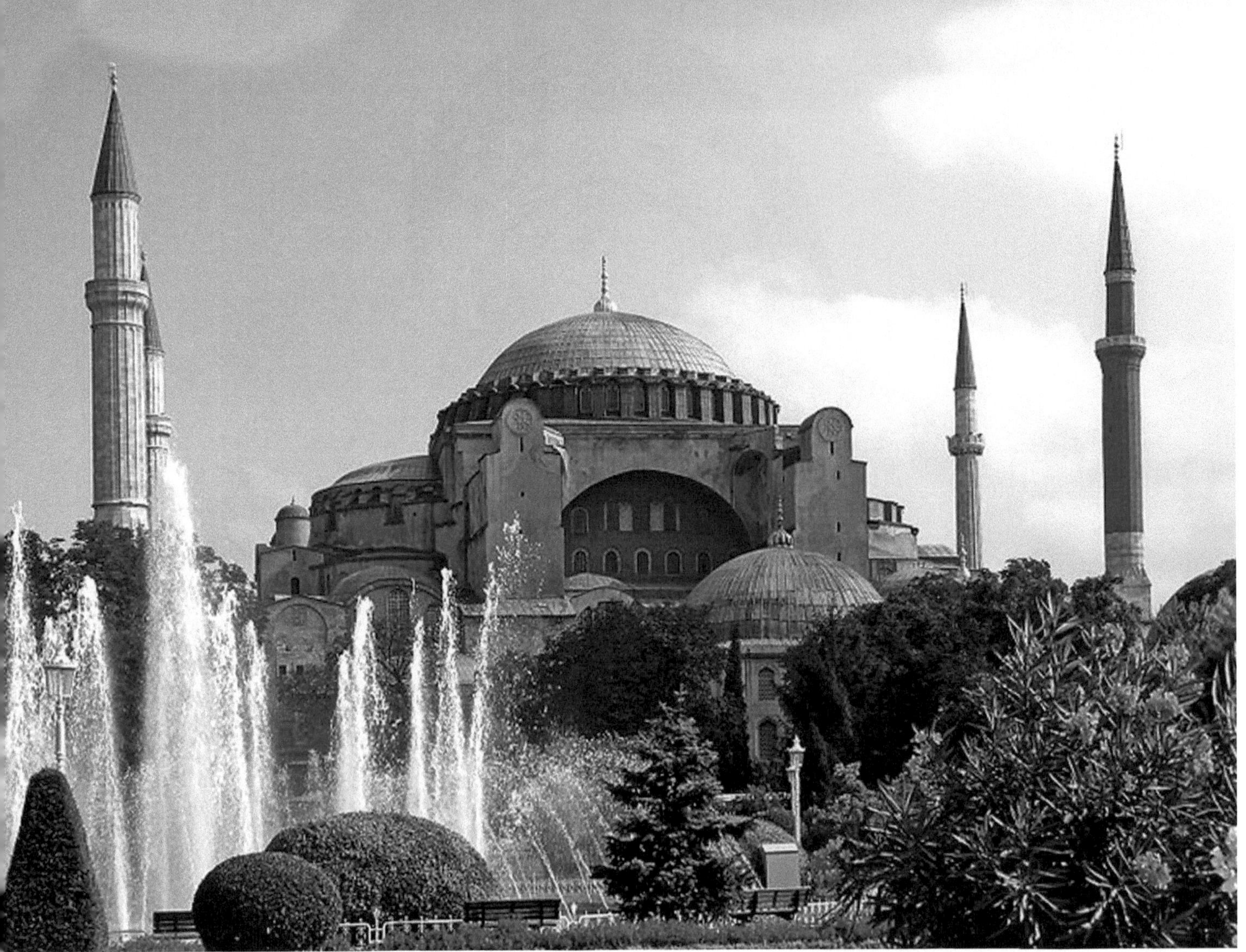

Abb. 100: Hagia Sophia wurde als Kathedrale von Konstantinopel vom Kaiser Justinian in 537 gebaut. 1453 verwandelte der Eroberer der Stadt Ottoman Sultan Mehmet die große Kirche in eine Moschee. Foto: Dennis Jarvis from Halifax, Canada, CC BY-SA 2.0

Widersacher Maxentius (ein Feind der Christen) an der Milvinischen Brücke im Jahre 312 dem Gott der Christen verdanke. Der christliche Chronist dieser Zeit Eusebius von Caesarea (um 260 bis um 340) schreibt, dass Konstantin und sein Heer am Himmel ein Kreuz mit der Weisung „in hoc signo vinces" („in diesem Zeichen wirst du siegen") gesehen habe. Für Eusebius ist die „konstantinische Wende" der Beginn der Friedens- und Heilszeit. Konstantin sei der „Freund und Liebling" Gottes, also sein Stellvertreter auf Erden, eine Rechtfertigungstheologie weltlicher Herrschaft. Der Kirchenvater Lactantius (um 250 bis

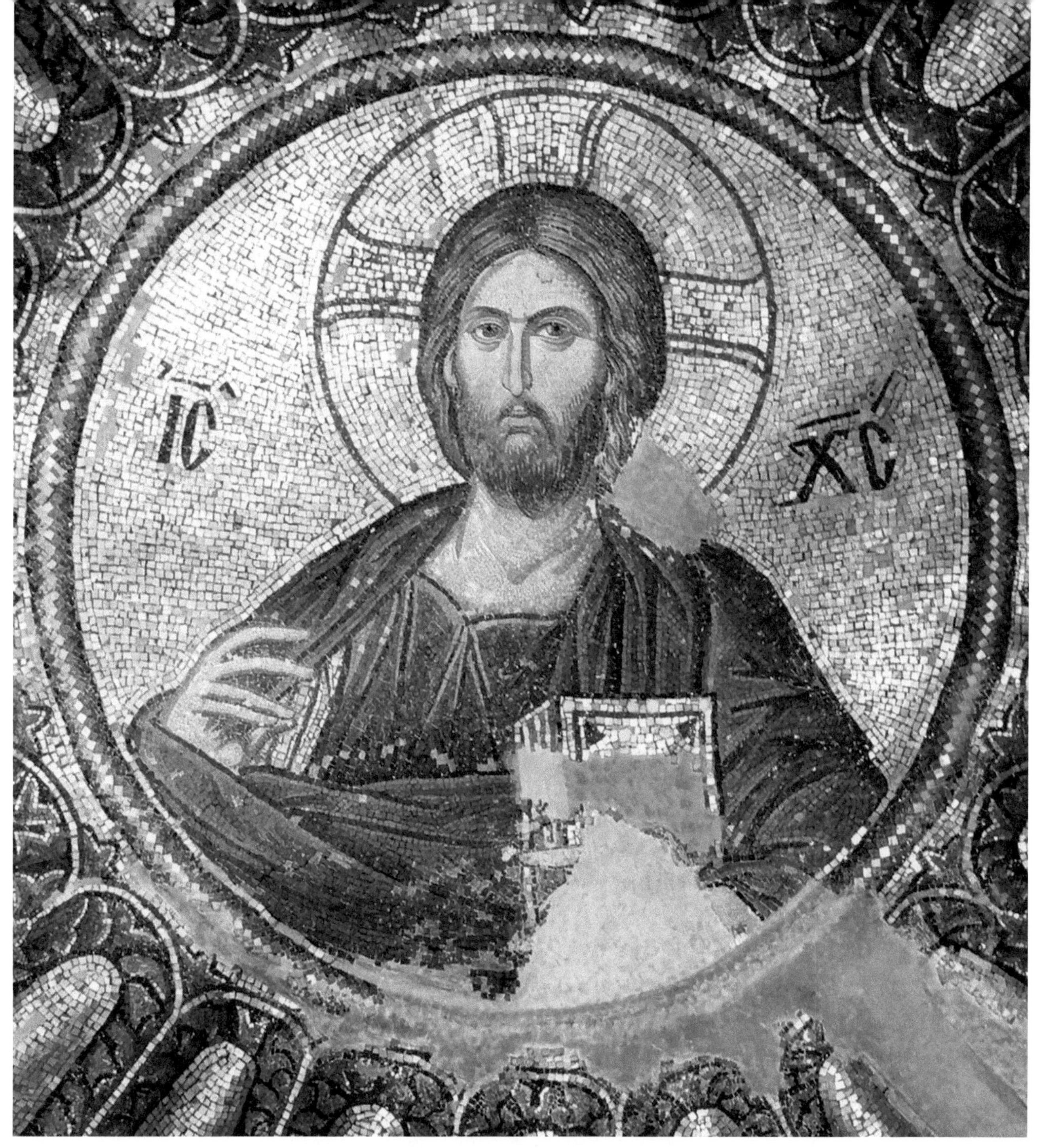

Abb. 101: Pantokrator-Mosaik in der Chora-Kirche, Istanbul Foto: Harkolufs, CC BY-SA 3.0

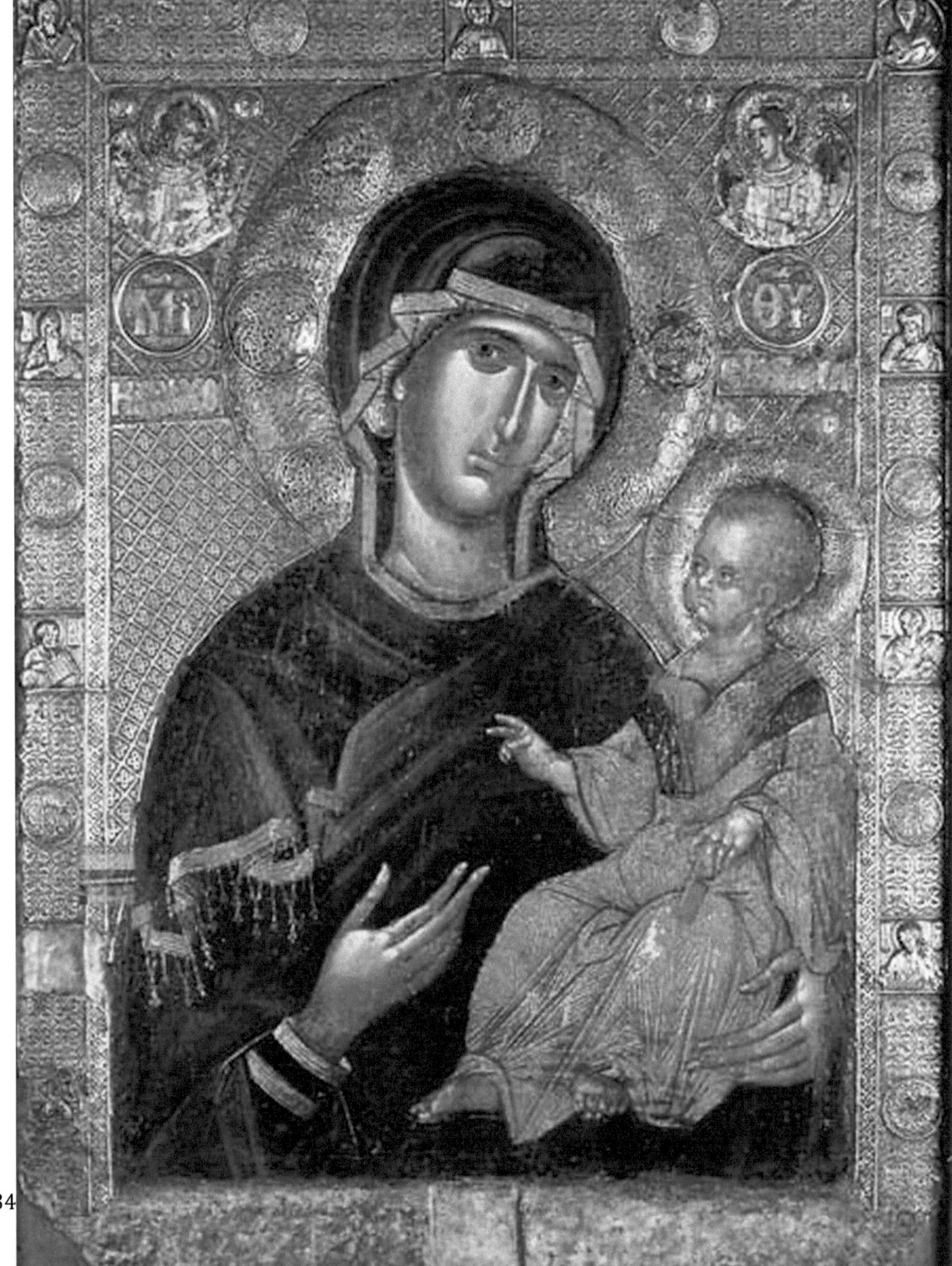

Abb. 102:
Byzantinische
Doppelikone
mit der Hl.
Jungfrau Psy-
chosostria
(Konstantino-
pel Anfang
des 14 Jhd.)
Ohrid Ikonen-
museum, Ma-
zedonien,
public domain

um 320) schildert das Zeichen, das Konstantin der
Große gesehen haben soll, als Buchstabenverbindung,
gebildet aus dem um 45 Grad gedrehten griechischen
Buchstaben X (Chi) und dem griechischen Buchstaben
P (Rho). Lactantius berichtet auch von der Mahnung,
dass Konstantin dieses Kreuz als Kennzeichnen auf
den Schutzschildern seiner Soldaten anbringen lassen
sollte. Ein Zeichen des Sieges und der kriegerischen
Aktivität wird sich fortan als Symbol des Christentums durchsetzen.

Konstantin der Große nutzt auch weiterhin die griechische und lateinische Mythologie zur Begründung
seiner Macht, aber er versucht, die christlichen Legenden zu integrieren. Denn immer breitere Massen hatten sich orientalischen Erlösungsreligionen
zugewandt, die die Rettung im Jenseits erhofften.
Diese Massen stellten einen Machtfaktor dar, den zu
ignorieren nicht klug war. Konstantin stellte schon
313 die Christenverfolgungen ein. Der Jenseitsglaube
fand reichen Nährboden, denn der Lebensstandard
der breiten Bevölkerung verschlechterte sich dras-
tisch auf Grund der immer intensiver und immer brutaler geführten Kriege. Im Diesseits war keine
Erlösung zu erhoffen – die Kunst vollzog diesen Niedergang mit.

Konstantin der Große hatte den großen Vorteil er-
kannt, die Hoffnungen der Menschen vom Diesseits
auf ein Paradies im Jenseits zu lenken. Der Traum vom
irdischen Paradies, das die römischen Kaiser zu schaffen versprachen – wie das Augusteische Zeitalter des
Tausendjährigen Friedens – war vorbei. Kriegsmüdig-
keit machte sich allerorten breit. Der Glanz der athle-
tisch-muskulösen, idealisierenden Aristokraten-Kunst
bröckelte. Aber auch die monumentale Heroisierung
war unglaubhaft geworden.

Die Werte begannen sich zu wandeln. Neue Deutun-
gen wurden notwendig. Der Kirchenvater Lactantius

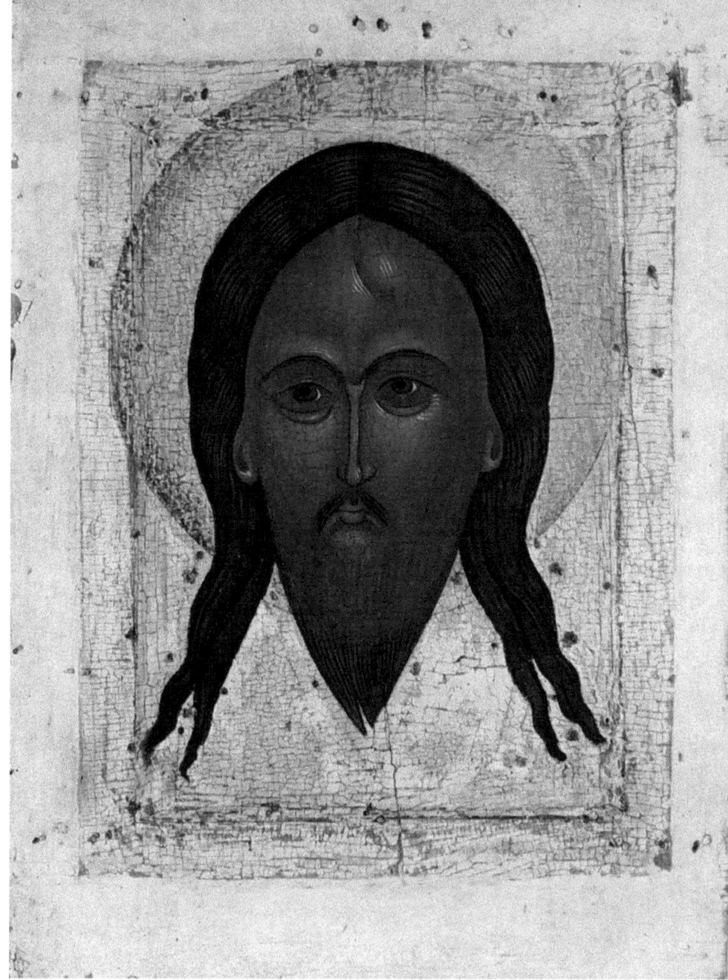

Abb. 103: Das nicht von Menschenhand geschaffene Bild Christi (Acheiropoieton), Moskau, Holz, 31 x 23 cm, Ehem. Staatliche Museen Berlin, Anfang 16. Jhd., public domain

prophezeite jetzt das künftige Tausendjährige Reich
Christi. Anstatt des Goldenen Zeitalters unter der
Herrschaft Saturns wird jetzt das geistige Reich pro-
pagiert. Er wird bei der Beschreibung des künftigen
Himmelreiches aber sehr konkret: Der Boden spendet
überreiche Früchte, selbst Raubtiere werden fromm,
harte Arbeit wird überflüssig. Statt Pax Augusti die
Pax Christi.

Das Urchristentum war von einer kleinen Sekte zu

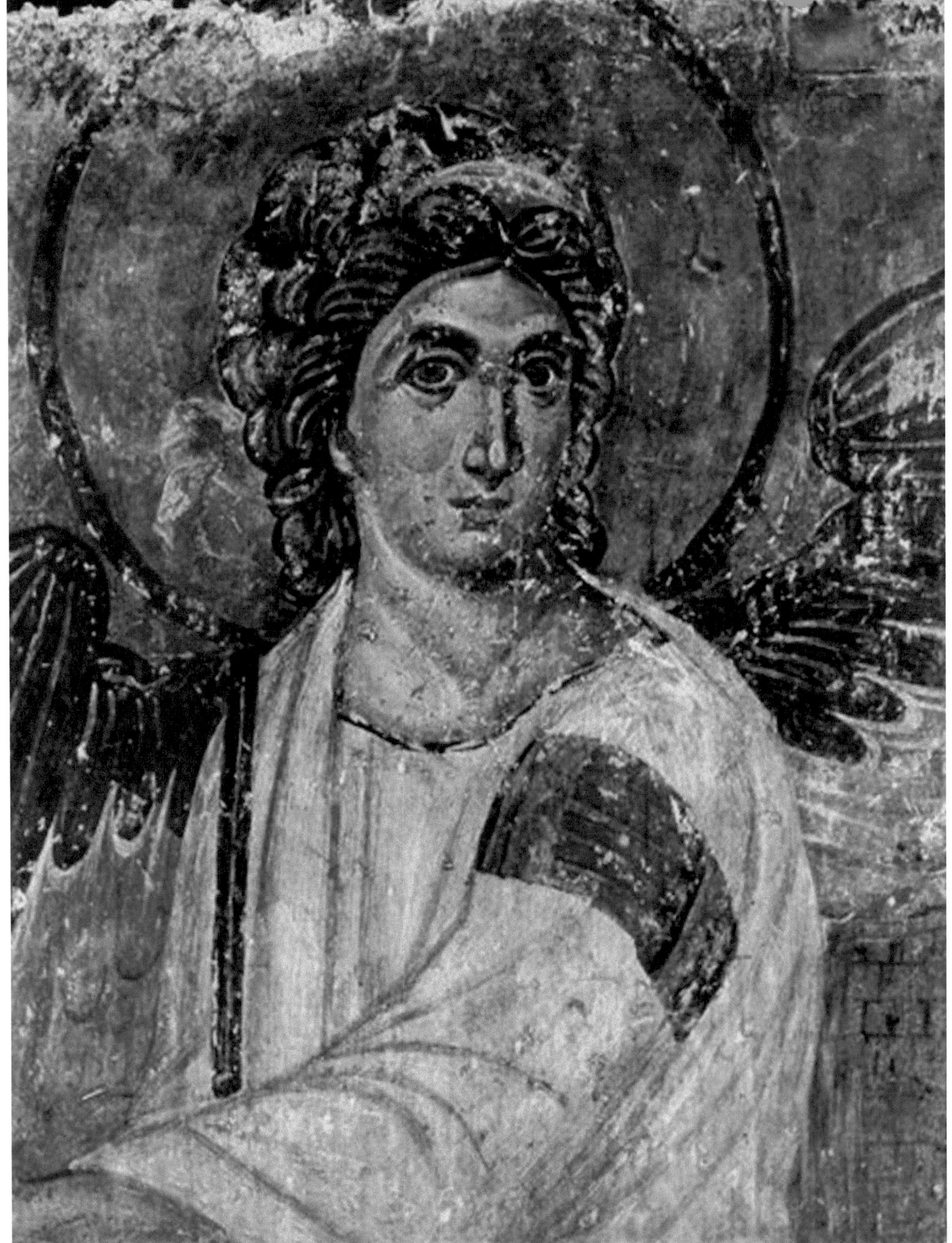

Abb. 104: Meister von Mileseva, Fresken in der Kirche von Mileseva, Szene: Höllenfahrt Christi, um 1235, Fresko, Kirche von Mileseva, Jugoslawien, Serbo-byzantinische Werkstatt Foto: The Yorck Project: 10.000 Meisterwerke der Malerei, ISBN 3936122202, public domain

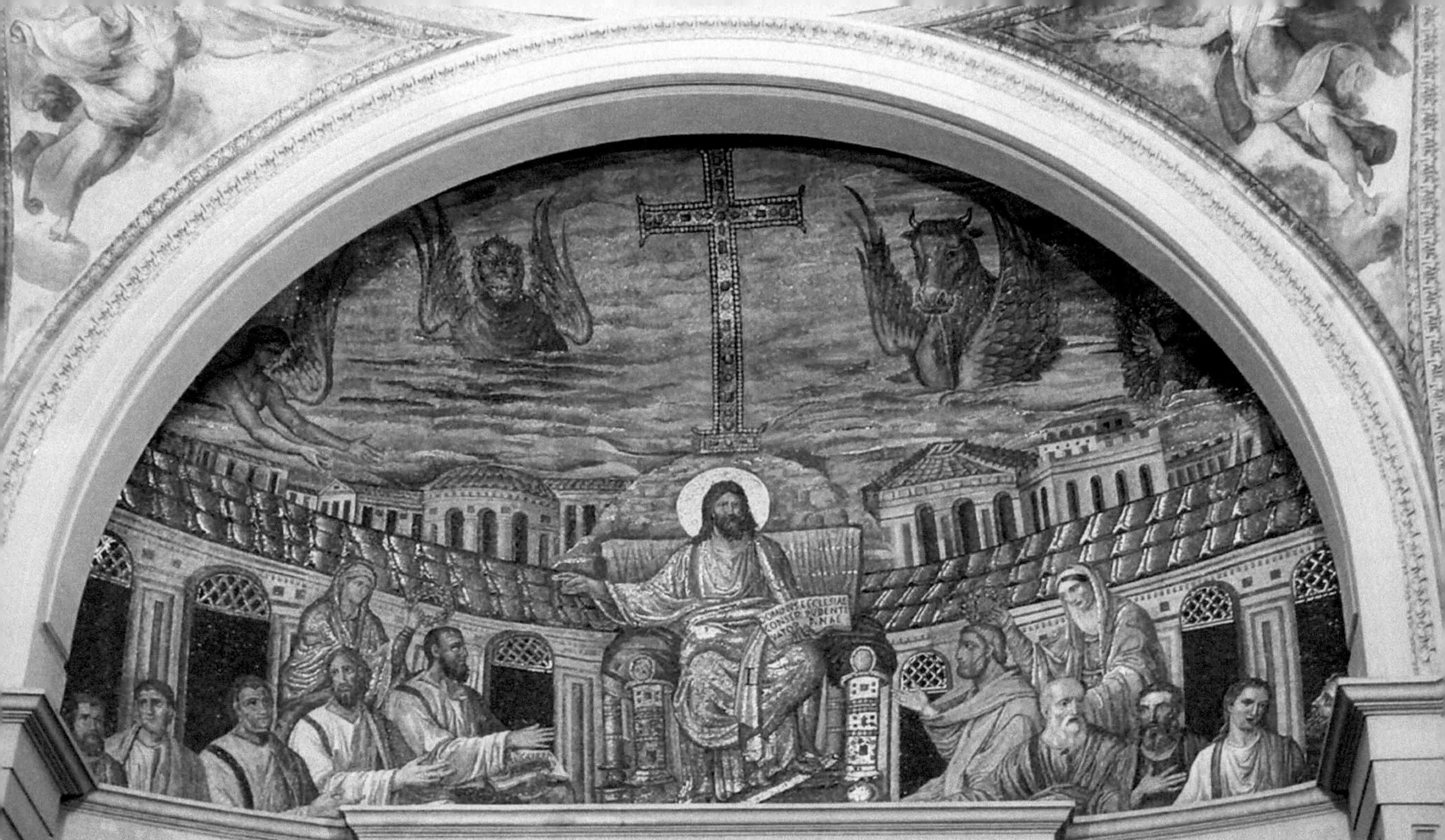

Abb. 105: Apsis mosaic of Santa Pudenziana, Rom, um 410 n. u. Z.: Christus wird auf einem Thron erhöht als Weltherrscher dargestellt, Foto: Welleschik, CC BY-SA 3.0

einer mächtigen ideologischen Bewegung gewachsen, weil es den Sehnsüchten, den sich gewandelten materiellen Lebensbedingungen am besten entsprach. Es entstand nicht abseits der gesellschaftlichen Auseinandersetzungen sondern entwickelte sich als eine spezifische spätantike Vorstellungswelt. Ihre Grundlagen hatte es nicht nur in den religiösen Vorstellungen des israelitischen Handelsvolks, das kriegerischen Auseinandersetzungen eher skeptisch gegenüberstand, sondern vor allem auch in den Vorstellungswelten der griechischen Philosophie, den Ideen von Sokrates und Plato, in den Erlösungsgedanken der Mysterienkulte Griechenlands und des Orients. Die Idealisierung des einfachen Lebens, die Vorstellung, dass vor Gott alle Menschen gleich seien, mit gleichen Anlagen und Gefühlen, war keine spezifische urchristliche Ideenfindung sondern bei den griechischen und auch römischen Philosophen und Schriftstellern weit verbreitet.

Auch die Darstellung des einfachen, alten, gebrechlichen Menschen oder einfacher Kinder, von Bauern und Fischern war in dem spätantiken Naturalismus verbreitet. Das heroische Menschenbild, das Bild des zum Krieger geborenen Menschen, hatte sich vor allem in den Städten gründlich überlebt und verlangte nach einem deutlichen Gegengewicht. Der Gemeinschaftsgedanke, das Gebot der Nächstenliebe hatte gerade in den städtischen Gemeinden während der wirtschaftlichen Krisenzeiten und den Zeiten der

Kriegswirren eine mächtige materielle Grundlage. Denn nur so war zivilisiertes Überleben möglich.

Die Kunst der Urchristen – vor allem in den Katakomben – spiegelt diesen ideologischen Wandel. Da finden sich wie in den pompejanischen Wandmalereien idyllische Landschaften mit Planzenranken, mit vielen Ornamenten, eine harmonische Anordnung von friedlichen Tieren, Tauben, Papageien, Pfauen. Das atmet keine düstere Weltuntergangsstimmung aus sondern gibt sich heiter beschwingt: Zwischen Blumen und Schmetterlingen sind Eroten eingeflochten. Es ist eine spätantike Kunst mit heiterer Diesseitigkeit und Freiheit. Worin sie sich natürlich von pompejanischer Wandmalerei unterscheidet ist, dass mythische Göttergestalten fehlen. Statt dessen werden einzelne biblische Geschichten bebildert, etwa die von Jonas, der Gottes Auftrag missachtet, vom Wal verschluckt und später am Strand ausgespien wird. Geschildert werden kleine Wunder oder Abenteuer, die auch in anderen spätantiken Darstellungen beliebt sind. Oder aber es erscheint das Bild des Guten Hirten, der die Lämmer hütet – das Bild einer ländlichen Idylle wie in den Prominentenvillen Roms oder Pompejis. Auch Himmelfahrtsdarstellungen oder die mit beiden Händen zur Höhe erhobenen Betenden oder Adoranten entsprechen in Form und Inhalt den Darstellungen ihrer heidnischen Zeitgenossen. Die Kunst der Christen war geistig auf der Höhe der Zeit, kultiviert. Auf den Punkt gebracht: Das Urchristentum wurde zur Ideologie der gebildeten vor allem städtischen Bürger, die ihren relativen Wohlstand dem Handel und der Produktion verdankten, während kriegerische Auseinandersetzungen und steigende Steuern und Kriegstribute den Wohlstand auszehrten. Diese Ideologie verfestigt sich aber nicht zu einer neuen Bildsprache sondern lebt in der alten Formenwelt und auch inhaltlich in den Bahnen der späthellenistischen und römischen antiken Kunst.

Was in der Kunst der Urchristen fehlt, sind Kreuze und Abbildungen Gottes, seines „Sohnes" Jesus Christus und der „Mutter Gottes" Maria. Auch in den Gemeindehäusern, in denen sich die Christen trafen, fehlten sie. Es waren einfache Räume, in denen die Gemeindemitglieder sich austauschten, schlichte Stätten der Zusammenkunft für Freunde und Gleichgesinnte ohne aufwendige Ausstattung, die auf einen „heiligen" Ort hätte hindeuten können. Es waren auch keine Altäre vorhanden, an denen geopfert werden konnte. Opfer lehnten die Urchristen ab. Da befolgten sie die Vorschriften der Heiligen Schrift: „Verflucht sei, der einen Götzen oder gegossen Bild macht, ein Gräuel dem Herrn, ein Werk der Werkmeisterhände" (5. Buch Moses, 27,15). Die Erkenntnis, dass die Zeus-, Jupiter-, Athene- oder anderer Götterstatuen von Menschen gemachte Götzenbilder waren, war vorhanden. Ihr ideologischer Gehalt, dass es Kriegerbilder mit entsprechender kämpferischer Ausrichtung der Gesellschaft waren, wurde zwar nicht verstanden – der Widerspruch zu dieser Ideologie war aber offensichtlich. Da waren die frühen Christen konsequent: Gott „wohnte" nicht in diesem Gemeindehaus, deshalb brauchte man auch keinen Tempel wie bei den römischen oder griechischen Göttern. Gott war für sie immaterielles Wort, Geist, der Gott der Christen ist der Gemeinschaftsgeist – und den könne man nicht abbilden, ohne in die Irre zu führen, ohne ein „falsch Bildnis" zu machen.

Das änderte sich rasant, als Kaiser Konstantin das Christentum anerkannte und die Christenverfolgungen einstellte, also ab dem Jahre 313. Die christliche Kunst begann mit der offiziellen Staatskunst zu wetteifern, sie gab sich würdevoller und repräsentativer. Die Katakombenmalereien werden schwer und mit Bedeutung aufgeladen. Auf dem Wege zur offiziellen Staatsreligion wird der Kult des allmächtigen Vatergottes und seines Sohnes Christus voll herausgebildet. Jetzt erst wird das Bild von Jesus als Gott gemalt.

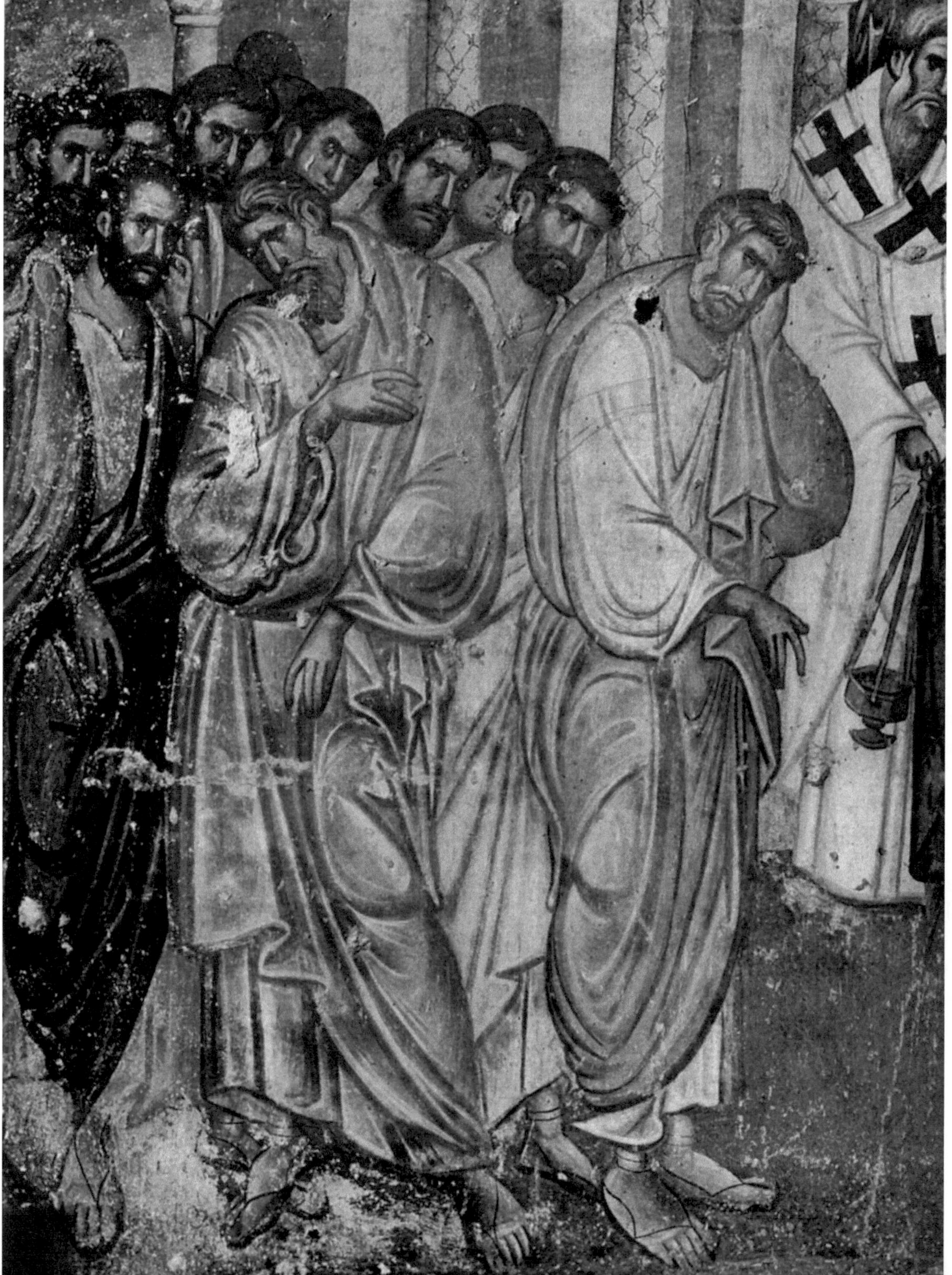

Abb. 106: Meister von Sopocan, Fresken in der Kirche von Sopocani, Szene: Tod der Maria, Detail: Trauernde Jünger, Fragment, um 1235, Fresko, Kirche von Sopocani, Jugoslawien.The York Project, ISBN 3936122202, public domain

Jesus, der vorher Mensch war, wird als jugendlicher Weiser in einer römischen Toga gehüllt dargestellt. Mit einer römischen Schriftrolle mit Gesetzen in der Hand weist er seiner Gemeinde den Weg – mit seinen Gesten in der Kultstatue ähnelt er ganz dem jugendlichen Augustus mit seiner typischen Stirnlocke, auch er Gott und zugleich kaiserlicher Beamter, ein Nachfolger von Zeus und Jupiter.

Das Urchristentum brachte eine Vermenschlichung des Gottesbildes, ging Schritte in Richtung einer Religion des Verständnisses und der Liebe, betrieb eine Entheroisierung des Menschenbildes. Jetzt nimmt die Geschichte eine gegenläufige Entwicklung: Christus wird Herrscher, Erlöser, Wundertäter und damit eine unerreichbare Instanz. Die Distanz zwischen dem Menschen und Gott wird vergrößert, indem Märtyrer, Apostel und Heilige als Vermittler und Zwischeninstanzen aufgerufen werden müssen.

Das Urchristentum kannte keine Gottesbilder. Gott war das Wort, Geist und deshalb nicht abbildbar. Die neue Staatsreligion aber verlangte nach Abbildbarem. So entbrannte auf dem Konzil von Nicäa bei Konstantinopel im Jahr 325 der Streit über das Wesen des Gottes. Die meisten der versammelten Bischöfe waren Arianer, sie vertrat die Meinung, dass Gott „Logos" sei, der Vater allein sei Gott. Aber Kaiser Konstantin (der nicht getauft war, also nicht offiziell zur Christengemeinde gehörte, sich aber als Bischof der Bischöfe bezeichnete) verordnete, dass „der Sohn eines Wesens mit dem Vater" sei. Christus wird seit dem Konzil von Nicäa als Mensch gewordener Gott abbildbar. Das Christusbild tritt die Nachfolge des spätantiken Kaiserbildes und legitimiert seitdem den Kaiser als Stellvertreter des Gottes auf Erden.

Besonders deutlich wird dies an dem zentralen Mosaik von S. Pudenziana in Rom (um 400). Christus ist wie der weltliche Kaiser erhöht auf einem juwelenver-

zierten Thron platziert. Der Herrschersitz selbst steht auf einer wappenverzierten Säule als Zeichen weltlicher Macht. Christus hält die Heilige Schrift wie eine Gesetzestafel in der Hand und erteilt Anweisungen und den Segen. Zwei weibliche Gestalten als Verkörperungen der Heiden und der Juden reichen ihm wie einem Sieger im Wettkampf Lorbeerkränze. Es ist ein widersprüchliches Bild, da er schon mit dem göttlichen Heiligenschein ausgestattet ist. Über ihm zeigt sich Gott im Himmel in Gestalt des Kreuzes wie einst Konstantin dem Großen vor der Schlacht. Tief unter ihm erhalten Apostel die göttliche Botschaft. Die Bilder zelebrieren das religiöse Hofzeremoniell, vor dem die Schar der Gläubigen schaudernd ergriffen und ergeben ihre Demut bezeugen muss.

Die Taube als Gottes Bote erscheint in den Bildern, die Siegesgöttin Nike verwandelt sich in eine Schar von Engeln, sie verkünden jubilierend Gottes Wort. Der Gute Hirte, der in den Katakombenbildern als Mensch dargestellt wird, verwandelt sich in den Herrscher, die Schafe sind deutlich als Untertanen zu erkennen. In den Mosaiken von S. Maria Maggiore leben die Historienbilder wieder auf „Es ist die große Historie der christlichen Kirche: figuren-, szenen-, ausstattungsreich. Alles, was das Volk gern sah und bewunderte, ist da, Getümmel von Aufruhr und Schlachten, Berufungen und Hochzeiten. Räumlich illusionistisch ballen sich die Massen zusammen, aber geführt von einem Helden, der in großer Pose von dem Haufen sich abhebt. So trennen sich Lot und Abraham mit ihrem Volke voneinander, sehr natürlich in Körperlichkeit und Gebärden, aber symmetrisch gegenübergestellt und feierlich wie in einer schicksalsgebietenden Amtshandlung. Es sind Haupt- und Staatsaktionen wie auf den Triumphsäulen und -bögen der Cäsaren." (Hamann 2, S. 84)

Der Kaiser Theodosius erklärte 380 in dem Edikt Cunctos populos das Christentum zur De-facto-Staats-

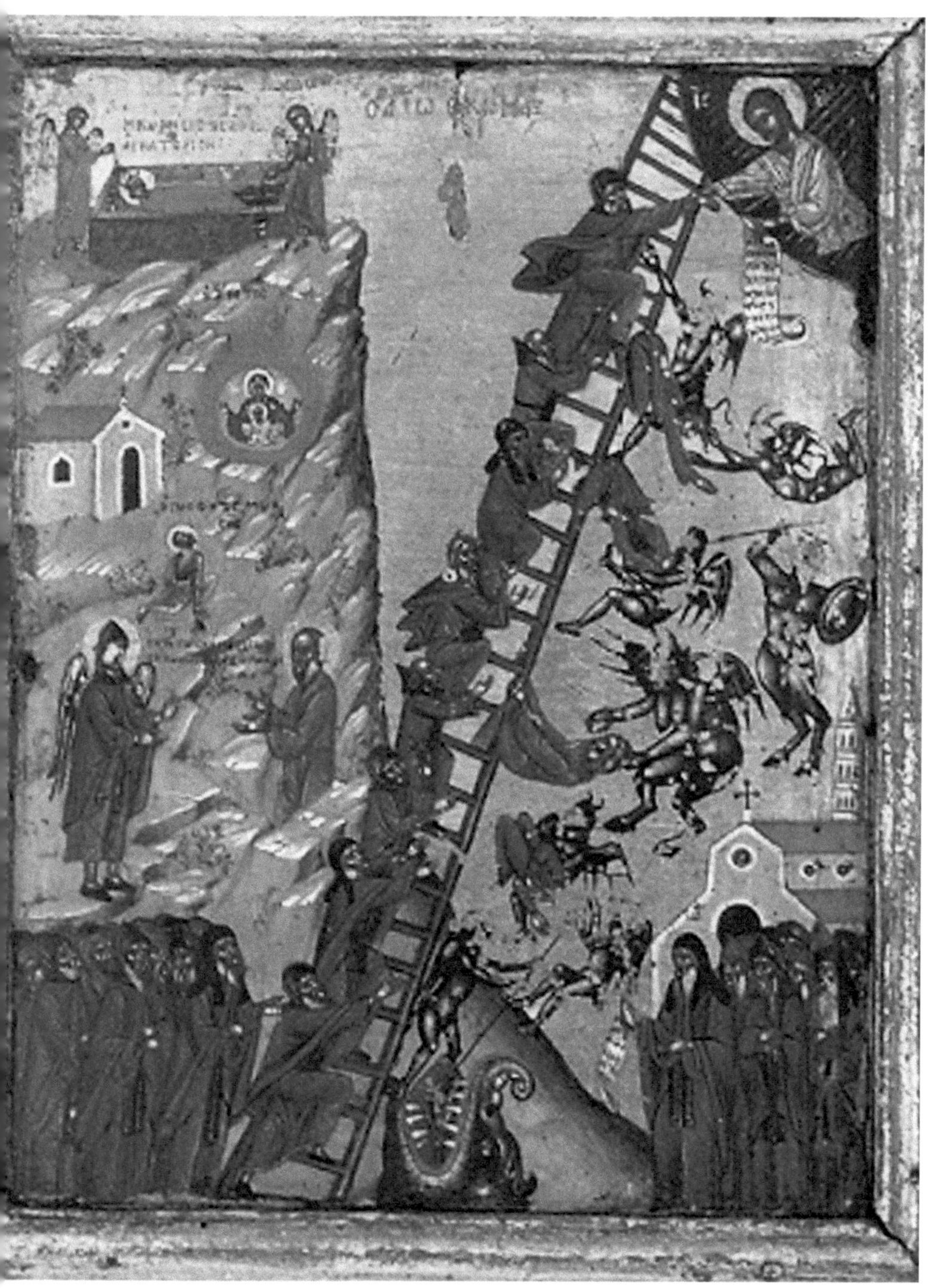

Abb. 107: Sinaikloster. Ikone der Tugendleiter des Johannes Klimakos, 12. Jahrhundert, public domain

religion, „dass wir also an die eine Gottheit des Vaters und des Sohnes und des Heiligen Geistes bei gleicher Majestät und heiliger Dreifaltigkeit glauben". Er brauchte als absoluter Herrscher und Christ nicht um die Destabilisierung seiner Machtpositionen durch die neue Religion zu bangen. Sie hatte sich schon zu einer Herrscherreligion gewandelt, die auch seine ständigen Kriege und seine Hinrichtungen rechtfertigte. Er selbst ließ sich als Heiligen verehren.

In der Architektur vollzog sich ein ähnlicher Wandel wie in der Kunst. Konstantin der Große hatte schon auf dem Platz des angeblichen Martyriums von Petrus in Rom, beim Grab Christi in Jerusalem und bei der Geburtsgrotte in Bethlehem Pracht-Gedenkbauten errichten lassen. Das schlichte Gemeindehaus der Christen als Versammlungsort wird Prachtraum und Kultstätte, Herrscher- und Gotteshaus und schließlich Sitz des Gottes, den es dann in Form des Kreuzes anzubeten gilt. „Der Tisch verwandelte sich bald in den Altar, an dem Gott vom Priester Speise und Trank und Weihrauch geopfert wurde; ein Baldachin mit Pyramidendach auf vier Säulen

schuf in der tempelfeindlichen Basilika, im Gemeindehaus, ein Tempelchen. Wo die Basilika sich auf dem
Grabe eines Märtyrers aufbaute, wurden Altar, Baldachin und Märtyrergrab zu einer Kultstätte zusammen-
gezogen, Grabmonument und Kultmittelpunkt
vereint; Heroisierung und mehr, Vergottung der Märtyrer, setzte ein. [...] Die Bischöfe und Presbyter, die
Gemeindevorsteher und Ältesten wurden zu Priestern, auch sie durch Schranken von der Gemeinde abgesondert, für Gottes Dienst bestimmt." (Hamann, S.
87) Der anfängliche Versammlungsraum ohne klares
Zentrum wird jetzt ausgerichtet hin auf den Altar,
Stätte der Verkündung und kultischer Handlungen
wie des Abendmahls, des Opfers.

In den Mosaiken von S. Apollinaire nuovo (nach 500)
werden die Figuren schon fast vergleichbar archaischer Kunst in einer Prozession aufgereiht, in würdevoller aber Ehrfurcht und Demut zeigender Gestalt,
Geschenke und Opfer tragend, links von Frauen zu
Maria, rechts von Männern zu Jesus Christus. Beide
thronen auf dem Herrscherstuhl, jeweils beschützt
von einer Schar würdevoller Engel. Es ist prachtvoll in
Szene gesetzt, ihre Entsprechung findet diese sakrale
Darstellung im Gehabe am Kaiserhof. Überirdische
Mächte werden beschworen, um den Glanz dann auf
den weltlichen Herrscher zu lenken.

Deutlich wird das auch in den Mosaiken von Ravenna.
Da schwebt nicht nur Christus auf einer Weltkugel sit-
zend neben Engeln im Himmel, die Kaiserin Theodora
zeigt sich als Heilige in prachtvoll gestaltetem Gewand, juwelenverziert und mit Krone geschmückt. Ein
Baldachin betont ihren Heiligenschein. Die frontale
Ansicht zeigt in beiden Fällen die gewollte repräsentative Demonstration. Beide Erscheinungen erheben
sich über ihre Untertanen und verlangen gebieterisch,
jeweils assistiert von überirdischen Kräften, Treue
und Gehorsam. Die reiche Verzierung, die Ornamentik
fällt ins Auge. Sie geben einen Rahmen, rücken das

Abbild in den Mittelpunkt, lassen es gleichzeitig auch
als eine Darstellung des Ewigen erstarren. Es ist eine
Verklärung ins Schemenhafte, eine fast gespenster-
hafte Kälte, ein Schnappschuss aus der Ewigkeit.
Schon die formelhafte Umrisszeichnung beschwört
einen mystischen Zusammenhang. Die Zeit soll ange-
halten werden: Die kaiserliche Ordnung wird als von
Gott gewollt und befohlen behauptet. Die Kunst wird
in das Prokrustesbett des Schemen- und Formelhaften
gezwungen und erstarrt schließlich im Gottesbild der
Ikone oder in den Schriftzügen und der Ornamentik
des Islams. Sie erfüllt denselben Zweck wie das Kreuz:
Es brauchen nur bestimmte Bilder demonstriert werden, um gewünschte Verhaltensmuster zu erzwingen.

Ihren vorläufigen Höhepunkt erfährt die Monumentalität in der Architektur der Hagia Sophia (532 bis 537
und 558 bis 562). Ein mächtiges Himmelsgewölbe erdrückt den andächtig Betenden, der in die Position
einer Ameise gezwungen wird. Das Licht flutet vor
allem von oben, aber auch von allen Seiten, und erzeugt den Eindruck eines Firmaments, eines gewaltigen Sternenhimmels und eine Ahnung vom mächtigen
Weltenherrscher im Universum. Früher dröhnte ein
allgegenwärtiger Christus aus der Kuppel – der Theo-
krator als überirdischer Himmels- und Weltenherrscher –, jetzt sind es Schrifttafeln „Allah ist mächtig" –
ein gewaltiger Nachhall der Antike.

Überirdische Mächte werden aufgerufen, um die irdischen zu begründen und zu rechtfertigen. Kaiser Justinian und die Kaiserin Theodora bringen Gott
Geschenke, sie opfern ihm. Das verlangt geradezu
nach dem Analogieschluss, dass auch die weltlichen
Untertanen den Würdeträgern des Reiches, die als
Heilige mit den höchsten Göttern korrespondieren,
ihre Opfer und Steuern überbringen müssen. Aber
nicht nur in diesem Punkt knüpft die christliche Kirche an die heidnischen Kulte an. Heilige übernehmen
die Funktionen früherer Götter, der eine ist für das

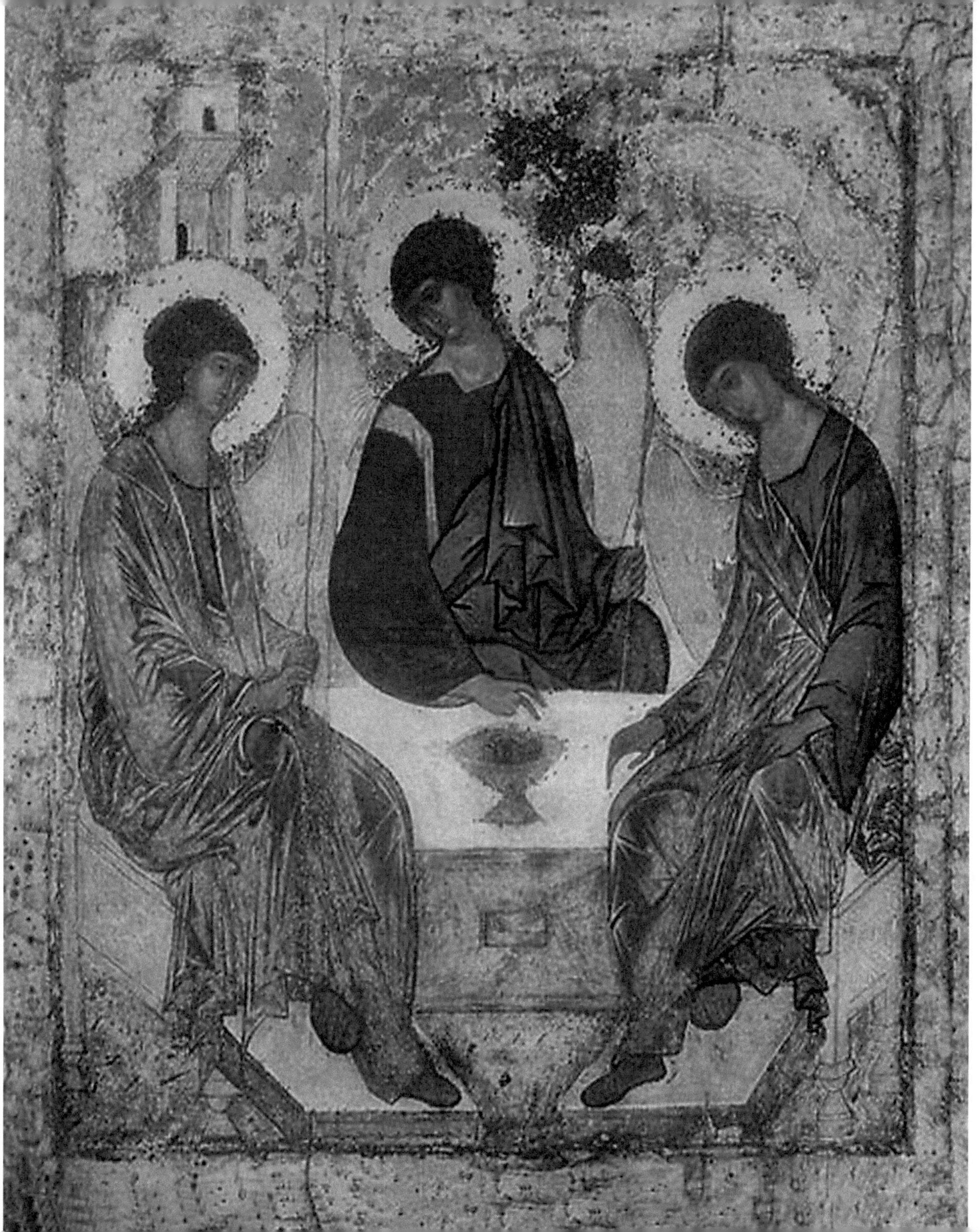

Abb. 108: Andrei Rublev (1360–1430), Heilige Dreifaltigkeit, um 1400, Tempera, grundiertes Holz, Größe: 112 × 141 cm,Tretyakov Gallery, Moscow Source/Photographer, The Yorck Project: 10.000 Meisterwerke der Malerei, ISBN 3936122202, public domain

Feuer zuständig, der andere für die Vegetation und so
weiter. Mit der Verehrung der Märtyrer, die sich für
ihre Kirche geopfert haben, aktivieren die Christen
heidnische Totenkulte.

Die Kreation der „Gottesgebärerin"
Eine besondere Stellung nimmt der Marienkult ein. In
den ersten Jahrhunderten des Christentums war er
unbekannt. Nach der Christenverfolgung und der Pro-
klamation des Christentums zur römischen Staatsreligion wird die Christianisierung der bisherigen Heiden
zur Staatsaufgabe, um die ideologische Einheit des
Römischen Reiches herzustellen. Die „Heiden" waren
in römischer Zeit gewohnt, weiblichen Idealgestalten
zu huldigen, verbunden mit dem Kult der Fruchtbarkeit. Auch der Kirchenhistoriker Karl Heussi schreibt,
„mit der Marienverehrung drang ein Ersatz für die
überwundene Verehrung der antiken Muttergottheiten in das Christentum ein." (Heussi, S. 110) In der
Stadt Ephesus wurde im Jahr 431 auf dem vom oströmischen Kaiser Theodosius II. einberufenen „Dritten
Ökomenischen Konzil" Maria der Titel „Gottesgebärerin" (griechisch theotokos) verliehen, sie wurde also
in den Rang einer „Muttergottheit" erhoben. Die ver-
geistigte Religion wird vollends den heidnischen, althergebrachten Vorstellungswelten angepasst: Der
„Logos" wird Vater, der sich eine „jungfräuliche Werkstatt" geschaffen habe, in der dann der Menschensohn
als Gott gezeugt wird. In der Stadt Ephesus wurde bis
dahin die „Diana der Epheser" verehrt. Die Devotiona-
lienhändler brauchten die bisherigen Göttinnenstatu-
en nur umzuetikettieren. Es ist kein Zufall, dass das
Konzil gerade in Ephesus den Beschluss zur „Gottesgebärerin" fasste. Die Ostkirche war der Westkirche in
der Marienverehrung immer voraus.

Es musste eine neue Maria-Biografie geschrieben
werden, denn in den Evangelien kommt sie fast gar
nicht vor. Legenden mussten an die Stelle treten: Danach traf sich Maria mit Jesus bekannten Frauen und

dem Apostel Johannes in dem „Haus der Mutter
Maria" bei Ephesos und hat bis zu ihrer eigenen Him-
melfahrt viele Heiden zum Christentums bekehrt. So
wird auch Mariens Mantel gefunden und in der Mari-
enkirche des Blachernenviertels von Konstantinopel
verehrt (wahrscheinlich unter der Herrschaft von Leo
I., 457 bis 474 n. u. Z.) Hans-Werner Deppe schreibt:
„Auf den prachtvollen Mosaiken am Triumphbogen in
Rom erscheint Maria nun als Königin des Himmels
zum ersten Mal in gleicher Größe und gleichem Rang
wie Vater, Sohn und Heiliger Geist. Dort in Rom wird
dann auch bald auf Anweisung des Kaisers der berühmte Prototyp der Marienkirchen, die Basilika
Santa Maria Maggiore, erbaut. In den bildlichen Darstellungen erscheint Maria geradezu als Kopie der
heidnischen Muttergöttinnen, mit dem Sternenhim-
mel der Aphrodite, Urania und Isis, mit der Taube der
Ischtar oder dem Mond der Artemis [...]" (Deppe, S.
136) Die Matrilinearität früherer Gesellschaften erlebt eine religiöse Verklärung. Isisgebete wurden fast
wörtlich übernommen, an den Kultstätten früherer
Muttergottheiten wurden Marienkirchen errichtet.
Als weitere Beispiele von Muttergottheiten könnten
Semiramis und Nimrod, Devaki und Krischna, Indrani
mit Kind, Isis und Horus, Astarte und Baal aufgeführt
werden. Der Marienkult versucht eine Integration der
Ideologie der sogenannten Barbarenvölker. Er ist
nicht Zeichen der Stärke sondern Anzeichen des Ver-
falls der römischen Ideologie der Macht. In allen diesen Mythen treten Göttinnen mit jungfräulich
geborenen Söhnen auf. Die Vaterschaft war in den matrilinearen Gesellschaften vollkommen bedeutungs-
los, wurde dann aber in den patriarchalischen
Gesellschaften bestimmend. Oder die Söhne werden
wie Romulus und Remus „gefunden", sind aber in
Wahrheit Götter, Helden oder Kaiser mit bedeutender
Ahnenreihe. Ohne diesen Hintergrund sind die Marienverehrung im antiken römischen Reich, aber auch
im Mittelalter bei der Christianisierung, bei der Ge-
genreformation durch die Jesuiten oder einer roman-

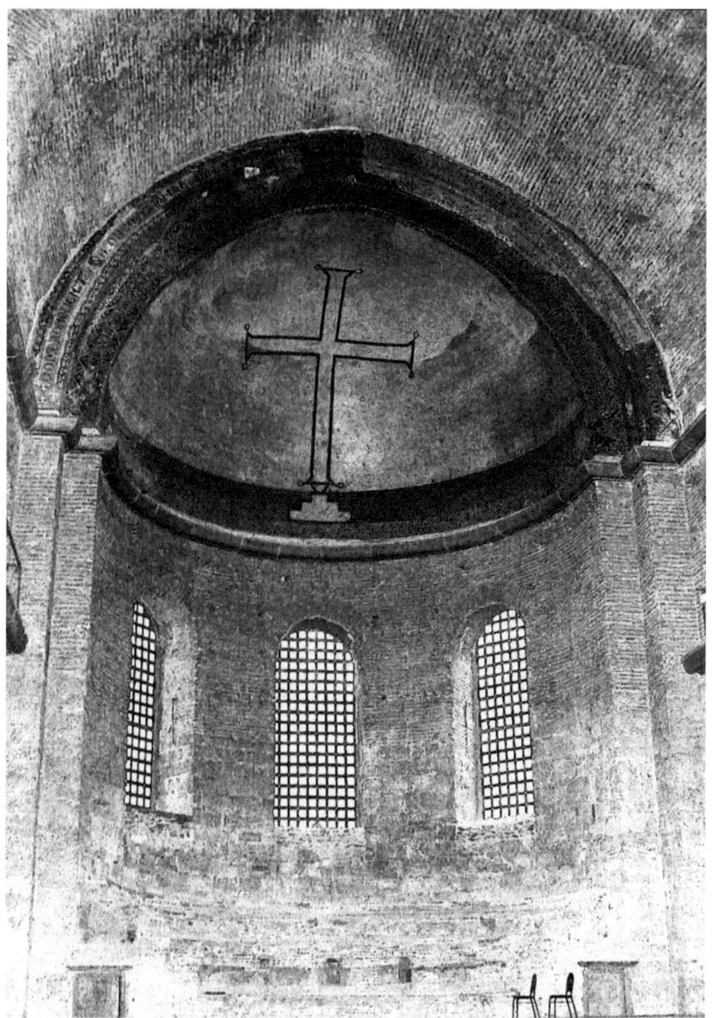

Abb. 109: Irenekirken, Istanbul. Während des Bilderstreits wurden viele Malereien in den Kirchen entfernt. Foto: Nina Aldin Thune, CC BY-SA 3.0

tisierenden neuen religiösen Verklärung durch die Nazarener und der Düsseldorfer Schule Anfang des 19. Jahrhunderts nicht zu verstehen.

In der weiteren Entwicklung übernimmt Maria die „Aufgaben" einer Pallas Athena für Konstantinopel:

Sie wird Stadtgöttin und Heerführerin. In der noch heute in der Ostkirche zelebrierten Akathistos-Hymne – wahrscheinlich in den Jahren 500 bis 520 von dem Dichter Romanus Melodus geschrieben – „Akathistos an die allerheiligste Gottesgebärerin und immerwährende Jungfrau Maria" heißt es:

„Unbesiegbare Heerführerin, dir gelten die Lieder des Sieges! Aus der Gefahr befreit, bringt deine Stadt, Gottesgebärerin, dir Hymnen des Dankes entgegen [...]
Sei gegrüßt, du Stern, der offenbart die Sonne.
Sei gegrüßt, aus deinem Leib wird Gott, der Menschensohn.
Sei gegrüßt, aus dir wird die Schöpfung neu geboren.
Sei gegrüßt, durch dich wirkt der Schöpfer ungeboren als Kind.
Sei gegrüßt, du jungfräuliche Mutter!" (Wikipedia)
Die Hymne wurde um 800 ins Lateinische übersetzt und führte auch in Rom zu einem Aufschwung der Marienverehrung. Bei der Awarenbelagerung der Stadt Konstantinopel im Jahre 626, so weiß es eine Legende, sei Maria mit gezücktem Schwert erschienen und habe die Bewohner beschworen, das Meer mit dem Blut der Feinde zu röten. Maria-Ikonen wurden an den Stadtmauern befestigt, um die Feinde in Angst und Schrecken zu versetzen. In Kriegen wird ihre Ikone als Standarte mitgeführt. Prozessionen mit Maria-Bildnissen sollen vor Krankheiten und Hungersnöten schützen oder Regen bringen: In der Zeit um 500 n. u. Z. wurde der Glaube an die mächtigste Fürsprecherin und intimste Gefährtin Gottes begründet und in der Kunst rituell aufbereitet.

Die gesellschaftliche Entwicklung erstarrt vor allem im oströmischen Reich in der vom Hofzeremoniell geprägten Herrscherkultur – mit ihr erstarrt die Kunst. Die Kunst bekommt die Aufgabe, die Regelhaftigkeit des Zeremoniells nachzubilden. Sie soll nicht von der Natur lernen und die Schönheit des Diesseits und ihrer Formen schildern, sondern die asketische Strenge und Treue in der Gefolgschaft nachbilden. Sie soll den Rahmen abbilden, dafür dient das ausschmückende, dekorierende Ornament, die geometrische Gleichförmigkeit betont den Mittelpunkt, in dem der Herrscher thront. Die Typisierung des Segen spendenden Weltenherrschers wird mit einem strengen Umrissstil, der alle weltlichen Formen abgrenzt und die entrückte Ewigkeit behauptet, erreicht. Auch die heilige Jungfrau wird stereotyp wie eine Kaiserin dargestellt. Sie braucht keine physiognomischen Details, sie ist die ewig junge Lebensspenderin, Bild gewordenes Symbol. Individualität wird ein Manko, kontraproduktiv in einer Ordnung, die auf Subordination zielt. Diese Typisierung, diese Reduktion auf das Schemenhafte, die Darstellung der Gestalten in starrer Voransicht führte notgedrungen zu einer Regelhaftigkeit der Kunst, zu einer Reihung der Gestalten wie in den assyrischen Kriegsbildern. Die Bilder erscheinen in kindlicher Einfachheit und behaupten eine Reinheit. Die harten Linien verurteilen die Untertanen zur Regungslosigkeit im Gebet. Es wird eine archaische Verkürzung, eine Verflachung, die eine Ewigkeit vortäuscht und eine Erstarrung der Kunst einleitet. In den Ikonen und der bilderfeindlichen Buchstabenkunst des Islams behalten sie bis heute ein zeitloses Gesicht – auch diese Kunst steht in der Tradition der Nachantike.

Die Kontinuität der kulturellen Entwicklung
Die verfestigten starren Herrschaftsformen führen zu einer lang anhaltenden Erstarrung der kulturellen Entwicklung. Gombrich schreibt: „Die Fähigkeit, von der Natur zu lernen, die wie wir sahen, in Griechenland ungefähr 500 v. Chr. erwachte, schlief ungefähr um 500 n. Chr. wieder ein. Die Künstler hörten auf, ihre Formen mit der Wirklichkeit zu vergleichen. Sie gingen nicht mehr darauf aus, neue Entdeckungen zu machen, wie man den menschlichen Körper darstellen oder wie man die Illusion des Raumes erzielen könnte." (Gombrich, S. 136/137)

Gombrich stellt fest, benennt die Ursachen aber nicht. Nicht nur die Künstler hörten auf, ihre Formen mit der Wirklichkeit zu vergleichen, die zivilisierte Welt hörte insgesamt auf, die Wirklichkeit zu studieren, zu analysieren und zu verändern. Das römische Reich zerfiel im Westen an ihren eigenen Widersprüchen, die despotische Herrschaft im Ostreich mit der Hauptstadt Konstantinopel nahm Zuflucht in religiösem Wahn. Friedlicher Handel, Wandel durch Produktion und Handwerk hatte in den westlichen Gebieten des früheren Römischen Reiches für lange Zeit keine Zukunft mehr.

Gombrich schreibt weiter: „Auf diese frühchristliche Zeit folgte die Zeit der Völkerwanderung und damit der Anfang dessen, was man das ›finstere Mittelalter‹ genannt hat. [...] dass während dieser verworrenen Jahrhunderte, die auf den Sturz des Römischen Reichs folgten, viel Wissen verloren ging und viele Überlieferungen durch Krieg, Plünderungen und Katastrophen abrissen. [...] dass die Wirren ungefähr ein halbes Jahrtausend dauerten, vom Jahre 500 bis zum Jahre 1000 [...] dass dieser lange Zeitraum keinen einheitlichen Stil in der Kunst hervorbrachte [...]" (Gombrich S. 157)

Die Kunst „schlief" nicht um das Jahr 500 n. u. Z. ein, wie Gombrich behauptet, um dann im Jahre 1000 mit der ottonischen Kunst in Westeuropa wieder zu „erwachen". Das Zentrum der Kunst wechselte mit dem Zentrum der Macht nach dem endgültigen Zusammenbruch des Römischen Westreiches im Jahre 476 von Rom nach Konstantinopel. In Konstantinopel wurden seit 324 mit der Gründung der neuen Hauptstadt des oströmischen Reiches die Inhalte der Bilderwelten für die folgenden 1000 Jahre maßgeblich geprägt.

Eine Entwicklung, die hoffnungsfroh um 800 v. u. Z. begann führt zwar in eine dogmatische Erstarrung.

Aber die Kunst „endete" nicht. Man muss die logische Entwicklung verfolgen, die die Kunst in Widersprüche führte. Welcher grundlegende Widerspruch konnte nicht aufgelöst werden? Es ist die Konzentration auf das „Ideal" des Menschen als Held, als Krieger – der letztendlich in der Gestalt des Cäsaren oder des Kaisers Gott wird. Zu einer Darstellung der Individualität des Menschen in einer Gemeinschaft konnte sich diese Kunst nicht durchringen. Das führte dann zu solch komischen, heute lächerlich anmutenden Porträtstatuen wie die des Diktators Commodus mit Holzkeule und Löwenfell als Philosoph und unsterblicher Gott. Die Kunst des antiken Roms kopierte die griechische, konnte keinen eigenen schöpferischen Ansatz finden, steigerte sogar die Idealisierung bis zur Vergöttlichung der Herrscher, endete aber in der Starrheit vordergründiger Machtdemonstration – die auch in aller Brutalität gezeigt wurde. Der Glaube an den einen Gott-Kaiser konnte bei den vielen Göttern, denen die Bewohner des römischen Reiches huldigten, nicht mehr ideologisch aufrecht erhalten werden. Erst recht nicht, als ungebildete, „barbarische" Soldatenkaiser an der Macht waren. Kaiser Konstantin der Große erkannte die Möglichkeit ideologischer Einheit, bekannte sich zum Christengott und behauptete, er sei Stellvertreter auf Erden – zuerst ohne die alten Religionen zu verbieten und ihre Anhänger zu verfolgen. Er steht ganz in der antiken Tradition und lässt sich mit der Konstantin-Säule in Konstantinopel auch als Sonnengott verherrlichen. Er begründete so den Caesaropapismus. In den Provinzen wurden wie bisher seine Büsten aufgestellt und mit Weihrauch und dem Fußkuss angebetet. Das konnten jetzt auch die Christen, denn er war ja ihr Stellvertreter Gottes.

Im Jahr 324 begann Konstantin der Große Byzantium, das spätere Konstantinopel (Istanbul) zur prachtvollen Hauptstadt des Reiches mit dem Konstantinforum als Mittelpunkt auszubauen. Seine Nachfolger Theodosios und Arkadios statteten ihre Kaiserforen ganz in römischer Tradition mit Statuen der Familienmitglieder aus. Aber die Kunst entwickelte sich weiter und gewann in Konstantinopel auch einen einheitlichen Stil. Und das hängt ganz wesentlich mit der Christianisierung des oströmischen Reiches zusammen.

Theodosios verordnete 380 den christlichen Glauben als Reichsreligion. Er ließ nicht nur prunkvolle Kirchen errichten. Er ließ auch die heidnischen Kultstätten zerstören, vernichtete bisherige Kultur. Sein Zeitgenosse Libanios berichtet: „Sie stürmen zu den Tempeln, mit Holz beladen oder mit Steinen und Schwertern bewaffnet, einzelne auch ohne diese Dinge, bloß mit Händen und Füßen. Denn als ob es herrenloses Gut wäre, reißen sie die Dächer nieder, stürzen die Mauern um, zerschlagen die Götterbilder, zertrümmern die Altäre. Den Priestern bleibt nur die Wahl zwischen Schweigen und Tod. Ist der erste Tempel zerstört, eilen sie zum zweiten und zum dritten und häufen Trophäen auf Trophäen, dem Gesetz zum Spott." (zit. n. Osterrieder, S.78/79).

Justinianus I (527-565) ging nicht nur als Bauherr der Hagia Sophia in die Geschichte ein (sie sollte über 1000 Jahre lang das größte Bauwerk der Welt bis zum Bau des Petersdoms sein). Er ließ die Akademie zu Athen schließen. Auch hier zeichnet der zeitgenössische Historiker Prokopios nicht gerade ein christliches Bild des Herrschers, sondern skizziert einen „Dämonen in Menschengestalt": „Scharen von Agenten durchzogen sogleich allenthalben das Land und zwangen, wen sie trafen, zur Aufgabe des ererbten Glaubens. Da nun dies den Bauern als Frevel erschien, so entschlossen sie sich zu einmütigem Widerstand gegen die Schergen. Viele Häretiker fanden den Tod durch das Schwert, viele begingen sogar Selbstmord [...], die Masse aber floh aus der Heimat. [...] Das ganze Römerreich war so von Mord und Furcht erfüllt." (ebd. S. 79) Justinianus wird noch heute von den orthodoxen Kirchen als Heiliger verehrt.

Die Christianisierung kam einer Kulturrevolution gleich. Die bisherigen Bilder wurden verboten, sie mussten aber durch eine christliche Bilderwelt ersetzt werden. Die beiden Konzile in Nicäa und Ephesus hatten dafür den Weg bereitet: Mit der Trinitätslehre Gottvater, Sohn und Heiliger Geist ist der Sohn Fleisch und damit darstellbar geworden. Auch mit der Deklaration von Maria als „Gottesgebärerin" war die Möglichkeit bildnerischer Glorifizierung gegeben. Aber durften die beiden Gottheiten von Menschenhand abgebildet werden? Es könnten verschiedene Bilder des einen Gottes von verschiedenen Malern entstehen. Die Lösung bietet das entstehende System der Ikonenkunst, die von der Kirche in Auftrag gegeben und ständig kontrolliert wurde. Sie lebt von der Vorstellung, dass die Ikonen Gotteserscheinungen sind. Eine besondere Stellung nimmt dabei das „Tuchbild" (Mandylion) mit dem „wahren" Abdruck vom Gesicht Christi ein. Über die Existenz dieses Bildes wird schon im 6. Jahrhundert berichtet. Es war im Besitz der nordsyrischen Stadt Edessa und schützte sie angeblich vor den Angriffen der Perser. Im Mittelalter wurde es nach Konstantinopel gebracht und dort in der Palastkapelle verehrt. Eine wahre Reliquien-Sammelwut setzt ein, um die Authentizität des Glaubens zu beweisen. Das Holz einer Ikone stamme von dem Tisch, an dem Jesus mit den Jüngern das Abendmahl zelebriert habe. Die Dornenkrone, der Kreuzesnagel, die Grabtücher Christi, ein Stein vom Grab Christi, das Kreuz, ja selbst die Windeln und vieles mehr werden in der Palastkapelle Konstantinopels aufbewahrt. Dann werden Wunder bemüht, um die Heiligkeit der Ikonen zu begründen. Bilder entstehen von selbst im Maleratelier über Nacht. Bilder weinen oder bluten. Bilder orakeln.

Die Gläubigen verehren freudig ergriffen die Bilder mit dem geistigen Salto Mortale, dass diese Bilder Gotteserscheinungen sind, angeblich nicht von der Hand des Künstlers gemalt, sondern durch ihn per Intuition nur zur Erscheinung gebracht. Gott inspiriert die Künstler. Intuition und Inspiration sollen in der Folgezeit zum herausragenden Merkmal der Künstler-Handwerker werden. Die Künstler sind in dieser sakralen Malerei „Hand"-werker, ihre Hände werden von Gott geführt, ihre Individualität zählt nicht. Deshalb werden Ikonen auch nicht signiert. Die Bezeichnung Hagiographia trifft den Sachverhalt am besten: Es ist angeblich „Heiligenschreiberei".

Diese Praxis steht in antiker Tradition. Schon die alten Holz-Götterbilder oder die Stein-Skulpturen der Artemis oder der Pallas Athene wurden mit Diipetes bezeichnet: von Zeus herabgeworfen. Bisher wurden die Kaiserbilder in Prozessionen herumgetragen, die Ikonenprozession kopiert diese Praxis. Auch die Proskynese, den Fußfall mit anbetendem Kuss – vor den Herrschern üblich – wurde vor der Ikone praktiziert. Noch heute bekreuzigt man sich vor ihnen und neigt zumindest ehrfurchtsvoll das Haupt. Der Kaiser lässt sich im Hofzeremoniell ähnlich rituell verehren. Bei Empfängen verhüllten anfangs purpurfarbene Vorhänge den Kaiser, die Vorhänge wurden feierlich weggezogen, der Kaiser saß bewegungslos auf seinem Thron wie eine Ikone und ließ sich die Füße küssen – eine Praxis, die bis in die feudale Neuzeit beibehalten wurde.

Wie schwierig allerdings die Bilderfrage zu lösen ist, zeigen die Schriften des Pseudo Dionysios Areopagita. Ein unbekannter christlicher Autor (wahrscheinlich ein syrischer Mönch) hatte sie um 500 verfasst und sie mit Dionysios Areopagita signiert, dem ersten von Paulus persönlich bekehrten Bischof von Athen. Obwohl die Echtheit schon im 6. Jahrhundert angezweifelt wurde, wurden die Schriften von Papst Gregor dem Großen (Papst von 590 bis 604) als authentisch eingestuft. Kirchenhistoriker bezeichnen sie als die

nach den Evangelien einflussreichsten Schriften im Mittelalter. In „Über mystische Theologie" schreibt er:
„In diese überhelle Finsternis möchten wir eindringen
    und durch Blindheit und Unwissenheit
        das, was über Sehen und Erkennen liegt,
        sehen und erkennen
        gerade durch das Nicht-Sehen und Nicht-Erken-
nen.
Denn das ist wirkliches Sehen und Erkennen
    und überwirkliches Lobpreisen des Überwirklichen
    durch die Abstraktion von allen Wirklichkeiten.
    So etwa wie ein Bildhauer, um zu einer Wesensgestal-
tung zu
    gelangen, mit Hammer und Händen den Marmor von
aller
    Materie reinigen muss, die dem reinen Anschauen der
in
    ihm noch gänzlich verborgenen Form im Wege stünde:
    unsere einzige ausführbare Tat ist das Entfernen solcher
    materieller Hindernisse. Nur diese Abstraktion kann uns
    erlauben, die verhüllte Schönheit des unbekanntes Bil-
des
    zu offenbaren. [...]
sodass wir
    diese Unwissenheit, die von allem Erkannten in den
                                Wirklichkeiten
    überdeckt wird,
    nun aufgedeckt erkennen
    und diese überwirkliche Finsternis, die von jedem Licht,
    das in den Wirklichkeiten ist, verdeckt wird, sehen."
(Wikipedia)
Er spricht auch weiter über eine über der Vernunft liegende Finsternis, die man nicht verstehen könne, man müsse zu ihr aufsteigen und sich mit dem Lautlosen und völlig Unaussprechlichen vereinigen. Es gebe von ihm kein geistiges Erfassen. Es gebe keinen Begriff von ihm, keinen Namen, keine Erkenntnis. Er sei weder Finsternis noch Licht. Unwirklichkeit – Wirklichkeit. Übersinnlichkeit – Sinnlichkeit. Durch Reinigung und Demut müsse man zur Erleuchtung und zu der nicht mit den normalen Sinnen erkennbaren Er-

kenntnis kommen. Derartige mystische Überlegungen lassen sich wahrlich nicht bildnerisch darstellen. Sie zielen deutlich auf den Bilderstreit, der 200 Jahre später tatsächlich ausbricht. Es bleibt das Paradoxon aller christlichen Kunst, das Undarstellbare, das Göttliche darzustellen.

Diese Gedanken hindern Pseudo Dionysios Areopagita aber nicht daran, ausgehend von der Dreifaltigkeit Gottes eine Hierarchie des Himmels zu entwerfen mit einer Angeologie, der Lehre von den Engeln – ein reichhaltiges Bildreservoir künftiger Malergenerationen. Aus dieser Hierarchie des Himmels werden dann die Hierarchien der Kirche mit einem kirchlichen Oberhaupt abgeleitet: Dies dürfte Gregor den Großen auch dazu bewogen haben, die Schriften als authentisch anzuerkennen.

Ausdrücklich wurde von den Bildern nicht Naturnachahmung verlangt sondern das Authentische, das Archetypische. Es durfte nicht mehrere Bilder des einen Gottes geben. Deshalb das Abstrahierende des Gesichts, die suggestive Frontalität, der erleuchtende Goldhintergrund oder das strahlende Blau des Himmels, das erscheinende Unwirkliche als Wirklichkeit. Die Wiederholung des immer gleichen Typs verstärkte die Suggestionskraft.

Bilderstreit als Streit um die weltliche Macht
Mit den Bildern sollten die Heiden dem Machtanspruch der Kirche unterworfen werden. Wer des Lesens nicht mächtig war, konnte durch die Bilder überzeugt werden. Diesen pragmatischen Standpunkt nahm Papst Gregor der Große in Rom ein. Einen gegensätzlichen Standpunkt vertraten später die Bilderstürmer im oströmischen Byzanz: Kaiser Leo III. regierte von 717 bis 741. Seit dem Jahr 726 ließ er religiöse Kunst als Götzenanbeterei vernichten. Der jetzt beginnende Kampf der Bilderstürmer (Ikonoklasten) gegen die Bilderanbeter (Ikonodulen) hatte wohl

nicht allein theologische Gründe. Leo III. berief sich auf die Undarstellbarkeit des einen Gottes: Er wollte damit aber auch bekräftigten, dass nur er die Richtlinienkompetenz auch in religiösen Fragen hatte. In seinem Reich hatten sich die zentrifugalen Kräfte verstärkt. Die Klöster und Mönche stärkten ihre Macht und ihre Einnahmen durch die Produktion und den Verkauf von lokalen Märtyrer-Heiligen. Diesen Regionalismus wollte Leo III. unterbinden und die Zentralmacht stärken. Außenpolitisch beanspruchten die Päpste in Rom – für Leo III. waren die Päpste Gregor der II. und Gregor III. Untertanen – die Richtlinienkompetenz. Als eine Synode unter Gregor III. klar gegen das Bilderverbot Stellung bezog, entzog ihm Leo III. die Gerichtsbarkeit in mehreren südlichen Bistümern Italiens und erhöhte die Steuern dort. Ein weiterer Grund für die Bilderstürmerei war auch das Vordringen des Islams mit seinem Bilderverbot an den Ostgrenzen des Reichs.

Konstantin V. Kopronymos, der Sohn Leos III., lässt auf dem Konzil im Jahr 754 in Hiereia das Darstellungsverbot Gottes verschärfen. Ein Beschluss verurteilt die Maler: „Was erdreistet sich der törichte Sinn des Schattenzeichners, der aus erbärmlicher Gewinnsucht das darzustellen sich erkühnt, was nur im Herzen geglaubt und mit dem Munde bekannt werden kann?" (zit. nach Lippold, S. 109). Ein generelles Bilderverbot existierte während der Zeit nicht. Davon zeugen nicht nur die Darstellungen der „allergöttlichsten" Kaiser, von den Freuden am Hof, von Jagdszenen und von Blumen-Motiven.

Dann kamen in Byzanz die Bilderverehrer 843 wieder an die Macht. Der Patriarch Methodios (843-847) argumentierte: „Zwar warst Du als Wort (Logos) des Vaters zeitlos von Natur, aber durch die Geburt aus einer Mutter in der Zeit wurdest Du sterblich von Natur [...] Indem ich Dein leidensfähiges Fleisch sichtbar mache, bekenne ich, dass Du in Deiner Natur als Gott unsichtbar bist." (zit. nach Belting, S. 181) Und das 4. Konzil in Konstantinopel 869 und 870 formulierte das Dogma für die Ikonen und sprach die Verdammnis über die Bilderstürmer aus: „Wir legen fest: Die Ikone Jesu Christi, unseres Herrn, des Befreiers und Heilandes aller, ist in gleicher Weise wie das Buch der Heiligen Evangelien zu verehren. [...] Wer also die Ikone Christi, des Heilands, nicht verehrt, der soll auch nicht seine Gestalt schauen, wenn er in der väterlichen Glorie wiederkehrt, verherrlicht zu werden und seine Heiligen zu verherrlichen, sondern er soll draußen bleiben, fern von seiner Gemeinschaft und seiner Klarheit." (zit. nach Lippold, S. 117) Auch die Bilder der Gottesmutter, der Apostel, Propheten, Märtyrer und Heiligen wurden rehabilitiert. In ihnen wirke der Heilige Geist, also Gott. Die Bilder würden allerdings nicht selbst das Göttliche darstellen. Gott und die Heiligen würden durch die Bilder verehrt. Gott offenbare sich in sichtbaren Bildern. Die Argumentation ist widersprüchlich. Gott offenbart sich in den Bildern, ist es aber doch nicht.

Kanonisierung der sakralen Kunst
Nach dem Ende des Bilderstreits war der Weg frei für die Ausarbeitung eines sakralen Bildprogramms – verbunden mit einer architektonischen Neuerung: der Kreuzkuppelkirche. Im Mittelpunkt, der riesigen Kuppel thront der Christus-Pantokrator als Herrscher der Welt und des Kosmos. Da das Licht von oben in die Kirche einfällt, erstrahlt er mit Heiligenschein und Kreuz vor dem leuchtenden Goldgrund. Er ist der Ausgangspunkt aller Energie. Der zweitwichtigste Platz, die Apsiskonche, war der Muttergottes mit dem Kind auf ihrem Schoße thronend reserviert. Auch diese Neuerung war eine Anleihe: In römisch-antiken Tempeln war die Apsiskonche, ein runder Anbau an den Hauptbau, dem Kultbild vorbehalten. Dann folgten in hierarchischer Gliederung die Engel, die Propheten, Apostel und die Heiligen.

Von der Kirche wird eine streng reglementierte Bilderlehre ausgearbeitet. Großer Wert wird auf die hierarchische Ordnung gelegt. Themen und Darstellungsart haben rituellen Charakter: Es werden feste Konventionen der Bilderwand, die sogenannte Ikonostasis, ausgearbeitet. Sie trennt die Gemeinde vom Klerus, den heiligen Bereich vom gemeinen Volk. Auf der Bilderwand erscheinen die Mutter Gottes mit Kind, Christi Geburt, Christus am Kreuz, seine Auferstehung, die Verkündigung der Maria, drei Engel als Symbol der Dreifaltigkeit, Apostel, die Heiligen und Märtyrer, besonders St. Georg als Hauptheiliger der östlichen Kirche, dann die Kirchenpatrone. Jeder Heilige ist in eine Kategorie eingruppiert, Kirchenpatrone als hoher oder niedriger Würdenträger, die Rangfolge der Mönche und die Jungfrauen. Die Kirche bestimmte, welche Ikonen an welchen Tagen zu

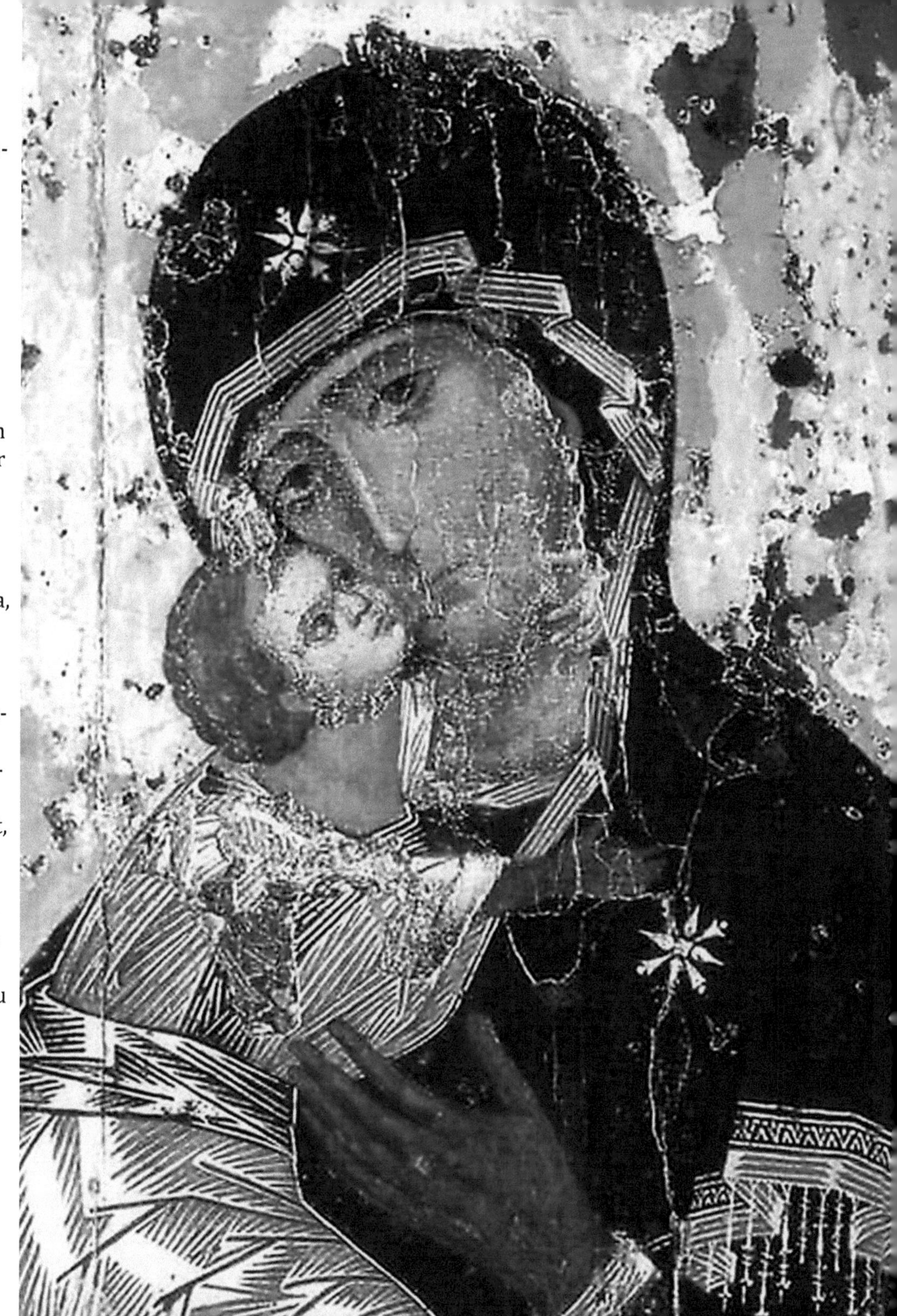

Abb. 110: Gottesmutter von Wladimir. Die Muttergottes-Eleusa-Ikone ist eine Arbeit kaiserlicher Werkstätten aus der Zeit der Komnenen, Konstantinopel um 1100. Foto: en.wikipedia, public domain

ehren und mit dem Fußkuss zu würdigen waren. Neben den geistlichen Würdenträgern waren zur Ehrung nur noch die fürstlichen Würdenträger und deren Amtsträger zugelassen. Die Bilderwelt war eine Synthese aus Kirche und feudalem Hof. Deutlich wird dies an dem sogenannten Zeremonienbuch von Konstantin VII. (905 bis 959). Es soll die „lobenswerte Ordnung der kaiserlichen Herrschaft" noch „erhabener und anschaulicher" erscheinen lassen. Der Kaiser wird wie eine Ikone zeremoniell und öffentlich verehrt, der Fußkuss ist vorgeschrieben. In dem Hofzeremoniell werden die besonders wertvollen Reliquien, die drei Kreuze von der Kreuzigung Jesus Christus von der Palast-Schatzkammer in die Nea-Kirche feierlich überführt – ein mehrtägiges Zeremonien-Fest schloss sich daran an.

Man kann auch von Kalenderikonen sprechen. An jedem Tag des Jahres wird ein Heiliger geehrt und dessen Tugenden und Verdienste gewürdigt. Die Tagesikone wurde beweihräuchert und geküsst. Es sind „Leseikonen": Häufig sind um ein zentrales Heiligenbild viele Stationen seines Lebens bebildert. Viele Ikonen sind beschriftet mit dem Namen des Heiligen, damit der Gläubige weiß, wie sie zu lesen sind. Zusätzliche Texte geben an, wie die Bilder in den Ritus und die Liturgie einzubeziehen sind. Es sind „heilige Bilder", die sich immer auf den Urtypus, das „Urbild" beziehen müssen. Das erklärt auch ihre Formenstrenge und ihre Gleichförmigkeit über fast 1500 Jahre bis in das heutige Russland. Zwar nehmen ab dem 11. Jahrhundert die erzählerischen, ausschmückenden Elemente zu, zwar haben die Ikonen von Theophanes dem Griechen und seinem Schüler Andrej Rubljev im 15. Jahrhundert expressionistische Nuancen, aber sie verstärken nur die Wirkungsabsicht aller Ikonenmalerei, Ausdruck einer phantastischen Spiritualität, ein Erscheinen des Transzendenten, ein Ausschnitt aus der Ewigkeit zu sein.

Die Bedeutung der byzantinischen Kultur und Kunst
Die byzantinische Kunst wird meist unterschätzt und marginalisiert. Sie ist aber die Wiege der christlichen Kunst Europas. Sie war nicht nur die wichtigste Grundlage für die karolingische und ottonische Kunst, sie war bestimmend für die gesamte romanische und gotische Kunst Europas. In der Architektur war die Pfalzkapelle Karls des Großen nach dem Vorbild der San Vitale in Ravenna gebaut worden, diese wiederum nach byzantinischem Muster. Auch die romanischen Kirchenbauten nutzen die byzantinischen Formen. Es ist nicht übertrieben zu behaupten, dass in der Hochzeit der Ikonenmalerei bis in die Renaissancezeit Rom und Italien byzantinische Provinzen waren. Die Blüte der Malerei Sienas und Venedigs, Städte, die besonders gute Handelsbeziehungen mit Konstantinopel hatten, kann ohne den bestimmenden Einfluss der byzantinischen Kunst gar nicht verstanden werden. Vor allem: In der byzantinischen Kunst wurden die christlichen Bilderwelten ausgebildet, wurden die inhaltlichen Schwerpunkte gesetzt, die in der christlichen Kunst bis in die heutige Zeit Gültigkeit besitzen. In der russischen Kunst bewahrte die Ikonenkunst bis in das 20. Jahrhundert seine strenge dogmatische Form. Im Grunde stellte erst Malewitsch diese heilige Kunst in Frage, als er im Jahre 1915 sein schwarzes anarchistisches Quadrat in die Kuppel seines Ausstellungsraumes anstelle des Christus Pantokrators hängte.

Die Ikonenkunst stellt ein geschlossenes Bilderprogramm dar, eine in sich schlüssige Bilderideologie. Dies Bilder ruhen in sich. Sie wollen nicht überzeugen. Sie sind überzeugt. Sie dulden aber auch keinen Widerspruch. Es sind Grüße aus der Ewigkeit. Dieser Schein der Ewigkeit macht die Ideologie und damit die Macht der Kirche, der Patriarchen so stabil. Es ist eine ideale Kunst zur Begründung der feudalen, patriarchalischen Herrschaft, die diese als göttlich legitimiert und als besonders dauerhaft ausweist.

Die Ausgrenzung der byzantinischen Kunst hat politische und ideologische Gründe. Als im Jahre 1453 Konstantinopel unter dem osmanischen Ansturm kapitulierte und das byzantinische Reich zusammenbrach, wurde gleichzeitig die byzantinische Kultur zerstört, Bilder und Kulturschätze vernichtet. Führende byzantinische Maler und Gelehrte emigrierten mit den Handschriften antiker Autoren vor allem nach Italien und gaben so der erblühenden Renaissance entscheidende Impulse. Die Führungsrolle der orthodoxen Kirche ging auf das Großfürstentum Moskau über. Die katholischen Päpste in Rom sahen und nutzten ihre Chance, zur führenden ideologischen Kraft zu werden. Wenn einer der ersten Kunsthistoriker Giorgio Vasari (1511 bis 1574) dann abfällig über die byzantinische Kunst als Maniera Greca spricht, als eine überwundene altmodische Manie, dann auch mit der Absicht, die Führungsrolle Roms und Italiens in der „modernen" Malerei zu betonen. Er versucht, die mächtigen Traditionslinien, die von der byzantinischen Kunst in die italienische Kunst weisen, zu kappen. Die Kunst von Byzanz lebt aber besonders in der Kunst Italiens vor allem in den inhaltlichen Bilderwelten weiter.

Zwei Anläufe gab es bisher in der Geschichte der Kunst, die auf die Gewinnung der Individualität hinausliefen. Das

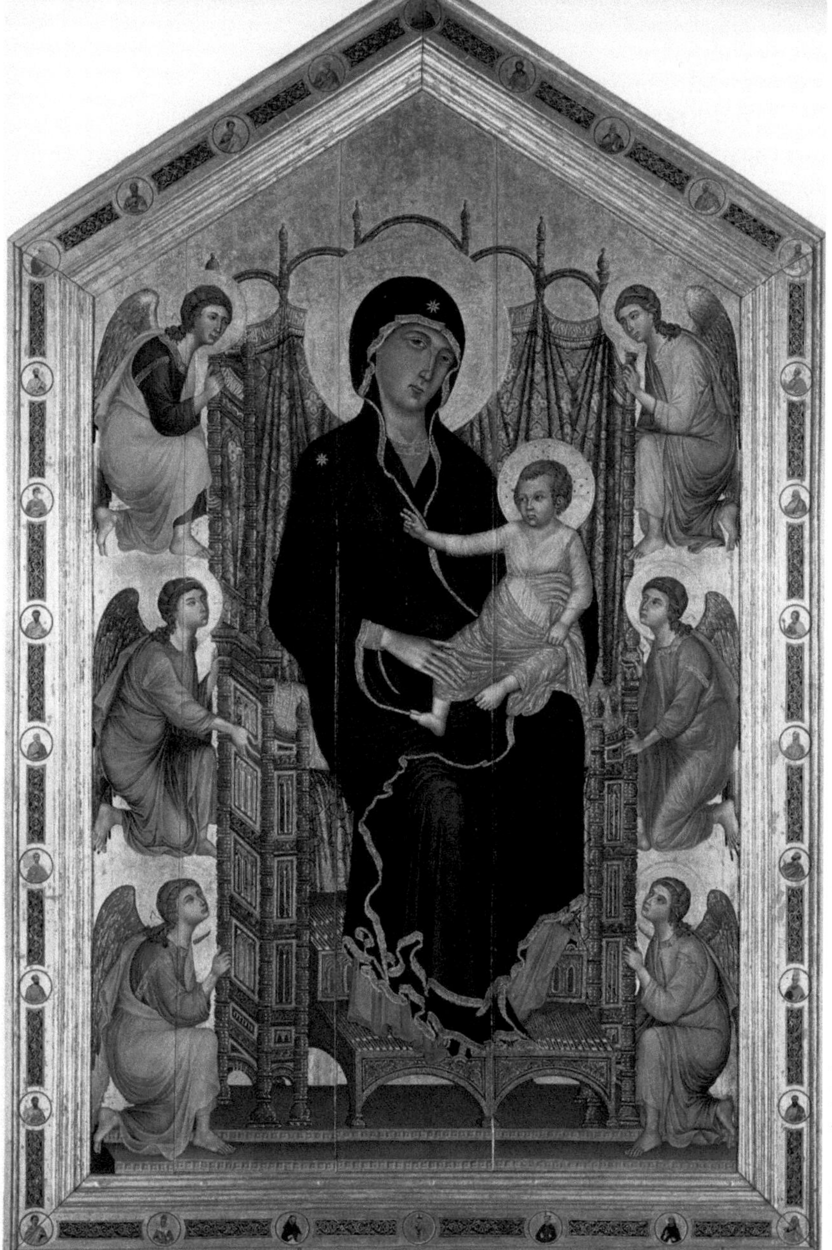

Abb. 111: Duccio (1260–1318), Madonna ruccelai 1285,Uffizi Gallery: Besonders deutlich spürt der Betrachter noch den übermächtigen Einfluss der byzantinischen Kunst noch in den Madonnenbildern des Sienesen Duccio und des Florentiners Giotto. Die Städte Siena und Florenz hatten beide gute Handelsbeziehungen zu Byzanz und stritten um die Vorherrschaft in Italien. public domain

geschieht schon sehr früh im Mittelmeerraum um
1500 v. u. Z. mit der Kunst der Kreter, auf Zypern, an
der östlichen Mittelmeerküste, die dann in in den
Kriegswirren ab 1300 v. u. Z. zerstört wurde. Gleichzeitig in der ägyptischen Kunst, die sich nur einmal in
der Zeit des Echnaton aus den Fesseln einer starren
Doktrin löste und zu freier Erzählung fähig wurde, um
danach wieder in den starren Rahmen zurückzufallen,
der die Notwendigkeit von Herrschaft und Unterordnung der Menschen behauptet.

Der zweite Anlauf startete mit der griechischen Kunst
um 800 v. u. Z.. Aber auch hier wird idealisiert und typisiert, um dann in der Porträt- und Historienmalerei
zur Zeit Alexanders des Großen einen idealisierenden,
schönfärberischen Höhepunkt zu finden.

Chinas Dynastien beanspruchen die Welt-Herrschaft – die Kunst widerspricht

China ist das Land im „Fernen Osten" – ein geheimnisvolles Land mit für viele unverständlichen Mythen und Verhaltensweisen. China besitzt eine andere Kultur mit Traditionen, die in Jahrtausenden gebildet wurden. Sie hat sich nicht den Regeln der abendländischen, christlichen Kultur unterworfen. China wurde zwar in den Opiumkriegen (Erster Krieg von 1839 bis 1842, Zweiter Krieg ab 1856) von den Engländern und Franzosen besiegt: Dies bedeutete allerdings keinesfalls eine geistige Unterwerfung, keine umfassende Kolonisation wie in Ländern Afrikas oder Lateinamerikas. Für China leiteten die verlorenen Kriege ein Jahrhundert kolonialer Fremdbestimmung ein, ein Jahrhundert der Demütigung, die in einer Legitimationskrise der in Jahrtausenden gewachsenen Herrschaft und Kultur mündete. Eine Legitimationskrise mit Auswirkungen bis in das 21. Jahrhundert.

Es prallten zwei Kulturen aufeinander. Das „Abendland" und besonders Europa war und ist christlich geprägt. In der Tradition ist der allmächtige Gott in der Trinität „Gottvater, Sohn und Heiliger Geist" als eine alles bestimmende Gewalt ausübende Instanz gegenwärtig. Trost und Segen spendet der Glaube an ein hoffnungsvolles Leben nach dem Tod. Für Christen kommt es darauf an, die Gnade Gottes zu erfahren und dadurch Seelenheil und das ewige Leben zu erreichen. An erster Stelle der abendländischen Tugenden steht der Glaube, dann kommt die Hoffnung und an folgender Stelle die Liebe. Das Christentum als kulturelles Diktat mit Gesetzen und umfangreichen Glaubensvorschriften wurde von Missionaren in der ganzen Welt verbreitet. Das Christentum prägte Kulturen in Amerika, Afrika, Australien und Teilen Asiens.

In China haben Religionen nicht die dominierende Bedeutung wie in der abendländischen Kultur. Hier stehen im Zentrum der Überlegungen der Philosophen, Kulturschaffenden und Künstler, wie das Leben auf der Erde in Harmonie und Glück gestaltet werden könne. Der chinesische Philosoph Lin Yutang (1895–1976) schrieb darüber: „Dem westlichen Geist ist es kaum fassbar, dass die Beziehung von Mensch zu Mensch ohne den Gedanken an ein höchstes Wesen fruchtbar gestaltet werden könnte, während es dem Chinesen ganz ebenso erstaunlich vorkommt, weshalb die Menschen sich nicht auch ohne den Gedanken an einen Gott untereinander anständig sollten benehmen können." Viele Chinesen glauben also auch ohne einen unsichtbaren Gott im Himmel auskommen zu können. Religionen sind in China nicht mit dem Stigma der Unfehlbarkeit ausgestattet. Der Chinese bedient sich der Lehre des Konfuzius, wenn er glücklich ist. Er vertraut den Ausführungen von Lao-Tse, wenn es ihm schlecht geht und er Hoffnung schöpfen und sich in sein Schicksal fügen muss. Lao-Tse, dem Begründer des Daoismus, wird die Aussage zugeschrieben: „Der Mensch braucht weder Götter noch Geister, wenn er dem Dao folgt." Dao meint hier das Streben nach Harmonie und die Suche nach dem rechten Weg. Im Falle eines Todesfalls sucht der Chinese bei einem buddhistischen Priester Trost. In den chinesischen Kulturen führen die wechselhaften Einflüsse der Religionen keinesfalls zu Kreuzzügen und Vernichtungskriegen

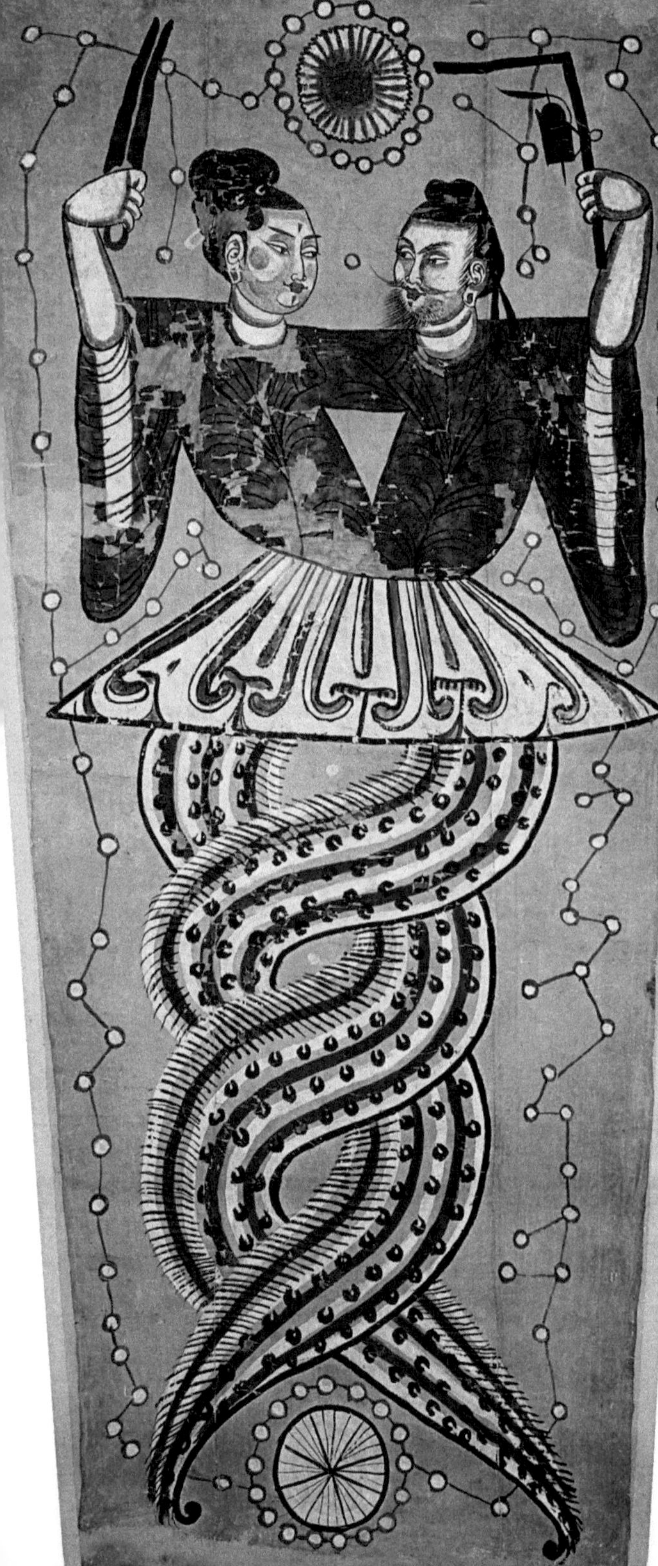

sondern bei Kulturschaffenden in erster Linie zur Meditation über das verlorene Glück, das in der Harmonie zu finden sei.

Dabei gestalten sich die Ausgangslagen der abendländischen und der chinesischen Kulturen durchaus ähnlich. In den frühen chinesischen Kulturen Peiligang, Xinglongwa vor rund 9.000, Xinle vor 7.500, Yangshao vor 7.000, Hongshan vor 6.700 Jahren herrschten noch Gesellschaften mit matrilinearen Orientierungsstrukturen ohne Hierarchien und dominierendes Privateigentum. Das kommt auch in der chinesischen Mythologie deutlich zum Ausdruck. Danach war Nüwa die Schöpfergöttin des Menschengeschlechts und für die Erschaffung der Welt und vor allem für die Reparatur der Säulen des Himmels zuständig. Der daoistische Philosoph Huainanzi (180 bis 122 v. Chr.) beschreibt das mit den Worten: „In älteren Zeiten waren die vier Säulen zerbrochen; die neun Provinzen waren in Fetzen. Der Himmel bedeckte [die Erde] nicht vollständig; die Erde hielt [den Himmel] nicht ganz um [ihren Umfang] herum aufrecht. Feuer loderten unkontrolliert und konnten nicht gelöscht werden; Wasser flutete in großen Ausmaßen und wollte nicht zurückweichen. Wilde Tiere fraßen unbescholtene Menschen, räuberische Vögel schnappten sich die Alten und Schwachen. Daraufhin schmolz Nüwa fünffarbige Steine zusammen, um den azurblauen Himmel zu flicken, schnitt der großen Schildkröte die Beine ab, um sie als vier Säulen aufzustellen, tötete den schwarzen Drachen, um der Provinz Ji Erleichterung zu verschaffen, und häufte Schilf und Schlacke an, um die Fluten aufzuhalten. Der azurblaue Himmel wurde geflickt, die vier Säulen wurden aufgestellt, die

Abb. 112: Nüwa, die Schöpfergöttin des Menschengeschlechts wird mit Zirkel dargestellt. Sie hat die Menschen aus Ton geformt. Fu XI mit dem Winkelmaß ist der erste der mythischen chinesischen Urkaiser. Ihn zeichnet der Sage nach aus, dass er den Menschen die Kunst des Schreibens beigebracht hat. Er ist für die Musik zuständig und hat Netze zum Jagen und Fischen geschaffen. public domain

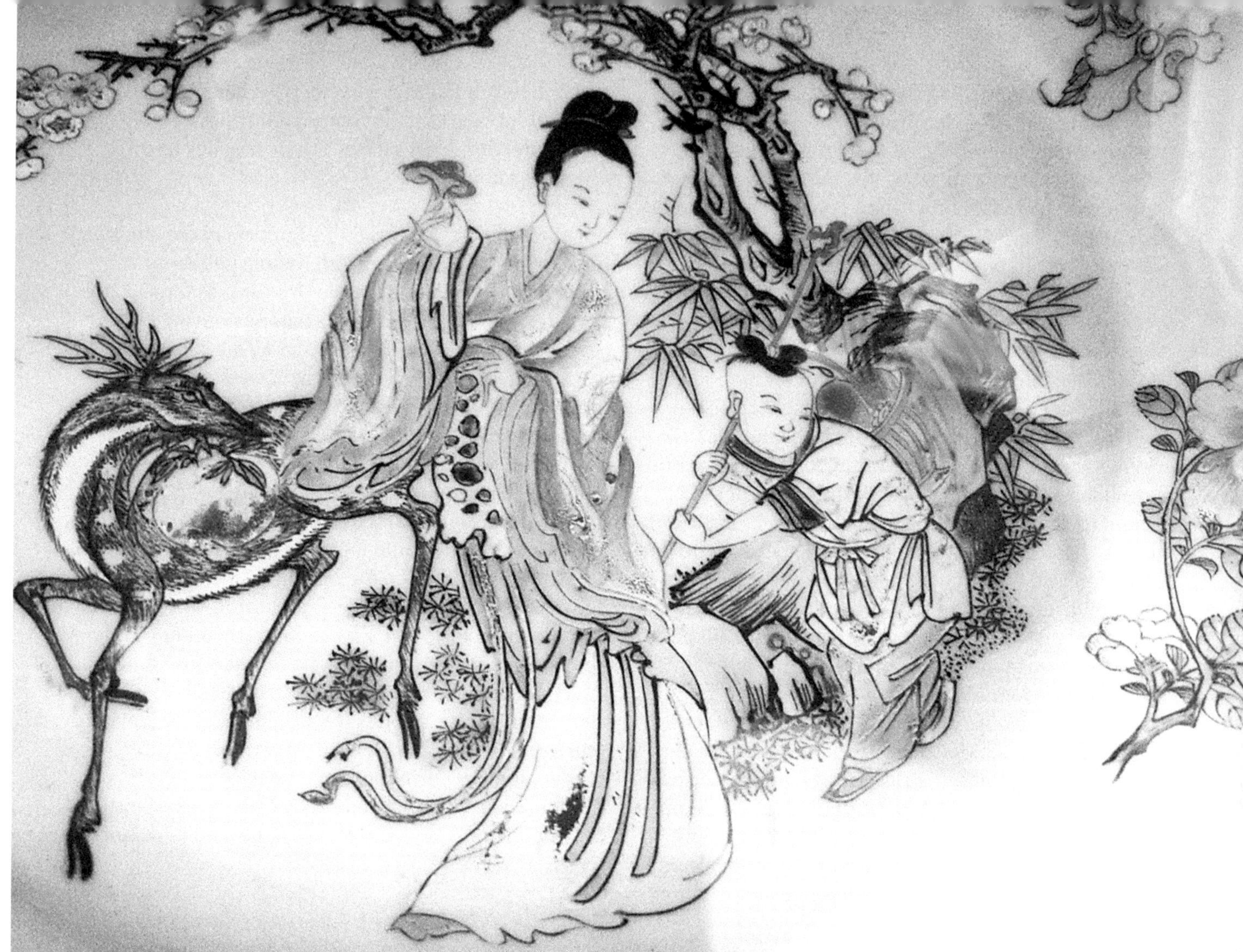

Abb. 113: Xiwangmu wird die „Königinmutter des Westens" genannt. Sie ist im Daoismus die Lehrerin der Weisheit und die Ver-mittlerin der himmlischen und irdischen Reiche. Zu ihren Symbolen gehören der Pilz oder der Pfirsich der Unsterblichkeit. Begleitet wird sie von dem Hirsch, der für ein langes Leben steht. Um sie ranken zahlreiche Volkskulte. Foto: Dr. Meierhofer, CC BY-SA 3.0

wogenden Wasser wurden abgelassen, die Provinz Ji war ruhig, listiges Ungeziefer starb ab, tadellose Menschen [bewahrten] ihr Leben." Diese Beschreibung gleicht in vielem den Schöpfungsmythen der Philosophen des Zweistromlands und der Juden und Christen. Am Anfang herrschte Chaos. Im abendländischen Mythos trennt dagegen der männliche Gott Himmel und Erde. Gott ist es, der mit der Arche Noah der Menschheit das Überleben rettete. Im chinesischen Mythos krempelt Nüwa die Armel auf und verbringt durchaus Menschliches. Sie sah sich mit dem Chaos konfrontiert und handelte, domestizierte Tiere, schuf soziales Leben und kanalisierte das Wasser. Dem Mythos zufolge ist Fu Xi der Bruder von Nüwa. Mit ihm zusammen formte Nüwa auf dem mythologischen Berg Kunlun Ton in Menschengestalt, die sie dann mit schöpferischer Kraft zum Leben erweckten. Auch der heilige Berg der Griechen, der Olymp, taucht in chinesischen Mythen mit dem Namen Kunlun auf.

Verehrt wurde und wird auch Xiwangmu oder Hsi Wang Mu mit der Kennzeichnung als die „Königsmutter des Westens". Sie gilt im Daoismus als Symbol der Transzendenz, als Vermittlerin zwischen irdischen und himmlischen Reichen, als Unsterbliche, als Lehrerin der Harmonie. Auch ihr Wohnort ist der Berg Kunlun, auf dem ein harmonisches, himmlisch perfektes Leben im Paradies geführt werden kann. In ihren Gärten wachsen genau 3.600 Pfirsichbäume. Wer von den Früchten isst, wird stark, niemals alt und wird Himmel und Erde überdauern. Ein Nachteil dieser Pfirsichbäume ist allerdings, dass sie nur alle 6.000 bis 9.000 Jahre erblühen und reifen. Aber Xiwangmu wird in Volkskulten als Göttin verehrt, obwohl Lao-Tse, der Vater des Daoismus, deutlich formuliert hatte, dass weder Götter noch Geister notwendig seien, um den rechten Weg zu finden. „Erlösungsreligionen wie das Christentum oder der Islam wurden als etwas Fremdes, von außen Gekommenes und, in Zeiten innerer Schwäche, als etwas Staatsbedrohendes wahrgenommen", schreibt wikipedia über eine Grundeinstellung des Daoismus.

In der Mythologie ist außerdem Doumo als Himmelskönigin und Mutter des Jadekaisers bekannt. Ikonographisch wird Doumu normalerweise mit acht Armen und vier Gesichtern dargestellt, deren jedes in eine Himmelsrichtung sieht. Sie spielen auf die Funktion der Himmelskönigin als allgegenwärtige und tatkräftige Helferin an. In den Händen hält sie Sonne und Mond, den Pfirsich der Unsterblichkeit, ein Schwert und andere Symbole; manchmal wird sie auch mit einem Eberkopf dargestellt. Sie wird häufig zusammen mit Xiwangmu und einer Erdmutter abgebildet, als Symbol der daoistischen Triade und der kosmischen Harmonie.

Auf einer der Säulen des Fu-Xi-Tempels in der Provinz Gansu steht geschrieben: „Am Anfang gab es noch keine moralische oder soziale Ordnung. Männer kannten nur ihre Mütter, nicht ihre Väter. Wenn sie hungerten, suchten sie nach Nahrung; wenn sie zufrieden waren, warfen sie die Reste weg. Sie verschlangen ihre Nahrung, versteckten sich, tranken das Blut und kleideten sich in Häute. Dann kam Fu Xi und schaute nach oben und betrachtete die Bilder im Himmel, blickte nach unten und betrachtete die Ereignisse auf Erden. Er vereinte Mann und Frau, regulierte die fünf Stufen des Wandels und legte die Gesetze der Menschheit fest." Hier werden die matrilinearen Strukturen der Gemeinschaften vor der Etablierung der Dynastien beschrieben. Fu Xi schafft dann „Ordnung" und dementsprechende patriarchale Gesetze. Fu Xi diffamiert die Zeit der matrilinearen Ordnung. Dabei hatte auch in China die Zeit des Neolithikums große Fortschritte gebracht. Der Reisanbau war mit Bewässerungssystemen perfektioniert. Die wichtigsten Nutztiere waren domestiziert. Die Metallverarbeitung, das Töpfer- und Jade-Handwerk hatten hohe technische Standards.

Die Mythen, die von matrilinearen Verfassungen der Gemeinschaften künden, wurden gründlich überschrieben. Fortan sind es dann Kaiser, die für Wohlstand, Fortschritt und Kultur sorgen. Allen voran der mythische Kaiser Huangdi, bekannt als der Gelbe Anführer oder der Gelbe Kaiser. Er regierte von 2698 bis 2598 v. Chr., also 100 Jahre. Er wird als Begründer des zentralisierten Staates, als ein kosmischer Herrscher und kühner Feldherr gefeiert. Er wird als der Initiator der chinesischen Kultur beschrieben. Ihm seien zahlreiche Innovationen und Erfindungen zu verdanken:

Er lehrte sein Volk, wie man Häuser baut, Tiere zähmt, er erfindet Kleidung, Boote und Karren. Dabei sind alle diese Errungenschaften schon in der neolithischen Zeit erreicht worden. Aber Huangdi ist eine Lichtgestalt, denn Gelb repräsentiert das Zentrum der Macht in der Welt. Er beherrscht das „Reich der Mitte". Huangdis Mutter wurde übrigens schwanger, als sie bei einem Spaziergang von einem Blitz aus dem kosmischen Großen Wagen getroffen wurde. Sie brachte ihren Sohn dann auf einem heiligen Berg zur Welt. Weitere mythische Urkaiser sind Zhanxu (2490–2413 v. Chr.), Ku (2412–2343 v. Chr.), Yao (2333–2234 v. Chr.), Shun (2233–2184 v. Chr.). Yao und Shun sind auch als die zwei Kaiser bekannt, die mit Yu, dem Begründer der Xia-Dynastie, die vorbildlichen Herrscher und moralischen Vorbilder des Konfuzianismus waren. Die Vorstellung der Chinesen war, dass die ältesten Kaiser wie im Paradies lebten. Bevor konkretere Regierungszeiten erfunden wurden, dachte man an Regierungszeiten zwischen 18.000 und 11.000 Jahren. Danach sei es immer menschlicher geworden. Und von der Xia-Dynastie über die Shang-Dynastie bis zur Zhou-Dynastie sei alles immer schlechter geworden. Die Herrschaftszeiten der Urkaiser galten als Goldene Zeitalter Chinas.

Mit ruhmreichen Sagen sind dann die Leistungen des Begründers der ersten chinesischen Dynastie Xia, die von rund 2.200 bis 1.600 v. Chr. dauerte, ausgeschmückt. Der Kaiser Yu habe zur Verhinderung einer Sintflut Übermenschliches geleistet. Tatsächlich hatte nach neuen Erkenntnissen 1920 v. Chr. ein Erdbeben eine gewaltige Flutwelle am mittleren Gelben Fluss ausgelöst. In der zeitgleichen Erlitou-Kultur wurden auch schützende Dämme gebaut. Vermutlich war die archäologische Stätte Erlitou die Hauptstadt der ers-

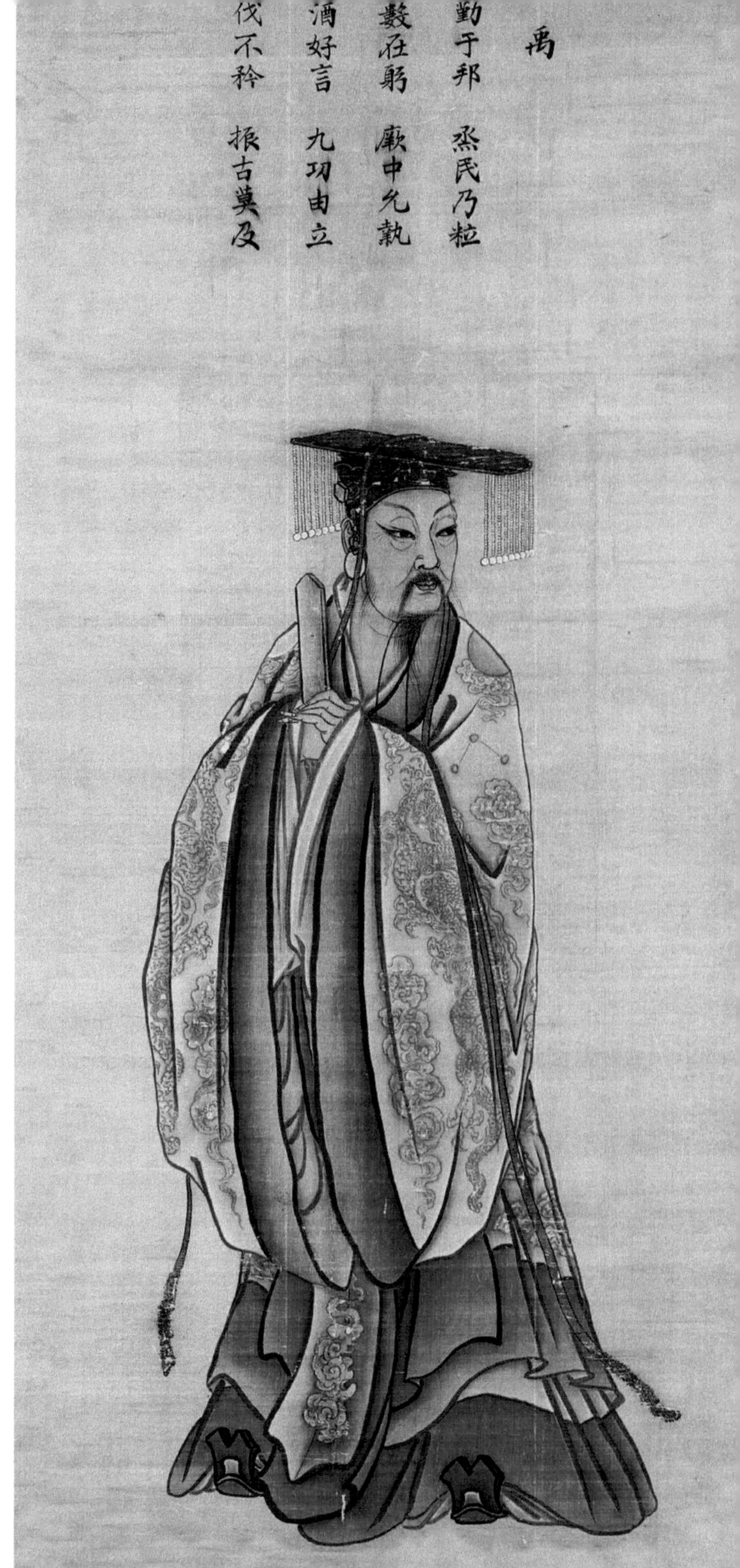

Abb. 114: Der König Yu ist der Begründer der Xia-Dynastie, wie ihn sich der Maler Ma Lin vorstellte. Tusche auf einer Seidenrolle, Größe: 249 x 111.3 Zentimeter, National Palace Museum, Taipei. public domain

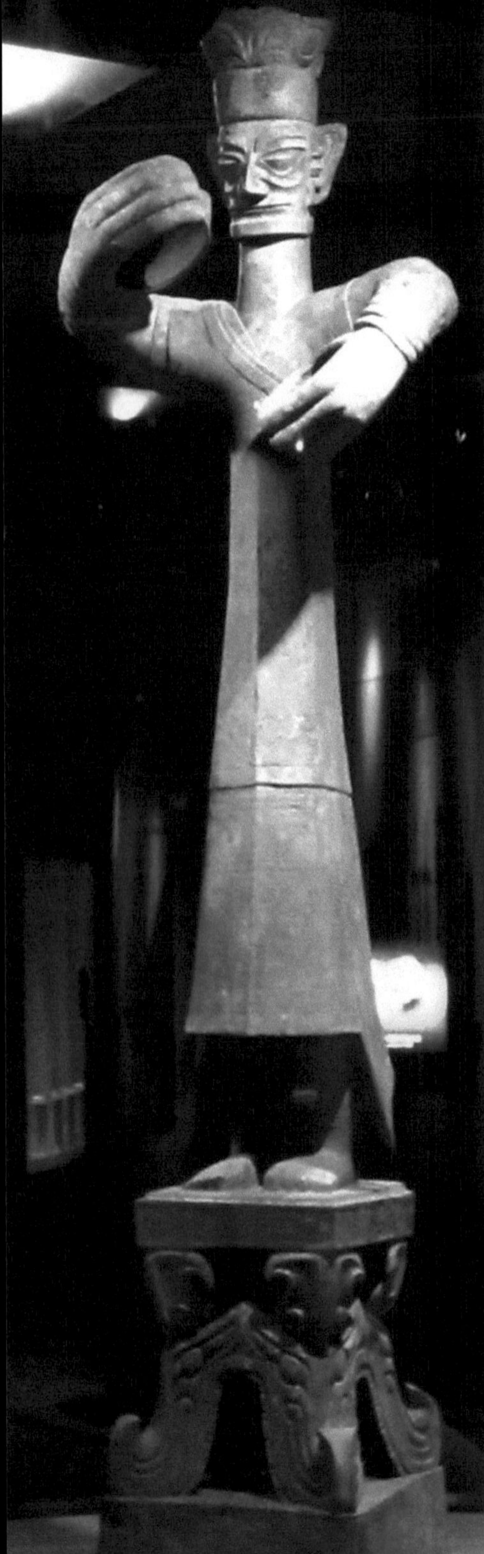

ten Dynastie Dort wurden zahlreiche Palastgebäude und Bronze verarbeitende Werkstätten entdeckt. Es gab ein Straßennetz und eine Stadtmauer. Erlitou war in sei-

Abb. 115: Die Figur aus der Shang-Zeit (um 1.200 v. Chr.) ist innen hohl und hat eine Gesamthöhe von 2,62 Meter. Die Höhe des menschlichen Teils beträgt 1,72 Meter. Die Figur trug drei Lagen Kleidung mit einem Band sowie Armbänder an Händen und Füßen. Es wird allgemein angenommen, dass diese Figur ein König und Schamanenführer war, das heißt, die höchste Autorität nahm den dreifachen Status von Gott, Schamane und König ein. Die Figur hat übergroße Hände und war offensichtlich dazu gedacht, einen großen Gegenstand zu halten, der verloren gegangen ist. Möglich sind ein Jade-Cong oder ein Elefantenstoßzahn, die beide in den Gruben gefunden wurden. Quelle: Flickr: Bronze Standing Figure, Urheber: momo, CC BY-SA 2.0

ner Blütezeit mit rund 18.000 bis 30.000 Einwohnern die größte städtische Siedlung des damaligen Chinas und vermutlich von ganz Ostasien.

Über die folgende Shang-Dynastie, die von rund 1.800 bis 1.100 v. Chr. herrschte, liegen genauere Daten vor. Genau 32 Könige oder Kaiser zählte sie. Der letzte König Di Xin war für seine Tyrannei und Gewaltherrschaft verhasst und wurde deshalb auch von seinen Untertanen gestürzt, die dann der folgenden Zhou-Dynastie dienten. In der Hauptstadt Yinxu wurden neben den Resten von Palästen und Tempeln auch elf Königsgräber entdeckt. Hunderte von Sklaven wurden mit den Königen begraben, die offensichtlich ihren Herrschern auch nach dem Tod

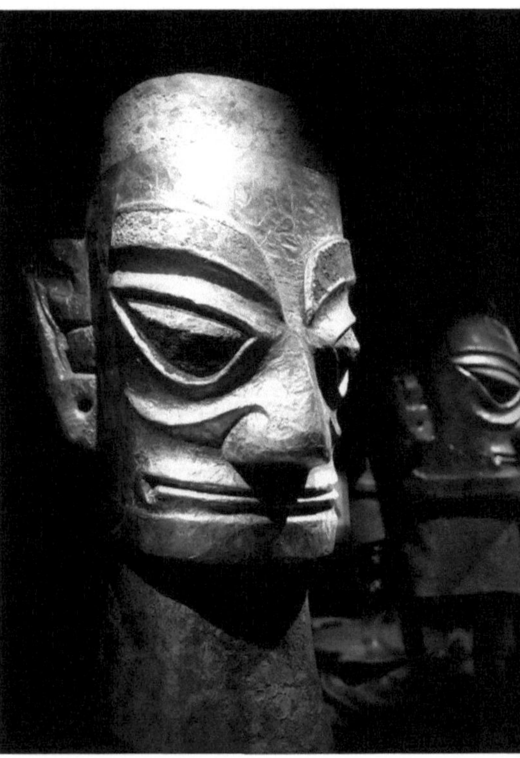

Abb. 116: Sanxingdui war eine bedeutende archäologische Fundstätte während der Shang-Zeit. Diese Bronzeköpfe, geschaffen um 1.200 v. Chr., sind mit einer Maske aus Goldfolie geschmückt. Foto: Flickr: Gold Mask, Autor: momo, CC BY-SA 2.0

dienen sollten. Kriegsgefangene wurden nicht nur für Zwangsarbeiten interniert, sondern dienten auch als Menschenopfer.

In der Shang-Zeit wurden aber auch die chinesischen

Schriftzeichen perfektioniert, wie aus zahlreichen Zeichen auf Schildkrötenpanzern hervorgeht. Diese Schriftzeichen sind noch heute im Gebrauch. Sie dienten auch dazu, astronomische Daten festzuhalten. Die frühesten Eisenwerkzeuge Chinas wurden in dieser Zeit gefertigt. Funde in Sanxingdui mit einem Alter aus dem 12. Jahrhundert v. Chr. beweisen ein großes technisches und ästhetisches Können. So ermöglichte eine Bronzegusstechnik durch die Zugabe von Blei zu der üblichen Legierung aus Kupfer und Zinn eine größere Festigkeit, sodass eine überlebensgroße Menschenfigur mit 260 Zentimetern Höhe und 180 Kilogamm Schwere geschaffen werden konnte (Abb. 115). Außerdem wurde ein Bronzebaum geschmückt mit Ornamenten, Blumen und Vögeln in einer Höhe von 398 Zentimetern geschaffen. Weitere Errungenschaften waren Bronzeköpfe mit übetrieben schiefen Augen und markigen Gesichtszügen (Abb. 116). Andere Objekte stellen Tiger, Schlangen, Vögel, Masken und vermutlich ein großes Sonnenrad dar.

In den folgenden westlichen und östlichen Zhou Dynastien, die von 1.045 bis 221 vor Chr. dauerten, brodelte es vor kriegerischen Auseinandersetzungen. Als Barbaren bezeichnete Volksstämme griffen von allen Seiten das Staatsgebiet an. Die sozialen Konflikte nahmen zu, die Hierarchisierung und die Gewaltanwendung in der Gesellschaft wuchs entsprechend. Der Herrscher wurde jetzt als Sohn des Himmels bezeichnet. Der Feudaladel kopierte den Lebensstil des Hofes, rang aber miteinander um Privilegien. Um die Konflikte einzugrenzen, wurden Bauernheere mit mehr als 100.000 Kriegern aufgestellt.

Konfuzius und Lao-Tse entwerfen Vorstellungen für eine bessere Welt

Die Zeit der Zhou-Dynastien war aber nicht nur durch heftige Konflikte der mächtigsten Fürsten gekennzeichnet sondern auch durch Neuerungen wie die Nutzung des Düngers in der Landwirtschaft oder das

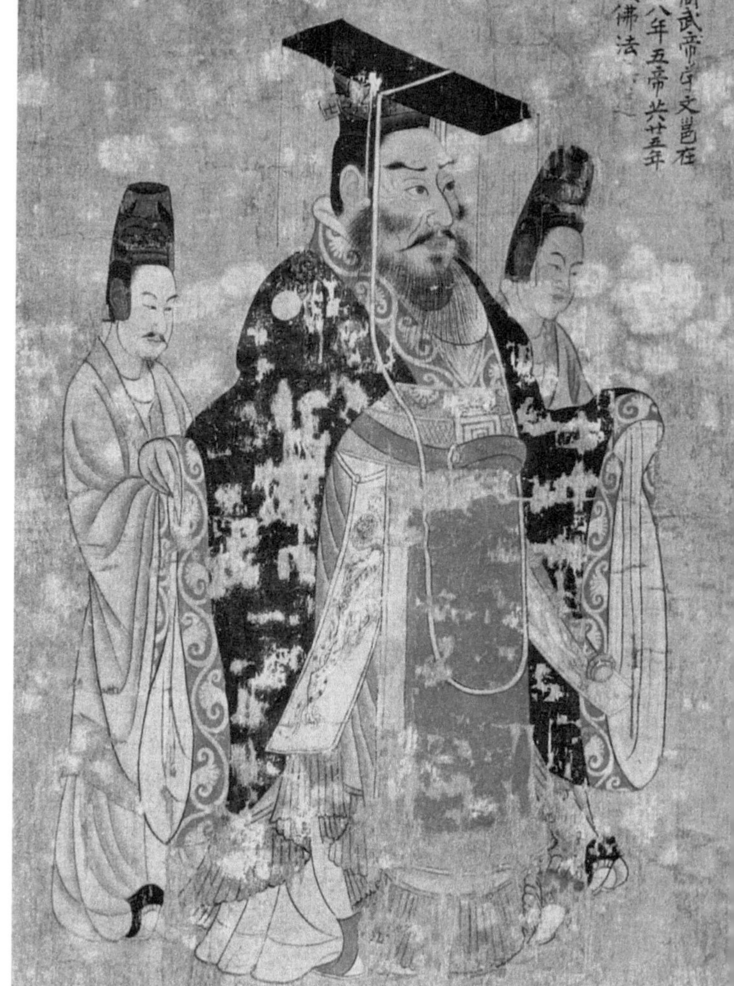

Abb. 117: Der Herrscher Wu des nördlichen Zhou, Ausschnitt aus: Die dreizehn Kaiser von Yan Liben (7. Jahrhundert). Source/Photographer; The Yorck Project (2002) 10.000 Meisterwerke der Malerei, public domain. ISBN 3936122202

Eisengussverfahren und den Bau großflächiger Bewässerungsanlagen – und durch wegweisende Erkenntnisse der chinesischen Philosophen, prägend für die Gedankenwelt Chinas bis in die heutigen Tage.

Vor allem Philosophen wollten der Verwahrlosung der Sitten, dem Verrat und den Bürgerkriegen etwas entgegensetzen. Konfuzius (vermutlich von 551 bis 479 v. Chr.) wollte mit seiner Lehre soziale Kompetenz er-

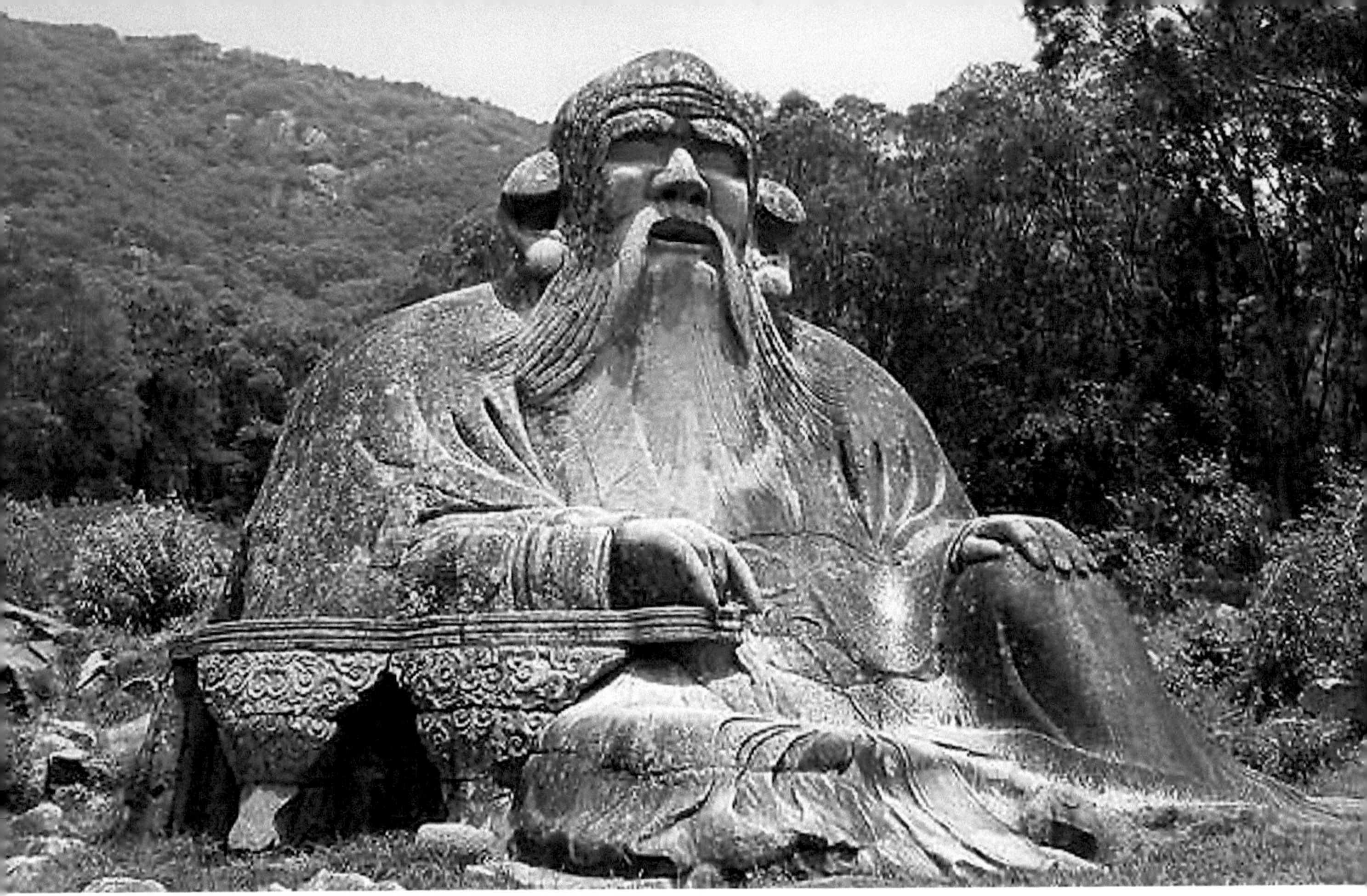

Abb.118: Ein gelungene steinere Verbildlichung der Ideen von Lao-Tse: Er ist eingebettet in das Geschehen der Natur, seine Ge-
danken entspringen dem Verständnis der Einheit des Geschehens, sie schlagen Wurzeln in dem Boden und sind doch eins mit
Himmel und Erde, Author: Thanato, CC BY-SA 3.0

möglichen. Seiner Zeit weit voraus stellte er in das Zentrum seiner Überlegungen das Bemühen um Menschlichkeit. Man brauche keine speziellen Anlagen, um ein Edler zu werden. Das könne jeder durch eine entsprechende Unterweisung erreichen. Alle Menschen hätten ähnliche Veranlagungen. Als wichtigste Voraussetzung bezeichnete er Bildung für alle. „Man darf keine Standesunterschiede machen": Zentraler Gegenstand der Lehre des Konfuzius ist die Gesellschaftsordnung. Nur durch diese Ordnung sei Freiheit möglich. Wichtig sei vor allem Respekt und

Achtung im Verhältnis zwischen Vorgesetzten und Untergebenen, zwischen Kindern und Eltern und Achtung für die Riten und Sitten der Gemeinschaften. Die Lehre von Konfuzius ist eine Anleitung zum sozialen Handeln in Gerechtigkeit. „Wäre die Welt in Ordnung, dann bräuchte ich mich damit abzugeben, sie zu ändern", war eine seiner Erklärungen. Das ist eine Denkkultur, die auch mit der Aufklärung Europa erreicht hat – nur etwa 2.000 Jahre später.

Auch Lao-Tse entwarf zu dieser Zeit Regeln für ein sozial gerechtes Zusammenleben, die unter der Lehre des Daoismus zur Staatdoktrin werden sollte – die allerdings nicht konsequent in die Praxis umgesetzt wurde. Ein Widerspruch gegenüber der Staatsdoktrin besteht deshalb, weil Lao-Tse ein großer Skeptiker jeglicher Machtausübung gegenüber war. Er befürwortete Zurückhaltung im Staatswesen, forderte Einsicht und Besonnenheit der Regierenden. Er trat für eine begrenzte Regierungsmacht ein und wünschte sich mehr Demut der Führung. Bürger sollten möglichst wenig mit Gesetzen und Bürokratie konfrontiert werden. Sie sollten sich auf den rechten Weg besinnen. Dao heißt aus dem Chinesischen übersetzt „Weg", Prinzip, Methode, Ordnung , die uranfängliche Einheit,

Abb. 119: Konfuzis lehrt seinen Schülern.public domain
Abb. 120: Lao-Tse kommt auf einem Stier daher: Beide Philosophen werden als erfahrene Greise gekennzeichnet. Sie werden nicht mit Glanz und Glorie geschmückt, sie kennzeichnet allein die Weisheit. public domain

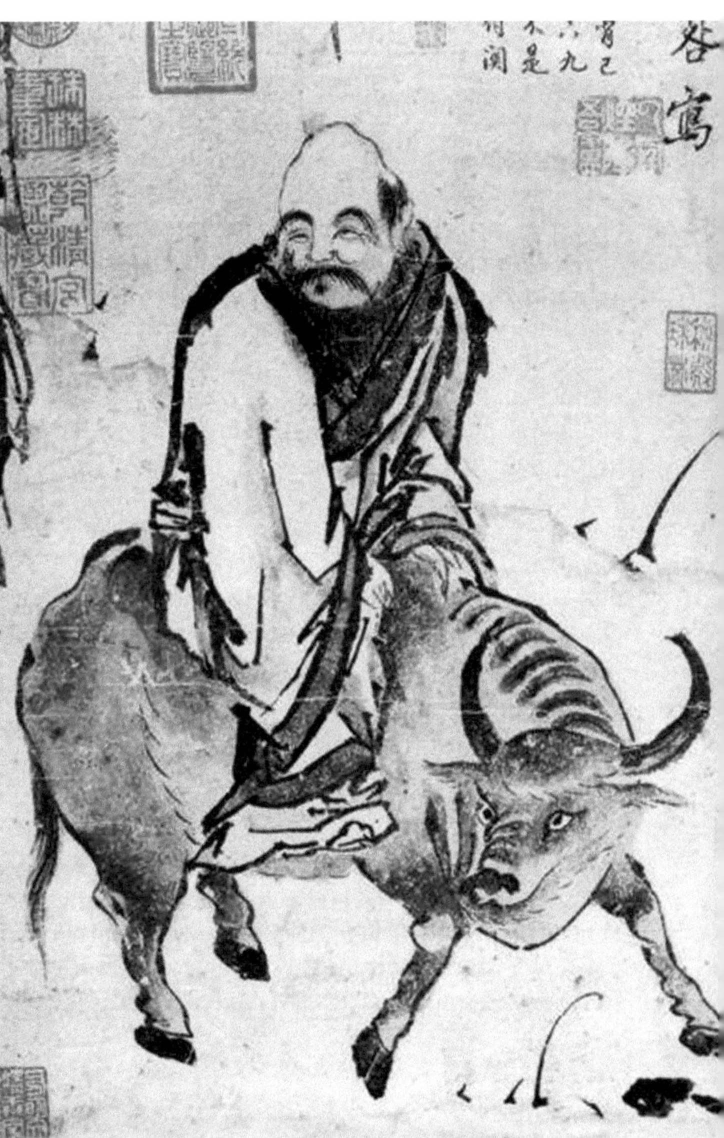

ein kosmisches Gesetz. Aus dem Dao würden die
„zehntausend Dinge" also der Kosmos und die Ordnung der Dinge entspringen. Dao bedeutet Licht und
Schatten, das Prinzip der Wandlungen, die Vereinigung der Gegensätze, die sich ergänzen und neue
Wege, neue Erlebniswelten ermöglichen. Der Daoismus ist Philosophie, Weltanschauung und politischer
Wegweiser, aus dem sich eine weitreichende Ethik ab-
leitet. Aus der Dialektik von Yin und Yang ergibt sich,
dass alles dem Wandel unterworfen ist. Das Tun der
Menschen solle der Realität angemessen sein und sich
dem Lauf der Dinge anpassen. Natürlichkeit, Sponta-
neität und Anpassungsfähigkeit begünstigen die
Wandlungsfähigkeit, um die erwünschten Ziele erreichen zu können. Alle Handlungen sollten dem Lauf
der Dinge angemessen sein, nicht einem Prinzip des
Erzwingens folgen, ein angepasstes Tun ohne Egois-
mus sei eine Tugend. Das beinhaltet Zurückhaltung
gegenüber weltlichen Angelegenheiten, vorsichtige
Beurteilung von Wertvorstellungen und Glaubens-
richtlinien. Empfohlen wird Zurückhaltung gegenüber
weltlichem Reichtum und Heilsversprechen. Sicherheit könne nicht durch materiellem Komfort oder
durch rücksichtslos erworbenen Reichtum erlangt
werden.

Aus dem Daoismus leitet sich auch das Prinzip des Yin
und Yang ab. Dies wird oft als Gegensatzpaar vor
allem des männlichen weiblichen Prinzips „miss"verstanden. Es bezeichnet aber duale, grundlegende
Kräfte, aufeinander bezogene Prinzipien ohne sich zu
bekämpfen. Sie ergänzen sich, kommen ohne einan-
der nicht aus. Gerade die Einheit der Gegensätze ermöglichen erst den lebenbejahenden, erfolgreichen
Weg „Dao". Yin und Yang sind „polare Naturkräfte", die
den Ursprung aller Dinge darstellen und im Einklang
mit den natürlichen Voraussetzungen ein glückliches
Lebens erst ermöglichen. Das Empfangen erfordert
das Geben, das Aktive das Passive in wechselseitiger
Abhängigkeit. Aus diesen universellen Naturgesetzen

und Naturereignissen ergibt sich mit Notwendigkeit
auch ein ausgewogenes, aufeinander bezogenes ver-
ständnisvolles Sozialverhalten.

Ohne den bedeutenden Einfluss von Konfuzius und
des Daoismus ist die chinesische Kultur und auch die
Kunst nicht zu verstehen. Die Kunstwerke atmen eine
tiefe Verbundenheit mit der Natur, sie tauchen in die
scheinbare Unendlichkeit der Landschaften ein. In
den Landschaftsbildern sind häufig Kraniche zu
sehen, die in fremde Landschaften fliegen, um sie zu
erkunden. Ungewöhnlich dominant sind Tierbilder in
der chinesischen Kunst: Die Künstler versuchen in das
Geheimnis ihrer Harmonie, ihrer Ausgewogenheit und
ihrer Lebendigkeit einzudringen. Sie sind auf der
Suche nach Einheit und Verständnis gegenüber anderen Kulturen, ohne ihren Alleinvertretungsanspruch
zu akzeptieren. Sie werden als Bereicherung empfunden, stellen aber keine Heilslehren dar. Häufig finden
sich Darstellungen gesellschaftlicher Ereignisse, die
der westliche Kunstverstand als Wimmelbilder inter-
pretieren würde. Einzelne Personen stehen nicht im
Vordergrund. Auch Konfuzius und Lao-Tse werden
nicht als leuchtende Idealfiguren dargestellt sondern
als alte, bescheidene, weise Männer. Aus dieser Verbundenheit mit der Natur, der Konzentration der Aufmerksamkeit auf soziales Verhalten, aus dem Betonen
der Bedeutung der sozialen Gemeinschaft, das in vielem eine Tendenz zum Kollektivismus aufweist, erklärt sich auch, dass das Porträtbild in China nicht zur
Blüte gelangen konnte. Es fehlt die Idealisierung des
Individualismus, die die europäische Kultur in so reicher Vielfalt zu bieten hat. Diese Einstellung hat auch
große Auswirkungen auf das künstlerische Schaffen.
Nicht immer Neues zu kreieren, in extravaganten Stilrichtungen zu glänzen, ist das Ziel. Das Alte, Bewährte
zu erhalten und im Kopieren Leistungen zu erbrin-
gen, ist eine große Aufgabe. Die Tradition wird ehr-
würdig geschätzt.

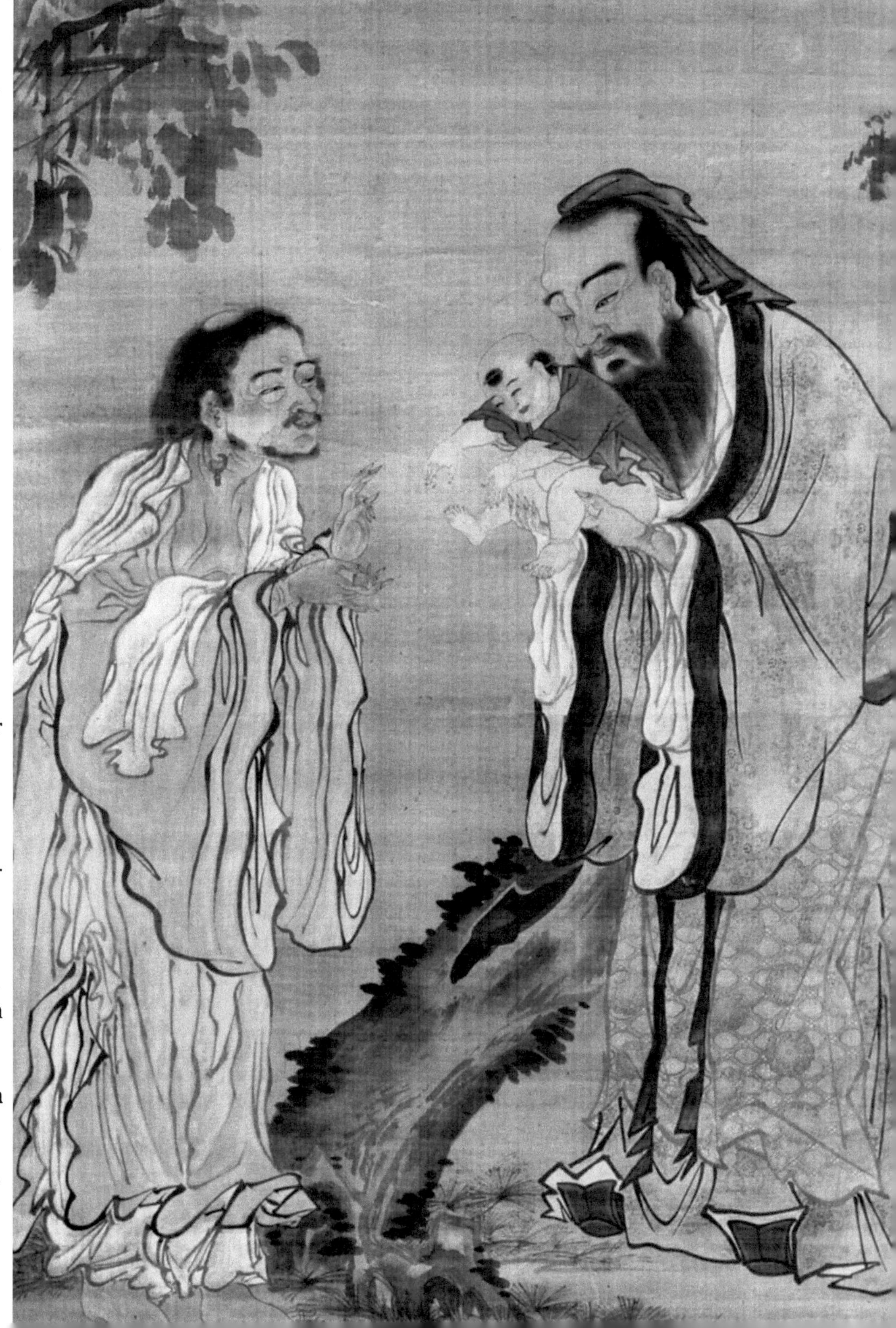

Und hier lauert ein großer
Widerspruch. Natürlich
verlangen die Kaiser von
ihren Hofmalern das Herr-
scherbild. Sie ließen sich
schließlich als Söhne des
Himmels verehren. In der
Zhou-Zeit wurden ihnen zu
Ehren Menschenopfer dar-
gebracht. Aber so beherr-
schend dominant wie in der
europäischen Malerei,
wobei die Krieger, Helden,
Könige und Kaiser varian-
tenreich mit den Freuden
am höfischen Lebenr dargestellt werden, gestaltet sich
das Herrscherbild in China
nicht. Die Kaiser werden
meist stehend begleitet von
Bediensteten abgebildet. Im
Unterschied zur europäi-
schen Kultur fehlt auch das
Götterbild – und damit auch
die Vergötterung des überirdischen, außerirdischen
Lebens. Hier zittert ein weiterer Widerspruch, denn

durch den Handel vor allem über die Seidenstraße gewinnen Religionen auch in China an Einfluss – wie zum Beispiel der Buddhismus. Diese religiösen Vorstellungen entsprechen den Erwartungen von Herrschern und werden vor allem vom Kaiserhof gefördert. Ihre bedeutenden Kultzentren befinden sich bezeichnenderweise vor allem in den Handelsstädten der Seidenstraße.

Die Zurückhaltung der Künstler gegenüber dem Machtanspruch der Herrscher und dem Widerwillen gegenüber den gewaltsamen Auseinandersetzungen führt bei vielen Kulturschaffenden zum Rückzug in ihre Landgüter oder bei weniger Bemittelten in ein Einsiedlertum. Hier thematisieren sie dann ihre Sehnsucht nach Harmonie in Einheit mit der Natur. Das verleiht der chinesischen Kultur und Kunst eine vergleichsweise Einheitlichkeit über Jahrtausende – auch ein bedeutender Gegensatz zur europäischen Kultur. Es wechseln nicht die Stilrichtungen im Einklang mit dem Wechsel des höfischen Lebens. Die chinesische Kunst zeichnet eine Kontinuität über Jahrtausende aus.

Die Ideen von Konfuzius und Lao-tse fanden wenig Verständnis in der auf Zhou folgenden Qin-Dynastie, die nur von 221 bis 206 v. Chr. dauerte aber große Folgen hatte. Der Herrscher ließ sich „erster Gottkaiser von Qin" (Qin Shihuangdie) nennen. Dieser Anspruch markiert den Beginn der chinesischen Kaiserzeit. Die mächtigen Fürsten wurde ihrer einflussreichen Positionen geraubt. Das Feudalsystem wurde abgeschafft und ein mächtiger Zentralstaat installiert. Der Reichsgründung waren allerdings 100 Jahre kriegerischer Auseinandersetzung vorausgegangen. Die Gründe der Vormachtstellung der Qin-Könige waren:
1. ein effizientes Staatswesen auch durch die Installation zweier Kanzlerämter. Ein großer Bürokratenapparat sorgte für einen effizienten Staatszentralismus.
2. Ein schlagkräftiges, gut ausgebildetes Herr mit über

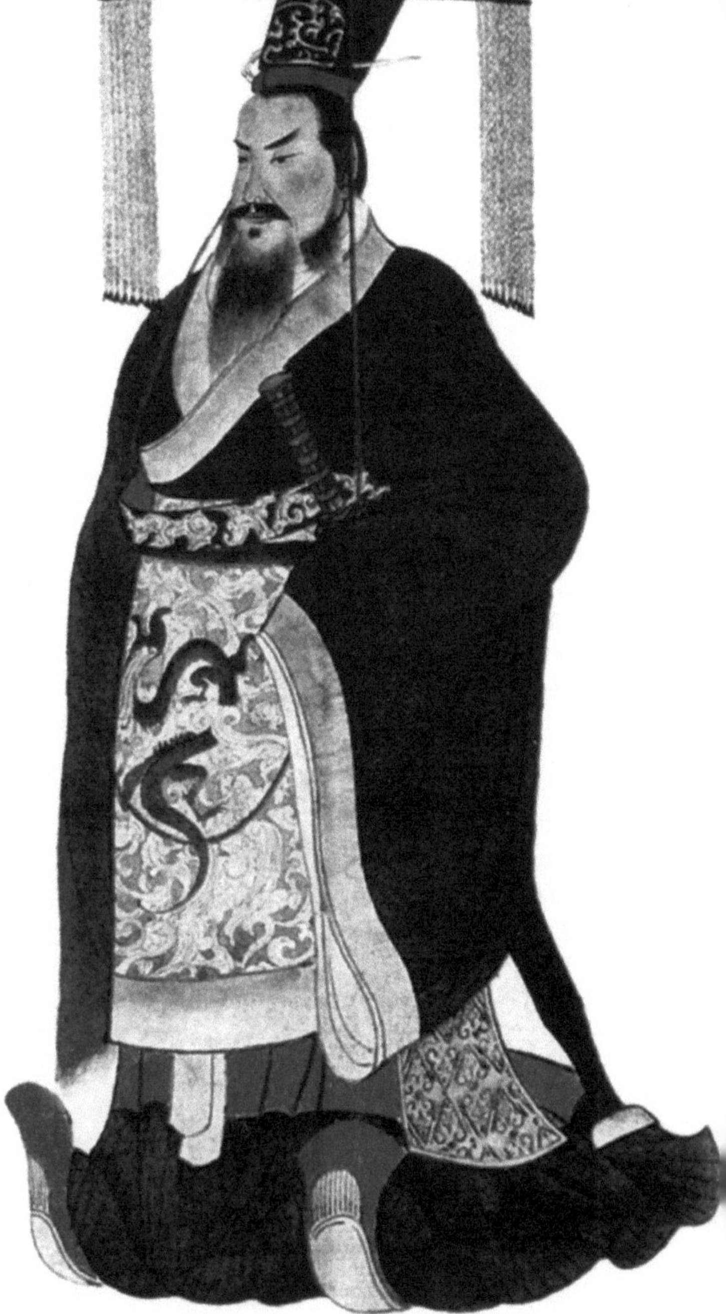

Abb. 122: Qin Shi Huang, der erste Kaiser von China, Gottkaiser von Qin, public domain

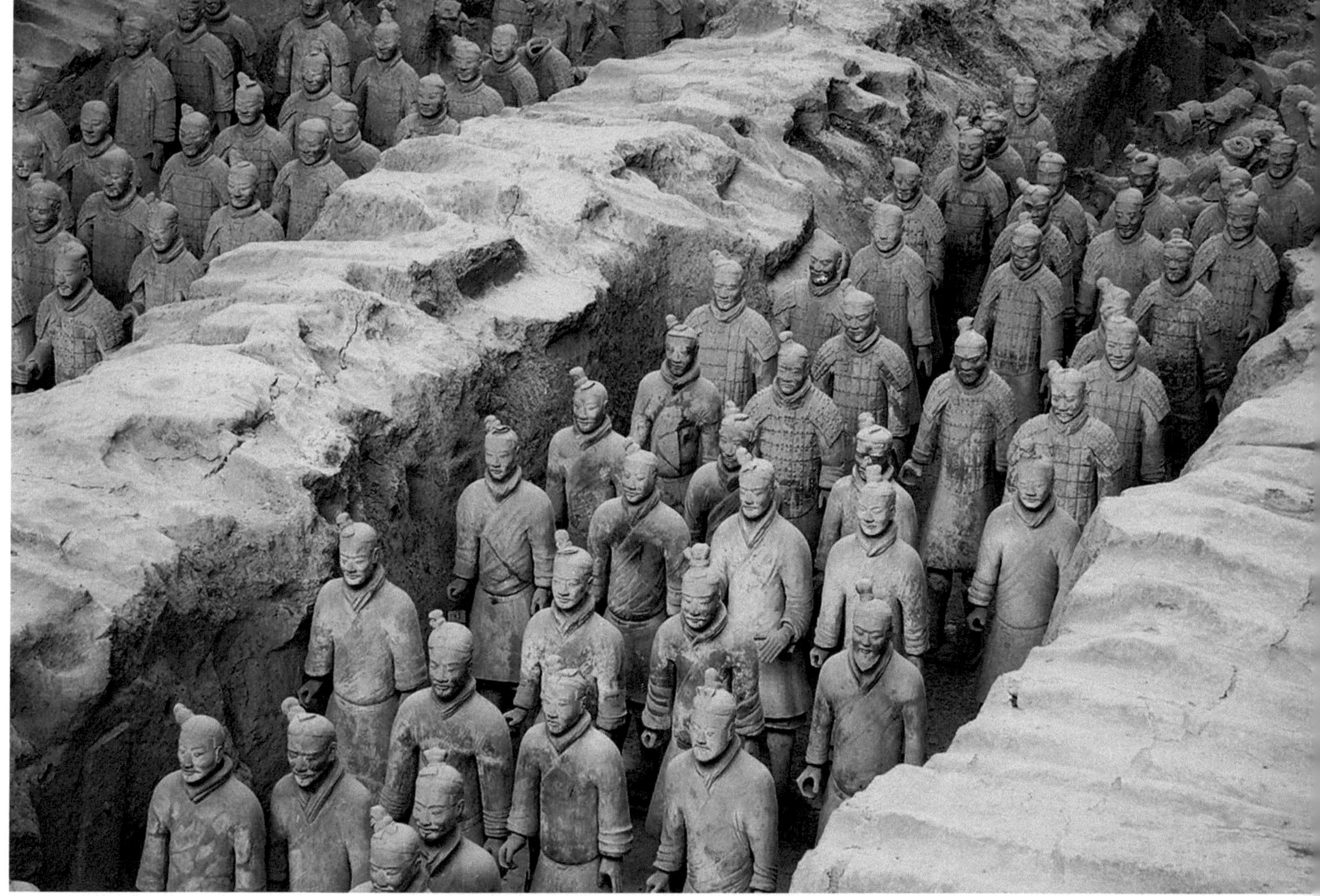

Abb. 123: Die Terrakotta-Armee des Qin-Herrschers umfasste schätzungsweise 8.000 Krieger-Figuren. Alle Rangordnungen waren vertreten, vom einfachen Soldaten über Bogenschützen, Wagenlenker mit ihren Pferden, verschiedene Rangstufen der Offiziere bis hin zu den Generälen und dem Oberbefehlshaber. Foto: MarosMraz (Maros), CC BY-SA 2.5

100.000 Kriegern sicherte die Grenzen und sorgte für die Vergrößerung des Reiches. Durch die einführte penible Registrierung aller Haushalte konnten die Soldaten erfasst und rekrutiert werden.

3. Die Macht und die Autorität waren auf einen Herrscher konzentriert, der kurzfrig Befehle erteilen und mobilisieren konnte.

4. Die Landwirtschaft wurde effektiver gestaltet: Durch intensivere Bewässerung wurde die genutzte Fläche ausgeweitet. Die Fronarbeit wurde abgeschafft und durch Abgaben in Form von Steuern ersetzt. Der Kauf und Verkauf von Land wurde ermöglicht. Dadurch wurde das Einkommen der Bauern gesteigert. Mit den verkauften Erzeugnissen konnten Anreize zur erheblichen Mehrproduktion geschaffen wurden.

5. Die Effektivität des Staatswesens wurde durch die Einführung von einheitlichen Maßen, Schrift und Währung im ganzen Reich erheblich gesteigert.

6. Die Sicherheit an den Außengrenzen wurde durch die massive Erweiterung der Großen Mauer mit neuen Abschnitten und die Verstärkung der bisherigen erreicht.

7. Ein terroristisches Regime sicherte die ideologische Einheit des Reiches. Kritiker wurden hingerichtet. Bücher mit sogenannten staatsgefährdenden Inhalten wurden verbrannt. Diese Maßnahmen wurden auch nach dem Ende der Qin-Dynastie nicht wider rückgängig gemacht, weil sie sich als äußerst effektiv erwiesen hatten. Auch deshalb wurde die Kennzeichnung des Staatswesens als China von dem Wort Qin abgeleitet.

Als einzigartiges Denkmal der Qin-Dynastie gilt die Terrakotta-Armee. Mehr als 700.000 Arbeiter aus allen Teilen Chinas sollen bei der Errichtung mitgewirkt haben. Soldaten wurden dazu herangezogen wie Sklaven und Kriegsgefangene, die mit Kastration bestraft und zu Zwangsarbeit verurteilt waren. Rund 130.000 Kubikmeter Erde wurden für die Gruben ausgehoben, in denen 8.000 Krieger mit einer Größe von 1,85 Meter Höhe für die einfachen Soldaten und von zwei Metern für Offiziere und Generäle Platz fanden. Hinzu kamen 40 vierspännige Kriegswagen mit Pferden und 80 Streitwagengespanne. Die Anlage beanspruchte eine Fläche von 56 Quadratkilometern. Der Kaiser selbst ließ sich gesondert von seiner Armee in einer 120 Meter hohen Pyramide beisetzen. In extra Gräbern entdeckten die Archäologen reichhaltige Beigaben aus Gold, Silber und Jade sowie kostbar verzierte Seide. Es handelt sich um Bestattungen von Prinzen und Prinzessinnen, die wohl unter Druck gesetzt wurden, ihrem früheren Herrn in den Tod folgen zu dürfen. Die ganze Anlage vermittelt einen Eindruck davon, welchen Grad von Militarismus und Menschenverachtung die damalige Gesellschaft erreicht hatte. Kaiser Qin verstand die Anlage jedenfalls als Mikrokosmos der Weltordnung, als Idealmodell des Reiches und des kompletten Universums. Auch außerhalb des zentralen Mausoleums wurden Massengräber von Zwangsarbeitern und Hingerichteten gefunden. Die einfache Bevölkerung hungerte. Von etwa 30 Millionen Untertanen kamen allein zwei Millionen durch Hinrichtungen und Zwangsarbeit um.

Mehrere gleichzeitige Bauernaufstände und Rebellion von Zwangsarbeitern und Sklaven gegen die Grausamkeiten des Regimes führten dann auch zum Niedergang. Ein Befehl, 900 Arbeiter, die aufgrund starker Regenfälle zu spät zur Arbeit beim Bau der Großen Mauer erschienen waren, hinzurichten, war der Anlass. Die Betroffenen empörten sich und bildeten mit anderen Gegnern des Regimes innerhalb eines kurzen Zeitraums eine Armee aus 300.000 Soldaten: Die Han-Dynastie mit dem Anführer des Aufstands, dem niederen Beamten Liu Bang als Kaiser war geboren.

Die Han-Dynastien, die über einen Zeitraum von 206 v. Chr. bis 220 n. Chr. Bestand hatten, brachten einen bis dahin beispiellosen wirtschaftlichen Aufschwung und eine kulturelle Blüte. Zuerst brachten militärische Erfolge die Erweiterung des Reiches von der Pazifikküste bis weit in den asiatischen Westen. Es war vor allem das Verdienst des Kaisers Wu von Han, der zahlreiche Feldzüge gegen die Reiche in Vietnam, Südchina, Korea oder die Mongolei führte und so den Aktionsradius des Reiches erheblich erweiterte. Entscheidend war aber der endgültige Sieg über die Hunnen im Jahr 21 v. Chr.. Dieser Sieg bedeutete die Sicherung des Warenaustauschs über das weitverzweigte Netz der Seidenstraße. Über 6.000 Kilometer lang waren die neuen Handelsrouten. Seide war das wichtigste Exportgut. Als Kulturgut veränderte es sogar die Modewelt im weit entfernten Römischen Reich. „Ich kann Seidenkleider sehen, sofern Stoffe, die weder Körper noch Anstand verbergen, überhaupt Kleider genannt werden können. [...] Ganze Mädchenscharen bemühen sich, dass die Ehebrecherin durch ihr dünnes Kleid sichtbar ist und dass ein Ehemann nicht mehr Kenntnis vom Körper seiner Frau hat als irgendein Fremder", sagte der römische Schriftsteller und Philosoph Seneca in de beneficiis 7, 9. Ganz ähnlich lässt Senecas Dichterkollege und Zeitgenosse Petronius seinen Neureichen Trimalchio die neue Seidenmode beschreiben: „Roms Burg zerbirst im breiten Schlund des Luxus. [...] Schickt sich für Ehefraun ein Hauch von Kleid, nach feiler Dirnen Art ein Florkostüm?" (Petronius, Satyricon 55, 6) Allerdings beklagten sich die Senatoren in Rom auch über die hohen Kosten für den Seidenluxus ihrer Frauen. Roms Gegenleistung an die Han-Chinesen waren hochwertiges Glas, goldbestickte Teppiche und goldfarbige Stoffe, Asbest-Stoffe und Byssus, eine Seide, die aus den Sekreten vieler Muschelarten hergestellt wurde.

Rentable Wirtschaftszweige im chinesischen Reich waren die Viehzucht, vor allem Rinder, Pferde, Schweine, Fisch und Schafe, Forstbetriebe, Obst- und Gartenplantagen. Vor allem profitierte von dem Wirtschaftswachstum die privilegierte Oberschicht durch Luxusgüter wie Seidenbrokatgewänder, Bronzearbeiten und Lackkunst. Aber auch die Produktion von Gebrauchsgütern wie die neu erfundenen Eisenpflüge für die florierende Landwirtschaft, für Wagen und Karren für den Handel nahmen einen beträchtlichen Aufschwung. Der Handel wurde vom Hofstaat gefördert und reguliert. Zentralstaatliche Monopole auf Eisen, Münzgeld, Alkohol, Salz und andere Güter wurden eingeführt. Vor allem Lack und Bronze wurden in staatlichen Betrieben hergestellt und im ganzen Land vertrieben. Die Han-Zeit leitet eine Zeit des Luxus-Lebens in dem Land ein. Ein große Pracht offenbaren die archäologischen Funde der Gräber der Privile-

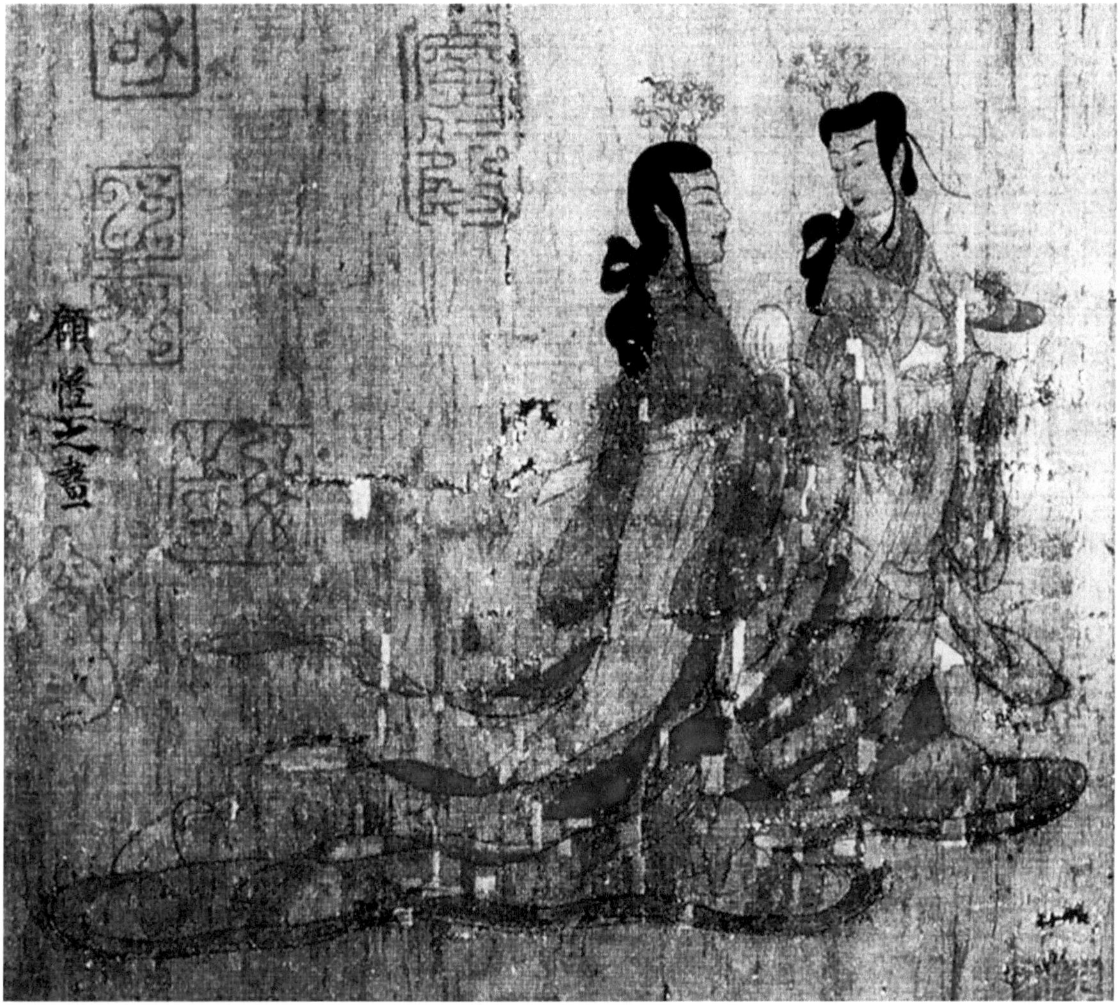

Abb. 124: Gu Kaizhi: Ermahnung der Hofdamen (Ausschnitt), British Museum, public domain

gierten: kostbare Bronzegefäße für Wein, Lampen, steinerne Dienerfiguren, Spiegel und persönlicher Zierrat. Auch am kaiserlichen Hof herrschte Überfluss. Die Hofdamen mussten aufgefordert werden, nicht übermütig zu werden, beweist das Bild „Ermahnung der Hofdamen (Abb. 124). Die Keramik und das Lackhandwerk erlebten einen Aufschwung, wobei fantastische Landschaften mit Tieren inmitten von Bergen dargestellt wurden. Geheimnisvoll verhüllten Nebel und Wolken die Gebirge.

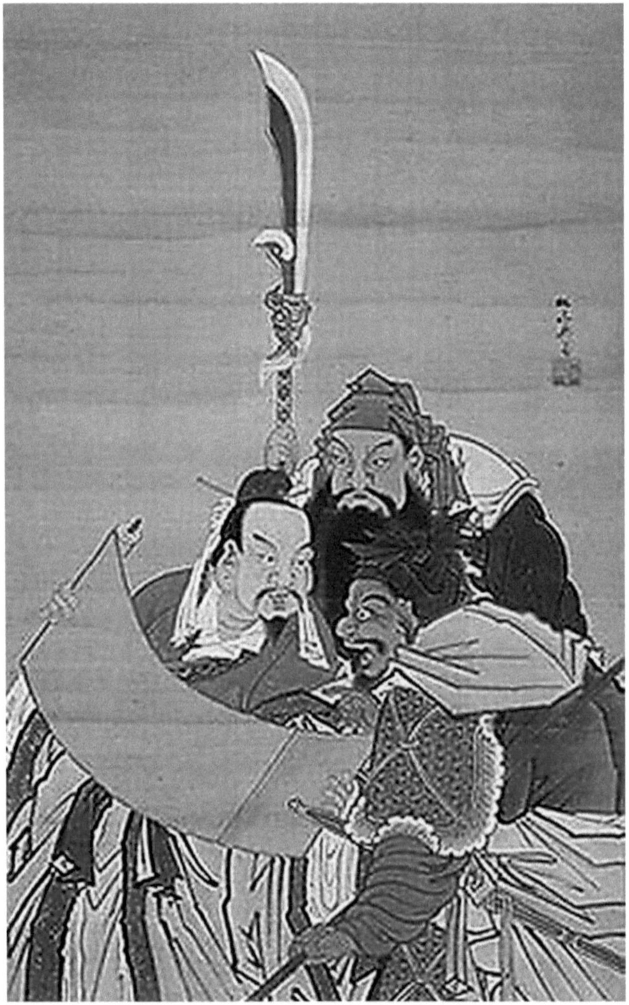

Viele Bauprojekte künden von Reichtum und Macht der Zentralregierung. Paläste mit Gärten und Parks, Mausoleen, eine Infrastruktur mit Straßen, Brücken und Kanälen sorgten für Verbindungen zwischen den über 1.500 Handelsstädten. Aber der neue Reichtum rief auch Neider auf den Plan. Im Innern waren es die Neureichen in einer Allianz mit Warlords, die das Zentrum der Macht, den Hofstaat, in Frage stellten. Von außen fielen Nomadenvölker in das Reich ein und eroberten die damalige Hauptstadt Luoyang. Das führte dazu, dass die staatlichen Strukturen erschüttert wurden und regionale Militärkommandeure mit lokalen Machthaber und Neureichen auf eigene Rechnung kooperierten. In der „Geschichte der Drei Reiche" des historischen Schriftstellers Luo Guanzhong heißt es dazu: „Reiche wachsen und schwinden. Staaten kommen und vergehen. Als sich die Herrschaft des Kaiserhauses Zhou ihrem Ende näherte, stritten sieben Staaten um die Macht und das Fürstenhaus von Qin blieb Sieger. Als die Macht der Qin erlosch, kämpften die Fürstenhäuser von Chu und Han um den Vorrang und der Thron fiel an das Haus Han. Fast vier Jahrhunderte währte schon die glorreiche Herrschaft der Han, da begann auch sie zu verfallen und ihr Glanz zu verbleichen." Auch die Drei Reiche waren durch kriegerische Auseinandersetzungen, in denen sich zuerst kein Machthaber durchsetzen konnte, gekennzeichnet.

Es war eine Zeit der Unsicherheit und des geistigen Umbruchs. Schon während der Han-Zeit erreichte vor allem über die Seidenstraße die Lehre Buddhas China – ein Import von indischen und zentralasiatischen Mönchen. Sie stellte einen Kontrast zu den bisherigen Lehren von Konfuzius und Lao-tse dar, die ihr Augenmerk auf die gerechte sittenhafte Gestaltung des Diesseits legten. Die neue Lehre versprach eine

Abb. 125: Der Gründer des Staates Shu Han während der Zeit der drei Reiche, Liu Bei, zusammen mit den Tigergenerälen Guan Yu, Zhang Fei, The Field Museum, public domain

Erlösung im Jenseits. Zuerst von den Eliten und dem kaiserlichen Hof gefördert, erfasste im 3. Jahrhundert die neue Lehre auch breite Kreise der Bevölkerung. Sie drückte dem chinesischem Mittelalter ihren Stempel auf. Wikipedia schätzt ein: „Die buddhistischen Jenseits-Lehren wurden gut aufgenommen. Sie boten – im Unterschied zu den konfuzianischen und daoistischen Lehren – klarere Vorstellungen von einem Leben nach dem Tod sowie Erklärungen für das persönliche Schicksal. Diese Ideen sprachen nicht nur das Volk, sondern auch zunehmend die literarisch-philosophisch Gebildeten bei Hof und Adel an. Um 400 n. Chr. hat es möglicherweise im Reich der Östlichen Jin bereits 1700 Klöster und 80 000 Nonnen und Mönche gegeben. Während mehrerer Jahrhunderte war der Buddhismus vorherrschend. Er wirkte als sozialer Faktor und wurde zu einer Macht im Staate. Der damit verbundene politische Einfluss wurde dem Kaiserhaus zu stark. So enteignete man 845 n. Chr. buddhistische Klöster und entließ Mönche und Nonnen in den Laienstand. Auch wenn, wie der Sinologe Volker Häring und seine Mitautorin Françoise Hauser in ihrem China-Handbuch schrieben, der Buddhismus sich von diesem Schlag nicht wieder erholte, bekennen sich auch heute noch gut zehn Prozent aller Chinesen zum Buddhismus. Erheblich größer, so die Autoren, dürfte die Zahl der ›Gelegenheits-Buddhisten‹ sein. Es wird z. B. berichtet, dass es üblich sei, dass sowohl buddhistische als auch taoistische Mönche gleichzeitig bei Beerdigungszeremonien mitwirken."

In Gandhara, einer Schnittstelle zwischen indischer, pakistanischer und chinesischer Kultur – ebenfalls ein bedeutender Stützpunkt der Seidenstraße –, wurde Buddha erstmals in menschlicher Gestalt dargestellt. Früher wurden zur Kennzeichnung der buddhistischen Religion nur Symbole verwandt: die Lotusblume, das Rad der Lehre oder der Fußabdruck Buddhas. Die neue Buddha-Darstellung in Gandhara repräsentiert die grundlegende Formensprache des

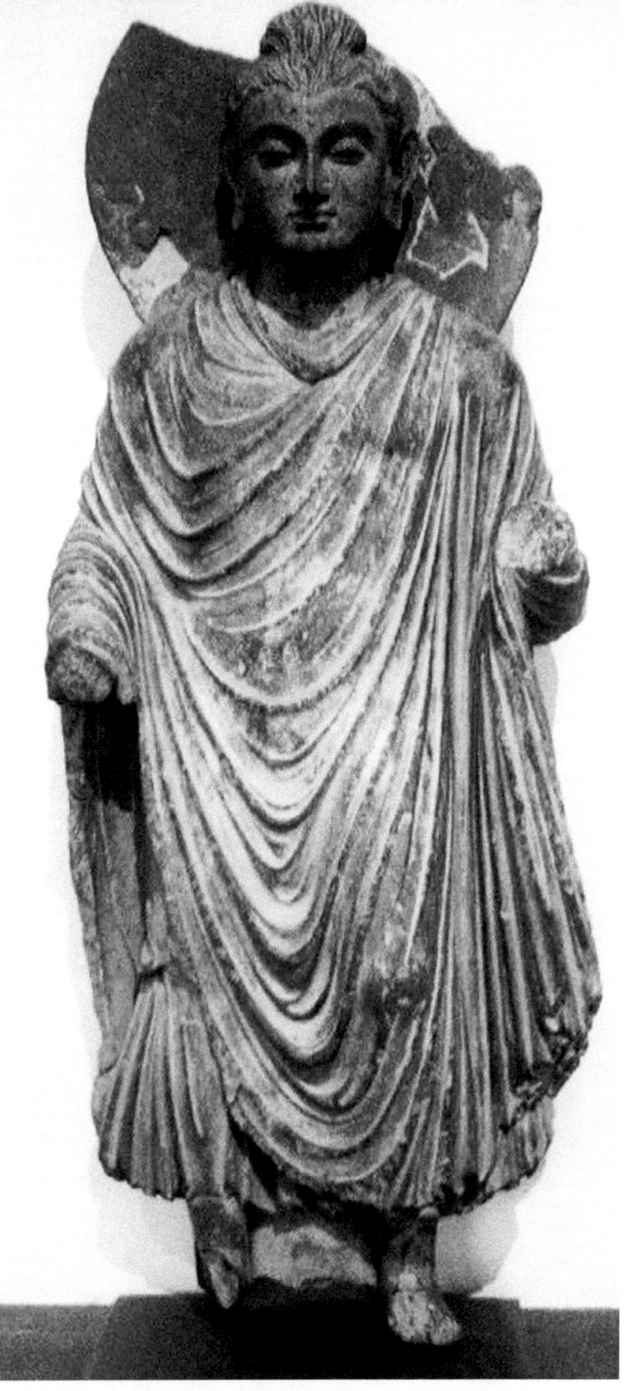

Abb. 126: Buddha im Gandhara-Stil, 1. bis 3. Jahrhundert n. Chr., Autor: PHG, public domain

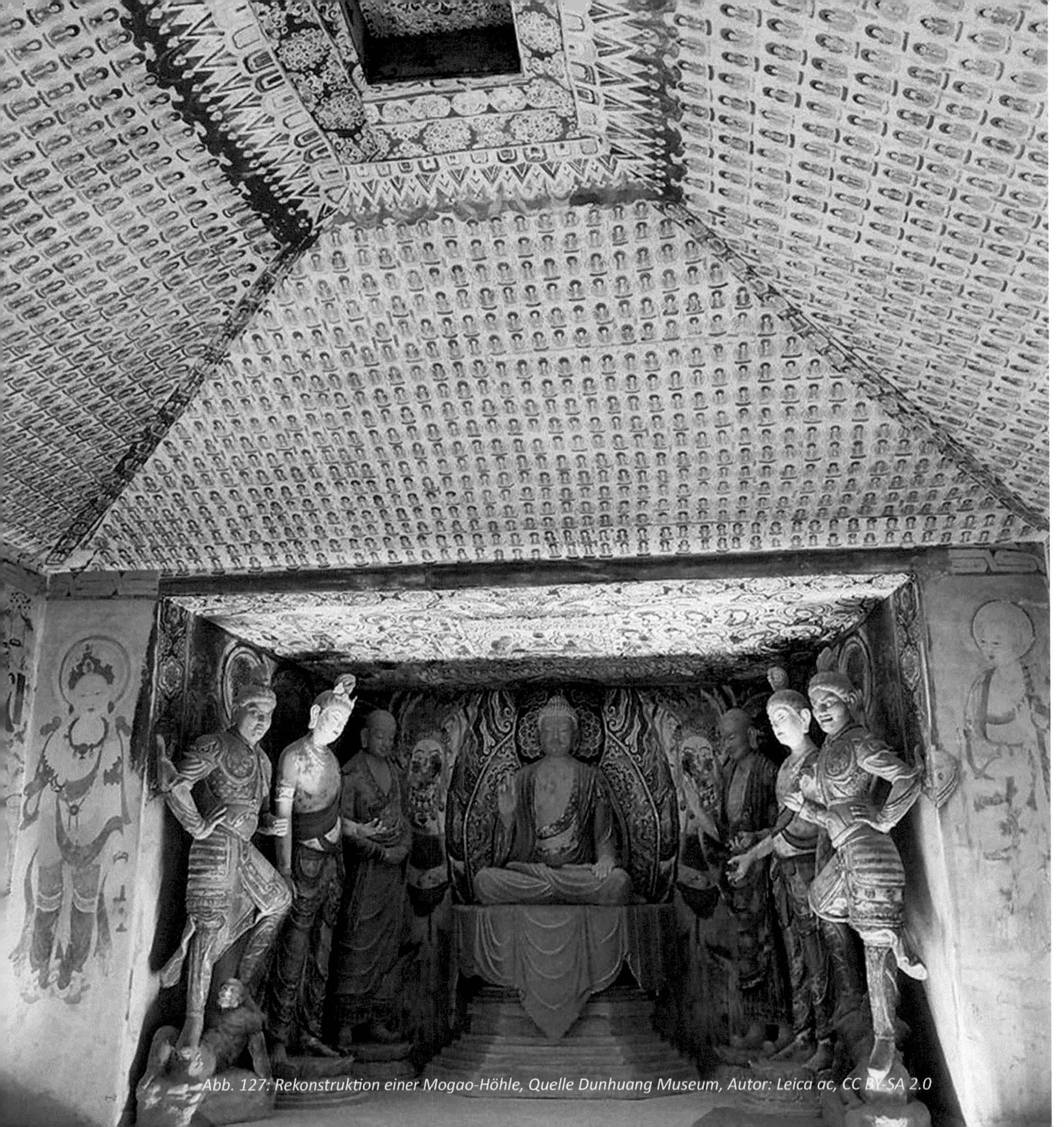

Abb. 127: Rekonstruktion einer Mogao-Höhle, Quelle Dunhuang Museum, Autor: Leica ac, CC BY-SA 2.0

Graeco-Buddhismus mit hellenistischem, faltenreichem Gewand. Alexander der Große hatte im Jahr 326 v. Chr. die Region Gandhara erobert und wie auch später die provinzialrömische Kunst kulturelle Traditionen geprägt. Hier bildeten sich ikonographische Standards für die Buddha-Darstellung heraus: die stille mahnende Versenkung mit geschlossenen Augen, die langgezogenen Ohrläppchen, mit dem Haarbüschel auf dem Kopf und einem Heiligenschein hinter seinem Kopf.

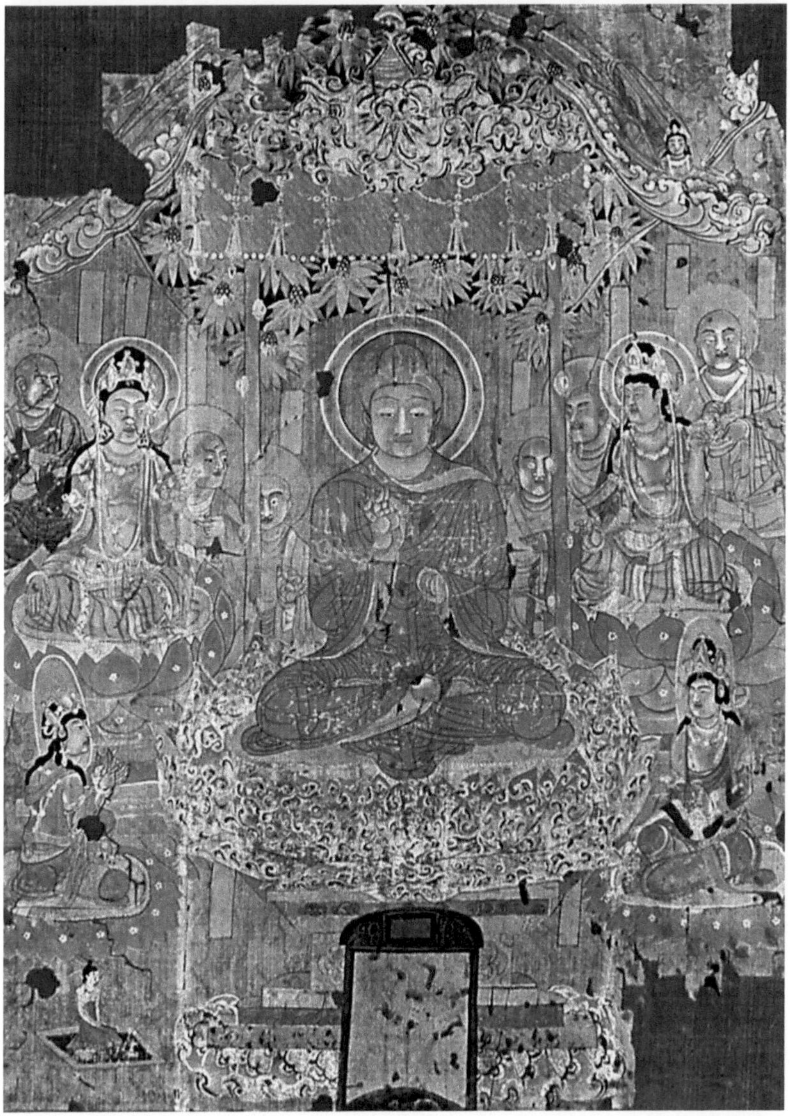

In Dunhuang, einem wichtigen Handelsstützpunkt der Seidenstraße im nördlichen China wurde die erste Kulthöhle im 4. Jahrhundert als Buddha-Heiligtum erbaut. Im Laufe der folgenden 400 Jahre sollten vor allem in dieser Region rund 1.000 derartige Kultstätten mit rund 100.000 Buddhastatuen, vielen

Abb. 128: Das Paradies des Buddha Amitabha. Der Erleuchtete mit rotem Umhang und Heiligenschein thront in der Mitte, assistiert von weiblichen Heiligen rechts und links ebenfalls mit gleichartigen Heiligenscheinen. Im Hintergrund erscheinen dann erleuchtete Gelehrte. The York Project, ISBN 3936122202, public domain

Wandmalereien und 2.800 Inschriften geschaffen werden. Außerdem weist der Fund von rund 50.000 Dokumenten und Handschriften die Region um Dunhuang als Zentrum buddhistischer Gelehrsamkeit aus. Dunhuang erlangte die Auszeichnung „Gemäldegalerie in der Wüste". Die Stätte dokumentiert auch eine Vermischung der chinesischen, zentralasiatischen und europäischen Kunststile. Schließlich markiert sie die Sinisierung der buddhistischen Kunst. In der hier abgebildeten Kulthöhle thront Buddha in der Mitte in ein faltenreiches Gewand gekleidet und von einer flammenden Mandorla umgeben. Links und rechts sind seine Lieblingsschüler platziert. Während der einfach gekleidete Meister und Erleuchtete sich bereits von allem menschlichen Leid gelöst hat, sind die Lieblingsschüler reich mit Juwelen und kostbaren Gewändern geschmückt, um auf Erden zu bleiben und den Menschen zu helfen. Rund um die Figuren ist ein 2,3 Meter hoher Fries gemalt, der die Erleuchtung des predigenden Buddha glorifiziert und dessen Eingang ins Nirvana feiert. Unten sind dann 900 Figuren von Stiftern, Laien und Mönchen zu sehen.

Diese Darstellungen – zentrale Götter oder Ahnenbilder in Tempeln – waren im frühen China unbekannt. Herrscher oder Gottheiten wurden nicht bildlich dargestellt. Das geschah erst unter dem Einfluss des Buddhismus.

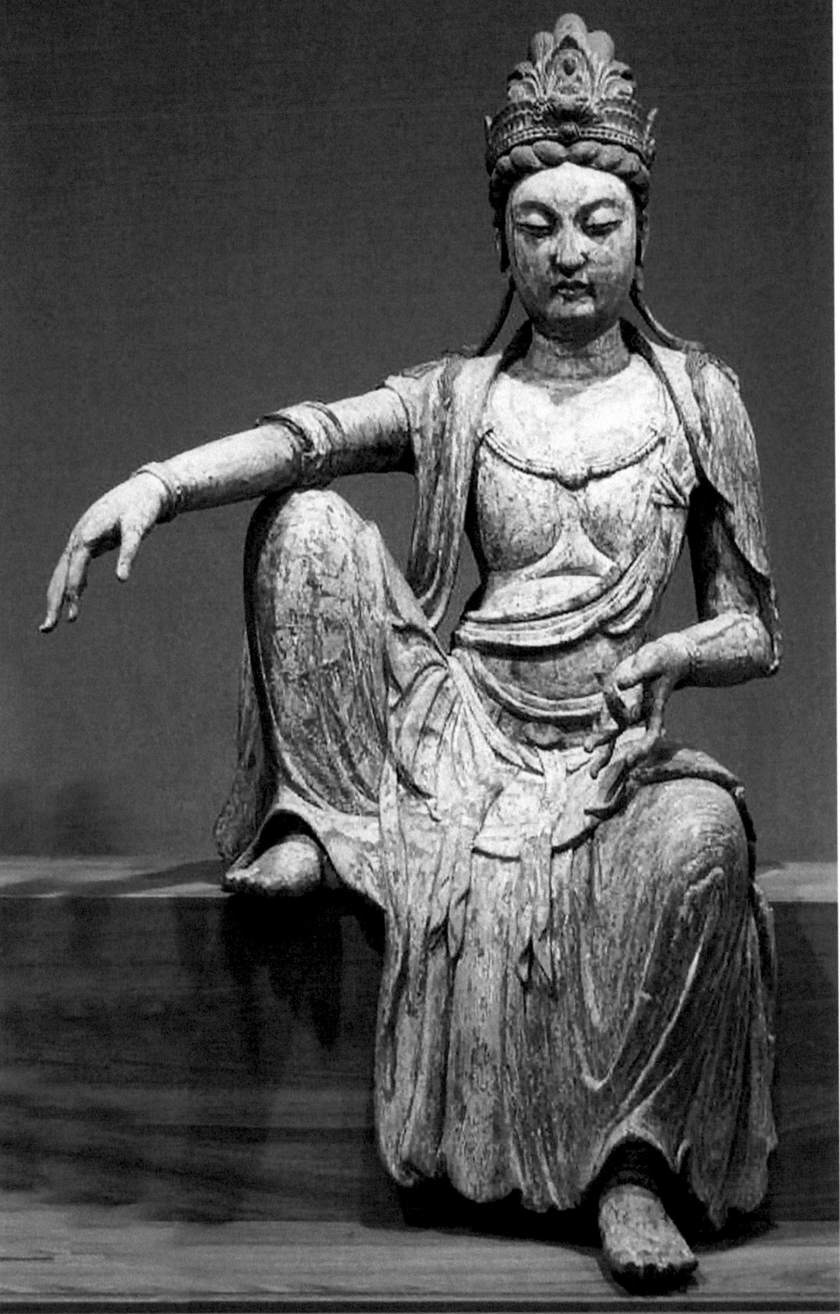

Abb. 129: Guanyin ist die chinesische Variante des eigentlich männlichen Bodhisattva Avalokiteshvara des Mitgefühls. Dieser hat ständig alle Lebewesen im Blick. Sein Beiname lautet, der der niemals die Augen schließt. Er ist „der in Mitleid herabschauende Herr", die Verkörperung tätiger Barmherzigkeit und gilt als Retter und Beschützer in Gefahren. Urheber: Haa900, public domain

Und der Buddhismus wird „sinisiert". Hier ist auch Guanyin einzuordnen, im ostasiatischen Buddhismus ein weiblicher Bodhisattva des Mitgefühls. Guanyin wird im Volksglauben als Göttin verehrt. In Japan bekommt sie den Namen Kannon, in Vietnam Quan Am oder Quan The Am Bo Tat, in Korea Kwan Seum Bosal. Interessant ist die Namensgebung: guan steht für Anschauung, Ansicht, den Blick auf etwas richten, yin ist Ton, Laut, Schall. Übersetzt bedeutet es also: Sie nimmt die Bilder und Töne der Welt wahr, sie nimmt Anteil, entwickelt Empathie. Guanyin nimmt das Leid der Welt wahr, hilft, wo sie kann. Der Mythos berichtet, dass sie am Anfang mit allen Geschöpfen der Welt zusam-

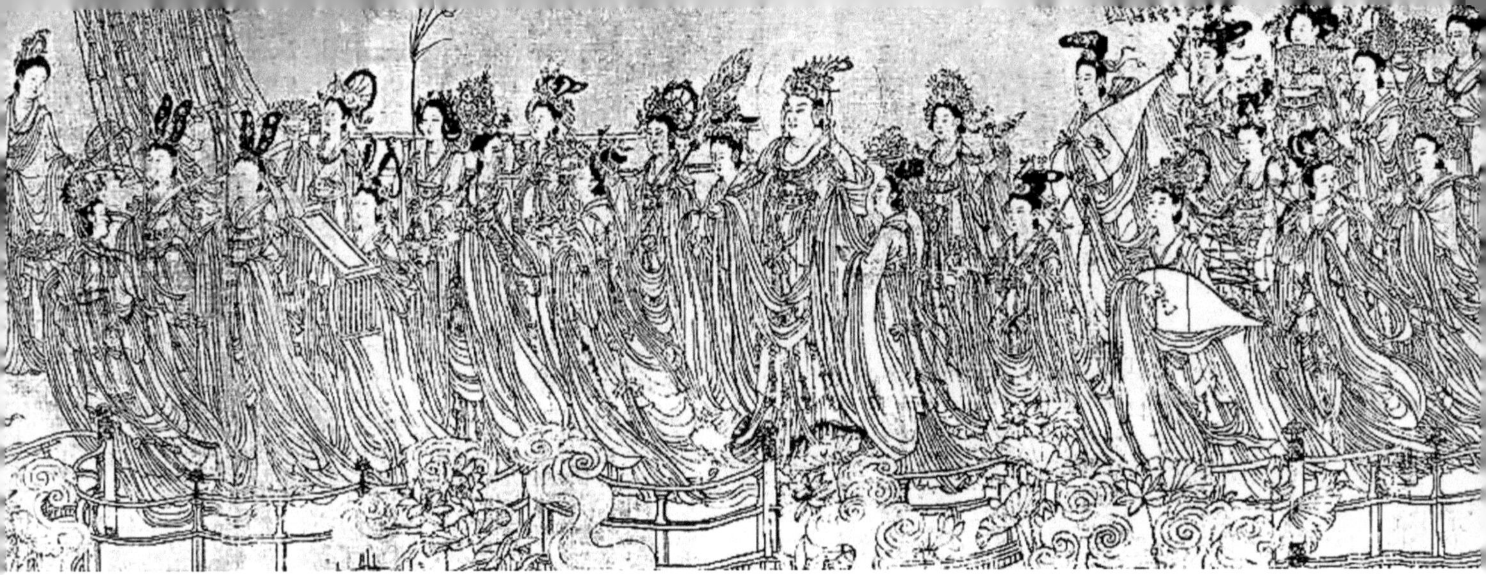

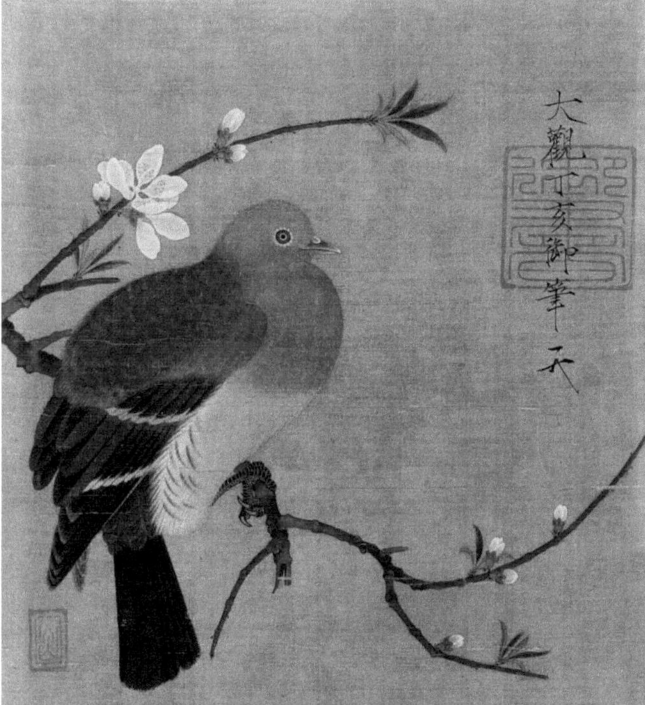

Abb. 130: Wu Daozi (ca. 685 bis 758): Die Siebenundachtzig Himmlischen (Ausschnitt), 8. Jahrhundert, public domain

men lebte. Alle waren glücklich, Guanyin. Dann aber musste sie in den Himmel zurückkehren: Feinseligkeiten brachen aus. Guanyin hat auch im Himmel Mitgefühl und hilft wo sie kann. Als im 16. Jahrhundert Jesuiten Marienstatuen nach China brachten, erkannten chinesische Künstler die Ähnlichkeit der Ikonografie und bildeten Guanyin auch in Marienkleidern ab.

Wu Daozi (ca. 685 bis 758) war ein Hofmaler der Tang-Dynastie, ein hervorragender Meister des 7. Jahrhunderts. Er war zu Studienzwecken viel auf Reisen, bekannt sind viele Wandmalereien in daoistischen und buddhistischen Tempeln. Ein vielseitiger Künstler: In dem Bild „Die Siebenundachtzig Himmli-schen" gibt er einen Eindruck von dem Geschehen am Hof. Obwohl die edle, privilegierte, vornehm dekorierte Hofgesellschaft dargestellt wird, wird keine Person hervorgehoben, erweckt das Bild den Eindruck einer kollektiven Versammlung. Wu Daozi zeichnete auch Vögel, Blumen, Berge und Flüsse oder Dämonen. Er ist berühmt für seinen gekonnt, schnellen Malstil aus dem Gedächtnis.

Song Huizong war Kaiser der Song-Dynastie von 1100 bis 1126 – und Dichter, Kalligraph und Maler. Bekannt sind vor allem seine Blumen und Vögel-Bilder, wie zum Beispiel

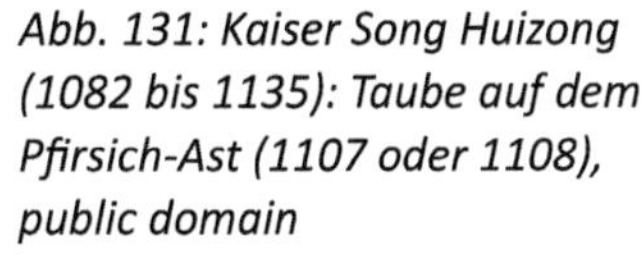

Abb. 131: Kaiser Song Huizong (1082 bis 1135): Taube auf dem Pfirsich-Ast (1107 oder 1108), public domain

175

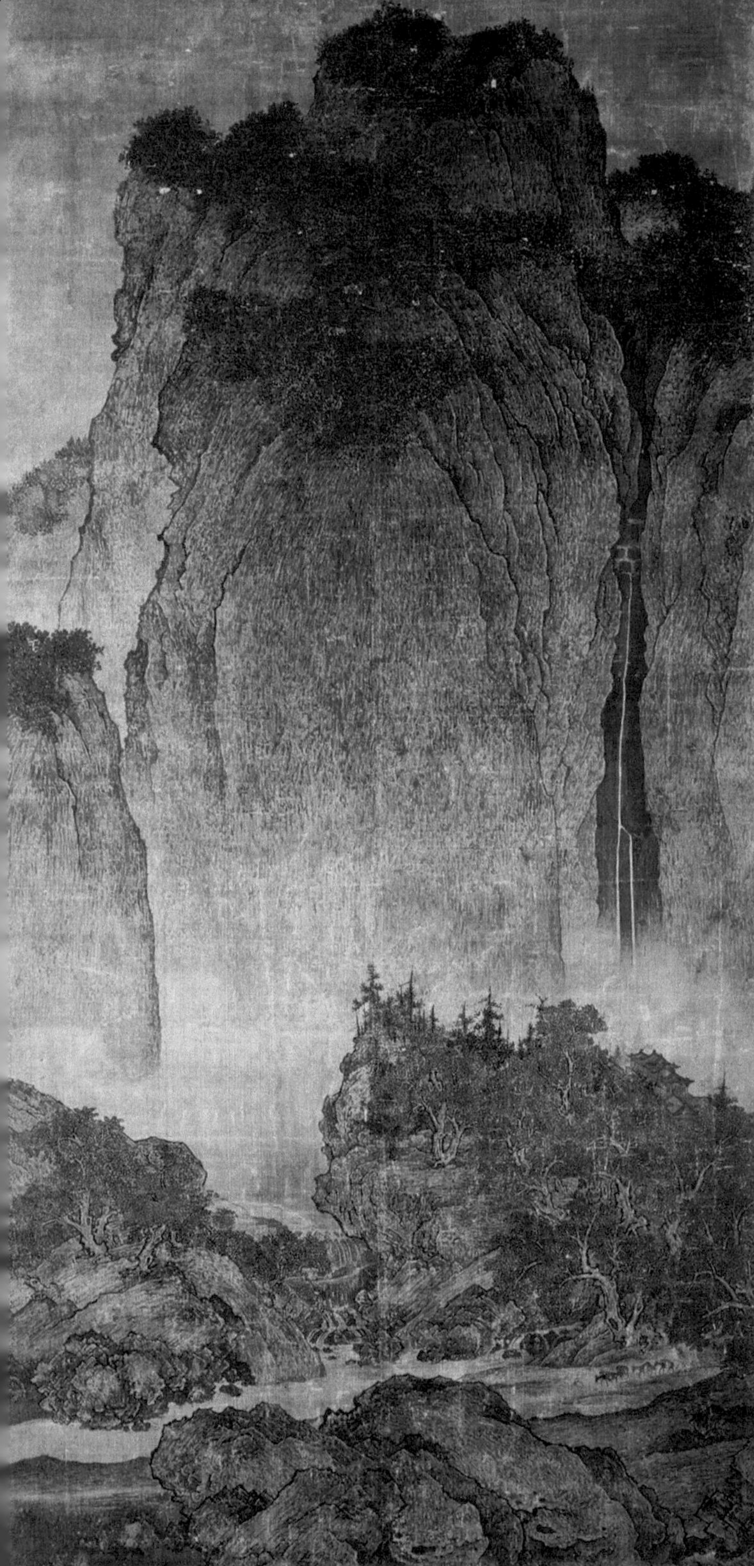

die Taube auf dem Pfirsich-Ast. Er war auch ein bedeutender Mäzen. In seinem Palast hatte er eine Galerie mit über 6.000 Werken. Als Politiker allerdings versagte er. Er unterschätzte die Gefahr der eindringenden Mongolen, und wurde besiegt und gefangen genommen.

Viele Künstler weigerten sich mit den Machthabern zusammenzuarbeiten und zogen es vor, abseits der Machtzentren zu arbeiten. Das begünstigte sicherlich auch die „Flucht in das Landschaftsbild". Der Maler Fan Kuan war Daoist und Neokonfuzianer. Er flüchtete schon frühzeitg vom Kaiserhof, um sein Leben in den Bergen zu verbringen. In seinem Werk „Reise zwischen Strömen und Bergen" ist die klassische chinesische Perspektive der drei Ebenen – nah, mittel und fern – eingehalten. Anders als Maler vor ihm gestaltet er eine überwältigende Landschaftskulisse, will er die Erhabenheit der Natur betonen. Die Reisenden (unten rechts) sind kaum zu erkennen. Die Historikerin Patricia Ebrey erläutert ihre Sicht auf das Gemälde wie folgt: „...Der auf Augenhöhe dargestellte Vordergrund ist mit klaren, klar definierten Pinselstrichen ausgeführt. Hervorstehende Felsbrocken, zähes Buschwerk, ein Maultierzug auf der Straße und ein Tempel im Wald auf der Klippe sind alle anschaulich dargestellt. Es gibt einen passenden Kontrast zwischen dem Vordergrund und dem hoch aufragenden zentralen Gipfel dahinter, der wie eine Kulisse wirkt und in einen Schlitz hinter dem Vordergrund eingepasst ist. Es gibt menschliche Figuren in dieser Szene, aber man kann sich leicht vorstellen, dass sie von der Größe und dem Geheimnis ihrer Umgebung überwältigt werden." (wikipedia).

Abb. 132: Fan Kuan (990 bis 1020) Reise zwischen Strömen und Bergen, Detail einer Wandrolle. Die Menschen wirken klein angesichts einer beeindruckenden aber nicht bedrückenden Landschaftskulisse, Tusche auf Seide, 206,3 cm x 103,3 cm, Nationaler Palast Museum, public domain

Mit diesem Bild ist Fan Kuan
einer der herausragende Künstler
der Song-Dynastie, die durch den
sogenannten Shan-Shui-Stil gekennzeichnet ist. „Shan" bedeutet
Berg, „Shui" Fluss: Dies wurde zu
einem kennzeichnenden Stil der
chinesischen Malerei insgesamt.
Diese herausragende Bedeutung
der Landschaftsmalerei basiert
auf der Weltanschauung des Daoismus, dass der Mensch nur ein
winziger Bestandteil des umfas-
senden Ganzen, des Weltalls sei.
Diese Lehre begründet auch die
große Bedeutung des Gemeinwesens und des Kollektivismus in
der chinesischen Gesellschaft.
Dabei ist die Zeit der Fünf Dynastien und der Song-Dynastie (907–
1127) das „Große Zeitalter der
chinesischen Landschaftsmalerei". Künstler wie Fan Kuan, Jing
Hao, Li Cheng, Guo Xi oder Ma
Yuan beeindruckten mit hoch aufragenden Felsen. Ihr Kolorit ist
sehr zurückhaltend, fast mono-
chrom mit kontrastreichen
schwarzen Linien, die sich gegen
Nebelschwaden und Wolken-
bänke absetzen. Tusche und
scharfe, punktierte Pinselstriche
werden eingesetzt, um rauen

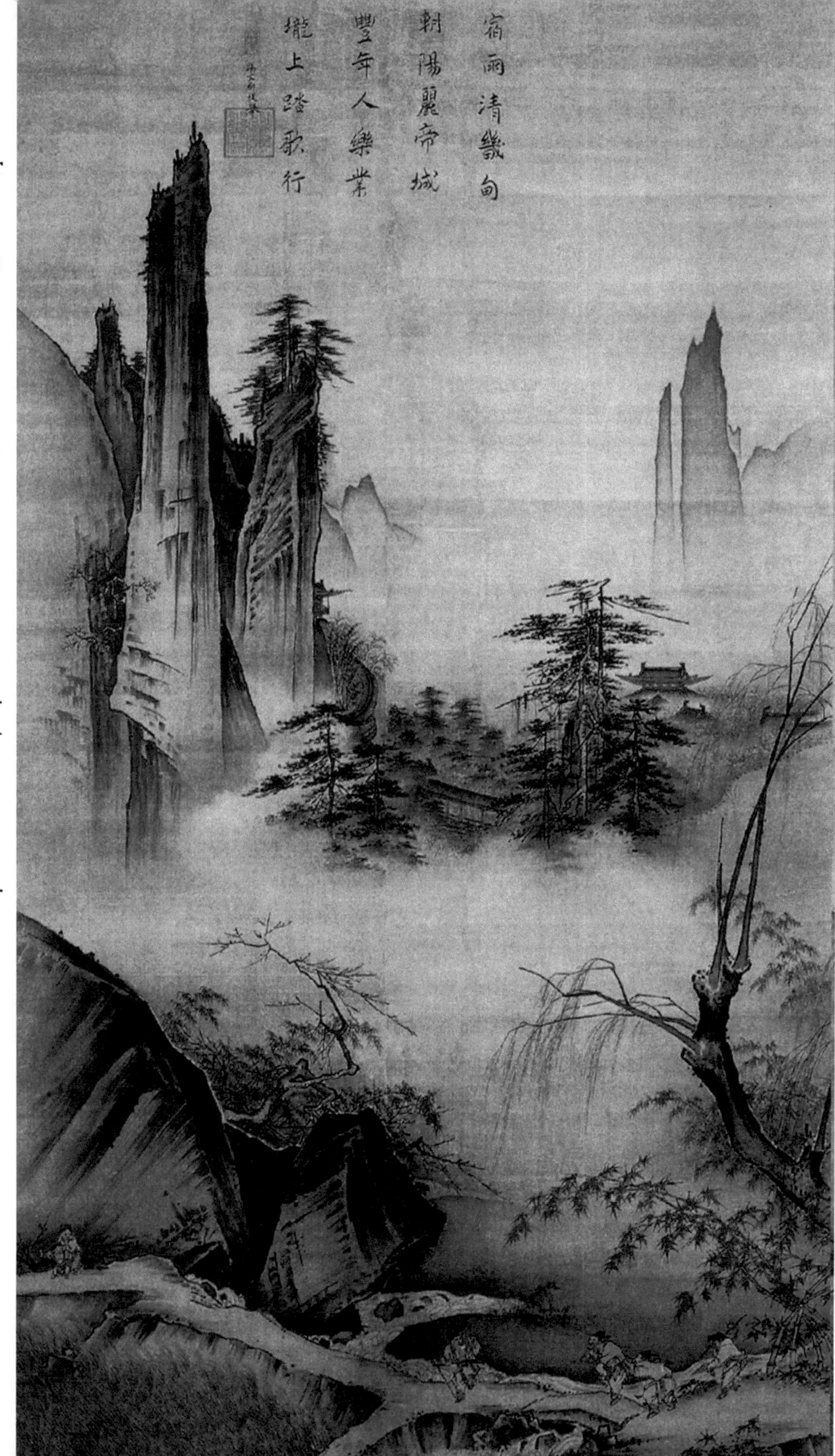

*Abb.133: Ma Yuan (1160 bis 1225):
Tanzende und Singende (Bauern, die
von der Arbeit heimkehren), 191,8 x
104,5 cm, Verbotene Stadt, Palastmuseum, Peking, Tusche auf Seide, public
domain*

177

Stein anzudeuten. Im
Süden malten Dong
Yuan, Juran und an-
dere Künstler die
sanften Hügel und
Flüsse ihrer Heimat in
friedlichen Szenen mit
weicherem, geriebe-
nem Pinselstrich.
Diese beiden Arten
von Szenen und Tech-
niken wurden zu den
klassischen Stilen der
chinesischen Land-
schaftsmalerei.

Die Landschaftsbilder
des Künstlers Ma
Yuan zeichnen sich
durch ausgeprägt de-
korative Elemente
aus. Das Bild „Tan-
zende und Singende"
weist zudem eine
stark gegliederte, dra-
matisierende Kompo-
sition auf. Ganz vorn
betont eine Horizon-
tale den Weg, auf dem
die Bauern singen und
tanzen. Dann wuchtet
sich links ein Fels,
rechts ragen grazile
Sträucher ins Bild
Dann verhüllt Nebel.
Es folgt wieder dra-
matisch eine Horizon-
tale mit Tannen und
hoch aufragenden Fel-

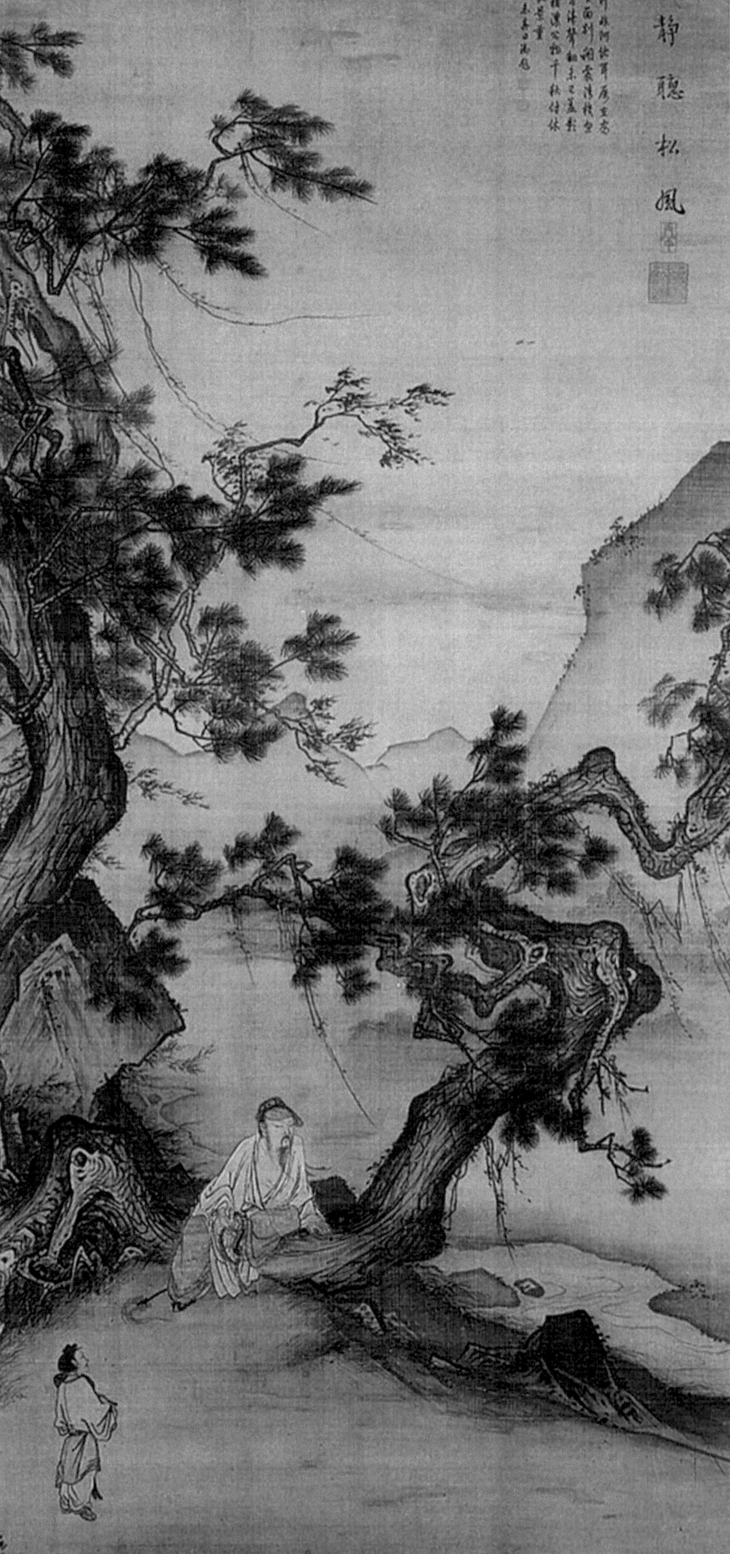

sen. In der Ferne deu-
tet sich ein Fels ge-
heimnisvoll an.

Der Maler Ma Lin
weiß ähnlich wie Ma
Yuan in „Still dem
Wind in den Kiefern
lauschend" mit Tu-
sche und Farbe auf
Seide mit Formen zu
verzaubern. Unten
schlängelt sich ein
Bach. Der Lau-
schende ist beschei-
den klein. Die Kiefern
dagegen dominieren
knorrig das Bild. Am
Horizont lassen Berg-
züge eine lockende
weite Gebirgsland-
schaft erahnen.

Bekannt geworden ist
Ma Lin vor allem
durch sein Gemälde
„Nächtlicher Ausflug
mit Kerzen". Ein
Mann sitzt im Ein-
gang eines Pavillons.
Er hat vier große Ker-
zen angezündet, um

*Abb. 134: Ma Lin (1180
bis 1256), Still dem Wind
in den Kiefern lauschend
(1246), Tusche und Far-
ben auf Seide, 226,6 x
110,3 cm, Nationales Pa-
lastmuseum, public do-
main*

blühende Holzapfelbäume bewundern zu können. Er rezitiert ein Gedicht des berühmten (dissidenten Dichters und Künstlers) Su Shi: „Ich fürchte, dass die Blumen in der Nacht einschlafen und vergehen. Deshalb zünde ich die hohen Kerzen an, um ihre rote Schönheit zu erhellen." Ein Vollmond am nächtlichen Himmel lässt eine romantische Stimmung aufkommen. Eine Allegorie: In repressiven Zeiten und Kriegswirren muss das Schöne im Kerzenlicht erhellt und in

fang". Mit der Mongolenherrschaft wurde China zum ersten Mal in seiner Geschichte Teil eines Weltreiches, das von Russland bis in den Fernen Osten reichte. Der neue Herrscher Kublai hatte China als den wichtigsten Bereich seines Reiches auserkoren. Seine Regierung folgte eher chinesischen als mongolischen Traditionen. Das kam auch darin zum Ausdruck, dass Peking Hauptstadt wurde und keine Stadt in der Steppe.

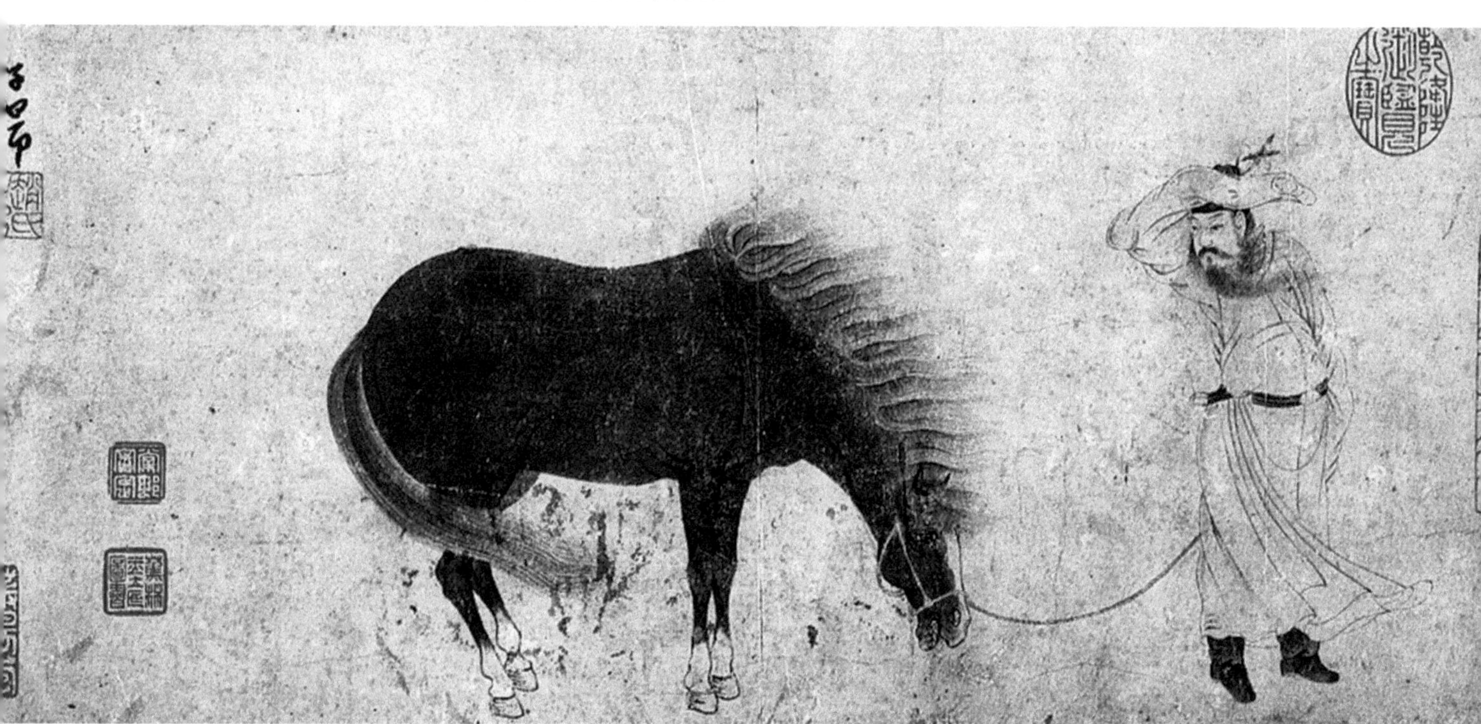

Abb.135: Zhao Mengfu (1254 bis 1322), Zähmung des Pferdes, 22,7 x 49 cm,Museum National Palast, public domain

der Nacht fernab vom tosenden Zeitgeschehen bewundert und genüsslich aufgesogen werden.

Nach der militärischen Niederlage der Song-Dynastie triumphiert der mongolische Herrscher Kublai Khan, ein Enkel von Dschingis Khan. Er proklamiert 1271 die Yuan-Dynastie. Übersetzt bedeutet Yuan „Ur-An-

Zhao Mengfu (1254 bis 1322) ist einer der bedeutendsten Künstler der Yuan-Zeit: Er betont, dass die Qualität eines Bildes durch den Geist des Altertums bestimmt werde. Er distanziert sich von den neuen Herrschern. Berühmt wurde er vor allem durch seine einfühlsamen Pferdedarstellungen. Er glänzte aber auch mit Darstellungen von alten Bäumen und Felsen.

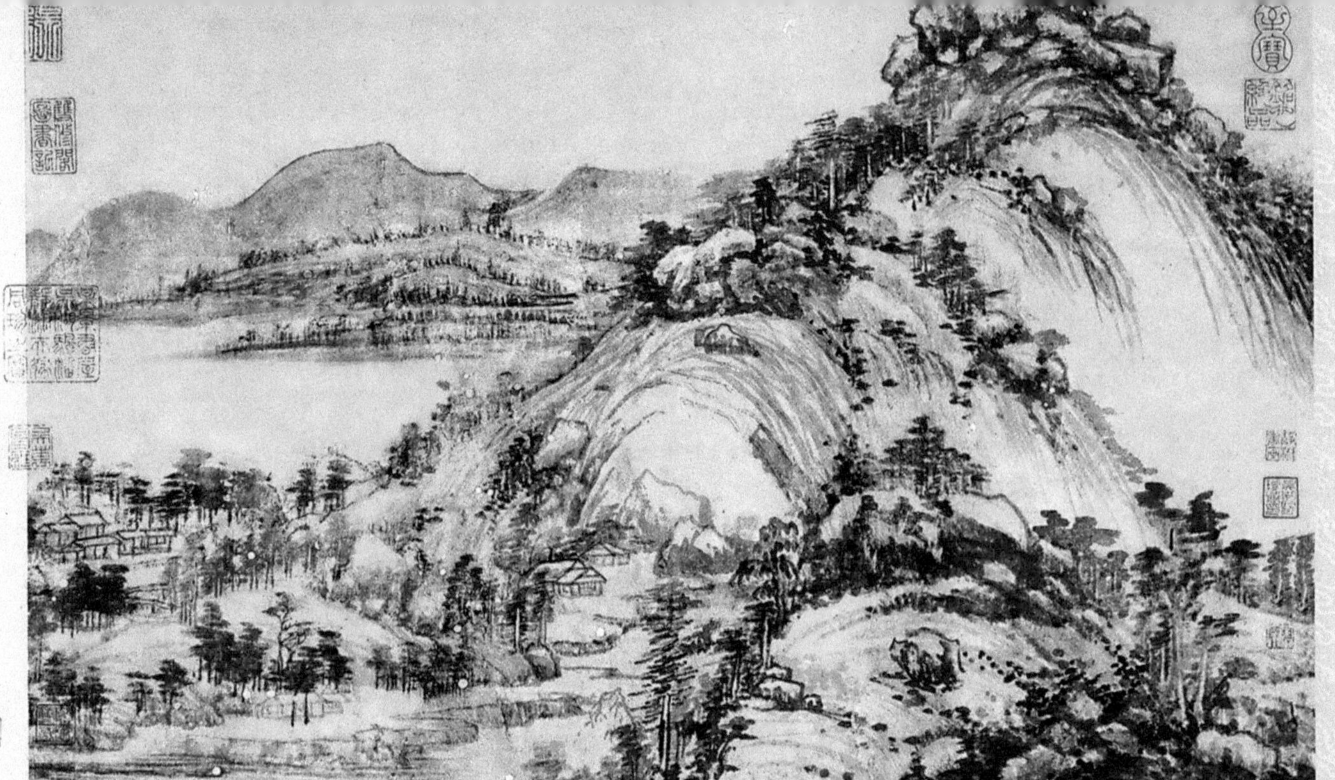

Abb. 136: Huang Gongwang (1269 bis 1354), Leben in den Fuchun-Bergen, Tinte auf Papier auf einer Handrolle, Zhejiang Provinzmuseum in Hangzhou, Breite 51,4 cm, public domain

In seinem Bild „Herbstfarben in den Qiao- und Hua-Bergen" von 1296 stellt er eine Landschaft am Gelben Fluss dar. Rechts und links begrenzen die hohen Berge. In der Bildmitte bewegen sich Menschen zwischen Baumgruppen. Durch bewusste Reduktion der Darstellung und Verzicht auf Kolorit bringt er zum Ausdruck, dass er neue Moden der Herrscher ablehnt und die Traditionen früherer Phasen wiederbeleben will.

Huang Gongwangs (1269 bis 1354) einziges Sujet war die Landschaft. Nach einer Zeit im Gefängnis lebte er als daoistischer Priester in den Bergen von Hangzhou. An dem Werk „Leben in den Fuchun-Bergen hat er drei Jahre gearbeitet. Mächtig erheben sich die Berge, Bäume betonen die Formung der Berge und der hügeligen Landschaft, links ruht ein See. Malerisch verbergen sich in der Landschaft wenige Häuser.

Auch Ni Zan (1301 bis 1374) demonstriert eine tiefe Verbundenheit mit der Natur in seinem Bild „Sechs vornehme Herren" Es sind sechs Bäume, die schlank in das Kunstwerk ragen. Weit über die Hälfte des Bildraums beansprucht der still ruhende See. Am Horizont zeigt sich eine angedeutete Hügellandschaft. Die strikte Dreiteilung gibt dem Bild Stabilität und eine ruhige Ausstrahlung.

Die Mongolenherrschaft wurde durch den Rebellenführer Zhu Yuanzhang beendet: Im Jahr 1368 besiegte seine Armee den Kaiser Khan Togan aus Peking. Die Konsolidierung des Staates und der wirtschaftliche Wiederaufbau standen anschließend im Mittelpunkt. Es kam in der Ming-Zeit zu gewaltigen bürokratischen

Neuorganisationen, die letztlich auf
eine absolutistische Regierung hinausliefen. Die Bevölkerung wurde
starr in Bauern-, Handwerker- und
Soldatenfamilien mit entsprechender
Besteuerung unterteilt. Das hemmte
die wirtschaftliche, kulturelle und militärische Entwicklung, weil auch ein
Berufswechsel unterdrückt wurde.
Jede Bevölkerungsgruppe konzentrierte sich auf ihre Eigeninteressen.
Nach der Machtübernahme des Kaisers Yongle (er regierte von 1403 bis
1424) wurde die Hauptstadt Peking
wieder Zentrum und ab 1421 prachtvoll ausgebaut. Der Kaiserpalast, die
verbotene Stadt mit drei großen Hallen entstand. Entsprechend der Tradition heißen sie „Halle der Höchsten
Harmonie" (die wichtigste Halle und
Thronsaal), „Halle der Mittleren Harmonie" (Halle für Audienzen) und
„Halle der Bewahrung der Harmonie",
die für Staatsbankette und Empfänge
reserviert war. Architektonische Meis-
terleistungen waren neben dem Ausbau der Großen Mauer die Anlage von
kunstreichen Gärten vor allem für die
privilegierte Oberschicht.

Es bildeten sich mehrere Schulen heraus, die jedoch allesamt der Tradition verbunden blieben und auch den
Stil der Ming-Hofmaler mit bestimmten. Die Maler der Zhe-Schule waren
dem expressiv malenden Lehrer Lü Ji
verpflichtet, der eine dekorative far-

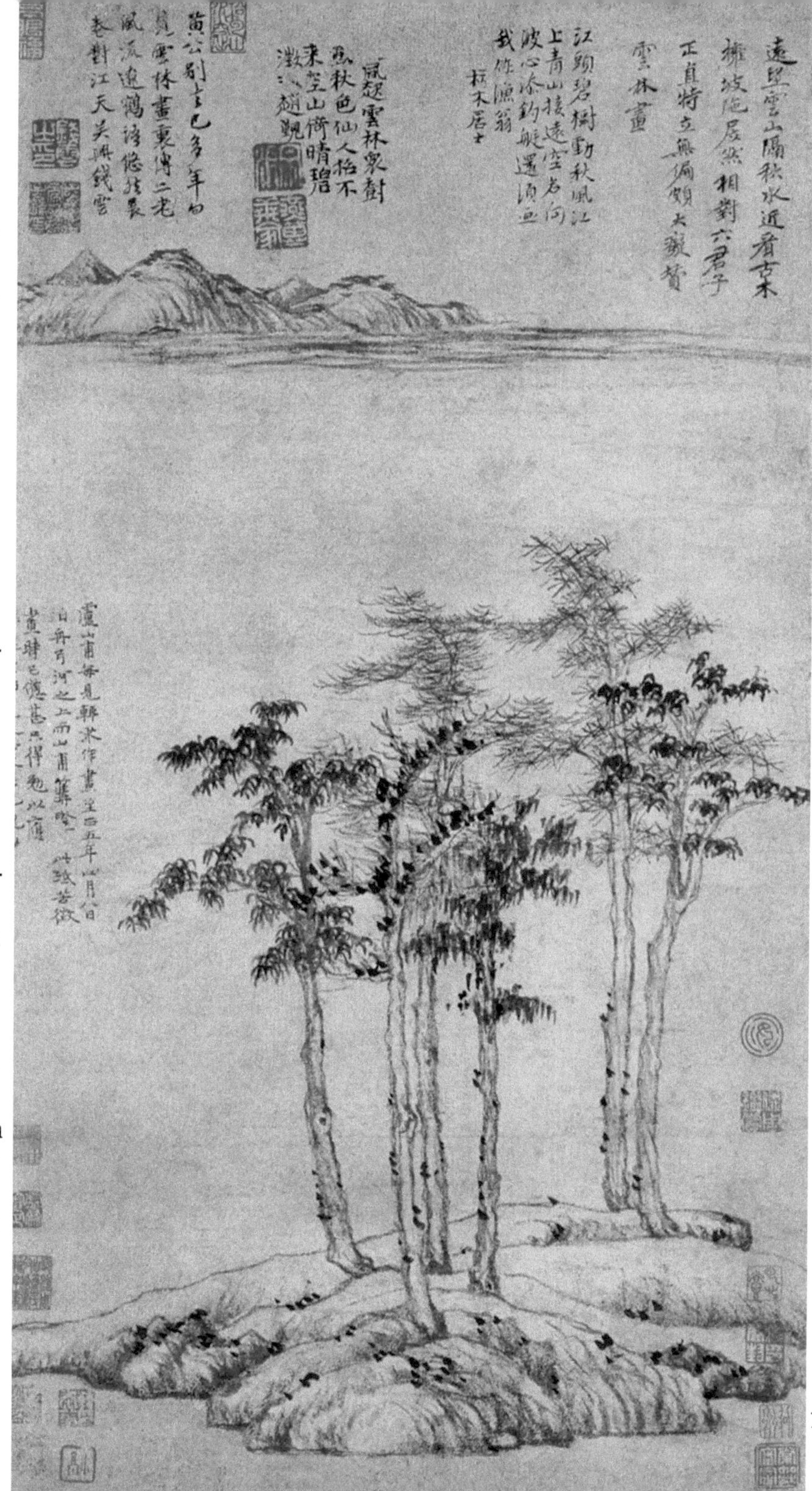

*Abb. 137: Ni Zan (1301 bis 1374): Sechs
vornehme Herren, Shanghai Museum 61,9
x 33,3 cm, public domain*

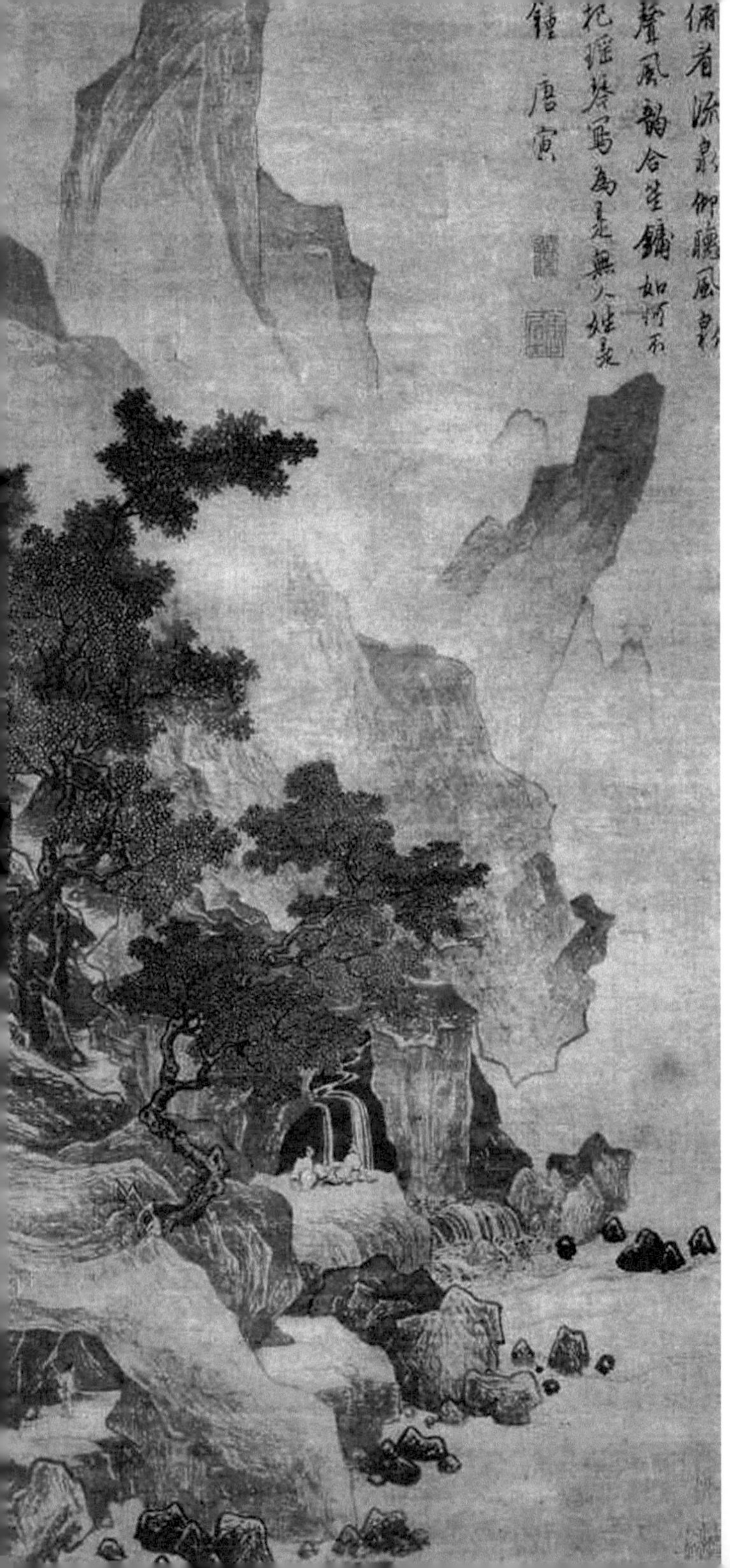

bige Akademiemalerei pflegte. Die Jiangxia-Schule entwickelte eine einfache aber kraftvolle Landschaftsmalerei. Die Wu-Schule wurde von einer Gruppe von Literatenmalern, Gelehrten, Amateuren und Sammlern gebildet, die ein idyllisches leicht snobistisches abgehobenes Künstlerleben abseits des Hofes kultivierten. Der Gründe Shen Zhou (1427 bis 1509) hatte eine große Ehrfurcht vor Chinas historischer Tradition. Seine Gemälde zeugen von einer disziplinierten Befolgung der Stile der Yuan-Dynastie, der chinesischen Geschichte und des orthodoxen Konfuzianismus. Häufig kombinierte er experimentelle Elemente mit den strengeren Stilen der Yuan-Meister. Ein Großteil seiner Arbeiten entstand in Zusammenarbeit mit anderen Literatenfreunden. Für die Wu-Maler war Malen eher Meditation als Beruf. Sein berühmtestes Werk aus dem Jahr 1487, „Regengedanken" (heute im Nationalen Palastmuseum, Taipeh), zeigt den Regen, der die Komposition dominiert, während ein unscheinbares Haus mit den darüber aufragenden Bergen verschwimmt. Er wird üblicherweise Wu Wei gegenübergestellt, einem Maler, der in seinen Gemälden den Menschen in den Mittelpunkt stellt.

Tang Yins (1470 bis 1524) Landschaftsbilder brillieren durch einen Trend zu realistischeren Farben. Zur linken zeigen sich knorrige Bäume, ein Bach sprudelt aus einem Felsen. Davor sitzen unscheinbar zwei Gestalten. Die Kulisse im Hintergrund bilden wuchtige Felsen, die aus dem Nebelmeer herausragen. Das sind neue Akzente, die die traditionelle Kunst bereichern.

Dong Qichang (1555 bis 1636) überzeugt durch eine expressive Formenwelt. Er fühlte sich zu den Literatenmalern hingezogen, weil sie nicht autoritär der Tradition verpflichtet waren und einen eleganten Gelehrtengeschmack pflegten. Die Hofmaler oder die Professionel-

Abb. 138: Tang Yin (1470 bis 1524) Den Frühling bewundern und dem Wind zuhören, Ming Dynasty, China, Nanjing Museum, 16. Jahrhundert, Ming Dynastie, public domain

len hätten einen vulgären Geschmack. Dong Qichang vermied alles Sentimentale oder Raffinierte und zielte auf maximalen Ausdruck, dabei die naturgenaue Wiedergabe außer Acht lassend. Raumbeziehungen missachtete oder verfälschte er, um auch mit Dissonanzen maximalen Ausdruck zu erzielen.

Bauernaufstände, Rebellionen und die neue Dynastie der Mandschu, die sich im Nordosten gebildet hatten führten zum Niedergang der Ming- und zur Gründung der Qing-Dynastie, die von 1644 bis zum Ende der Kaiserzeit Bestand hatte. Während der Qing-Zeit erreichte China nicht nur die größte territoriale Ausdehnung. Die Bevölkerung wuchs vom Anfang 1644 mit rund 56 Millionen auf 400 Millionen

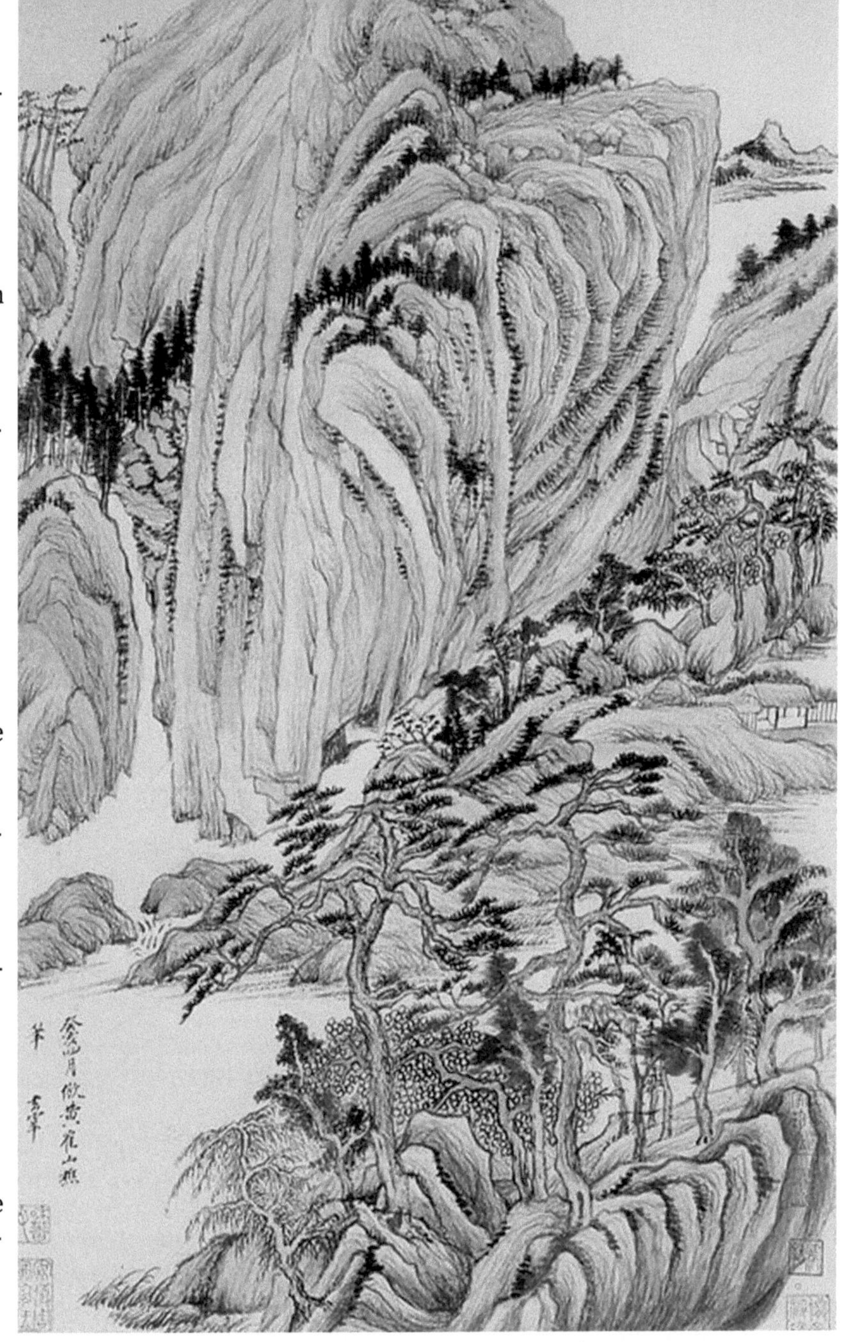

Abb. 139: Dong Qichang (1555 bis 1636), Landschaft in der Art der alten Meister, 1621-24. Album mit 10 Blättern; Blatt 2. Nelson-Atkins Museum of Art. public domain

bis zum Jahre 1911. Die Qing-Zeit glänzte nicht durch künstlerische Höhepunkte, obwohl sie fast drei Jahrhunderte dauerte. Drei Schulen dominierten:

1. Künstler der orthodoxen Schule orientierten sich vor allem an den Vorbildern der Yuan-, Jin- und Song-Zeit. Sie verzichteten auf Originalität oder die Erzielung besonderer Effekte.
2. Die individualistische Schule pflegte zwar einen freieren Stil, zog sich aber aus dem gesellschaftlichen Leben zurück und versuchte romantisierende Landschaftsbilder. Weltflucht wurde zum Programm erhoben.
3. Die acht Exzentriker von Yangzhou erreg-

ten Aufsehen durch extravagantes Auftreten. Gao Qipei malte seine Bilder mit Händen und Fingern. Jin Nong verwirrte mit naiver Malerei. Hua Yan war ein Meister des Weglassens, Luo Pin erregte Mitleid mit schwermütigen Bildern.

Bada Shanrens Biografie ist exemplarisch. Früh wurde er schwermütig angesichts der Missachtung seiner aristokratischen Privilegien. Achtlos und flüchtig wirkt sein Stil, Größenverhältnisse ignoriert er. Kleine Vögel sitzen übergroß auf Ästen und Felsen. Einfache Gegenstände wie Blumen, Früchte und Gemüse sind seine Motive. Malerei ist für ihn ein Ventil für seine Gefühle: Er ist unzufrieden mit dem gesellschaftlichen Leben, seinen privaten Verhältnissen und besonders mit seiner Ehe. Er drückt seine Gefühlswelt aber nicht direkt aus, sondern erweitert nach und nach sein Repertoire: Zuerst sind es Tiere wie Vögel und Fische zusätzlich zu Blumen und Gemüse, dann Lotusblumen und Felsen, dann Fische und zum Schluss Landschaften und die

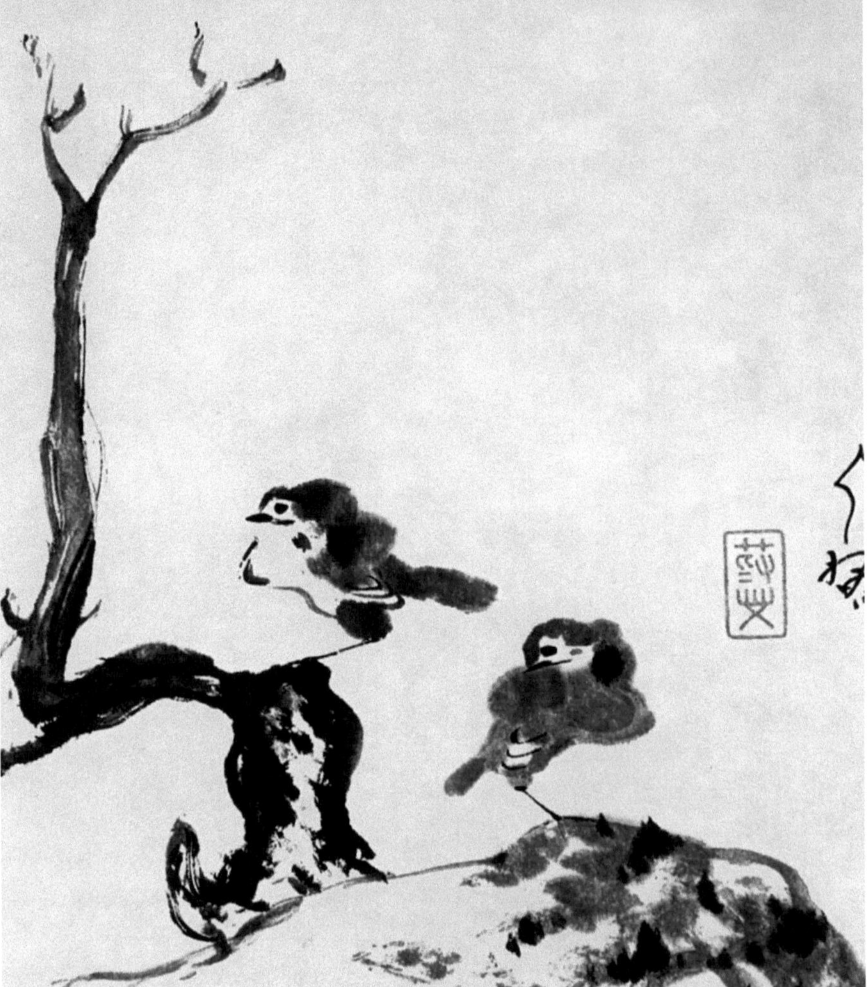

Abb. 140: Bada Shanren (1626 bis 1705), Zwei Vögel, Tusche und Farben auf Papier, 31,7 x 26,3 cm, Sammlung K. Sumitomo. The York Project, ISBN 3936122202, public domain

Kalligrafie.

Auch die wechselnden Abbildungen der regierenden Kaiser in der chinesischen Kunst wirken nicht überzeugend: Frontal, statisch, die Untertanen mit strengem, misstrauischem Blick fixierend werden sie dargestellt. Oder sie sitzen steif repräsentativ auf Schlachtrössern - ein dekorativer, oberflächlicher Abklatsch der europäischen Heroen- und Herrscher-Malerei. Am Ende der Qing-Zeit – nach den Opium-Kriegen und dem ebenfalls verlorenen geistigen Führungsanspruch – ergreift die gelehrte Klasse eine geistige Lähmung, eine fin-de-siecle-Stimmung gewaltigen Ausmaßes. Diese geistige Lähmung reichte bis weit in das 20. Jahrhundert hinein.

Das Geschichtsbild aus der Sicht des kaiserlichen Hofes

Auf den vorangegangenen Seiten wurde die Geschichte der Kunst aus ideengeschichtlicher Sicht dargestellt. Wenn dieselbe Geschichte der Kunst aus der Sicht des kaiserlichen Hofes erzählt wird, ergibt sich ein vollkommen anderes Bild. Das soll auf den folgenden Seiten exemplarisch ausgeführt werden. Aus der Sicht der Mehrheit der arbeitenden Bevölkerung kann diese Bildgeschichte gar nicht geschrieben werden, weil die Geschichtsschreibung darüber nur sehr ungenügend berichtet und Bilder nur sehr unzureichend angefertigt wurden.

Das Herrscherbild ist in China schablonenhaft, nicht verinnerlich und nicht dominant wie in der abendländischen Kultur. Es erscheint als ungeliebte Auftragskunst ohne Leidenschaft, ohne Bewunderung oder Verehrung. In starrer Haltung und in gleicher Pose erscheinen die Kaiser. Die Bilder sind zwar reich verziert, wollen aber nicht überzeugen, sondern betonen die Distanz. Die Geschichtsbücher erzählen aber noch heute ihre Geschichte als DIE Geschichte. Hier werden nur die Kaiser der letzten Qing-Dynastie vorgestellt:

Name	Regierungszeit	Devise
Nurhaci	1616–1626	Von Gottes Gnaden
Huáng Tàijí	1626–1643	Durch Gott Kluger
Shùnzhì	1643–1661	Folgsame Regierung
Kāngxī	1661–1722	Gesunder Weltfrieden
Yōngzhèng	1722–1735	Harmonische Geradheit
Qiánlóng	1735–1796	Durch Gott Unterstützter
Jiāqìng	1796–1820	Vielversprechendes Heil
Dàoguāng	1820–1850	Vernunft und Licht
Xiánfēng	1850–1861	Allgemeines Wohlergehen
Tóngzhì	1861–1874	Gemeinsame Ordnung
Guāngxù	1874–1908	Glanzvoller Verlauf
Pǔyí	1908–1912	Klare Grundgesetze

Als Gründer der Qing-Dynastie gilt **Nurhaci** (1559 bis 1626), ein Stammesfürst der Jurchen, der das Volk der Manchu im nördlichen China (heute auch Teile Russlands und der Mongolei) einigte. Er konnte schon früh ein mächtiges Heer aus madschurischen, mongolischen und han-chinesischen Soldaten bilden und mehrere Volksstämme in seinem Gebiet besiegen.

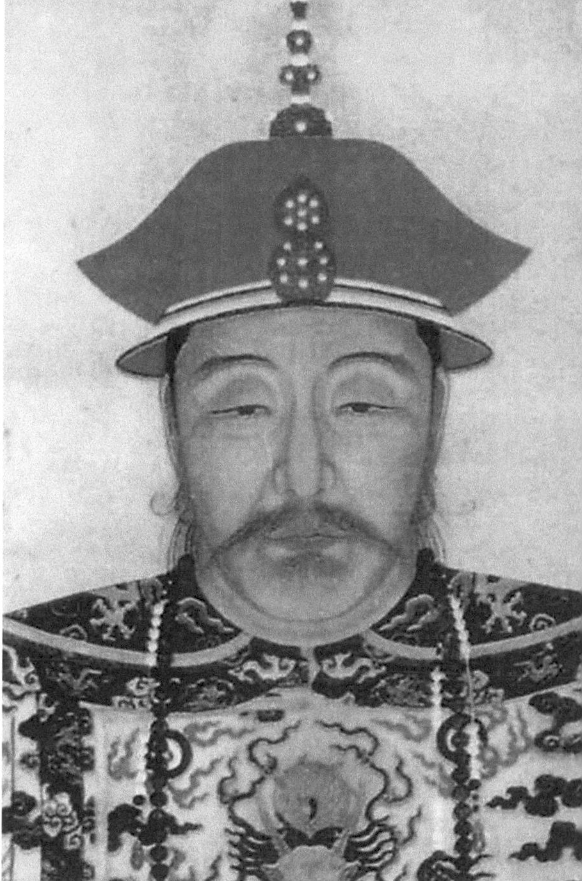

Abb. 141: Der Herrscher und Gründer der Qing-Dynastie Nurhaci (oben), sein Sohn und Nachfolger Huang Taiji (Abb. 142), der sich zum ersten Kaiser Chinas erheben ließ und Shunzhi (Abb. 143), Sohn von Huang Taiji, der ab 1644 zum Kaiser ernannt wurde. (jeweils public domain)

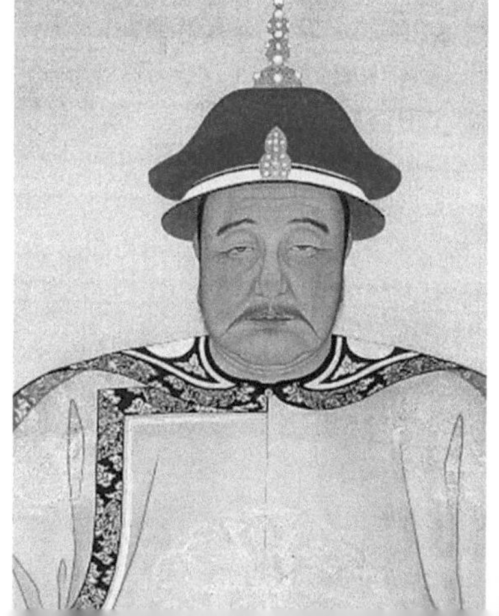

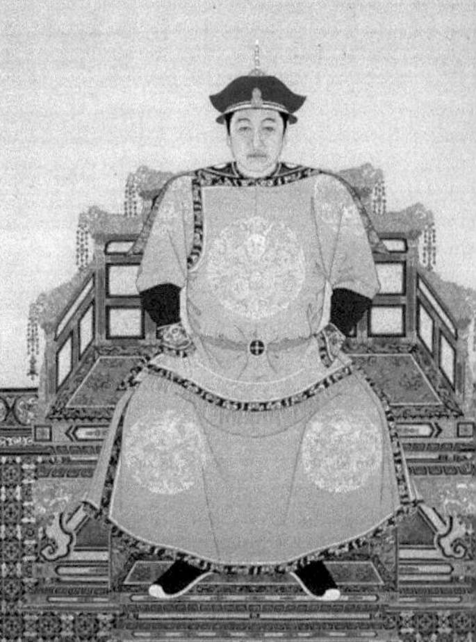

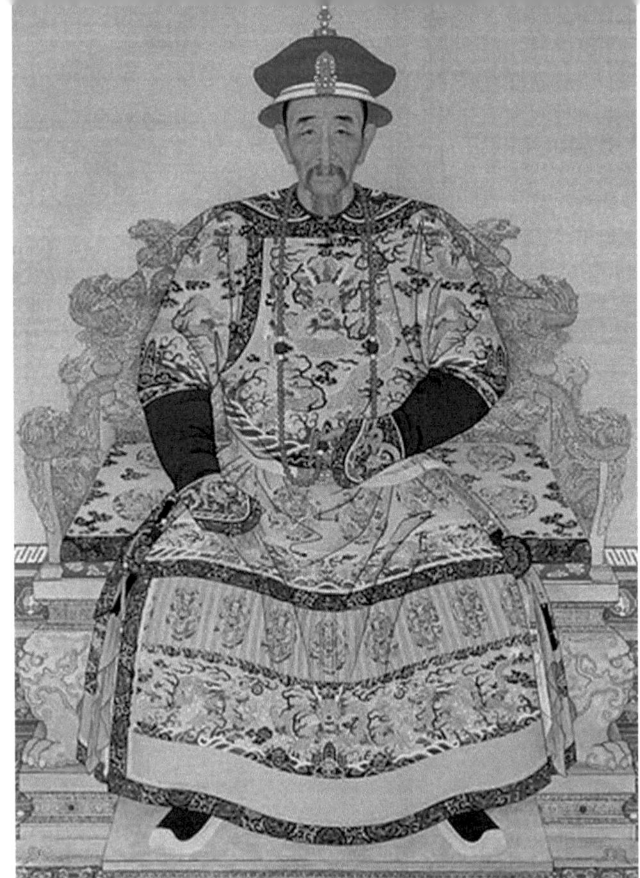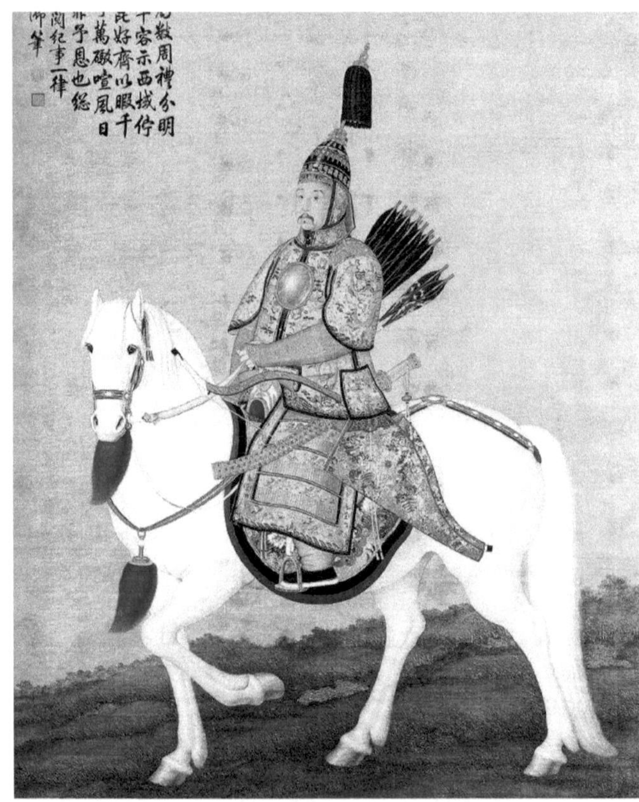

Abb. 144: Kaiser Kangxi auf seinem Thron und als Reiter (Abb. 145) auf seinem Schlachtross mit Schwert und Pfeilen. Er war der am längsten herrschende Kaiser der Qing-Dynastie und trug entscheidend zur Erweiterung des Kaiserreiches bei.public domain

1619 konnte er vier anrückende chinesische Armeen mit einer Stärke von 200.000 Soldaten vernichtend schlagen, anschließend eroberte er 70 kleine und große chinesische Städte. Viele Han-Chinesen wurden versklavt, unzuverlässig erscheinende hingerichtet. 1625 wurde die Stadt Mugden Hauptstadt mit einem prächtigen Palast. Nurhaci starb 1626 infolge einer Verletzung in einer verlorenen Schlacht.

Auch sein Sohn und Nachfolger **Huang Taiji** war ein mandschurischer Stammesführer, er ließ sich 1636 zum Kaiser von China ausrufen. Zuvor hatte er wiederholte Missernten mit Bauernaufständen in China zu seinen Gunsten machtpolitisch genutzt und stieß mit

seinen Truppen schon 1629 bis Peking vor. Er bewies außergewöhnliche Fähigkeiten als Militärführer bei der Eroberung koreanischer, mongolischer und chinesischer Gebiete.

Sein Sohn **Shunzi** wurde im Alter von sechs Jahren 1644 Kaiser der neu gegründeten Qing-Dynastie. Die noch verbliebenen Anhänger der vorangegangenen chinesischen Ming-Dynastie wurden mit aller Härte bekämpft. Nach dem Tod seiner jungen Konkubine fiel er in Lethargie, ging ins Kloster und verstarb mit 23 Jahren wahrscheinlich an Pocken.

Ihm folgte **Kangxi**, der von 1661 bis zu seinem Tod mit

61 Jahren der am längsten regierende Herrscher der Qing-Dynastie war. Er versöhnte die Mandschu-Herrschaft mit den chinesischen intellektuellen Eliten. Einen Aufstand der Feudalfürsten konnte er erfolgreich niederschlagen und die Fürsten entmachten. Konflikte mit Russland und den Mongolen löste er erfolgreich mit militärischer Macht. Er erweiterte Chinas Grenzen nach Norden und sicherte so die Vormachtstellung in Asien. Schließlich profilierte er sich als Förderer der Wissenschaften und der Kunst. Er baute prächtige Residenzen in Peking und anderen Städten Chinas, ließ wissenschaftliche Werke wie das Kangxi-Wörterbuch verfassen und gründete kaiserliche Werkstätten, unter anderem für Glas und Emaillearbeiten.

Yongzheng sanierte den zerrütteten Staatshaushalt, reformierte die Verwaltung, erließ Gesetze zur Unterbindung des Opiumhandels und führte außerdem noch erfolgreiche Kriege. Er war Förderer der buddhistischen Religion, obwohl er der konfuzianischen Lehre anhing. Die Christen bekämpfte er allerdings.

Die Regentschaft von **Qianlong** wird als „Höhepunkt der Qing-Dynastie" und als das „Goldene Zeitalter"

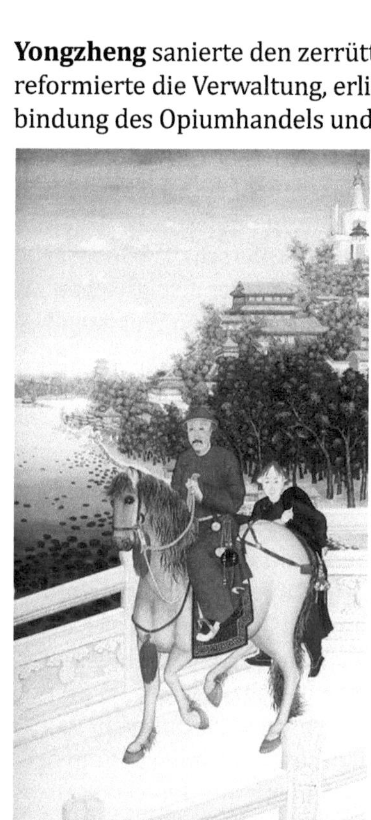

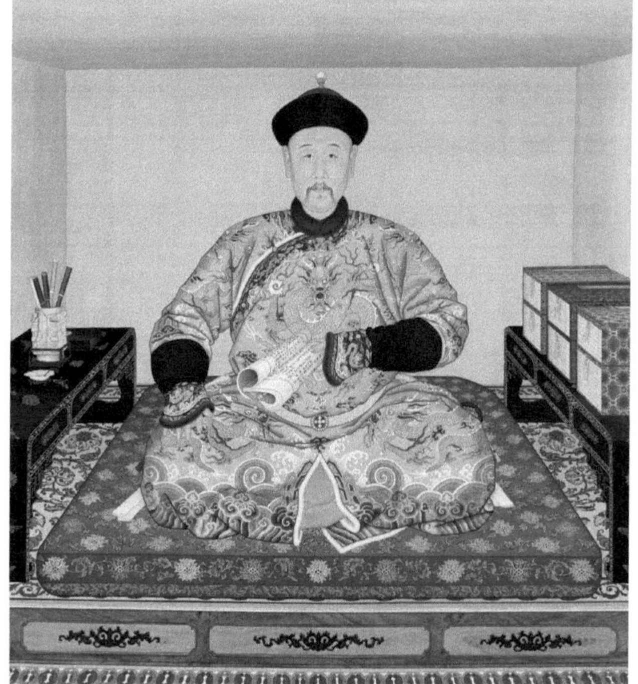

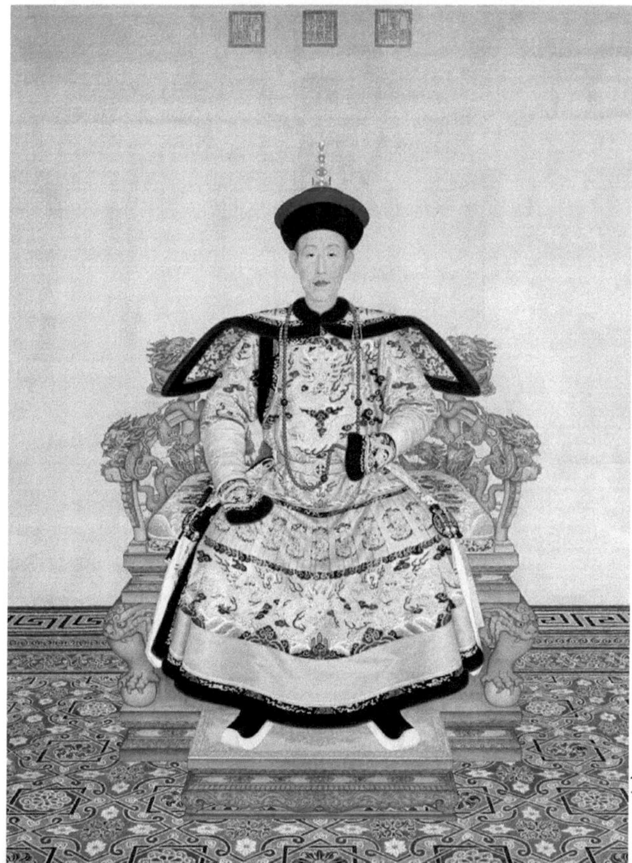

Kaiser Qianlong (Abb. 146) auf dem Pferd, Abb. 147: Kaiser Yongzheng (oben rechts) zeichnete sich in Verwaltungs- und Militärfragen gleichermaßen aus. Kaiser Qianlong (Abb. 148) gilt als der erfolgreichste Kaiser der chinesischen Geschichte. public domain

187

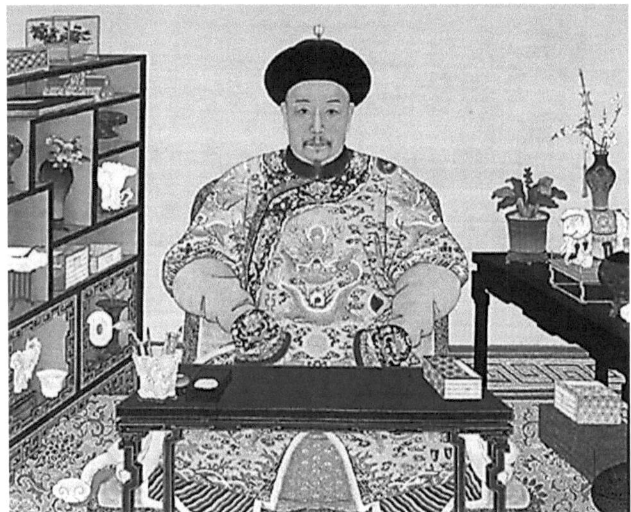

Abb. 149: Kaiser Jiaqing (oben) und Daoguang (Abb. 150, unten)

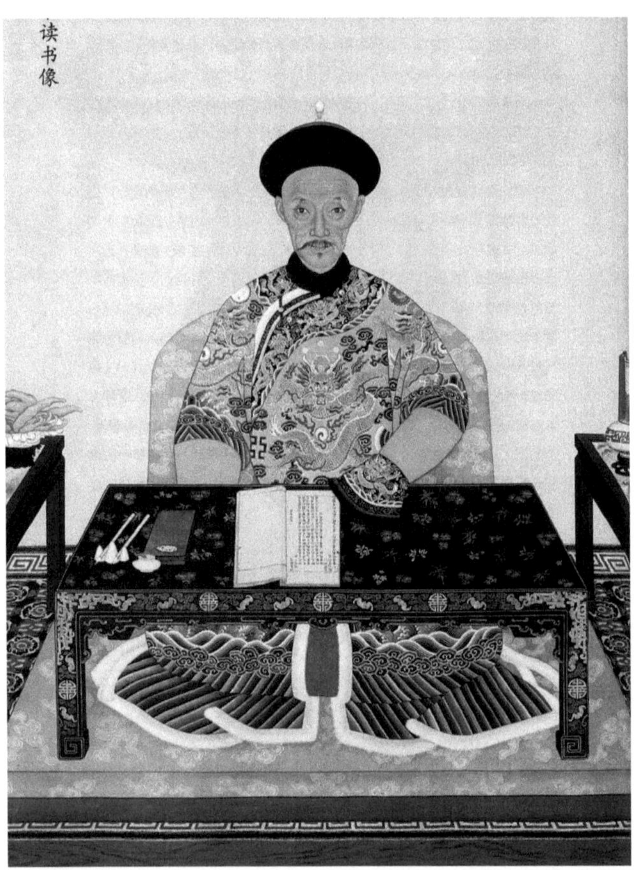

der gesamten chinesischen Zivilisation gefeiert. Er glänzte als Dichter, Maler und Kalligraf, sammelte die größte Kunstkollektion der damaligen Zeit und schuf die „Vollständige Bibliothek der Vier Schatzkammern", die umfangreichste Sammlung der chinesischen Literatur. Er sorgte für politische Stabilität, wirtschaftlichen Wohlstand – und für prachtvolle Machtentfaltung. Er war einer der größten Bauherrn in der Geschichte. Er ließ Paläste, Städte mit Straßenzügen, Wasserwege, viele Tempel errichten. Die Sommerpaläste Yuanming und Qingyi Yuan erweiterete er durch die größte Garten- und Palastkompositionen im damaligen Ostasien. Ihm gefiel auch die Rolle als erfolgreicher Feldherr, obwohl er nie persönlich an einer Schlacht teilnahm. Über 260.000 Soldaten zählte sein Heer, mit dem er siegreiche Feldzüge gegen Taiwan, Afghanistan, Vietnam und Thailand organisierte. Außerdem gelang es ihm, sich zum alleinigen Beschützer der Mönche und Klöster Tibets zu profilieren und sie so dem Reich anzugliedern. Unter Qianlongs Herrschaft erreichte China die größte Ausdehnung seiner Geschichte. In der Haupstadt ließ er die „Halle der militärischen Tapferschaft" bauen, in dem er die Porträts und die Waffen der erfolgreichen Befehlshaber ausstellte. Dem wachsenden Wohlstand war es auch zu verdanken, dass die Bevölkerungszahl während seiner Zeit von 150 auf 340 Millionen geradezu explodierte. 1799 erlag er einer Krankheit und ließ sich mit seinen vorher verstorbenen Lieblingsfrauen in dem Yuling-Mausoleum bestatten.

Der Kaiser **Jiaqing** und Sohn von Qianlong war nicht so beliebt wie sein Vater – und auch weniger erfolreich. Er hatte mit Piraten zu kämpfen. Geheimgesellschaften organisierten im Innern Bauernaufstände: Die Regierung musste Feldzüge gegen die Aufständischen organisieren, Soldaten rebellierten. Zu wirtschaftlichen Problemen und Beamtenkorruption kamen außenwirtschaftliche Probleme vor allem mit der Britischen Ostindien-Kompanie, die das Monopol des englischen Handels mit China besaß und vor allem an einem schwunghaften Opium-Handel profitierte.

Unter dem schwachen Kaiser **Daoguang** kam es dann
zum offenen Konflikt mit Großbritannien: Die Ostindien-Kompanie hatte die korrupte Beamtenschaft des
Landes bestochen, um den Opiumhandel enorm auszuweiten. Das brachte China in Schwierigkeiten und gefährdete auch zunehmend die Gesundheit der
Bevölkerung des Landes. Daoguang ließ deshalb den
britischen Abgesandten der Ostindien-Kompanie ausweisen und vernichtete große Mengen Opiums. Das
nahm Großbritannien zum Anlass für den ersten Opiumkrieg, der nach dem Sieg des britischen Militärs
China zum halbkolonialen Entwicklungsland degra-
dierte.

Xianfeng, von 1850 an Kaiser der Qing-Dynastie, war
als alkoholabhängig verrufen. Er verfiel auch dem
Opium und war genauso abhängig von den Freuden in
seinem kaiserlichen Harem. Das Kaiserreich wurde von
den schwersten Krisen seiner Geschichte erschüttert.
Der Taipeh-Aufstand eines christlichen Sektenführers
in 600 Städten kostete bis zu 30 Millionen Menschen
das Leben. Der Nian-Aufstand fügte den kaiserlichen
Truppen schwere Verluste zu, genauso die Panthay-Re-
bellion und weitere Aufstände. Außenpolitisch musste
das Reich Gebiete an Russland abtreten. Der Zweite
Opiumkrieg gegen England und Frankreich endete
1860 mit einer vernichtenden Niederlage, China wurde
zu erheblichen Konzessionen gezwungen. Das Land
war ruiniert. Der Kaiser erkrankte (aufgrund seines ex-
klusiven Lebenswandels?) und starb.

Er hinterließ dem folgenden Kaiser **Tongzhi** ab 1861
ein schweres Erbe. Die Querelen mit den britischen
und französischen Staaten nebst wirtschaftlichen Ver-
lusten wollten nicht enden. Tongzhi geriet weiter unter
Druck. Mit der Einnahme von Taiwan im Jahr 1974
durch eine japanische Strafexpedition endete die chinesische Vorherrschaft in Ostasien. 1875 starb der Kaiser

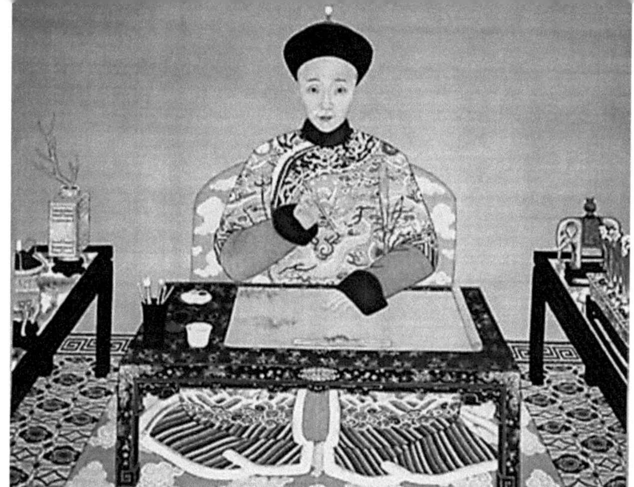

Abb. 151: Die Kaiser Xianfeng (oben) und der Tongzhi (Abb. 152 unten) Fotos: public domain (auch Abb. 149, 150)

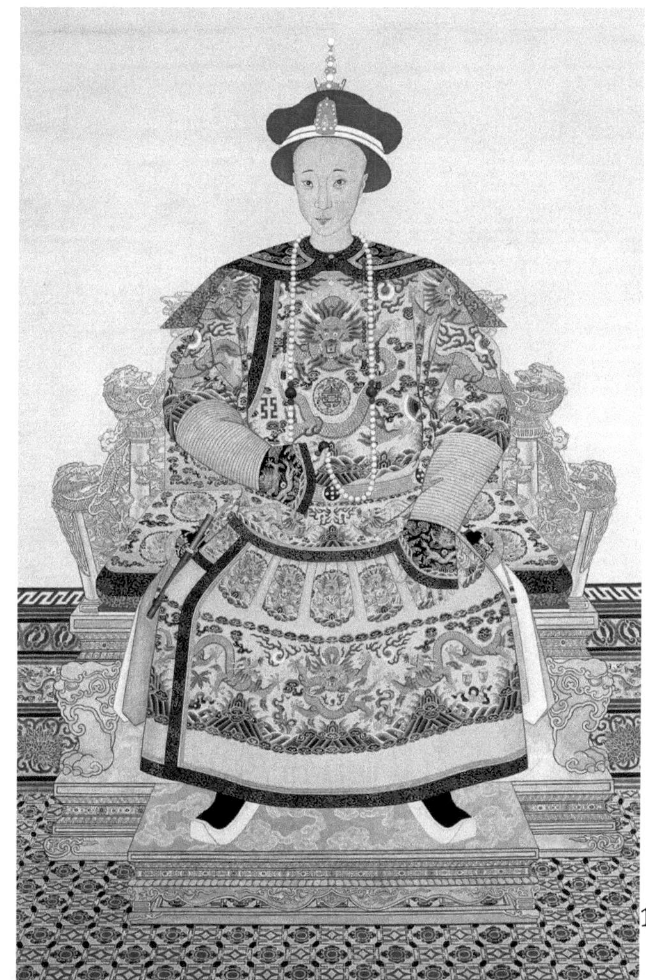

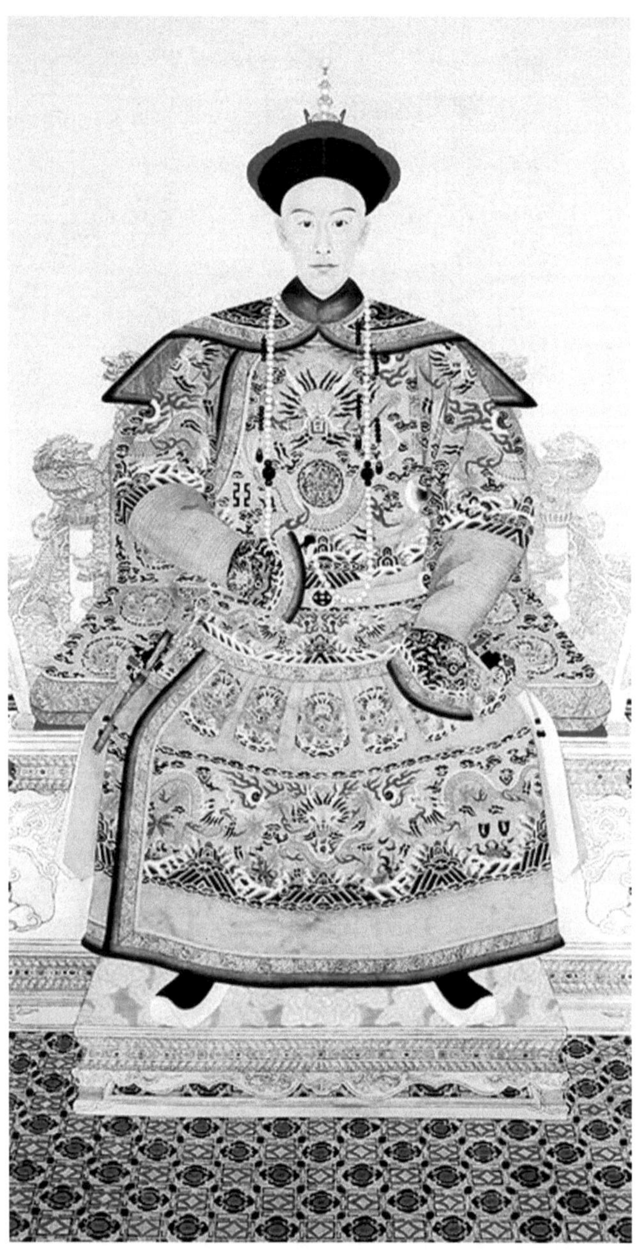

mit nur 18 Jahren. Offiziell wurde als Todesursache die Pocken angegeben, andere Quellen geben den Gifttod an.

Als **Guangxu** 1875 den Drachenthron bestieg, bestand die Hoffnung auf eine teilweise Revision der „Ungleichen Verträge" infolge der verlorenen Opium-Kriege. Aber Ränkespiele am Hof, ein kränkelnder Kaiser verhinderten eine gradlinige Strategie. Im Krieg 1884/85 schwächte Japan die Großmacht China entscheidend, löste Vietnam und Korea aus deren Einflussbereich. In einer Seeschlacht im gleichen Jahr musste sich die chinesische Flotte geschlagen geben. Die Niederlage wurde im Chinesisch-Japanischen Krieg 1894/95 besiegelt. Taiwan musste abgetreten werden und mehrere Inseln. Quindao fiel an das deutsche Reich, Weihai an Großbritannien, Russland und Frankreich annektierten Gebiete. Die Kaiserwitwe, die während der ganzen Regierungszeit von Guangxu entscheidenden Einfluss am Hof hatte, ließ am Ende Guangxu internieren. Seine Berater wurden fast alle hingerichtet. Wahrscheinlich wurde auch Guangxu von Cixi vergiftet, um dem künftigen Kaiser Puyi den Weg zu bahnen.

Des Kaisers **Puyi** Regierungsantritt im Jahr 1908 stand unter einem sehr unglücklichen Stern. China befand sich in einer gewaltigen Staatskrise. Elend herrschte im Land. Als Zweijähriger wurde Puyi zum Thronnachfolger von der intriganten aber zu der Zeit schon todkranken Kaiserwitwe Cixi proklamiert. Sein Leidensweg in Stichworten: Es ist das Ende der fast 300 Jahre währenden Qing-Dynastie. Die absolute Monarchie war vollkommen anachronistisch strukturiert und hatte sich überlebt. 1911 brach der Wuchang-Aufstand aus., es folgte die Xinhai-Revolution. 1912 proklamierte Sun Yat-sen die Republik China. Puyi wurde ein unbefristetes Wohnrecht in der Verbotenen Stadt gewährt, der Hofstaat hielt an dem archaisch wirkenden Hofzeremoniell fest. Nach einem Militärputsch 1917 wurde der Kaiser kurzzeitig als Marionettenkaiser benutzt. 1924

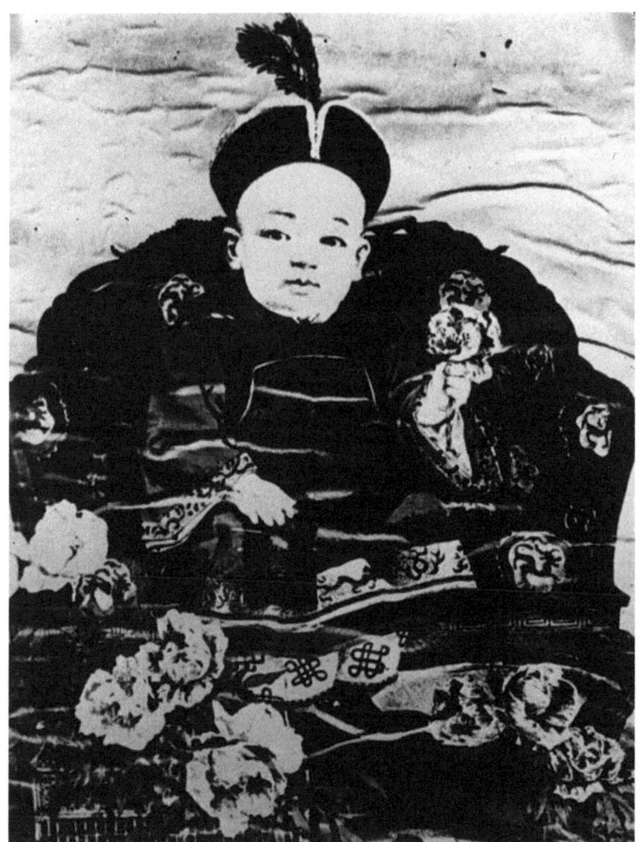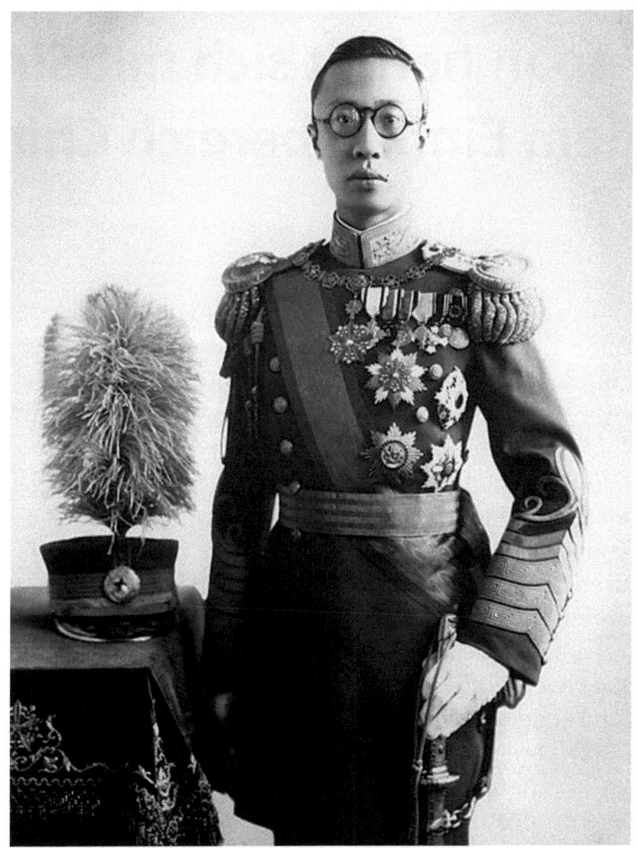

Abb. 154: Zwei Jahre war Puyi alt, als er in der Verbotenen Stadt das „Mandat des Himmels" erhielt. Machtkämpfe im Inneren und Kriege ausländischer Mächte bestimmten sein Leben. Japan benutzte ihn als Marionette (Abb. 155), bis er endlich von Mao während einer langjährigen Gefängnisstrafe umerzogen wurde und nach seiner Entlassung als Gärtner im Botanischen Garten Pekings arbeiten durfte. Zum Schluss wurde ihm aber eine große Ehre zuteil: Er wurde von der „Politischen Konsultativkonferenz des Chinesischen Volkes" zum Mitglied ihres Nationalkomitees gewählt. Er starb 1967 an Krebs. Fotos: public domain.

putschte sich General Feng Yuxiang an die Macht. Puyi musste erstmals die Verbotene Stadt verlassen. Dann übersiedelte er nach Tianjin in ein japanisches Hoheitsgebiet und gab sich der Hoffnung hin, mit japanischer Hilfe wieder auf den Drachenthron zurückkehren zu können. Tatsächlich wurde er von der japanischen Macht zuerst zum Präsidenten und 1934 zum Kaiser von Mandschuko gekrönt. Allerdings wurde ihm bewusst, dass er nichts zu sagen hatte; er fühlte sich als politischer Gefangener. Den Zweiten Weltkrieg erlebte er als folgsamer Leser der japanischen Kriegspresse. Nachdem 1945 Japan praktisch besiegt war, versuchte

er im Ungewissen über die politische Weltlage nach Japan zu fliehen. Er wurde aber von sowjetischen Fallschirmjägern gefangen genommen und im Kriegsgefangenenlager Chabrowsk interniert. Nach dem Sieg Maos wurde er an die Volksrepublik China ausgeliefert. Er übte schriftlich Selbstkritik und schwenkte fortan die Mao-Bibel. Er starb 1967 im Pekinger Kreiskrankenhaus. Seine Witwe erreichte 1995, dass die Urne in den traditionellen Grabstätten seiner Qing-Vorfahren beigesetzt wurde, neben neun Kaisern, drei Kaiserinnen, 69 Prinzen und kaiserlichen Konkubinen.

Japan befreit sich mit Sinnesfreuden aus dem Einflussbereich Chinas

Kultur und Kunst Japans schwanken zwischen Anpassung an Kulturen außerhalb des Landes und eigenständiger Entwicklung. In der Zeit der „Prä"historie lassen Kunstwerke der Jomon-Kultur von vor 13.000 bis 2.300 Jahren mit formenreichen, fantasievollen Frauenfiguren erkennen, dass matrilineare Ordnungen in den Gemeinschaften herrschten – wie auch in anderen Kulturen der Welt zu dieser Zeit. Vor 2.300 bis vor 1.700 Jahren begründeten vor allem Immigranten aus Zentral- und Nordchina die Yayoi-Kultur, die die Metallzeit und gleichzeitig eine soziale Differenzierung in dem Land einleitete. In der Kofun-Zeit von vor 1.700 bis vor 1.300 Jahren (300 bis 800 n. Chr.) bildete sich ein Stammesadel heraus, begleitet von kriegerischen Auseinandersetzungen und einer Kunst, die eiserne Schwerter kunstvoll verzierte und Pferde-Skulpturen schuf. In Totenkulten wurden hochrangigen Personen Tonfiguren, die Bauern, Krieger und Priester darstellen, auf ihrer Reise ins Jenseits mitgegeben. Sagenumwoben ist die Herrschaft der japanischen Kaiser. Der erste Kaiser Jimmu soll den Chroniken nach schon im Jahr 660 v. Chr. inthronisiert worden sein. Er gilt als Abkömmling des Sonnengottes Amaterasu. Dann folgt eine Liste von (offensichtlich erfundenen) 14 legendären Kaisern, über die ansonsten nichts bekannt ist. Sie dienen dazu, das Kaisertum als seit ewigen Zeiten existierend abzusichern. Konkret wird die Mythenbildung bei der Herrscherin Jingu, die nur stellvertretend für ihren minderjähri-

gen Sohn antritt, dies allerdings von 201 bis 269 n. Chr. Sie soll als Kriegsherrin in einem dreijährigen Krieg Korea überfallen und besiegt haben. Schon früh wird der Anspruch auf Herrschaft über fremde Länder festgeschrieben. Ihr folgte dann angeblich der Tenno Ojin, der als Hachiman vergöttlicht wurde.

In den anschließenden Perioden der Asuka-, Nara- und Helan-Zeit (mit erstmals gesicherter Datierung ab 539 n. Chr.) hielt dann der Buddhismus Einzug in Japan. Buddha-Statuen im chinesischen Stil der Tangzeit entstanden.

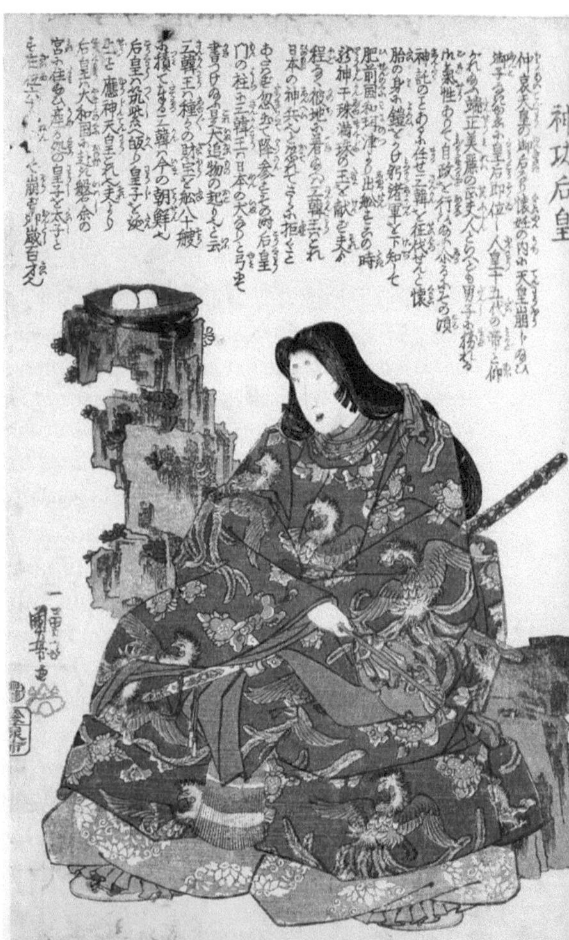

Abb. 156: Jingu, die erste namentlich erwähnte legendäre Herrscherin Japans, die rund 70 Jahre an der Macht gewesen sein soll (aus der Serie: Geschichten von einhundert berühmter Helden, 1843/44). Museum für Kunst und Gewerbe Hamburg, public domain

Aus China stammten Waffen, Möbel und Kleinkunst. Die indische Kultur steuerte das Konzept der buddhistischen Stupa bei, aber im Stil der chinesischen Pagode. In der Kamakura-Zeit (1185 bis 1333) entstanden dann die ersten nicht religiösen Bilder von Heerführern in realistischer Darstellungsweise.

Auch in der sogenannten Muromachi-Zeit von 1333 bis 1573 kopierten die japanischen Künstler vor allem chinesische Vorbilder. In der Momoyama-Zeit von 1573 bis 1630 konnte sich eine neue Herrscherfamilie durchsetzen, die ihre Residenzen von der sogenannten Kano-Schule ausschmücken ließ. In Mode kam neben der traditionellen Tuschemalerei der „Dekorative Stil" auf Goldgrund mit farbenprächtiger Malerei. Es sind Genre-Bilder vor allem auf Fächer für die Damen und Stellschirmen.

Ein neuer Stil entwickelte sich in der Edo-Zeit (Edo = Tokio) ab 1630. Es hatte sich ein vermögendes Bürgertum gebildet, das vor allem in den Großstädten Interesse an Kunst und Kultur entwickelte und auch für Einflüsse aus China und Europa offen war. Hier entwickelte sich der Ukiyo-e-Stil, „Bilder der fließenden Welt". Hier beginnt die eigentliche Kunst der japanischen Malerei und Kultur mit eigenständiger Note. Hishikawa Moronobu gilt als Begründer des Stils und als erster großer Meister des Japanholzschnitts. 1672 erschien das erste Buch mit Holzschnitten von ihm, erstmals wurden Werke mit Namen signiert. Er soll mehr als 100 Bücher über Abenteuer, Kriege und Reiseführer illustriert haben. Außerdem begeisterte er seine Bewunderer mit erotischen Illustrationen.

In diesem Sujet brachte es vor allem Kitagawa Utamaro zur Meisterschaft, der für seine Farbholzschnitte berühmt wurde. In seinen Porträts von Frauen sind die Dargestellten detailliert charakterisiert. Er vermochte auch die Gefühlswelt der Porträtierten auszudrücken. Frauen aus verschiedenen Klassen, mit verschiedenen

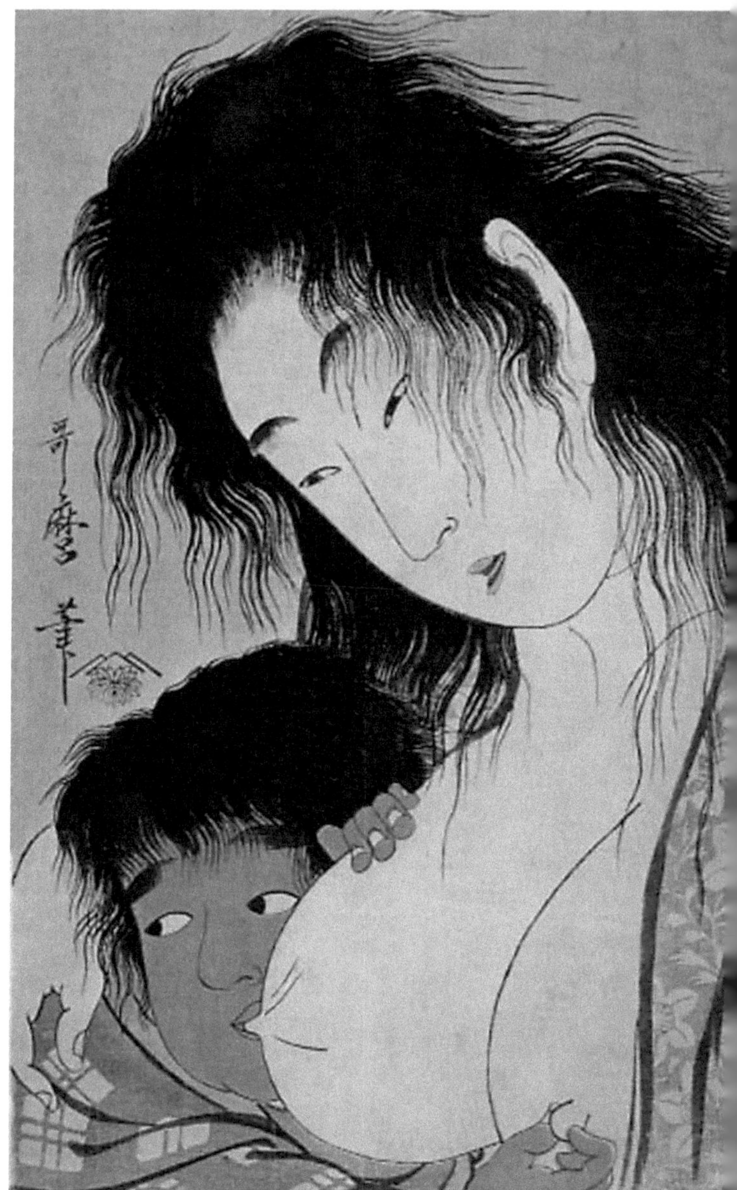

Abb. 157: Kitagawa Utamaro (1753 bis 1806): Mutter und Kind, public domain

Temperamenten waren erotisch und charakterisierend ausdrucksvoll dargestellt, anders als die idealisierenden Schönheiten der übrigen Genre-Maler. Besonders bekannt wurde sein Werk „Die drei Schönheiten des Tages".

Die Nanga-Schule orientierte sich Mitte des 18. Jahrhunderts an der chinesischen Literatenmalerei. Ein prominenter Vertreter war Yosa Buson, der auch zu den „Großen Vier" der japanischen Dichtkunst gehört. Ein anderer Maler war Uragami Gyokudo, der sich auch dem Stil der klassischen chinesischen Landschaftsmalerei verpflichtet fühlte, er dramatisierte seine Bilder mit einem kräftigen, rhythmischen Pinselstrich meist nur in Schwarz, Grau, Rot und Gelb.

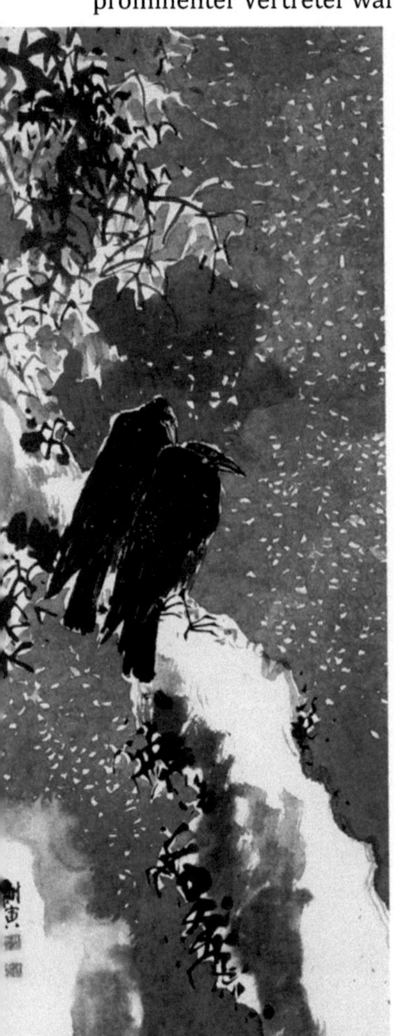

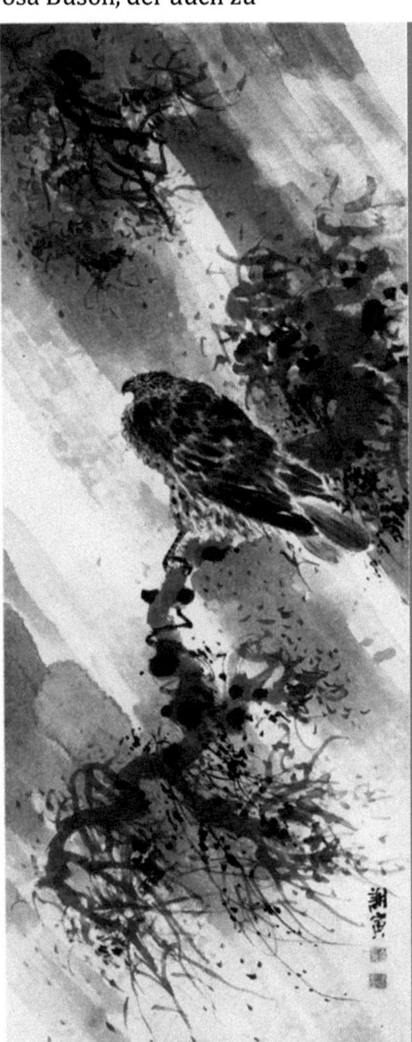

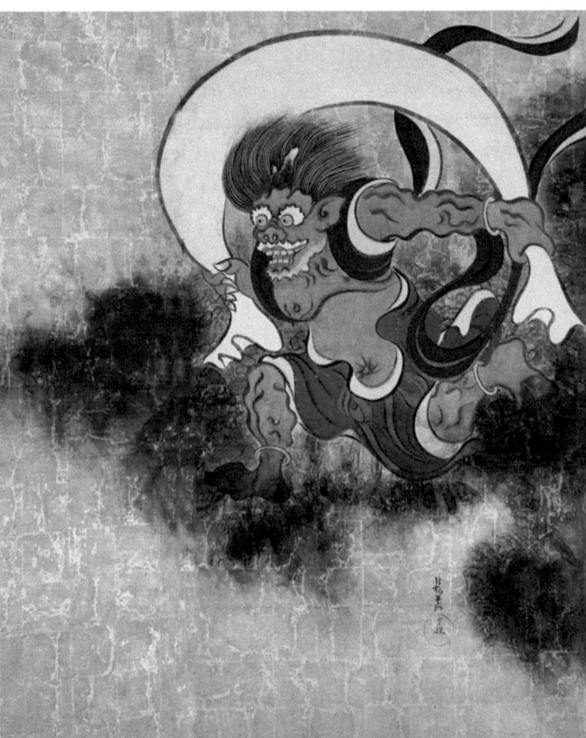

Abb. 159: Ogata Körin (1658 bis 1716): Windgott und Donnergott auf einem Stellschirm (Detail), public domain

Der Rimpa Stil versuchte wichtige Themen des höfischen Japans neu zu gestalten. Ein wichtiger Vertreter war Ogata Körin, der nicht nur mythische Themen aufgriff, sondern auch Tiere und Pflanzen wie Kirschblüten und Schwertlinien naturalistisch darstellte. Dabei betonte er nicht wie üblich nur die Konturen sondern

Abb.158: Yosa Buson (1716 - 1784): Krähen und Falke, Tusche auf Papier, Kitamura Art Museum, public domain

Katsushika Hokusai

Der Kunsthistoriker Carl von Lützow war der Ansicht, Hokusai (1760 bis 1849) sei der „japanische Rembrandt, Callot, Goya und Daumier in einer Person". Hokusai schuf rund 3.000 Werke in seiner 70-jährigen Karriere. Am bekanntesten sind seine Serie „36 Ansichten des Berges Fuji" (siehe auch nebenstehende Abbildung) oder „Die große Welle vor Kanagawa". Viele europäische Künstler bewunderten seine Werke wie Paul Gauguin, Vincent van Gogh, Claude Monet, Egon Schiele, Gustav Klimt oder Alfred Sisley. Seine Motive reichten von den Darstellungen kämpfender Samurai bis zu Karikaturen von Zeitgenossen. Hokusai brachte es nicht nur zu einer Meisterschaft der Landschaftsdarstellungen sondern auch in der erotischen Kunst, die wegen ihrer Waghalsigkeit manche Puristen als pornografisch diffamierten.

Abb.160: Katsushika Hokusai: Der Suwa-See (Farbholzschnitt mit dem Berg Fuji im Hintergrund), Abb. 161: Der Traum der Fischersfrau (auch Muscheltaucherin und Oktopus), um 1820, public domain

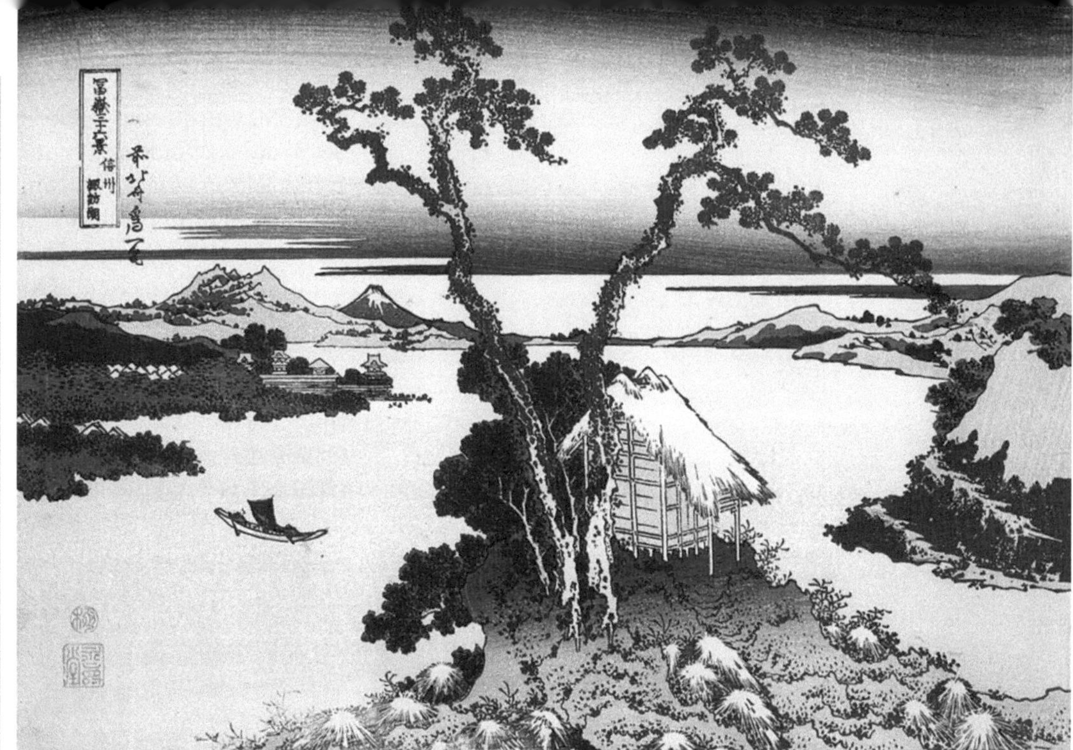

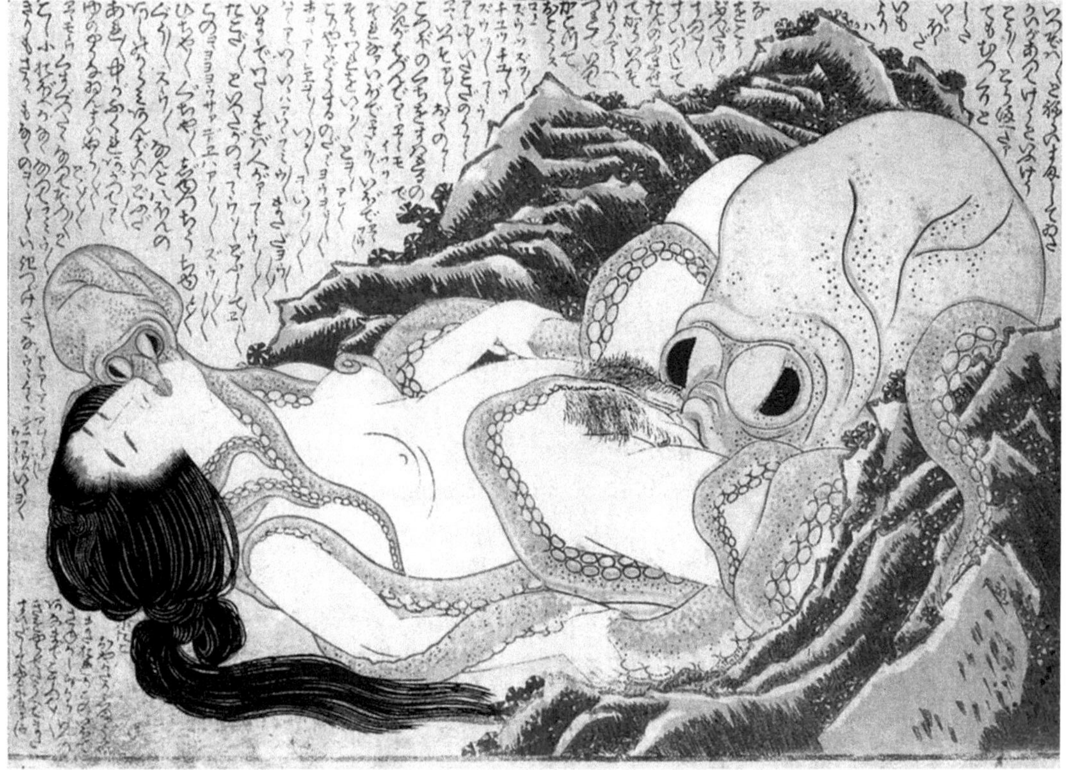

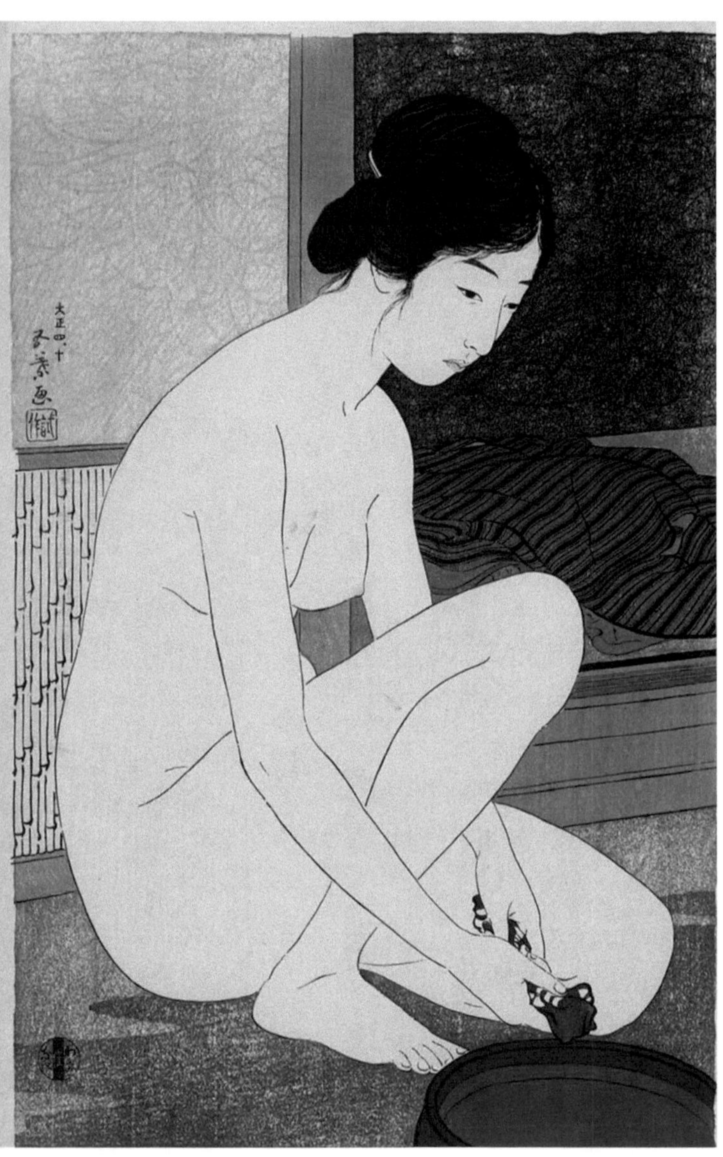

Abb. 162: Hashiguchi Goyo: Im Bad, 1915, Farbholzschnitt, public domain

auch die Formen und die Farbgestaltung. Dadurch erhielt sein Stil eine große dekorative Wirkung, was vor allem bei der Gestaltung von Stellschirmen beliebt war.

Ab 1850 wurde eine Modernisierungswelle in Gang gesetzt, die das Ende der rund 250 Jahre währenden starren Isolation Japans während der Edo-Zeit einleiten sollte. Man orientierte sich vor allem an der italienischen Kunst. Dagegen regte sich allerdings Widerstand. Unter der Kennzeichnung Nihonga, übersetzt „Japanische Malerei", „Japanisches Gemälde" versuchte der US-amerikanische Orientalist Ernest Fenollosa und der japanische Kunsthistoriker Okakura Kakuzo die traditionelle japanische Malerei in modernisierter Gestalt zu erhalten. Merkmale der Nihonga-Malerei sind der Verzicht auf Tiefendarstellung, um eine vordergründige dekorative Wirkung zu entfalten. Dazu diente auch der Verzicht auf Schatten und auf eine perspektivische Darstellung.

An den Traditionen der Bilderwelt der Ukiyo-e, der Tradition der „Bilder der fließenden Welt" aus dem 17. Jahrhundert, orientierten sich auch die Künstler der Shin-hanga, zu übersetzen mit „neuer Holzschnitt" oder Sosaku-hanga, übersetzt mit „kreativer, selbstgestalteter Druck". Die Künstler wie Hashiguchi Goyo, Ito Shinsui oder Kawase Hasui versuchten, die malerischen Sujets der Künstler des 17. Jahrhunderts, schöne Frauen, Blumen, Vögel und Landschaften wieder aufzunehmen und moderner zu revitalisieren. Auch heute noch bildet der Schwerpunkt der Nihonga-Maler die Schönheit der Natur.

Gegen die Nihonga-Malerei positionierrten sich die japanischen Yoga-Maler, die eine Kunst im westlichen Stil präferierten. Diese Gegenüberstellung, entweder im Nihonga- oder im Yoga-Stil zu malen, hat sich bis heute erhalten. Allerdings ist diese Gegnerschaft nicht neuen Datums. Als die Jesuiten um 1550 nach Japan kamen, propagierten sie Jesus- und Maria-Bilder im westlichen Stil. Japanische Künstler kopierten.

Indien: Die Kunst der liebenden Hingabe, der Dämonen und der himmlischen Harmonie

Der indische Raum weist einen bedeutenden Kunst-reichtum auf. Diese Kultur ist traditionsreich wie die abendländisch-europäische, sie besitzt aber eine voll-kommen andere inhaltliche Orientierung. In den An-fängen gleichen die indischen Höhlenmalereien in Bhembetika denen im frankokantabrischen Raum. In der Indus-Kultur vor 5.000 Jahren entwickelten sich schon städtische Kulturen, es bestechen Frauenfigu-ren mit fantasievollen Formen, die auf matrilineare Ordnungen in den Gemeinschaften hinweisen. Dann erfolgte eine arische Eroberung, die zerstörte, was sie an hochentwickelter Kultur vorgefunden hatte.

Das kulturelle Leben erwachte erst wieder nach über 1.500 Jahren ab 321 v. Chr. unter Führung von Chan-dragupta Maurya im nach ihm benannten Maurya-Reich. Er dehnte es mit Eroberungen auf den gesamten Subkontinent aus. In diesem Reich wurde auch die im Volk verankerte Kunst der Gestaltung von Frauenfiguren wieder aufgenommen, die die nachfol-genden buddhistischen und hinduistischen Kulturen prägen sollte. Eine neue Blüte der Kultur erlebte In-dien mit bedeutendem buddhistischem Einfluss unter dem König Ashoka (268 bis 233 v. Chr.). Der einigte das indische Großreich und baute den ersten auf Tole-ranz beruhenden Wohlfahrtsstaat der Antike auf. Er ließ zwar die nach ihm benannten 20 Meter hohen Säulen mit dem Löwen als königlichem Symbol der Macht auf luftiger Höhe errichten. Aber er begründete keine Herrscherkunst sondern nahm die traditions-

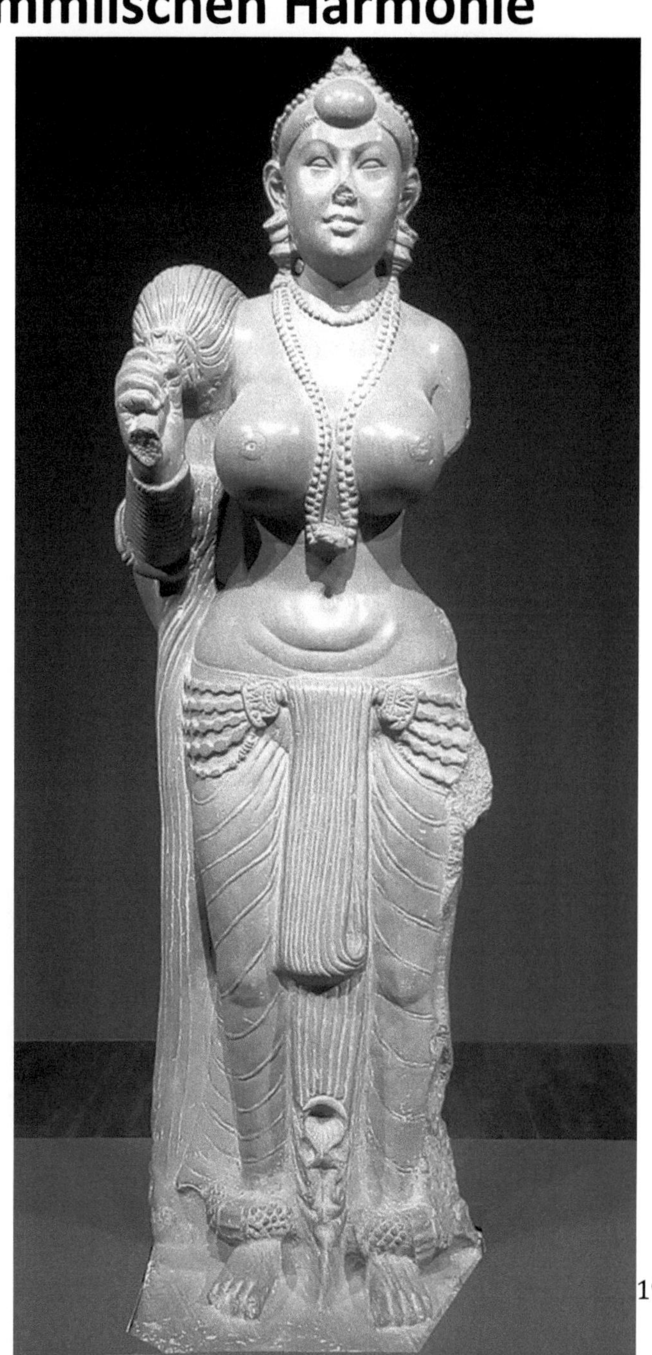

Abb. 163: Didarganj Yakshi-Statue, 1,57 Meter Höhe, polierter Sandstein 3. Jahrhundert v. Chr,. Bihar Museum, Author: Shivam Setu, CC BY-SA 4.0

reiche indische Volkskunst in die Gestaltung der Architektur und vieler Skulpturen auf. Insgesamt hat er 84.000 Stupas als wichtige buddhistische Baudenkmale und Orte der Kunst errichtet. Stupas gab es als Begräbnis-Erdhügel schon früher. In der buddhistischen Zeit wurden sie dann reich ausgestatte rituelle Zentren, in den denen auch Reliquien aufbewahrt wurden.

Bedeutend ist die Ausstattung der großen Stupa von Barhut (3. Und 2. Jahrhundert v. Chr.) mit Reliefs und Skulpturen. Sie zeichnen sich als typisch indische Kulturschöpfungen aus und repräsentieren sehr alte einheimische Natur- und Fruchtbarkeitskräfte. Typisch sind neben schlichten Buddha-Figuren die Yakshi-Skulpturen. Weibliche Yakshi oder Yakshini und männliche Yakshas sind lokale Wasser- und Baumgeister, Figuren der indischen Volksvorstellungen. Ihre Motive gehen denen bedeutenderVorstellungen von Erleuchteten voraus. Die buddhistischen Stupa-Stätten von Sanchi und Bharhut besitzen viele davon, wobei die Stupas in Bharhut Inschriften mit ihren Namen tragen. Die Figuren kennzeichnen auch heute noch viele indische Frauenstatuen mit aufwendigem Schmuck auf dem Kopf und am Körper, schwere, runde Brüste, schmale Taille, üppige Hüften und eine würdevolle, anmutige Haltung. Dabei kommt es den Schöpfern nicht darauf an, Details der Anatomie oder die Muskulatur darzustellen: Es soll eine Haltung in Würde, Zurückhaltung und Anmut vermittelt werden. Im Indischen wird dies versucht mit der „Qualität des angehaltenen Atems" auszudrücken. Dieser Atem (Prana) wird mit der Essenz des Lebens gleichgesetzt. In der abendländischen Kultur gibt es ähnliche Vorstellungen: Über allem liegt der Odem Gottes.

Didarganj Yakshi ist die populärste Form einer Erleuchteten im Hinduismus. Die Skulpturen symbolisieren auch die fruchtbare und die Sinne betörende Kraft der Natur. Das ist das Einzigartige der indischen Kunst. Sie feiert die Einheit der Welt des Geistes und der körperlichen Ästhetik. Ein Gegensatz zur europäischen jüdisch-christlichen, vollkommen patriarchalen Kultur mit einer widersprüchlichen Feindseligkeit dem Sinnlichen, dem körperlichen Lustprinzip gegenüber. Im Indischen

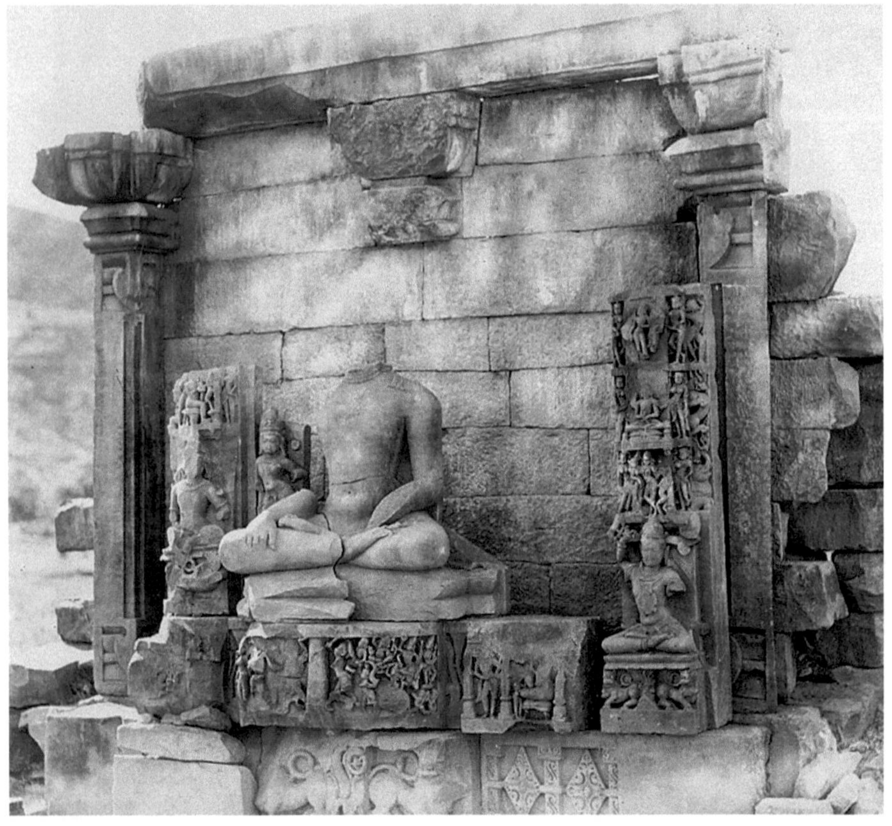

Abb. 164: Buddha-Statue aus Bharhut: Die abgebildete Buddha-Statue ist wahrscheinlich aus späterer Zeit. 11. bis 12. Jahrhundert, Autor: Beglar, Joseph David, 1875, public domain

besteht kein Widerspruch zwischen dem Geistigen und Sinnlichen, die „Gegensätze" sind zwei Seiten der gleichen als Einheit begriffenen Wirklichkeit.

Eine der beeindruckendsten Stuka ist die 17 Meter hohe von Sanchi. Sie wurde schon im 2. Jahrhondert v. Chr. erbaut. Ihre Basis steht für das Irdische, der kugelige Überbau repräsentiert den Kosmos, die Einfriedung mit vier reich gestalteten Toren symbolisiert die königliche Herrschaft des Buddha. Die vier Tore laden alle Völker ein, dem großen Gelehrten zu huldigen. Sie sind reich verziert mit Pfauen, Elefanten, Löwen, vielen eingeladenen Menschen und nicht zuletzt mit sinnesfreudigen barbusigen Frauen-Skulpturen. Buddha erscheint nicht persönlich, er wird repräsentiert durch das Gesetzesrad als Zeichen seiner Lehre, und durch den Bhodi-Baum, der seine Erleuchtung symbolisiert.

Unter den Kuschana-Herrschern im 1. Jahrhundert bekommt Buddha in Gandhara eine menschliche Gestalt – er wird also nicht mehr allein durch Symbole repräsentiert. Er wird in ein Mönchsgewand gekleidet. Er bekommt Urna, langgezogene Ohren, das dritte Auge auf der Stirn, eine Erhöhung auf dem Kopf – er hört, sieht und weiß alles. Budha ist ein heiliges, ein in sich gekehrtes Wesen, er hat der Welt entsagt und das Nirvana erreicht, beweist seine in sich gekehrte

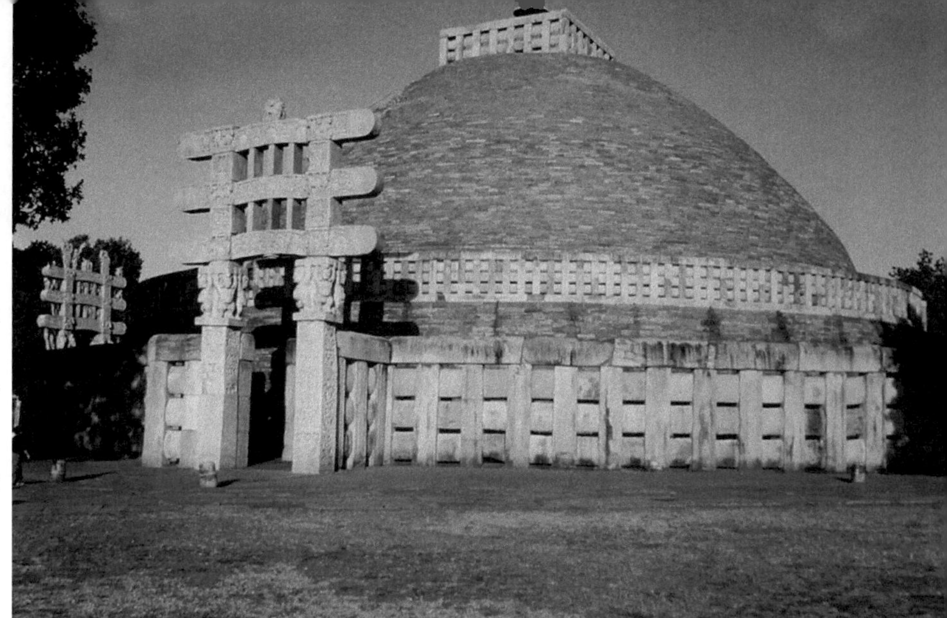

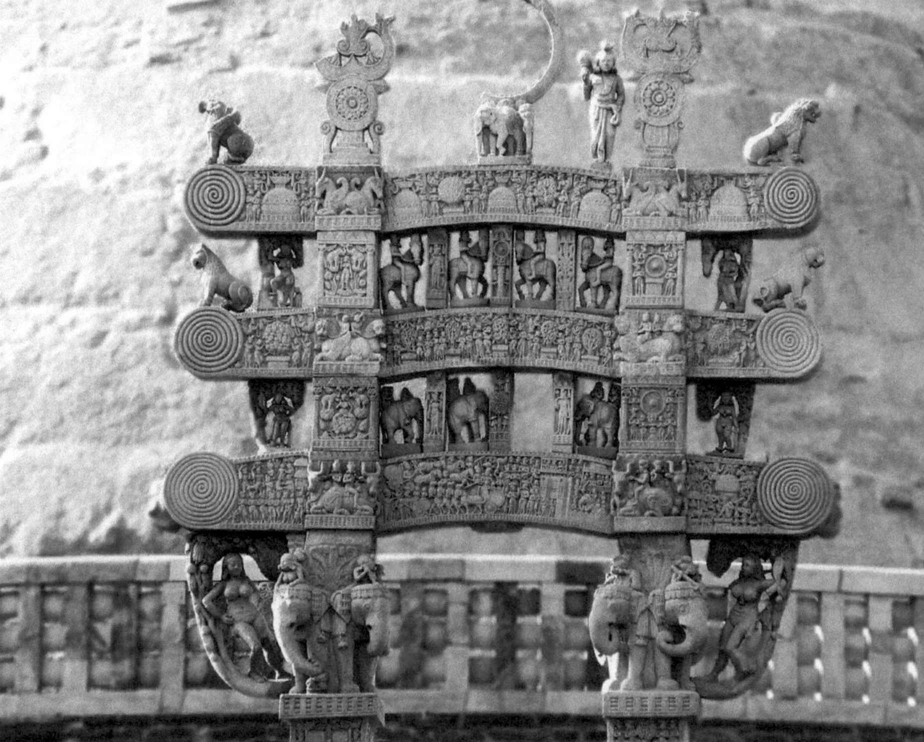

Abb 165: Sanji, Stupa 1, Foto: Arnold Betten, Public domain   Abb. 166: Nördliches Tor der Sanchi Stupa, erbaut von König Ashoka im 3. Jhd. v. Chr. Foto von Raveesh Vyas für flickr.com/photos, CC BY-SA 2.0

Haltung und sein Mönchswand. Allerdings ist dieses Gewand faltenreich gestaltet und weist auf einen hellenistischen Einfluss hin. Die Bodhisattvas, die buddhistischen Heiligen dagegen geben sich reich mit Juwelen geschmückt, sie sind von edler Geburt und in köstliche Gewänder gekleidet. Sie sind Schüler des Erleuchteten und erst auf dem Weg zum erlösenden Ziel. Der Gegensatz zu abendländischen Heiligen, die durch Entsagung und körperliches Leid gekennzeichnet werden, ist eklatant. Gandhara lag an der Seidenstraße, ein Ort des kulturellen Austauschs, der indische, hellenistische Einflüsse, jene des Perserreiches und Chinas vereint, darüber hinaus einen Weg nach China und in der Folge nach Korea und Japan bahnte. Alexander der Große hatte Gandhara schon im 4. Jahrhundert v. Chr. erobert, diese Okkupation und nachfolgende römische Einflüsse hatten kulturelle Spuren hinterlassen. Die Skulpturen stellen eine Balance zwischen Realismus und Idealismus her: Die menschliche Form ist mit spirituellen Qualitäten aufgeladen, seine Gesichtszüge atmen transzendentale Weisheit. Die Gandhara-Buddhas wollen als Symbol für kulturellen Austausch und Toleranz dienen.

Vor allem die Lebensgeschichte Buddhas wird erzählt: Obwohl er als Prinz Siddharta geboren ist, verzichtet er auf königliche Würden, lebt als Asket, er wurde auf seinen Wanderungen mit Krankheit, Schmerz, Alter und Tod der Menschen konfrontiert und gewinnt dadurch die Erleuchtung. Er vollbringt viele Wundertaten und erlangt mit dem Tod die Erlösung im Nirvana. Im Zentrum des Buddhismus steht seine Lehre: Jeder Mensch kann mithilfe von Meditation zur Erleuchtung, zur Erkenntnis der Wahrheit gelangen. Dabei sollen die fünf Buddha-Weisheiten vermittelt werden:
• Dharmadhatu-Weisheit, gegen Unwissenheit und Rechthaberei,
• Spiegelgleiche Weisheit, gegen Hass, für Empathie,
• Weisheit der Gleichheit, gegen Stolz, für Gleichberechtigung,

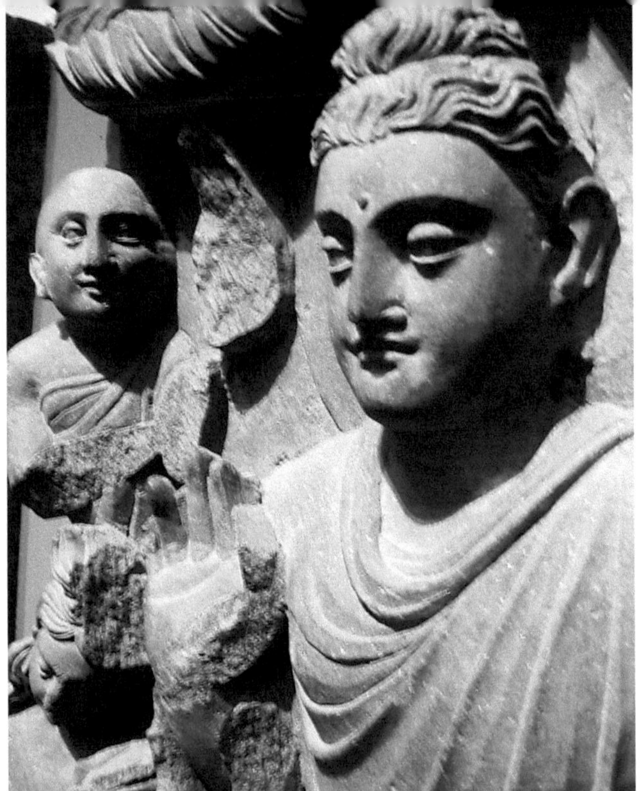

Abb. 167: Buddha in Gandhara: Vier Szenen aus dem Leben Buddhas (Detail), spätes 2. oder frühes 3. Jahrhundert n. Chr., Sackler Gallery, Smithsonian Institution,Foto: Quadell, CC BY-SA 3.0

• Weisheit der Klarschau, gegen Begierde und Überheblichkeit,
• Vollendende Weisheit, gegen Neid und Rachsucht.

Es gibt eine Schwierigkeit in der Vermittlung der indischen Kultur: Buddha wird hierzulange fast immer mit Gott übersetzt, die anderen bedeutenden Kultfiguren mit Götter/Göttinnen oder mit Heiligen. Buddha ist kein Gott, es gibt gar keine Götter im Buddhismus. „Buddha" heißt „Der Erleuchtete" und ist auch ein Titel für Menschen, die zur wahren Erkenntnis gelangt sind.
• "Seid Euer eigenes Licht" sollen Buddhas letzte Worte vor seinem Tod gewesen sein. Glückliches Erleben ist der Weg. Das Glück liegt in uns, nicht in den

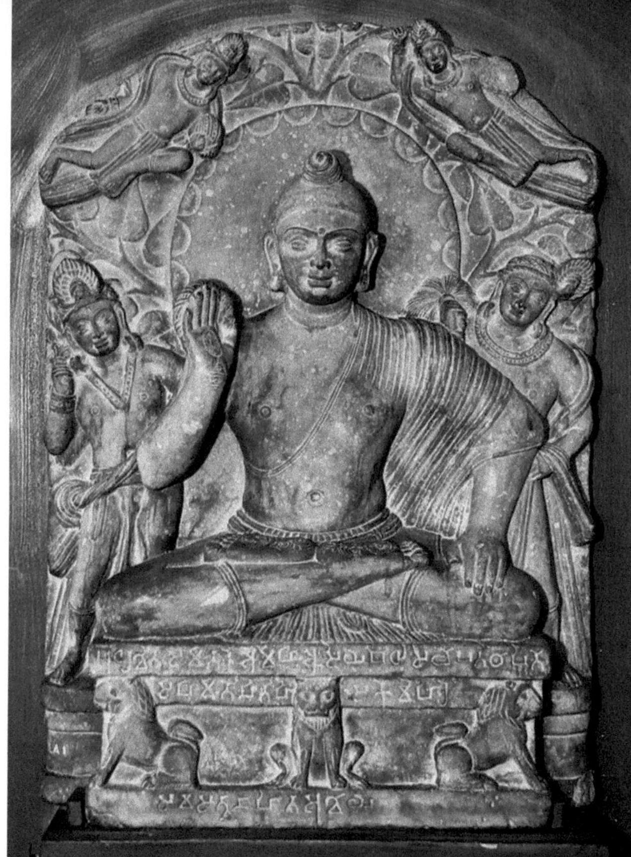

Abb. 168: Buddha in Mathura: Buddhas (Detail), spätes 2. oder frühes 3. Jahrhundert n. Chr.Foto: Biswarup Ganguly, CC BY-SA 3.0

Dingen oder in einer transzendentalen Welt. Verweile nicht in der Vergangenheit, träume nicht von der Zukunft, ist die Devise. Konzentriere dich auf den gegenwärtigen Moment. Die Liebe hat im Buddhismus eine sehr tiefe und sehr klare Bedeutung. Wahre Liebe vermag die Situation, in der wir leben, zu heilen und zu transformieren. Sie erfüllt unser Leben und gibt ihm einen tieferen Sinn. Durch bewusstes Erleben öffnen wir unsere Herzen, entwickeln wir Verständnis und Mitgefühl für unsere Mitmenschen. Der Weg zum Glück liegt in uns selbst.

Ein großer Widerspruch nistet in den Buddha-Dar-

stellungen: Löwen werden häufig prominent zu beiden Seiten oder unter seinem Thron platziert. Der Löwe ist königliches Symbol und das mächtigste aller Tiere, zudem kennzeichnet das Emblem das Shakya-Geschlecht, dem auch Buddha angehörte. Der Buddhismus ist am adligen Hof entstanden, er atmet nicht nur Weisheit sondern auch die Regeln einer adligen, hierarchischen, durch Rangordnungen gekennzeichneten Gesellschaft.

Die zweite prominente Bildhauerschule, die die Darstellung von Buddha maßgeblich prägte, war in Mathura im Norden bei Delhi. Der Anstoß kam von der indo-skythischen Kultur in der Kuschana-Dynastie (um 50 v. Chr. bis 300 n. Chr.). Den ortsansässigen Künstlern gelang es, eine rein einheimische Formensprache zu entwickeln. Kennzeichnend sind runde, weiche Formen: Sie zielen auf die Ausstrahlung von Sinnlichkeit und Wärme. Während die in Gandhara aus Schiefer gefertigten Skulpturen Strenge und Kälte ausstrahlen, erzeugen die in Mathura aus weichem rotem Sandstein geformten Statuen einen sanfteren Eindruck. Besonders deutlich wird das bei den Badhisvattva-Figuren, die dadurch Wärme und Menschlichkeit gewinnen. Hier bekommen auch die Yakshis, die Baumnymphen, die Fruchtbarkeitskulte aus den weitaus älteren indischen Volksmythen große Beliebtheit. Buddha als asketisches Ideal ergänzt quasi als ruhender Pol die üppigen sinnenfrohen Gestalten.

Besonders beliebt werden die Mithuna-Darstellungen. Aus dem Sanskrit übersetzt bedeutet das Wort Vereinigung, Paar, Hochzeit oder noch direkter Geschlechtsverkehr – gefeiert wird die Sinneslust beim Liebesakt. Skulpturen und wahrscheinlich auch viele Malereien, die verloren gegangen sind, feiern das „himmlische" Liebespaar auf Erden in buddhistischen und in hinduistischen Tempeln. Derartige Szenen sind natürlich undenkbar in christlich-abendländischen Kirchen und Domen. Sie sind aber in ganz Indien verbreitet. Die nebeneinander stehenden oder sitzenden Liebespaare erscheinen als Skulpturen oder Reliefs variantenreich eng umschlungen oder sie reiten auf Stieren oder Elefanten in eindeutiger Vereinigung. Sie sind auf Säulen zum Beispiel in Anmaravati, Bedsa, Karli, Khajuraho oder Orissa zu sehen. Vor allem in hinduistischen Kultstätten entwickeln sie sich zu eindeutig erotischen Szenen, ohne sexistisch zu wirken. Den späteren islamistischen Eroberern waren diese Darstellungen ein Dorn im Auge. Sie wurden teilweise vernichtet.

In keiner anderen Kultur ist die geschlechtliche Liebe derartig prominent dargestellt. In anderen Traditionen sind Keuschheitsgebote besonders vor der Ehe gebräuchlich. In der christlich-abendländischen Tradition werden mit dem Zölibat und sexuellen Verbotsregeln sexuell-erotische Darstellungen tabuisiert oder restriktiv behandelt. Nur in Indien werden die Sphären von sinnlicher Liebe, Trance, Ekstase, Sexualität in der Einheit mit der Religion ungezwungen freizügig artikuliert. Das findet auch in den künstlerisch artikulierten Praktiken der liebenden Zuwendung zwischen Mensch und Erleuchteten und Heiligen Ausdruck.

Ein drittes Zentrum der indischen Kultur ist Amaravati. In früheren Phasen, vor etwa 180–200 n. Chr., wird Buddha selbst nicht dargestellt. Besonders in der späteren Periode in Amaravati sind die wichtigsten Reliefszenen „eine Art ›Hofkunst‹" und zeigen ein großes Interesse an Szenen des Hoflebens, „die das luxuriöse Leben der Oberschicht widerspiegeln, die reich und im regen Handel mit vielen Teilen Indiens und der weiteren Welt, einschließlich Rom, tätig war". (wikipedia) Die Amaravati-Kunst zeichnet sich durch Detailreichtum und die Vorliebe aus, die gesamte Fläche mit prächtigen Figuren auszufüllen.

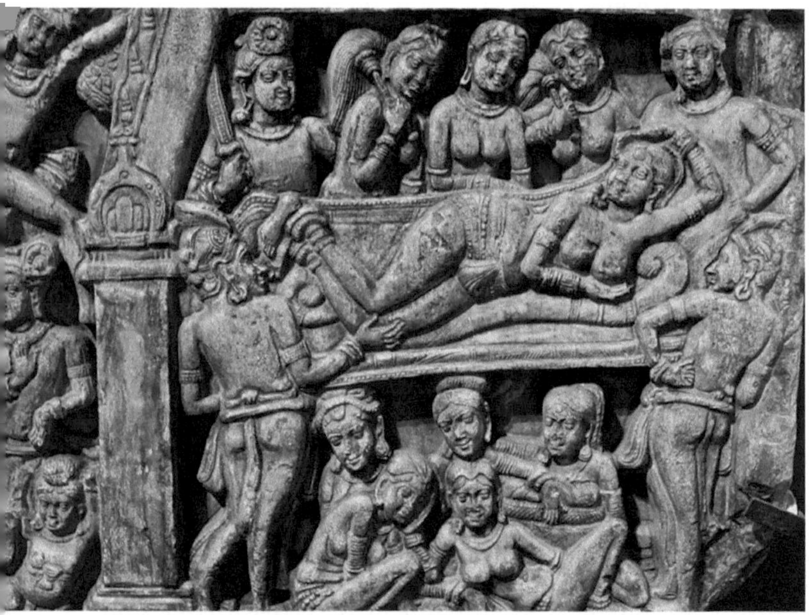

Abb. 169: Szenen aus dem Leben Buddha, geschildert in den Reliefs von Amaravati , 2. Jahrhundert, Sandstein, Andhra_Pradesh-Sculpture_Gallery-Indian_Museum-Kolkata, Autor: SuvadipSanyal, CC BY-SA 4.0

Die buddhistische Kunst erreichte ihren Höhepunkt unter der Herrschaft der Gupta-Dynastie im 4. bis 6. Jahrhundert: Hier feiert das buddhistische Ideal der Gelassenheit, der Versenkung, der Harmonie in den Skulpturen ihre Vollendung. Es äußert sich in dem auf den Lippen schwebenden glückseligen Lächeln des Buddha. Schönheit und Symbolik erhalten ikonografische Regeln in einer neuen Formulierung von Grazie für Buddha: der Schwung der Augenbrauen wird betont, die Augenlider sollen die beruhigenden Formen der Lotusblume erhalten, die Lippen sollen üppig an die Mangofrucht erinnern, die Schultern vornehm sanft gerundet sein und die Taille schlank, die Finger sich wie Blumen ranken. Auffällig wird hier die Verbundenheit mit der Natur thematisiert. Hauptereignisse aus dem Leben Buddhas stehen im Vordergrund: Der Prinz Siddharta verweilt an der Seite seiner Mutter May, die als eine Art

Yakshi dargestellt wird, und vollbringt Werke der Barmherzigkeit. Die eindrucksvollste Kultstätte ist der Felsen-Höhlen-Tempel von Ajanta während der Gupta-Zeit. Empfangen werden die Gläubigen von einer gewaltigen Felswand mit einer unter dem Naturspektakel angeordneten Säulenreihe. Dann wird der Gläubige durch Portale mit einer Säulenreihe, die sich verengen, in die Chaitya Hallen mit ebenfalls wuchtigen Säulen an den Seiten geleitet, die ihn zur Stupa führen Hier thront Buddha in der Tiefe der Höhlen. Hier sind auch die seltenen Malereien der weiblichen Avalokiteshvara, die Bodhisattva der Barmherzigkeit und des Mitleids in tanzähnlichen Positionen mit Lotusblumen in Händen zu sehen. Oder ein sitzendes Liebespaar inmitten vollbusiger Hofdamen genießt die Freuden des Palastlebens. Im 7. Jahrhundert fand die große Zeit des Buddhismus in Indien ihr Ende.

Das Wiederaufleben des Hinduismus unterscheidet sich allerdings nicht wesentlich von der Kunst der vergangenen Zeit. Die häufig verwandte Bezeichnung

indisches Mittelalter ist irreführend. Die Zeit kennzeichnet nicht nur die hinduistische Erneuerung sondern mit dem Bau zahlreicher Tempel und die Schaffung vieler Skulpturen den bedeutenden Höhepunkt der hinduistischen Kultur.

In den Elephanta-Höhlen an der Westküste Indiens wird vor allem der wandlungsreiche Shiva verehrt. Der wichtigste Bereich des Tempels ist der Schrein mit dem Shiva-Lingam: Hier thront der ein Meter hohe Lingam-Phallus, der zentrale Platz der Verehrung Shivas. Die Eingänge zu dem Lingam werden auch von Torwächtern geschützt.

Das zweite Hauptmotiv von Elephanta ist dann Shiva als Mahadeva/Maheshvara, übersetzt mit „großer Herr". Er hat drei Köpfe, die verschiedene Aspekte von Shiva versinnbildlichen: die schöpferische Kraft, die zerstörerische Natur und die anmutige Seite, die

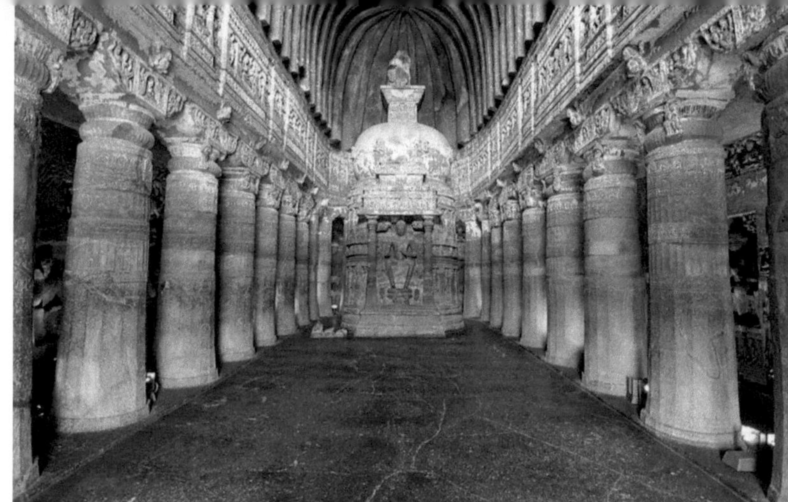

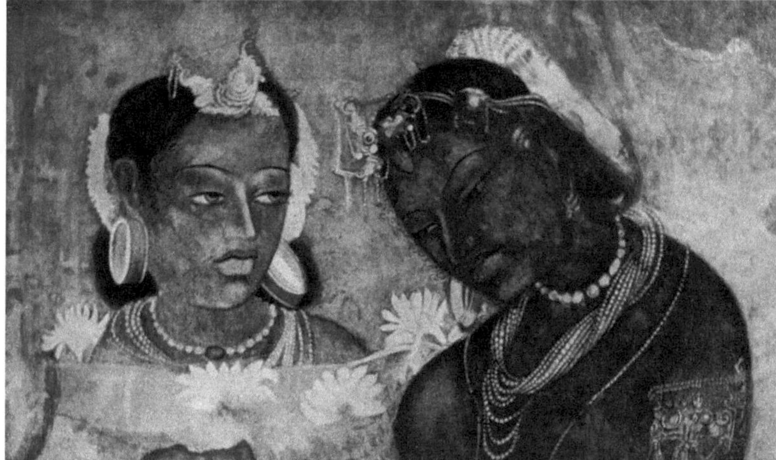

Abb. 170: Ajanta Höhlen Nr 26 „Chaitya Griha" (Predigerhalle) Bengali Wikipedia. Licensing, CC BY-SA 3.0   Abb. 171: Prinzessin und Dienerin, Ajanta, Höhle 1, in: „The Ajanta caves", Thames and Hudson, 1996 ISBN 0-500-28501-2, page 67, The York Project, ISBN 3936122202, public domain

weibliche Energie. Andere Interpretationen deuten
die drei Gesichter als die drei Charaktere Shivas, zor-
nig männlich, jugendlich und weiblich. Einig sind die
Wissenschaftler, dass hier die vielseitige Natur Shivas
bildlich dargestellt werden soll, der trotz unterschiedlicher Gestalten stets der Gleiche, der Erhabene bleibt.
Dann erscheint Shiva als Herr des Tanzes, „Nataraja"
genannt, mit seiner Gefährtin Parvati. Es ist ein kosmischer Tanz, indem er das Universum zerstört, um
es anschließend neu zu erschaffen. Tanzend kämpft
und tötet er dann in seiner Gestalt als Bhairava den
Dämon Andhaka, den Geist der Unwissenheit und
Dunkelheit.

In einer weiteren Szene feiert dann Shiva seine Hochzeit mit Parvati, eine überaus zärtlich gestaltete
Szene. Parvati verkörpert die Schönheit und Liebe,
gleichzeitig als Shakti die dynamische Kraft der sinnlichen Leidenschaft. Hinter ihr steht ihr Vater Himalaya: Ihr Name lautet Tochter der Berge. Viele
Gestalten der Mythen Indiens sind anwesend. Der
Schöpfer von Himmel und Erde Brahma fungiert bei

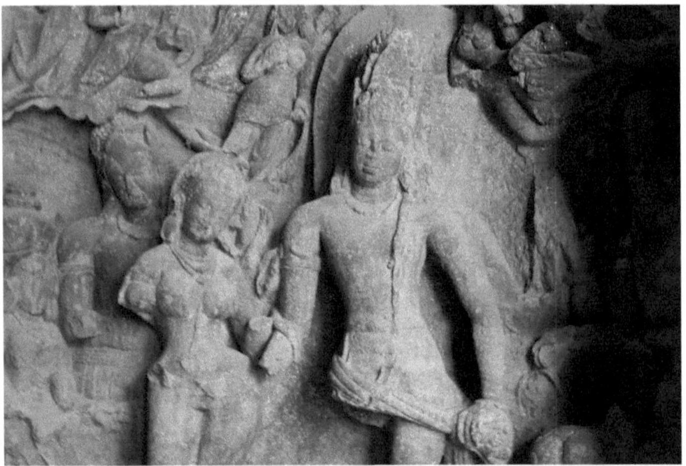

*Abb. 172: Elephanta-Höhlen: Shivas Hochzeit mit Parvati, origi-
nally posted to Flickr @ Elephanta caves Author Ricardo Martins, by Redtigerxyz, CC BY-SA 2.0*

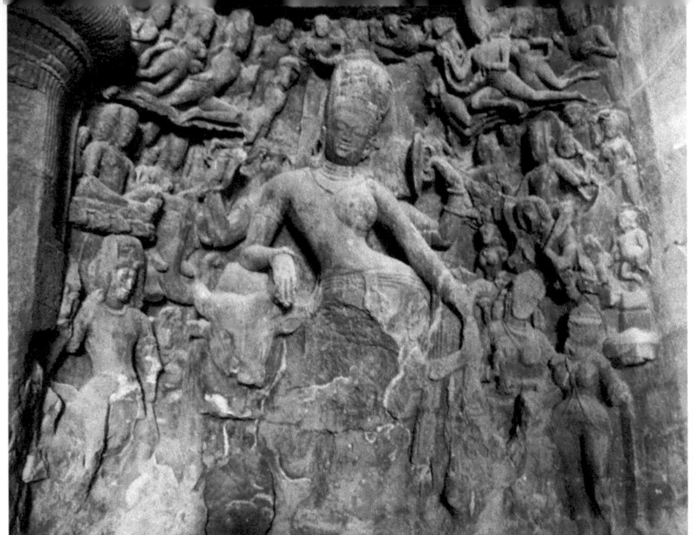

*Abb. 173: Elephanta-Höhlen: Shiva als „Herr, der zur Hälfte
eine Frau ist", originally posted to Flickr as Shiva @ Elephanta
caves Author Ricardo Martins, by Redtigerxyz, CC BY-SA 2.0*

der Szene als Priester. Himalaya ist gleichzeitig auch
Vater der Flussgöttin Ganga.

In der anschließenden Reliefwand vereint Shiva universale Gegensätze in kosmischer Harmonie. Er verkörpert mit dem Namen Ardhanarishvara den „Herr,
dessen Hälfte eine Frau ist": In eleganter Haltung
lehnt die männliche Hälfte auf einem Stier, die weibliche verfügt über einen üppigen Busen, eine weit aus-
ladende Hüfte und hält einen Spiegel in einer ihrer
Hände. Auch ihr Kopfschmuck ist zweitgeteilt. In dieser kosmischen Hochzeitsszene ist die Schar der hinduistischen Mythenwelt versammelt: Brahma, der
Schöpfer, Vishnu, der Bewahrer, Krishna, Inbegriff der
himmlischen Freude mit seiner Geliebten Radha, Ha-
numan, der Affenkönig, Sarasvati, Symbol der Weisheit und Lakshmi, verantwortlich für den Wohlstand.

Die zuweilen anzutreffende Interpretation von Shiva
als ausschließlichem „Gott der Zerstörung" wird
durch die differenzierte Ikonographie von Elephanta
eindeutig relativiert. „Die Ikonographie der Höhle repräsentiert die unterschiedlichen Aspekte Shivas. Auffällig deutlich wird Shivas Gegensätzlichkeit

inszeniert: Gegenüber dem asketisch ruhig
meditierenden Yogishvara wird Shiva als
Nataraja dynamisch bewegt beim schöpferischen Tanz gezeigt; gegenüber der fröhlichen vereinenden Hochzeitszeremonie
befindet sich Shiva als zerstörerischer Dämonentöter. Vor allem bei der Mahadeva-
Darstellung, wo seine unterschiedlichsten
Aspekte in einer Person verschmelzen,
wird die Multikonzeptionalität Shivas als
zentrales Motiv der Höhle deutlich." (wikipedia)

Bei dem Tempel in Ellora in der Nähe von
Ajanta in Zentralindien sind die Skulpturen in ausdrucksvoller Kraft buchstäblich
aus dem Felsen herausgehauen worden.
Zu sehen ist der Dämonentöter Shiva in
der Gestalt von Ardhanarishvara, der mit
seiner Gefährtin Parvati und dem elefan-
tenartigen Sohn Ganesha, gesegnet mit
Weisheit und Gelehrsamkeit, in halb
männlicher und halb weiblicher Gestalt
erscheint. Dieses gewaltige Kunstwerk ist
nicht die Schöpfung von bekannten Bildhauern oder eines ungewöhnlich begabten
herausragenden Genies. Unbekannt sind
die Schöpfer: Es ist Teil des breiten Volks-
schaffens der mittelalterlichen Hindu-Ge-
sellschaft. Die Höhlen-Anlage ist auch eine
Stätte der Toleranz: Sie ist ein Komplex
aus 34 buddhistischen, hinduistischen und
jainistischen Höhlentempeln. In Ellora
kreuzten sich zwei Handelswege – einer in
nord-südlicher, der andere in ost-westli-
cher Richtung; der Ort war Treffpunkt für
Händler und für Pilger. Religiöse Zeremonien und Volksfeste wurden gemeinsam
gefeiert. In unmittelbarer Nachbarschaft
siedelten sich Händler, Handwerker an. Im

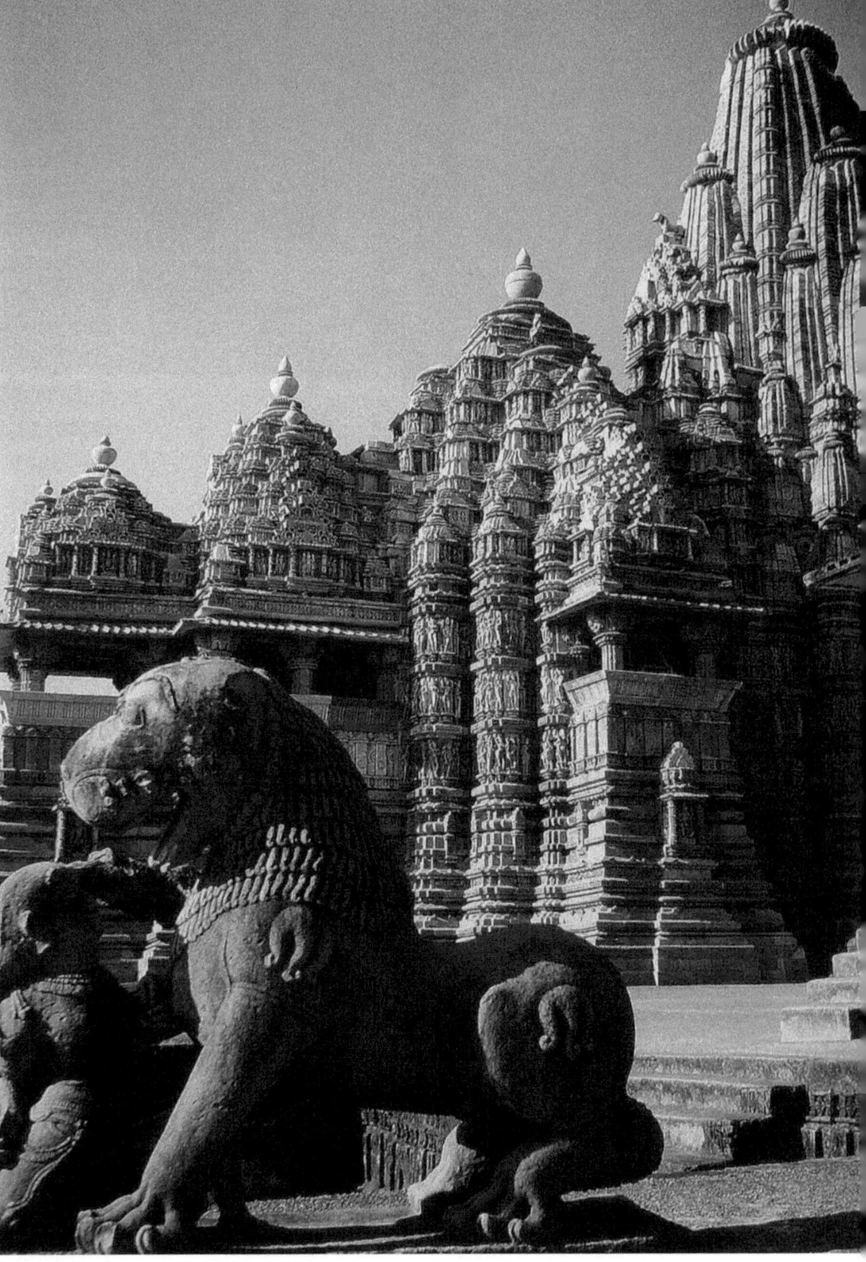

Abb. 174: Der Shiva geweihte Kandariya-Mahadeva-Tempel (ca. 1050) mit
dem höchsten aller Shikhara-Türme gilt als Höhepunkt der Baukunst von Khajuraho. Im Vordergrund kniet eine menschliche Figur, die mit einem Dolch
einen scheinbar übermächtigen Löwen tötet – das Emblem der Chandella-Dynastie findet sich an vielen Tempelbauten in Khajuraho.Foto: Arnold Betten,
public domain

denn nach dem Niedergang der Dynastie im 12. Jahrhundert wurden die Tempel verlassen. Auch von den eindringenden islamischen Eroberern wurden sie nicht beachtet und blieben unzerstört. Trotz dem nagenden Zahn der Zeit lässt sich in Khajuraho die Entwicklung der nordindischen Baukunst verfolgen. Sie beginnt mit kleinen Anlagen und steigert sich zu großen, stark gegliederten, hohen, mehrräumigen und figurenreichen Bauten. Auch die Entwicklung der indischen Skulptur gibt hier einen Einblick in den Höhepunkt der 200 Jahre währenden indischen Kunst. Er beginnt mit statisch und unbeweglich wirkenden Figuren und steigert sich durch Posenvielfalt und Sinnlichkeit zu überzeugenden lebendigen Figuren.

In Khajuraho werden am meisten die Mithunas mit ihren leidenschaftlichen Umarmungen bewundert. Die Gläubigen feiern hier die Vereinigung mit den Idealen der indischen Sagenwelt. Im Geschlechtsakt in

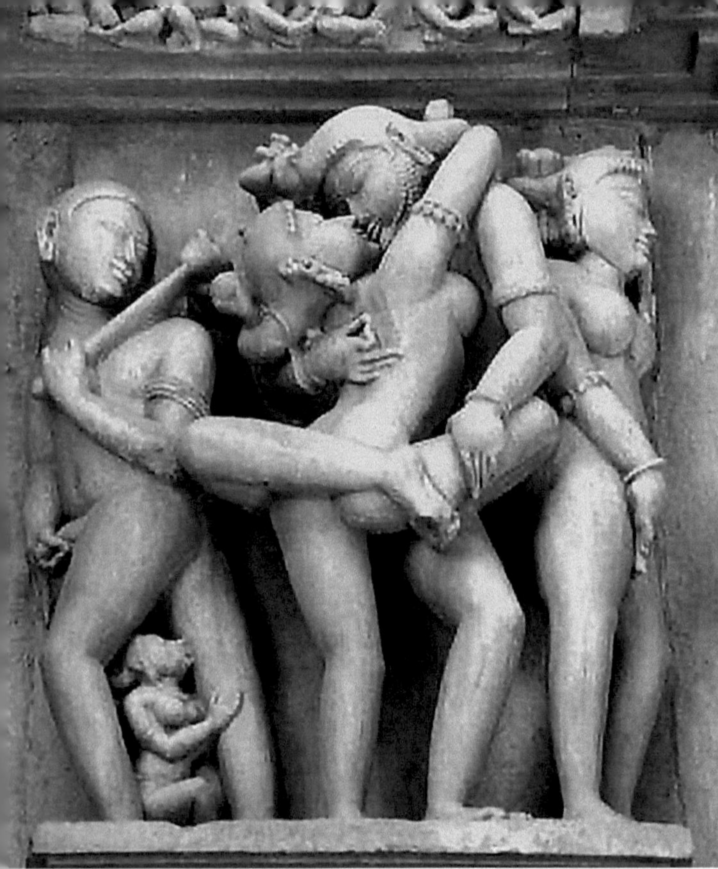

Abb. 175: Khajuraho: *Tantrische Dekoration an den Wänden des Laksman Tempels, Madhya Pradesh, Author, Henry Flower, public domain*

Süden schließt sich der bedeutende Tempelkomplex Mamallapuram direkt am Strand des Meeres mit einer Nachbildung des Weltenberges an.

Höhepunkt der Hindukunst vom 10. bis 13. Jahrhundert ist die Tempelstätte Khajuraho. Allein schon die Architektur ist überwältigend. Nahezu alle 80 Tempelbauten, die sich einst auf einer Fläche von 21 Quadratkilometern verstreut befanden, wurden von Herrschern der Chandella-Dynastie zwischen 950 und 1120 erbaut. Von den 80 sind nur noch 20 erhalten,

Abb. 176: Khajuraho: *Eine erotische Skultur im Tempel, Madhya Pradesh, originally posted to Flickr as „Kamasutra 106" Author Sankara Subramanian, CC BY-SA 2.0*

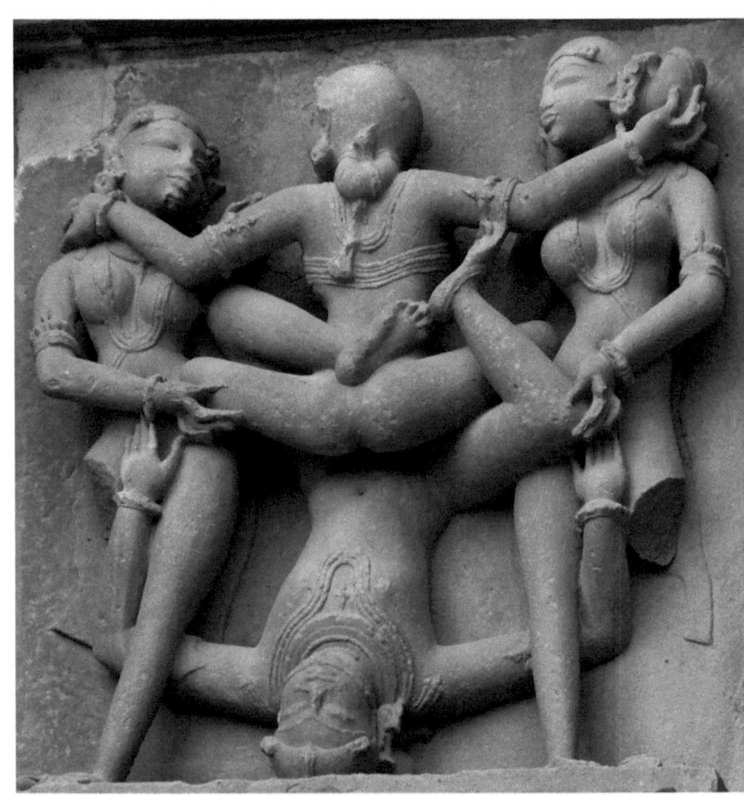

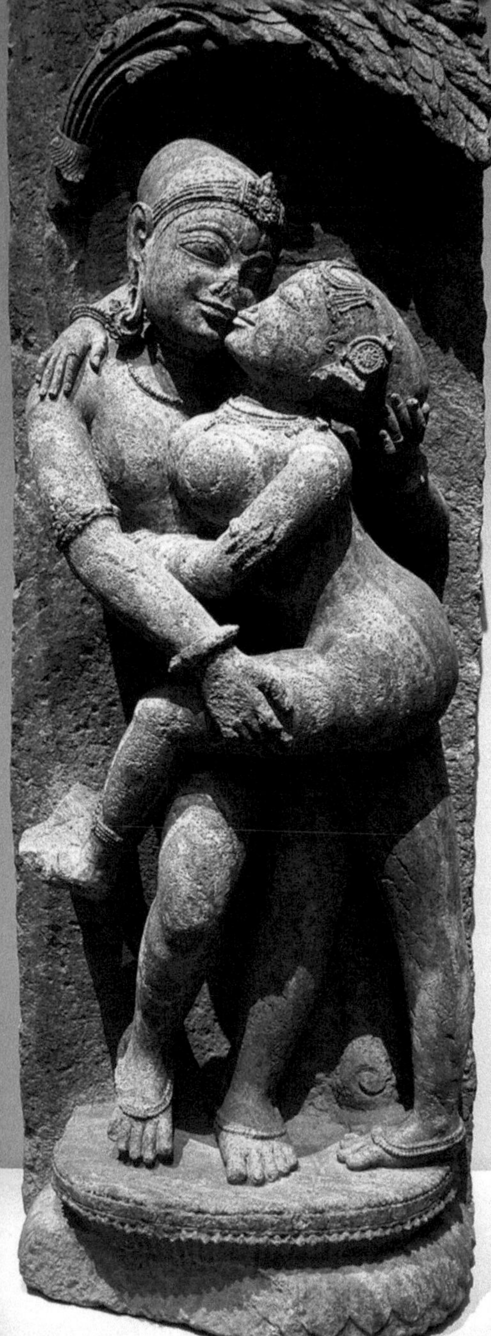

Abb. 177: Orissa, Liebespaar (Mithuna), 13. Jahrhundert, Foto: AlkaliSoaps, CC BY-SA 2.5

den verschiedenen Stellungen wird der Aspekt des Lebens als eine Offenbarung symbolisiert. Diese Frauenkörper in ihrer tänzerischen, rhythmischen Bewegungen mit ihre Brüsten und der prallen Fülle von Hüften und Schenkeln sind die Verkörperung sinnlicher Schönheit schlechthin. Die schmückenden Skulpturen stellen Gestalten der Mythenwelt, Ideale oder himmlische Liebespaare, sie schildern auch das zeitgenössische indische Leben und beweisen, wie eng Religiöses und Profanes, Himmlisches und Menschliches verbunden waren (und sind?). So wurden die Herrscher und ihre Gemahlinnen oft als Inkaranation des Erleuchteten oder Himmlischen angesehen. Die Darstellung einer Mutter mit Kind galt als Symbol des lebensspendenden Erneuerungsprozesses der Natur.

Noch eine Klarstellung, um sexistischen oder esoterischen Interpretationen vorzubeugen: In der gesamten indischen wird die dialektische Einheit des durchaus widersprüchlichen männlichen und weiblichen Prinzips thematisiert. Brahma, der Schöpfer hat seine Ergänzung in Sarasvati, die Kunst und Wissenschaft verkörpert. Vishnu ist der Erhalter, die sich wandelnde Kraft in Einheit mit Lakshmi, dem Prinzip des Glücks, des Reichtums und der Schönheit. Schließlich tritt Shiva gleichzeitig als Zerstörer und Erlöser auf, wobei Parvati in als sanfte Gattin Uma beisteht, aber auch als Kriegerin Durga auftreten kann. Ersichtlich ist, dass menschliche Eigenschaften in den Idealgestalten der indischen Mythen versinnbildlicht werden. In den Übersetzungen werden die Gestalten immer als Götter/Göttinnen übersetzt. Das ist vor allem aus christlich-abendländischer Sicht irreführend. Es handelt sich um die Idealisierung zutiefst menschlicher Eigenschaften. In der folgenden kennzeichnenden Sanskrit-Hymne habe ich das Wort Göttin durch Erleuchtete ersetzt.

Ehre der Erleuchteten, der Großen Erleuchteten!
Ehre der Segensreichen!
Ehre Ihr, die alles erschafft und erhält!
Ehre sei immer wieder Durga,
die uns aus der Bedrängnis führt,
die Urgrund ist und Schöpferin von allem!
Ehre, immer wieder Ehre
der Erleuchteten, die in allen Wesen als Bewusstsein lebt,
der Erleuchteten, die in allen Wesen als Weisheit lebt,
der Erleuchteten, die in allen Wesen als Frieden lebt,
der Erleuchteten, die in allen Wesen als Glaube lebt,
der Erleuchteten, die in allen Wesen als Anmut lebt,
der Erleuchteten, die in allen Wesen als Geduld lebt,
der Erleuchteten, die in allen Wesen als Zufriedenheit lebt,

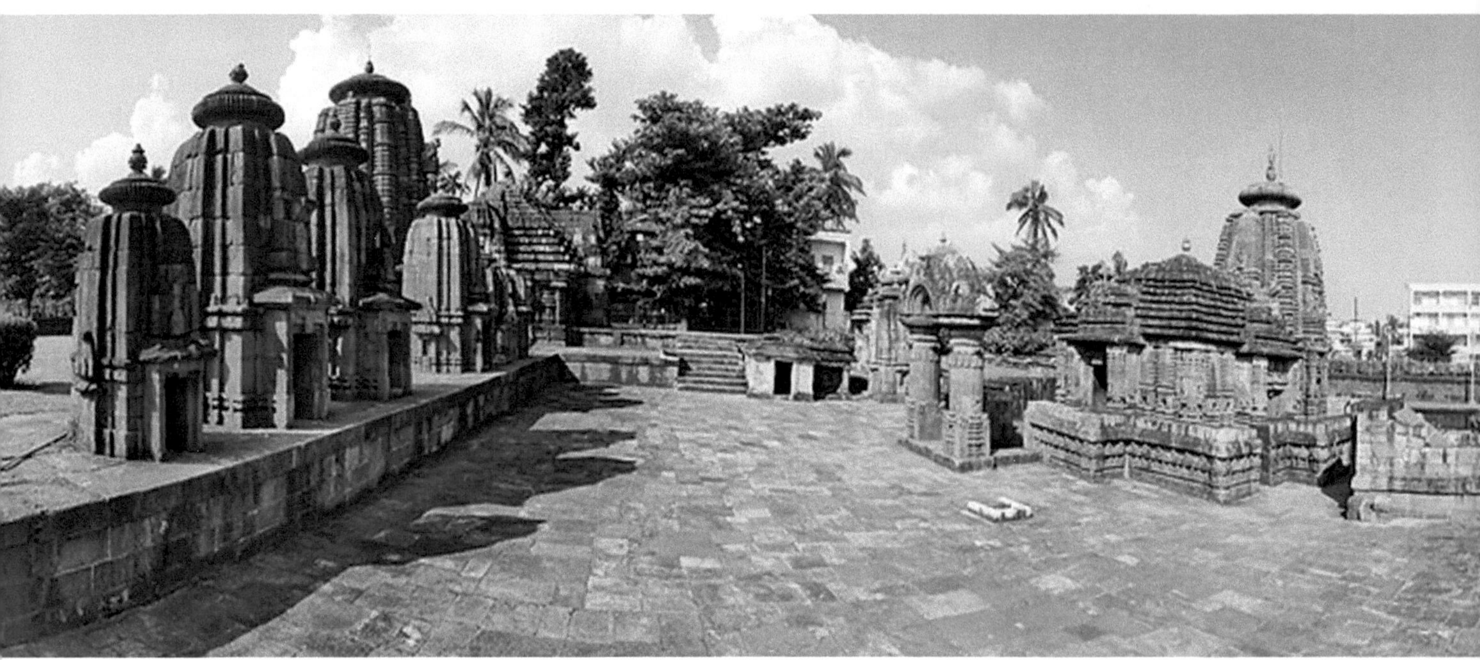

Abb. 178: Bhuvaneshvara in Orissa, Mukteswar Tempel Foto: Rajeshjena453Licensing, CC BY-SA 4.0

der Erleuchteten, die in allen Wesen als Mutter lebt, der Erleuchteten, die in allen Wesen als Irrtum (oder Fehler) lebt!
Es geht also um sehr menschliche Eigenschaften der Empathie, die vor allem mit dem weiblichen Prinzip assoziiert werden.

AEinels weitere bedeutende, große Tempelstätte ist Bhuvaneshvara in Orissa im östlichen Teil des Landes. Der große Lingaraja-Tempel ist Shiva als Herr des Linga geweiht. An diesem Ort wird der Vorstellung gehuldigt, dass der Phallus die schöpferische Kraft von Shiva verkörpert. Gebäude sprießen wie phantastische Gewächse phallusartig aus der Erde. Der zentrale Tempel ist von einer zwiebelförmigen Steinkuppe gekrönt, der Shikhara. Die berühmte Tempelstätte in Konarka, ebenfalls in der Region Orissa, ist von einer Mauer mit prächtigen Toren umgeben und mit ornamentalen Skulpturen geschmückt. Der ganze Tempel war in der Form eines Prozessionswagens entworfen. Die mit Skulpturen überzogenen Räder und die mäch-

tigen Gestalten der vorgespannten Pferde zeigen, dass dieses Bauwerk dem Wagen des Sonnenheiligen Surya nachgebildet war. Gleichzeitig mit der Erfüllung der fleischlichen Begierden soll die Verzückung der Seele in ihrer mystischen Vereinigung gezeigt werden. Das Ende der großen Kunst hinduistischer Tempelkultur im 13. Jahrhundert war Folge der Eroberung des ganzen Nordens durch muslimische Heere.

Der berühmteste Tempel Südindiens ist der von Mandurai aus dem 17. Jahrhundert. Er ist das letzte künstlerisch bedeutende Zeugnis der Hindukunst. Die Skulpturen sind naturalistischer als die älteren und zugleich so übertrieben, dass sie gekünstelt, ja oft sogar hässlich wirken.

Auch die indische Malerei wird häufig marginalisiert Sie ist aber nicht nur auf dem indischen Subkontinent vertreten sondern wird auch in Pakistan, Bangladesch oder dem Osten Afghanistans praktiziert und beeinflusst Länder wie Thailand oder Vietnam. Sie begleitet die Stationen der kulturellen Entwicklung in Indien. Am bekanntesten aus der frühen Zeit sind die buddhistisch geprägten Miniaturmalereien der ostindischen Regionen aus dem 10. Jahrhundert.

In Westindien sind die ältesten Dokumente der Miniaturmalerei Illustrationen des Manuskripts Kalpa Sutra, das die Biografien auch von Mahavira, einem der Begründer des Jainismus, beschreibt. Die hier abgebildete Miniaturmalerei illustriert seine Geburt (Abb. 179). Der Janinismus ist neben dem Buddhismus und den Hinduismus die dritte indische Religion. Sie ist vor rund 2.500 Jahren wie der Buddhismus entstanden und geht ähnlich wie der Buddhismus davon aus, dass die Welt von zwei Prinzipien geprägt wird, vom Geistigen und Ungeistigen. Wie die Hindus gehen sie davon aus, dass die Seele das Paradies erreichen wird: Das Geistige setzt sich aus einer unendlichen Anzahl individueller Seelen zusammen. Das Ungeistige ist die irdische, materielle Seite und umfasst den Raum, die Zeit, die Ruhe und die Bewegung. Der Jainismus ist eine Religion der Gewaltlosigkeit: Die Erlösung erlangen die Menschen nach der Lehre des Jai-

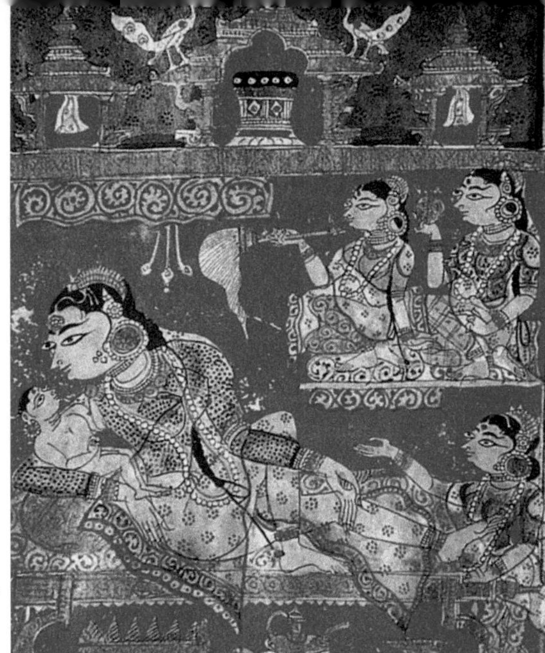

Abb.179:Die Geburt des Mahavira, Illustration im Kalpa Stra-Buch, um 11. Jahrhundert, Charakteristisch sind die spitzen Nasen und die Darstellung beider Augen, public domain

nismus durch die eigenen Bemühungen.

Die Mogulmalerei ist ab dem 16. Jahrhundert an den islamischen kaiserlichen Mogulhöfen entstanden und schildert besonders das höfische Leben. In fein gearbeiteten, prächtigen Farben. werden vor allem Liebes-, Jagd- und Kriegsszenen gestaltet trotz des islamischen Bilderverbots. Männer der oberen Klasse herrschen in der Porträtunst vor, umgeben von Dienerinnen und Konkubinen. In der Spätzeit dominierte das Herrscherportrait, oft ließen sich die Mogule mit Heiligenschein abbilden, um sich als Stellvertreter Allahs auf Erden zu kennzeichnen. Ab dem 17. Jahrhundert wurden unter europäischem Einfluss auch Reiterporträts populär. In der Mogulzeit entwickelte sich auch die Rajputenmalerei, die allerdings von den hinduistischen Fürsten in der Provinz initiiert wurde. Ebenfalls in

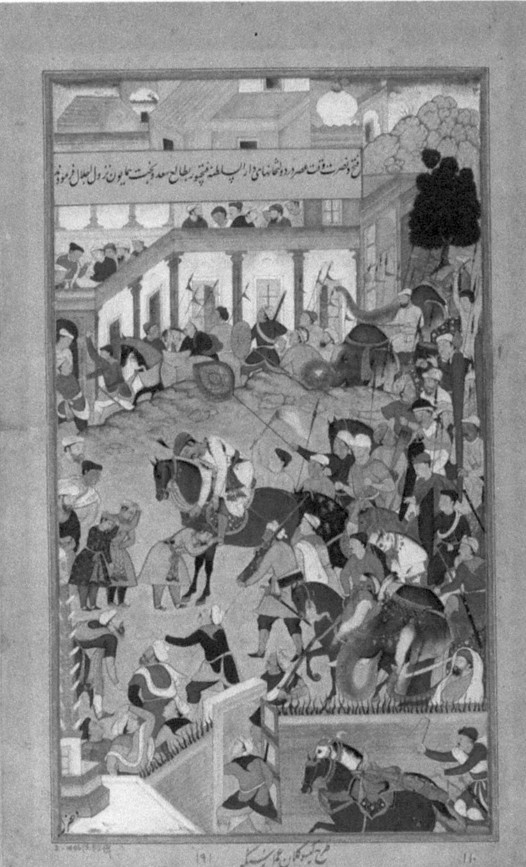

Abb. 180: Kaiser Akbar empfängt seine Söhne, Mogulmalerei, 1596, Foto: Akarbanama, public domain

209

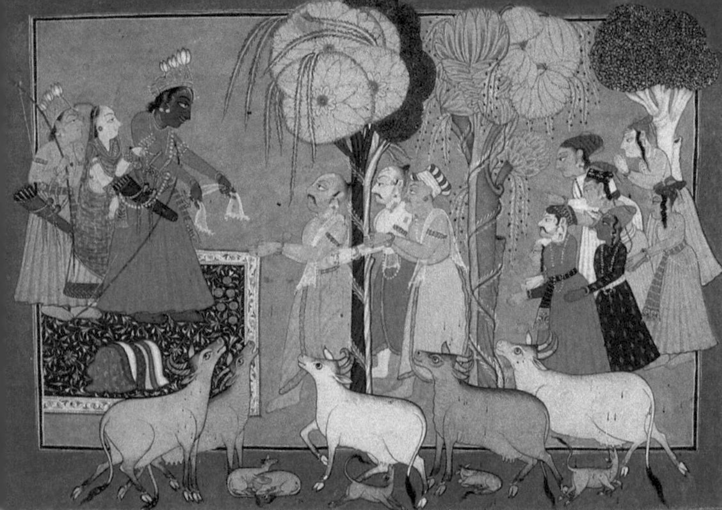

Abb. 181: In diesem Bild aus der Ragamal-Zeit verleiht Raga, die Urkraft und Urseele, die Besitztümer. Raga ist im Hinduismus der perfekte Mensch, Herrscher, Ehemann,Freund Sohn und Vater gleichzeitig. Der Besitz meinen also die Herrscher ist gerecht verteilt.public domain

dieser Zeit entstand auch die Ragamala-Malerei. Sie bestehen aus einer Reihe illustrativer Gemälde der Ragas, die Variationen der indischen Musik darstellen. Diese Kunst gilt als klassisches Beispiel für die Verschmelzung von Kunst, Poesie und Musik. In der Stadt Tanjore entstand eine bedeutende Malschule, die für

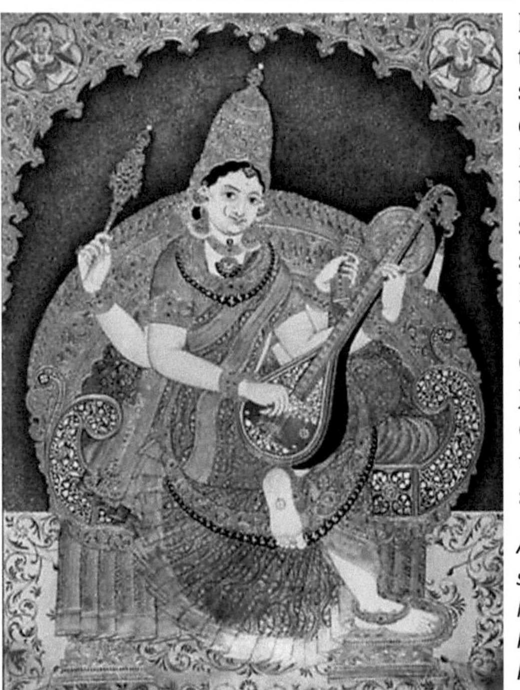

Abb. 182: Eine Malschule in der Stadt Mysore versucht Kunst, Musik und Poesie zu vereinen, public domain

gedämpfte Farben und die Liebe zum Detail bekannt wurde. Als Themen wurden vor allem die hinduistischen Mythen gewählt. Dem Herstellungsprozess wird besondere Aufmerksamkeit geschenkt, um einen kostbaren Eindruck zu hinterlassen. Nach einer Vorzeichnung wird eine Paste aufgetragen, die übermalt und abgeschliffen wird. Dann wird mit Goldfolien und Edelsteinen das Bild geschmückt.

Beliebt sind auch die Stoffbilder, Pattachitra genannt. Auch hier dominieren volkstümliche mythologische Themen. Sie wurden oft von Geschichtenerzählern benutzt, um ihre Erzählungen zu illustrieren. Auch bei Feierlichkeiten, Festumzügen oder Hochzeiten kommen sie zum Einsatz.

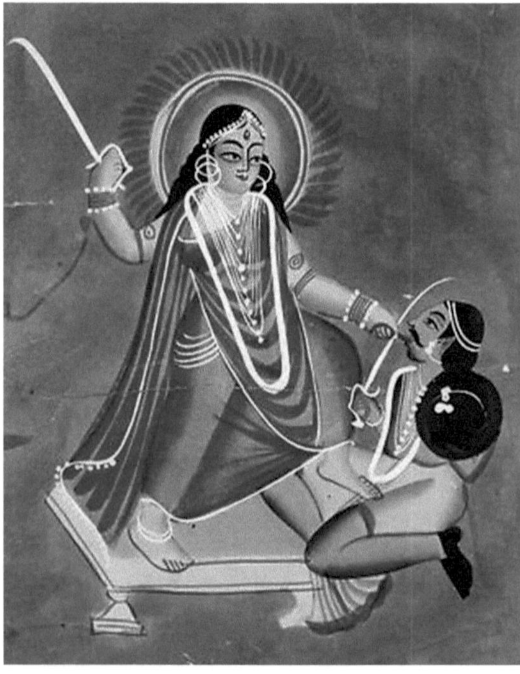

Abb. 183: Kalighat-Malerei: Die Weisheitsgöttin Bagalamukhi schneidet dem Lügner, dem Dämon Asura, die Zunge ab, public domain

Die Kalighat-Malerei hat ihren Namen nach dem gleichnamigen Tempel in Kalkutta. Die Bilder gewannen große Popularität vor allem bei den Pilgern, die in der Stadt viele Heilige verehrten und verehren: Kali, Chandi, Durga sowie regionale Göttinnen wie Manasa, die Schlangengöttinnen, Shashthi, die Beschützerin der Kinder, Shitala, die Pockengöttin, und Umā (der bengalische Name für Parvati).

Die Götter der Tolteken, Azteken, der Mayas und der Inkas verlangen Menschenblut

Die Geschichte Amerikas liegt weitgehend im Dunkeln – und auch die Kultur und Kunst des Kontinents. Genaue Aufzeichnungen gibt es erst, seitdem die Eroberer seit Kolumbus mit Kanonen und überlegener Militärtechnik die Zivilisation dem Kontinent bescherten. Und auch in diesem Fall besteht kein überaus großes Interesse an detaillierter Aufklärung, weil die Bekehrung der „Wilden" durch vorwiegend spanische und portugiesische Eroberer nicht unbedingt unseren heutigen Vorstellungen zivilisatorischer Leistungen entspricht – auch über die Heldentaten der Cowboys in Nordamerika ist außer in den Filmen wenig Ruhmreiches zu berichten. Außerdem unternehmen die Historiker der Vergangenheit im Einvernehmen mit dem siegreichen Militär und den Missionaren Anstrengungen, um Kulturen vor ihren Eroberungszügen als barbarisch zu charakterisieren , was sie teilweise sicherlich auch waren.

Wie auch in übrigen Kulturen der Welt werden die „prä"historischen Gemeinschaften mit matrilinearen, friedlichen Ordnungen vor allem in Meso- und Lateinamerika weitgehend ignoriert oder als Gemeinschaften mit „Muttergottheiten" abgetan. Beispiele sind unter anderem die Kulturen von Valdivia in Ekuador (2.000 v. Chr. bis 300 n. Chr.) Tlatilco in Mexiko (1.500 bis 1.000 v. Chr.), Chupicuaro-Kultur in Mexiko (600 v. Chr. bis 250 n. Chr.), die Kultur von San Jeronimo (300 v. Chr. bis 300 n. Chr. oder die Moche-Kultur in Peru (100 bis 800 n. Chr., siehe auch „Revision der Kunstgeschichte I, S. 185 ff.).

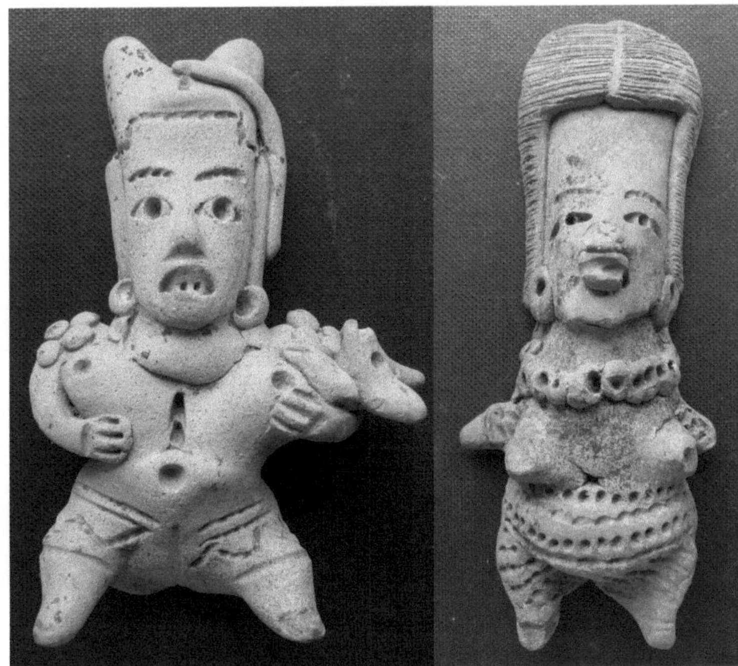

Abb. 184 und 185:: Frauenfiguren der Kultur von San Jeronimo an der Pazifikküste von Mexiko um 300 v.Chr. bis 300 n. Chr., Foto: Schlechtmensch, CC BY-SA 1.2, public domain

Der Übergang von matrilinearen zu patriarchalen Strukturen geschah wahrscheinlich in der Kultur der Olmeken, die von 1.500 v. Chr bis 400 n. Chr. nachzuweisen ist. Ein Vorgänger dieser Kultur war schon Kolumbus mit der noch älteren Kultur der Awarak aufgefallen. Er beschrieb sie als friedliebend und außergewöhnlich gastfreundlich. Bis zuletzt lebten sie in matrilinearen Clans und besaßen eine komplexe Mythologie, die die Tierwelt und vor allem Fruchtbarkeitskulte zum Inhalt hatten. Zu den ersten Interpreten der Olmeken-Kultur gehörte in den 1940er Jahren der Künstler und Theoretiker Wolfgang Paalen, über dessen Erkenntnisse wikipedia berichtet: „Paalens These einer entwicklungsgeschichtlich erklärbaren Dichotomie matrilinearer und patriarchaler Sozialstrukturen in Mesoamerika lebt in wissenschaftlichen Diskursen bis heute ebenso weiter wie in der Fantasie vieler Künstler und Autoren. Das bekannteste Beispiel ist Mel Gibsons cineastisches Großwerk Apocalypto, in dem die Geschichte des Häuptlingssohnes Jaguarpranke erzählt wird, der mit seinen Dorfangehörigen friedlich im Dschungel zusammenlebt – in fortpflanzungswilligem Geschlechtergleichgewicht und vollkommen an das wilde Leben angepasst. Eines Tages tauchen Maya-Todeskommandos auf, die mordend und brandschatzend durch den Regenwald ziehen und die überlebenden Männer aufgreifen, um sie nach einem wochenlangen Marsch zu den Pyramiden in gewaltigen Massenzeremonien dem Gott Kukulcán zu opfern. Auf dem Weg werden die Gefangenen Zeuge der Naturzerstörung, die das neue Staatsgebilde verursacht. Jaguarpranke war es vor seiner Gefangennahme noch gelungen, seine schwangere Frau in einem Erdloch zu verstecken. Schwerverletzt kann er durch unbeugsamen Lebenswillen, List und Wissen um die Heilkräfte der Dschungelpflanzen entkommen, findet seine Frau wieder, die inzwischen in dem mit Regenwasser gefluteten Erdloch ein Kind geboren hat, und flüchtet mit ihr bis zur Küste, wo er Zeuge der nächsten, diesmal finalen Bedrohung wird, der Ankunft der spanischen Eroberer." In der Tat wurde das Volk der Arawaks unter der spanischen Herrschaft vollkommen ausgerottet – und nicht nur dieses Volk.

Die Ursprünge der olmekischen Kultur datieren in die Zeit von 1.500 v. Chr., sie ist die Mutter-Kultur Mesoamerikas und strahlte auf die Kulturen der Maya im Osten und der Zapoteken im Westen aus. Offensichtlich wurde sie von den Kulturen der Maya absorbiert. Gegen 400 n. Chr. wurden die letzten Zentren der Olmeken-Kultur zerstört. In der Olmeken-Zeit wurden die ältesten Pyramiden um 500 v. Chr. errichtet. Auf dem sogenannten Cascajal-Stein wurden die ältesten Schriftzeichen des neuen Kontinents entdeckt. Das olmekische Schriftsystem hat ein Alter von rund 3.000 Jahren. Außerdem weist ein in San Andres am Golf von Mexiko gefundenes Rollsiegel mit schriftlichen Symbolen mit einem Alter von 650 v. Chr. aus, dass in der Kultur Privateigentum verbreitet war.

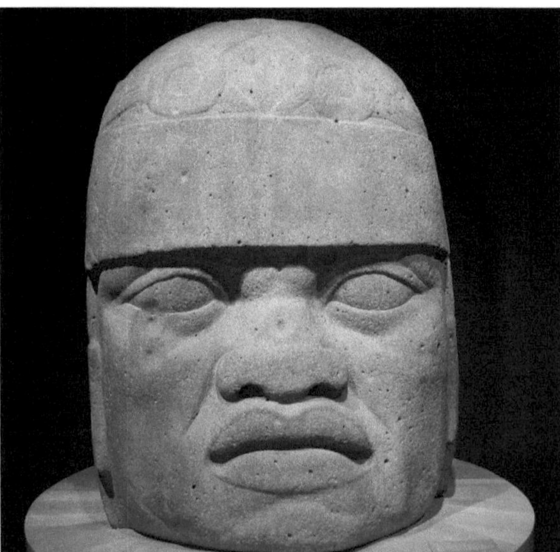

Abb. 186: Olmekischer Kolossalkopf mit Kappe, Nationalmuseum für Anthropologie, Mexiko Stadt, Foto: Luidger (?), CC BY-SA 3.0

Die Stadt Teotihuacan entwickelte sich schon während der Olmeken-Zeit zum wirtschaftlichen und militärischen Zentrum Mesoamerikas. Sie hatte zeitweilig über 200.000 Einwohner und war somit die größte Stadt des Kontinents und auch eine der größten der Welt. Die Stadt war großflächig mit einem dichten Straßennetz geplant, deren Mittelpunkte die monumentalen Sonnen- und Mondpyramiden bildeten. Die

Gesellschaft war in der Spätzeit hierarchisch gegliedert. Die Herrscherschicht dominierte, gefolgt von Priestern und Beamten. Untere Schichten bildeten die Bauern und Handwerker sowie niedere Beamte und untergeordnete Priester. Die Geistlichen zelebrierten eine polytheistische Religion mit einer „Großen Göttin", Tlaloc, dem Gott des Regens und des Ackerbaus, Quetzalcoatl, die „Gefiederten Schlange", und viele andere. Offensichtlich herrschte in dieser Stadt schon eine Art Totenkult. Es wurden Gräber entdeckt, in denen Menschen lebendig begraben wurden und andere Gräber, in denen die Bestatteten im Rahmen von Opferritualen getötet wurden. Um 750 kam es zum totalen Zusammenbruch der Stadt: Die Häuser wurden niedergebrannt, die Menschen flüchteten. Offenbar wurde dieses Zentrum Opfer rivalisierender Mächte. Danach herrschte in Mesoamerika ein zwei Jahrhunderte währendes Machtvakuum.

Das füllten dann die Tolteken aus, die ab dem 10. Jahrhundert die Vorherrschaft erlangten. In diesen Gesellschaften herrschten eine brutale Schicht aus Adligen,

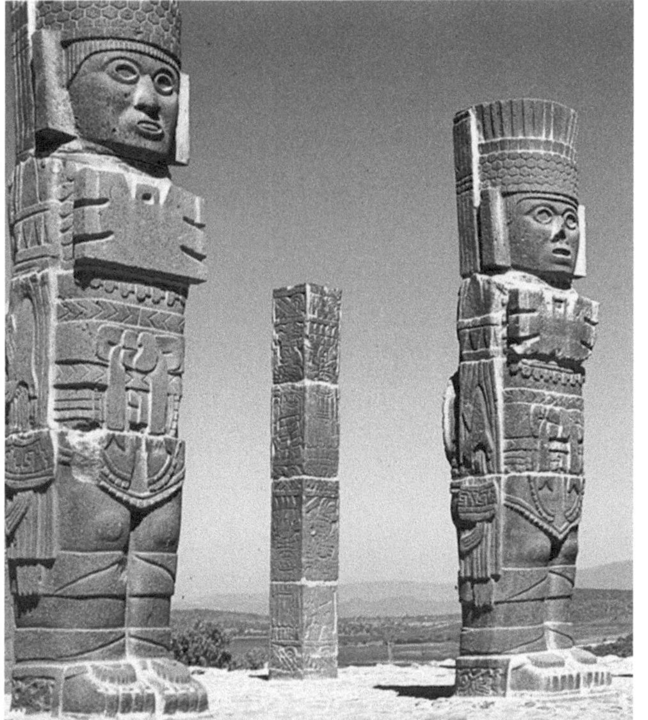

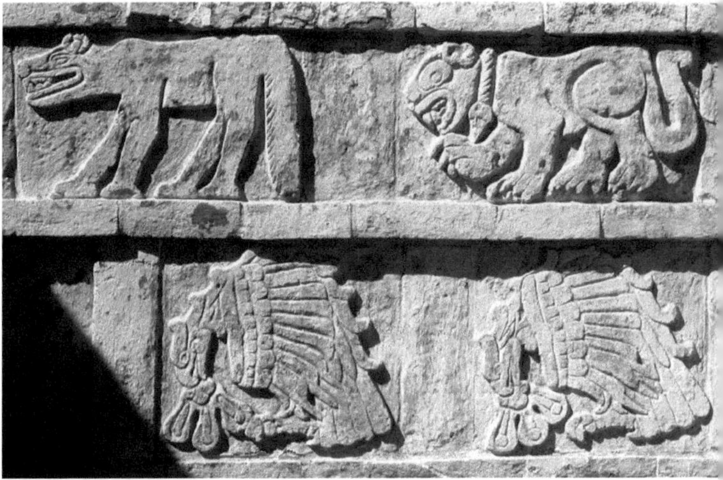

Abb. 188: Der Fries an dem Tempel der toltekischen Stadt Tula zeigt in der oberern Reihe die mächtigen Jaguare, die sich mit Kojoten abwechseln. Die untere Reihe zeigt Adler - Könige der Lüfte - , die blutende Herzen verschlingen. Es sind brutale Darstellungen, die auch die kriegerischen Einstellungen der Tolteken wiedergeben. Author: HJPD, CC BY-SA 2.5

die aus ihren Reihen die Könige und die Heerführer bestimmten. In ständigen Kriegen wurden benachbarte Regionen unterworfen und tributpflicht gemacht. Das begründete den Reichtum der toltekischen aristokratischen Klasse, unter der die Tributzahlungen aufgeteilt wurden. Hauptstadt war die Stadt Tula mit mehr als 60.000 Einwohnern. In kriegerischen Auseinandersetzungen wurde die toltekische Herrschaft über die angrenzenden Regionen errungen. Durch die ständigen Kriege wurde sie aber auch geschwächt und brach schließlich zusammen. Religionskriege waren im Innern bei der Auseinandersetzung um die Frage ausgebrochen, ob Menschenopfer notwendig seien, um die Götter gnädig zu stimmen. Diese kriegerischen Auseinandersetzungen dauerten den Berichten zufolge 64 Jahre und endeten mit dem Sieg der Befürworter der Menschenopfer. Die

Abb. 187: Die bis zu 4,5 Meter hohen toltekischen Kriegerstatien auf dem Pyramidenstumpf der Morgenstern-Pyramide beweisen, welch große Bedeutung die herrschende Krieger-Kaste hatte. Die militärische Leistung bestimmte über die Position in der Gesellschaft. Foto: H. Grobe; CC BY-SA 3.0

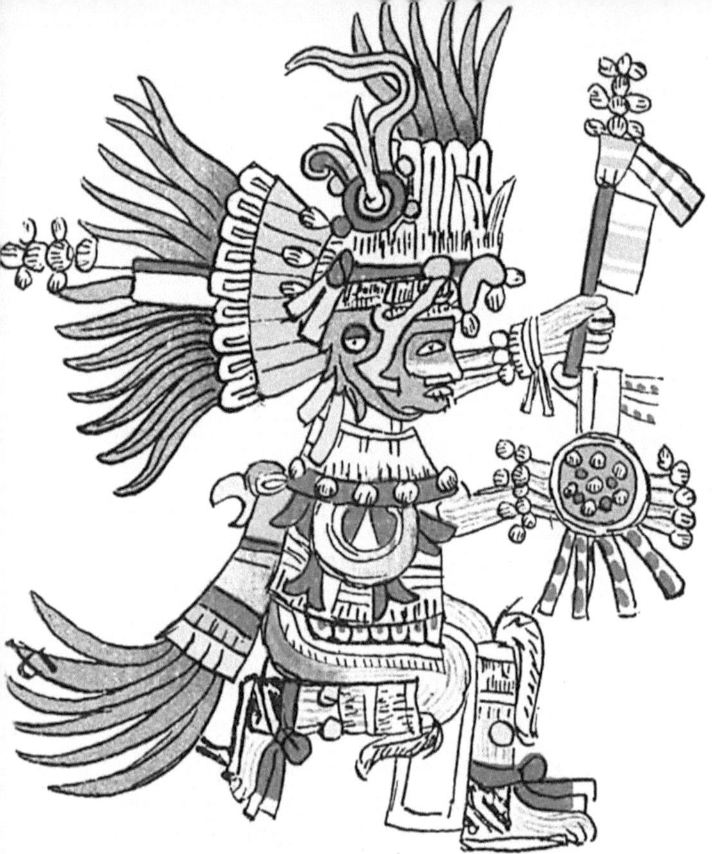

Abb. 189: So stellten sich die Azteken ihren obersten Sonnengott Tonatiuh oder Huitzuilopochtli vor. Da die Herrscher als Vertreter des Gottes auf Erden betrachtet wurden, kleideten diese sich ähnlich. Folio 5 des Codex Telleriano-Remensis, public domain

inneren blutigen Querelen nutzten Stämme aus dem Norden zum Angriff, die im Jahr 1116 die Tolteken besiegten.

Aztekenreich: Brutalität wird Staatsdoktrin

Drei Stadtstaaten, Tenochtitlan, Texcoco und Tlacopan bildeten im Jahr 1428 unter der Führerschaft von Tenochtitlan das Aztekenreich. Alle drei Stadtstaaten waren erst vor rund 100 Jahren gegründet worden,

Abb. 190: Der Begründer der Staatsdoktrin der Azteken Tlacaelel, dargestellt im Codex Mendoza, public domain

hatten sich aber durch militärische Erfolge mit brutaler Härte ausgezeichnet. Insgesamt zählte der monarchistisch-absolutistische Stadtstaatenbund fünf bis sechs Millionen Einwohner, allein in der Metropole lebten geschätzt 200.000 Menschen. Die Allianz kontrollierte den größten Teil Zentralmexikos und auch weiter entfernte Gebiete. Dabei wurden die Herrscher der besiegten Städte und Regionen in ihren Ämtern

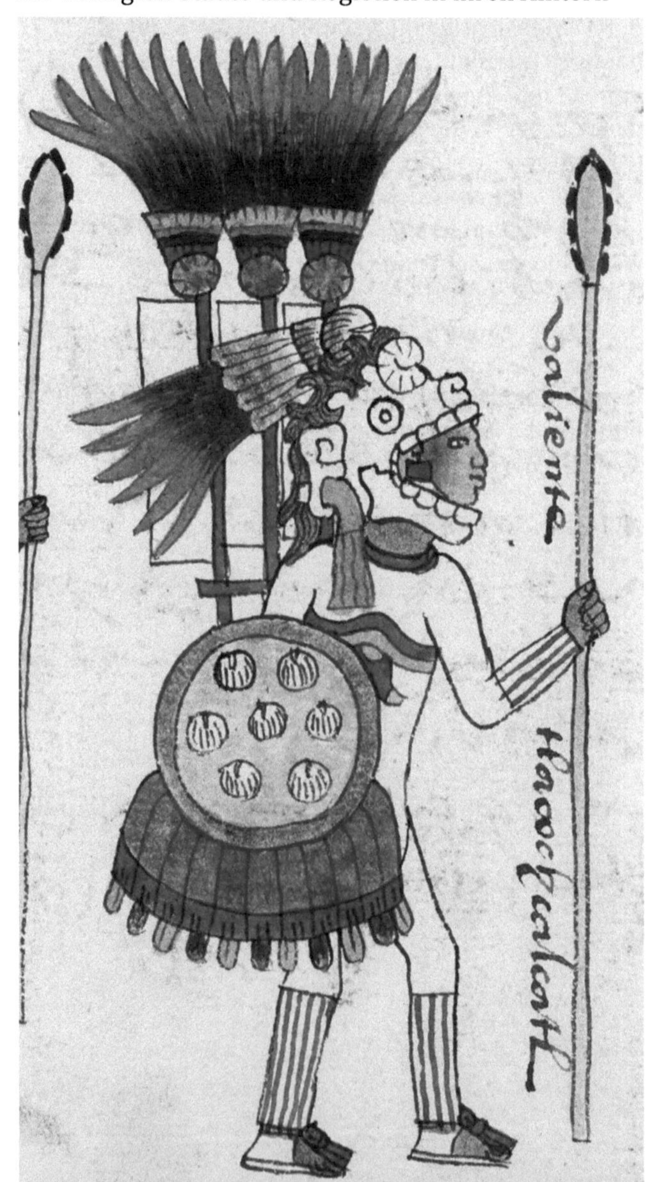

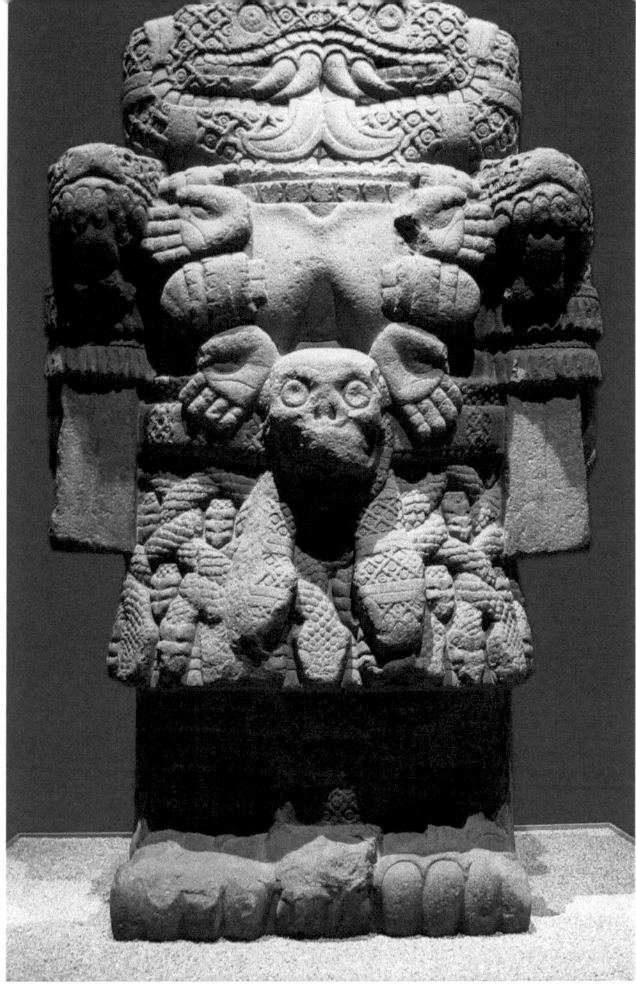

Abb. 191: Die „Muttergottheit" Coatlicue wird bedrohliche Dä-
monin: Sie heißt „Die mit dem Schlangenrock", sie ist eigent-
lichlich die lebensspendende Mutter der Erde, des Mondes und
der Sterne. Sie ist auch Mutter von Coyolxauhqui, genannt
„Goldene Glocken Mondgöttin". Aber sie wird ermordet von
ihrem kriegslüsternen Halbbruder Huitzilopochtli, Author:
Luidger, CC BY-SA 3.0

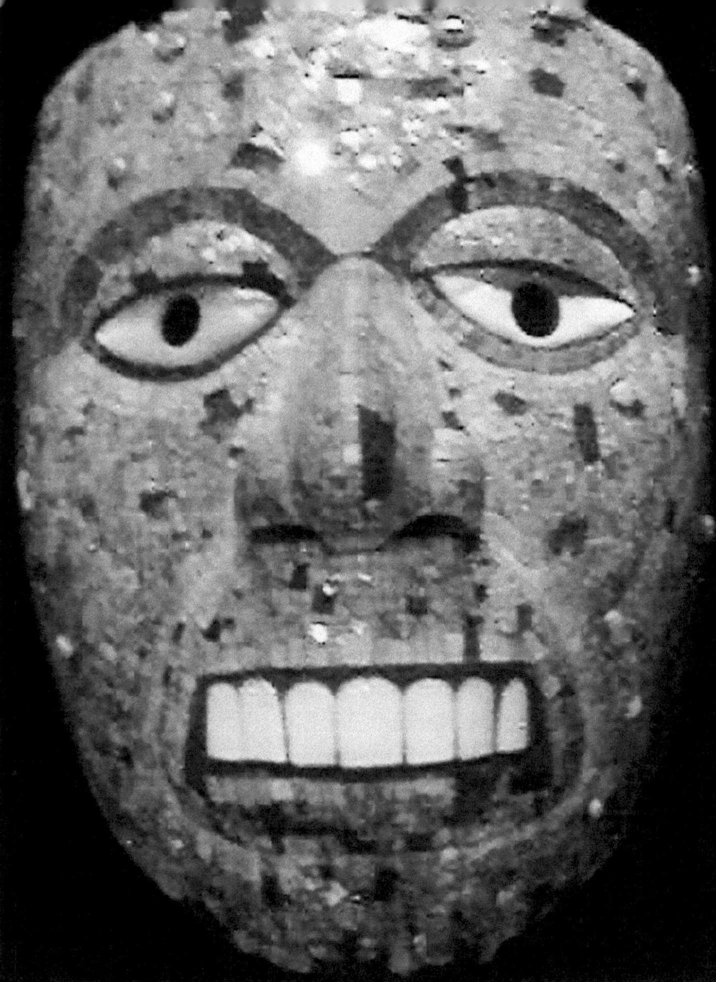

Abb. 192: Auch Xiuhtecuhtli, Gott des Feuers, der Wärme, des
Lichtes in der Dunkelheit und der Nahrung in der Hungersnot
fletscht bedrohlich die Zähne. Er war Mann von Chalchiuhtli-
cue Göttin der stehenden Gewässer und der Flüsse. Chalchiuht-
licue bedeutet in der Sprache der Azteken „Die mit dem
Jaderock". Author: David Monniaux, CC BY-SA 3.0

belassen, mussten aber Tribute entrichten, die Azte-
ken-Führer mit Soldaten bei ihren Feldzügen unter-
stützen und auch Menschen für rituelle
Opferzeremonien zur Verfügung stellen.

Der Konstrukteur der aztekischen Staatsdoktrin war
Tlacaelel. Geboren wurde er um 1397 als Sohn des Kaisers Huitzilihuitl und der Königin Cacamacihuatl. Er
war Neffe des Kaisers Itzcoatl und Bruder der Kaiser
Chimalpopoca und Moctezuma I. – ein würdiger Vertreter der aztekischen Dynastie. Tlacaelel erhielt zuerst
von seinem Onkel Itzcoatl das Amt des ersten Kriegs-
herren, dann den des ersten Beraters des Herrschers,
Ministerpräsident und Kanzler in einem. Er erklärte

215

das Volk der Azteken zum auserwählten Volk Gottes, hievte den Sonnen- und Stammesgott Huitzilopochtli an die Spitze des Pantheons und propagierte die Menschenopfer und die Blumenkriege für notwendig, um die Götter gnädig zu stimmen. Sie dienten allerdings dazu, die Bevölkerung in Angst und Schrecken zu versetzen und die eigene Machtentfaltung zu sichern. Höhepunkt seiner Macht war der Bau des Templo Mayor im Jahr 1484, der mit dem Blutopfer zahlreicher Kriegsgefangener gefeiert wurde. Als Tlacaelel 1987 starb, expandierte das Azetekenreich in Richtung Norden und Süden mit der Einnahme zahlreicher Städte der Maya.

Der erste Führer des Dreierbündnisses Itzcoatl zeichnete sich durch Bücherverbrennungen aus. Es sei „nicht klug, dass alle Menschen die Bilder kennen würden", behauptete er. Er ließ wohl vor allem Dokumente vernichten, die nicht der Propaganda des Regimes entsprachen. Sein Nachfolger Moctezuma I. installierte ein Tributsystem, das die Einwohner direkt besteuerte und die lokalen Herrscher entmachtete. Ein drakonisches Rechtssystem mit der Todesstrafe zum Beispiel für Ehebruch und für geringfügige Vergehen wurde eingeführt, wohl auch,

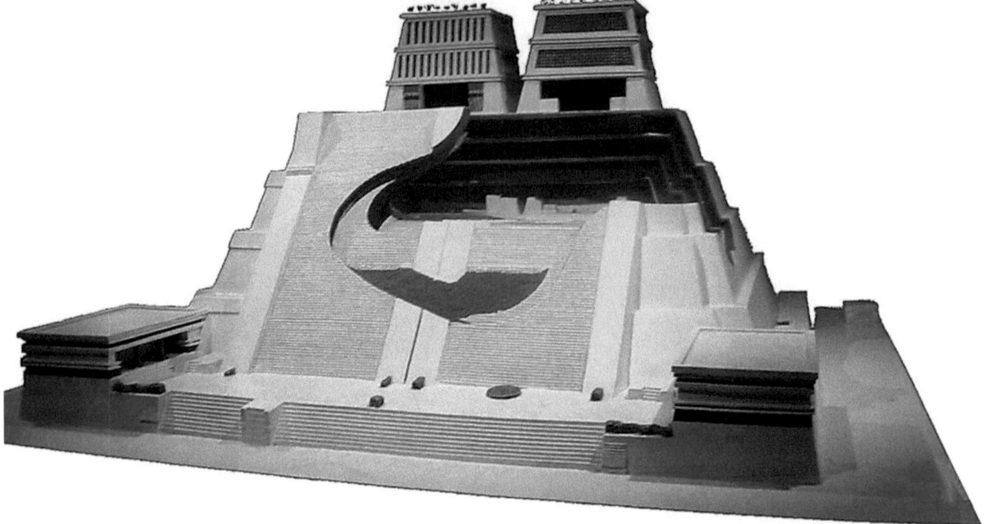

Abb. 193: Ein Projekt der Gigantonomie: die Templo Mayor in der damaligen aztekischen Hautpstadt Tenochtitlan, heute Mexiko-City. Errichtet wurde sie zu Ehren des Konstrukteurs der aztekischen Staatsideologie Tlacaelel. Bei der Gründungsfeier wurden zahlreiche Kriegsgefangene geschlachtet. Die Grausamkeiten der Azteken wurden allerdings von den spanischen Eroberern übertroffen, die nicht nur den Templo Mayor schleiften sondern auch im Hof des Tempels bis zu zehntausend hauptsächlich unbewaffnete Adlige und Priester niedermetzelten. Author: Thelmadatter. public domain

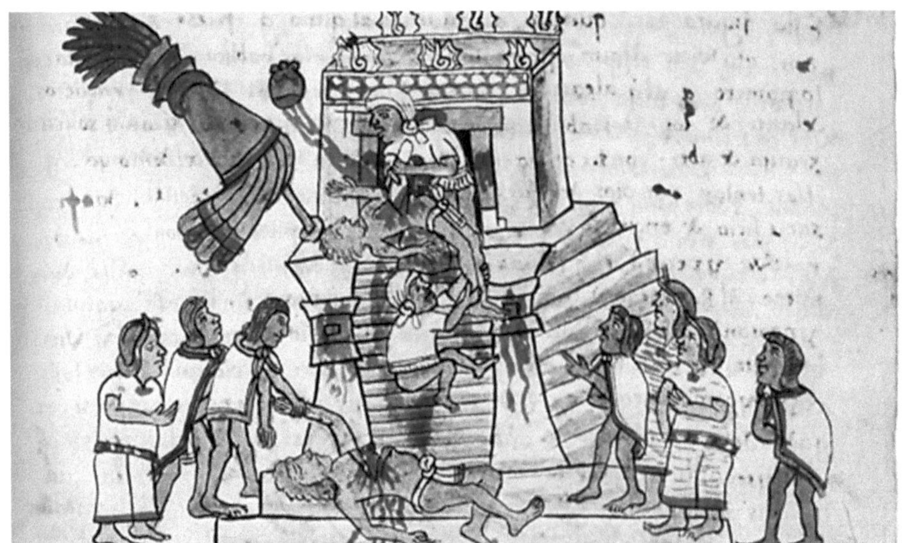

Abb. 194: Eine brutale Praxis, bildlich festgehalten. Den lebenden Opfern wurde das Herz herausgeschnitten, um die Glötter zu befriedigen und das Weltenende abzuwenden. public domain

um genügend „Material" für die religiöse Opferpraxis
zu erhalten. Die „Reformen" des sich zum Kaiser auf-
schwingenden Moctezuma gehörte auch die neue Institution der sogenannten Blumenkriege. Diese
kriegerischen Auseinandersetzungen wurden von Beamten der „verfeindeten" Mächte im Vorfeld arran-
giert, um Nachschub an gefangenen Kriegern zu
gewinnen. Auf dem Schlachtfeld metzelten sich die
Kriegsparteien also nicht gegenseitig nieder, sondern
orientierten darauf, möglichst viele Gefangene zu erzielen – um sie entweder als zukünftige Krieger zu
drillen oder den Göttern zu opfern. In den Jahren
1450 bis 1455 herrschte in dem Gebiet eine verhee-
rende Trockenheit : Mit Menschenopfern sollten die
Götter beschworen werden, wieder Regen vom Himmel fließen zu lassen. Die Menschopfer dienten aber
in erster Linie dazu, die Herrschaft der Oberen zu sichern und die Bevölkerung in einer Schreckensstarre
zu halten. Denn Aufstände erschütterten immer wieder die Gesellschaften.

Die Herrscher beanspruchten, Vertreter der Götter
auf Erden zu sein. Diese Position wurde durch Abstammung vererbt. Bei der Kreation der Götter waren
die Azteken sehr erfinderisch. Bekannt sind die
Namen von 79 Gottheiten, Schöpfergottheiten der
Himmels-Überwelt, Fruchtbarkeitgöttern der Erden.-
Mittelwelt und Göttern der Unterwelt. Natürlich gibt
es unter den Göttern auch einen Herrscher, das ist der
Sonnengott Tonatiu oder auch Huitzuilopochtli, zu
deren Ehre unzählige Menschen geopfert wurden
Aber auch Xipe Totec „Unser Herr, der Gehäutete"
brauchte als Frühlings- und Landwirtschaftsgott Menschenblut, um die Pflanzen sprießen zu lassen. Zahl-
lose Götter waren für den Krieg zuständig wie Mextli
oder Huitzilopochtli. Für die Liebe waren unter anderem Tzazolteotl, Göttin der Wollust, der verbotenen
Liebe, gleichzeitig der Reue und der moralischen Reinigung zuständig. Oder Xochipilli, Gott der Liebe, der
Blumen der Musik und des Tanzes. Oder Xochiquetzal,

Göttin des Mondes, der Erde, der Blumen, der Liebe,
des Tanzes und der Spiele. Aber es gab auch die Göttin
Zitzimitl, die Göttin der Großmutter und Chalchiuhte-
colotl, den Gott der Nachteulen. Um die Vielzahl der
Gottheiten einzuordnen und ordentlich zelebrieren zu
können, brauchte es natürlich eine Schar von Priestern und Priesterinnen.

Prägend: die Kultur der Maya

Die Maya-Kultur verfügte über eine mindestens so
zahlreiche Götterschar wie die der Azteken - und viele
ähneln ihnen zum Verwechseln. Die Götter bestimmten den Alltag: für jeden Tag und jede Periode ist ein
Gott zuständig. Sie be-
stimmen das Schick-
sal der Menschen und
müssen deshalb stän-
dig zu Rate gezogen
und durch Opfer gnä-
dig gestimmt werden.
Wie im Kult der Azte-
ken gab es Blumen-
und Lebensmittelop-
fer, gehuldigt wurde
ihnen durch Tier- und
Menschenblut. In re-
gelmäßigen Wallfahr-
ten und Riten wurden
die Gottesvorstellun-
gen im Volk eingeübt
und verankert.

Einer der wichtigsten
Götter war Kinich

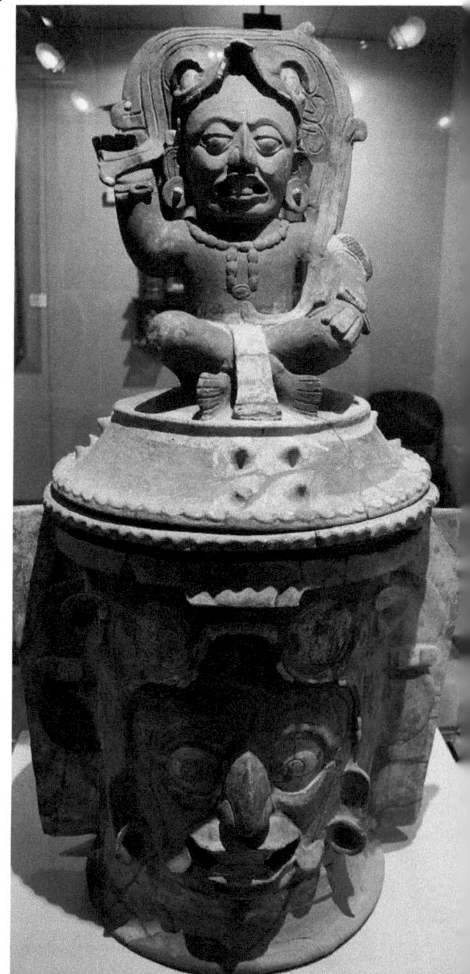

*Abb. 195: Furchterre-
gend ist der wichtigste
Maya-Gott Kinich Ahau,
Urne, Foto: Dorieo, Wi-
kimedia Commons Li-
zenz CC BY-SA 4.0*

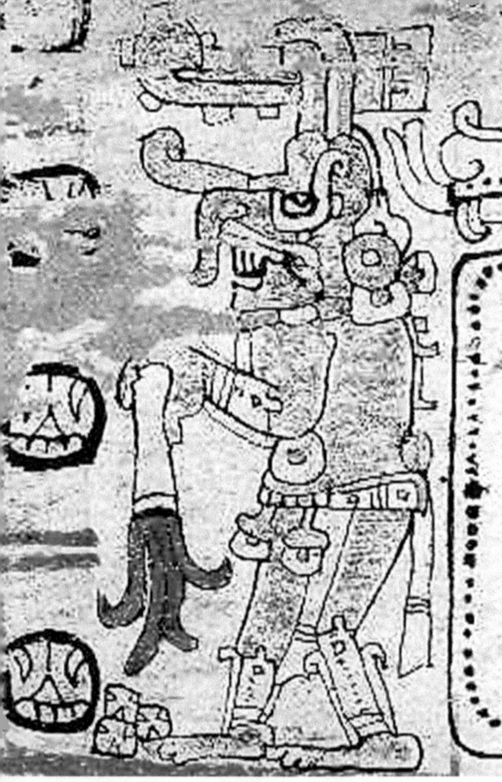

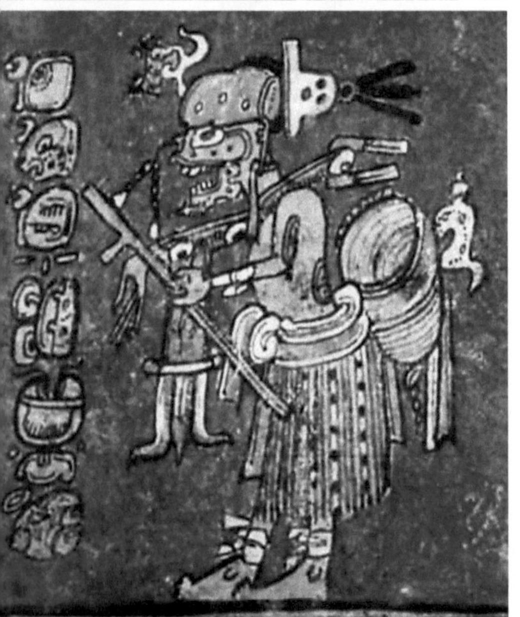

Ahau, Herr der Sonne. Der Name besagt es: Er war ein Herr, ein die Herrschaft legitimierender Gott. Und er war ein Gott des Krieges und der Opferung. Kinich Ahau beschreibt den Weg der Sonne, nach dem Tag durchquerte er auch die Unterwelt. Seine Gemahlin war die Mondgöttin. Es war üblich, zum Neujahrsbeginn ihn mit Kriegstänzen und Blutopfern zu ehren. Er verschmilzt häufig mit Itzamna, beide sind die höchsten unter den Mayagöttern. Aber auch Chaac genießt einen hohen Rang. Er ist der Gott des Regens, der Fruchtbarkeit und der Landwirtschaft. Er kennzeichnet die Himmelrichtungen, als Weißer Chaac des Nordens, als Roter Chaac des Ostens, Schwarzer Chaac des Westens und Gelber Chaac des Südens. Auch Ah Puch, der Todesgott erscheint in vielerlei Gestalt, als Herrscher der Unterwelt am Tag der Schöpfung, als oberster Herr in vielen Regionen der Mayas. Ixchel ist die Göttin O, Mond- und Fruchtbarkeitsgöttin, Erdgöttin, Schutzherrin des Wassers, des Regenbogens und der Schwangeren und Er-

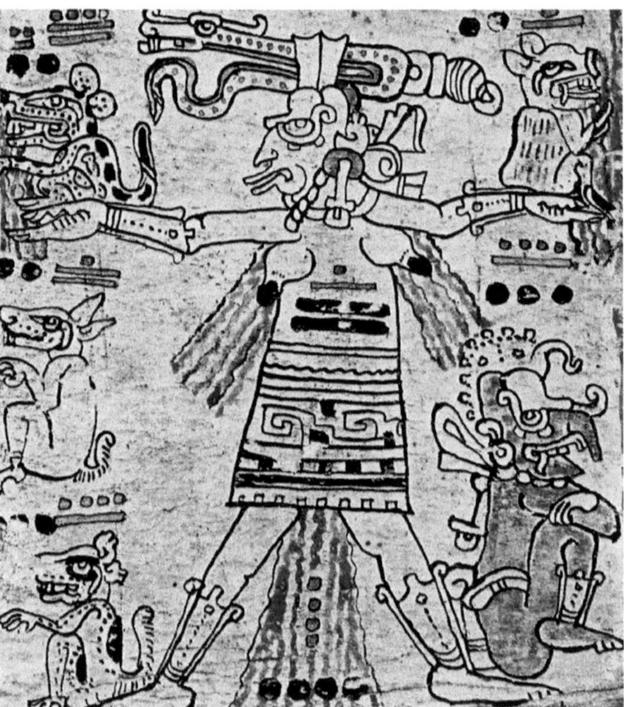

Abb. 198: Auch die Fruchtbarkeitsgöttin Ixchel, wohl ein Relikt aus matrilinearen Zeiten, macht nicht gerade einen Vertrauen erweckenden Eindruck. Ihr Haupt zieren böswillige Schlangen, umgeben ist sie mit Dämonen in Tiergestalt. Author: imagen incluida en el codico dresde maya, public domain

finderin der Webkunst. Sie ist Gattin von Itzamna, also des höchsten aller Götter und Herren. Weitere herausragende Gottgestalten sind der Bakabes, der N der vier Brüder, die bei der Schöpfung der Welt an den vier Weltseiten die Pfeiler bildeten, um den Himmel zu stüt-

Abb. 196: Gott Chaac (oben), Author: Cultura Maya, public domain Abb. 197: unten Ah Puch, der Todesgott, Quelle: Justin Kerr Maya artist, public domain

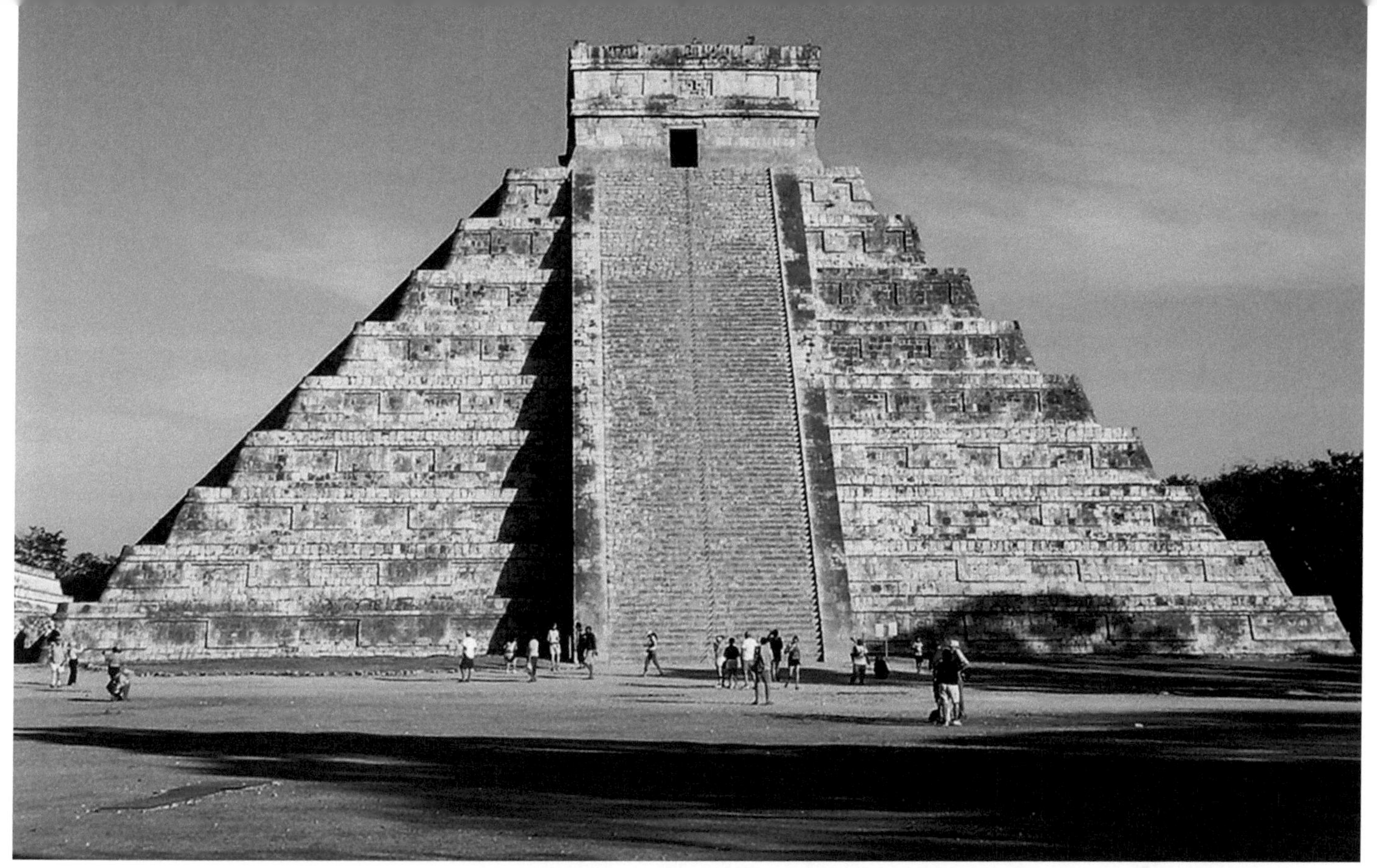

Abb. 199: Die wohl bekannteste Pyramide der Mayas ist die von Chichen Itza im Norden der mexikanischen Halbinsel Yucatan. Sie ist 30 Meter hoch, hat 365 Stufen. Die Breite beträgt 55 Meter. Die Pyramide trägt den Namen Pyramide des Kulkulcan, in der Maya-Sprache bedeutet dies Pyramide des Quetzalcoatl. Er ist der Schöpfergott und Gott des Windes, des Himmels, des Krieges und der Erde. Die Spanier nannten die Pyramide schlicht El Castillo, (Festung, Burg). Im Inneren der Pyramide befindet sich eine ältere Pyramide, die um das Jahr 800 errichtet wurde. Die heute sichtbare Form wurde wohl im 10. oder 11. Jahrhundert gebaut. Trotz der imposanten Größe: Im gesamten Maya-Gebiet wurden Hunderte von Pyramiden und Tempel errichtet, nicht nur in Mexiko, Gutemala, Hunduras oder in Belize. Foto: Att6309 at German Wikipedia, CC BY-SA 3.0

zen. Der Gott K´awiil ist der Blitzgott, der Gott, der den Herrschern ihre Stellung sichert, weil sie von den Göttern abstammen.

Die Völker der Mayas prägten entscheidend die Kulturen Mesoamerikas. Die ersten Nachweise von dauerhaften Siedlungen der Mayas mit kultivierter Landwirtschaft konnten schon um 3000 v. Chr. für die Region in Belize erbracht werden. Um 1.100 v. Chr.

wurden Siedlungen in Honduras nachgewiesen. Der bisher älteste monumentale Maya-Komplex wurde im mexikanischen Aguada Fenix entdeckt, ein künstliches Plateau von 1.400 Meter Länge, 400 Metern Breite und 15 Metern Höhe. In diesem Komplex konnten noch keine Anzeichen sozialer Differenzierung gefunden werden wie bei späteren Maya-Ausgrabungen. In der Zeit der späten Präklassik von 400 v. Chr. bis 250 n. Chr. kam es in größeren Mayazentren zur sozialen Schichten mit Herrschereliten. Die Maya-Städte verfügten später über Zentren, die für die Oberschicht reserviert waren, Straßen schufen eine Infrastruktur. In der frühen Klassik ab 250 n. Chr. kam es dann zur Gründung von vielen Städten und der Ausbreitung der Maya-Kultur auf der ganzen Halbinsel Yucatan. Chichen Itza wurde um das Jahr 650 gegründet. Die Städte, zum Beispiel Tikal, Calakmul, Bonampak und Krieg zwischen den Städten Tikal und Calakmul. Kriegerische Auseinandersetzungen um Machtpositionen zwischen den Zentren waren wohl eher die Regel als Ausnahmen. Errungenschaften der Maya-Kultur waren neben einer ausgefeilten Architektur, dem Städtebau mit zahlreichen gut ausgestatteten Wohnstätten eine Schrift und eine differenzierende Zeitrechnung mit einem Kaleder.

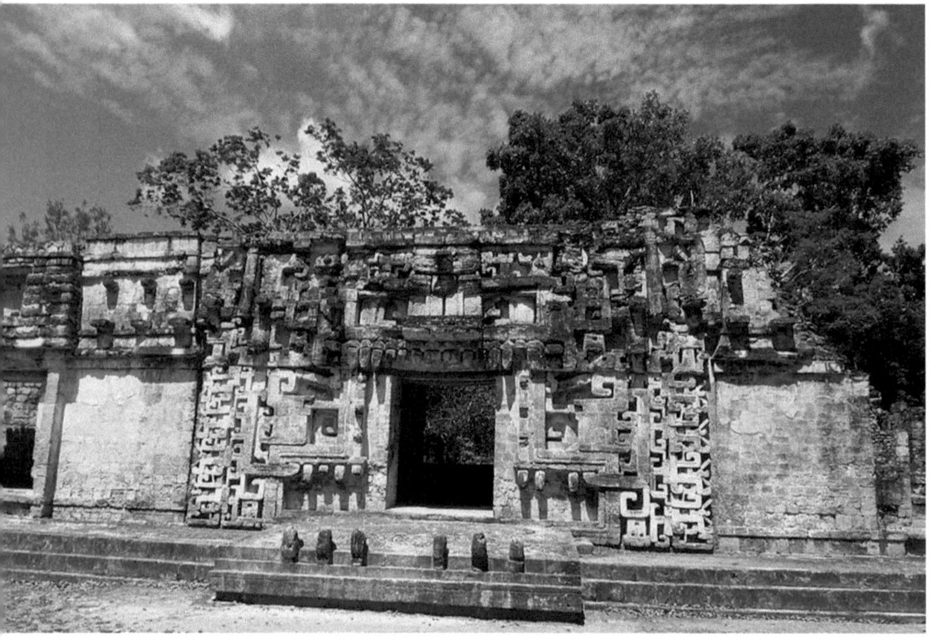

Abb. 200: Die Architektur der Mayas war hoch entwickelt: Chicanna Schlangenmaultür. Während die Sakralbauten, von denen noch heute Hunderte wenn nicht Tausende als Ruinen existieren, meist in die Höhe schossen und die Nähe zum Himmlischen anstrebten, dehnten sich die Paläste der Herrscher und die Wohnhäuser der Eliten meist in der Fläche aus - allerdings nicht weniger prunkvoll und reich verziert. Quelle: Sonja H. Author Hannover, CC BY-SA 3.0

Ab dem 9. Jahrhundert kam es zu einer Aufgabe vieler Maya-Zentren. Als Ursachen werden kriegerische Fehden zwischen den Städten und klimatisch-ökologische Ursachen, die mit dem starken Bevölkerungswachstum in der Region zusammenhing, angenommen. Gerade in der Zeit des Niedergang kam es vermehrt zu Auseinandersetzungen zwischen den Maya-Städten.

Kriege spielten in der Maya-Kultur eine wesentliche Rolle: Sie wurden aus Prestigegründen, verbunden mit politischen und wirtschaftlichen Interessen geführt. Es ging dabei vor allem darum, andere Städte von der Krieg führenden Partei abhängig zu machen und zu Tributzahlungen zu verpflichten. Die Anerkennung und politische Stellung errangen Adlige vor allem durch militärische Siege. Zwar wurden in den Kriegen auch Besiegte versklavt und wirtschaftliche Vorteile durch Okupationen erzielt, in der Regel begnügte sich der Sieger mit dem Titel eines „Oberkönigs" und Tributzahlungen. Diese ständigen Kriege führten dazu, dass das Staatengebilde der Mayas äußerst fragil waren und ständig Grund zu neuen Kriegen bestand. Hatte es in der klassischen Maya-Zeit noch erbliche Königstümer mit oligarchischen und aristo-

Quirigua hatten mehr als 10.000 Einwohner und waren damit größer als europäische Städte der damaligen Zeit. Insgesamt hatten Maya-Gemeinschaften rund 10 Millionen Bewohner. Es kann nicht von einer einheitlichen Maya-Gesellschaft ausgegangen werden. So kam es zum Beispiel im Jahr 562 zu einem großen

kratischen Herrschaftsstrukturen gegeben, verfielen diese vor allem nach den Eroberungen der spanischen und portugiesischen Kolonisatoren.

Die Mayas pflegen eine dualistische, kriegerische Weltanschauung. Das Welternpaar wird von dem Sonnengott und der Mondgöttern gebildet. Der Sonnenaufgang wird mit der Farbe Rot, gleich Leben und Aufbruch assoziiert, während der Sonnenuntergang mit Schwarz, der Nacht und dem Tod verbunden wird. Die Farbe Rot hat besonders mit dem Blut eine mystische, kultische Bedeutung. Bei Adligen war es Brauch, sich Fäden durch die Zunge oder die Lippen zu ziehen, um das rötliche Blut zu schmecken und zu genießen. Männer stachen mit Seeigeln in ihren Penis, um an Blut zu gelangen. Blut ist nach Ansicht der Mayas die lebensspendende Kraft, zudem Sitz der Seele. Offensichtlich wollten sie auch mit den Menschenopfern sich die Kraft und den Lebensgeist anderer Menschen aneignen. Dabei waren sie bei den Opferpraktiken recht erfinderisch. Von Steinigungen, Verstümmeln, Aufschlitzen des Bauches, Herausschneiden des Herzens, Vergiften, oder Köpfen reichte die breite Palette der rituellen Hinrichtungen. Das Schicksal traf nicht nur Kriegsgefangene oder straffällig gewordene Menschen. Auch Mitglieder der eigenen Gruppe - Adlige bildeten keine Ausnahme - fielen den Opferpraktiken zum Opfer.

Das Inka-Reich hatte nur kurzzeitig Bestand

Das Reich der Inkas unterschied sich insofern von dem lockeren Staatenbund der Mayas, dass es ein hierarchischer, zentralistischer Staat war, dessen Gebiet in der größten Ausdehnung von Kolumbien über Ecuador, Bolivien, einen Teil Argentiniens bis nach Chile reichte – also fast den gesamten westlichen lateinamerikanischen Subkontinent umfasste. Entstanden war die Kultur der Inka im 13. Jahrhundert im Hochland der Anden. Allerdings hatte das zentralistische Inka-Reich nur von 1438 bis 1533 Bestand – die

spanischen Eroberer setzten ihm ein gewaltsamen Ende. Das Reich wurde nach den vier Himmelsrichtungen in Chinchan Suyu (Nord), den Westen Kunti Suyu, Anti Syu, den Osten, und den Süden Qulla Suyu eingeteilt. Das hatte eine ganz einfache praktische Voraussetzung: So konnte in dem riesigen Reich mit Statthaltern das Land leichter regiert werden. Staatsoberhaupt und zugleich Regierungschef war Sapa

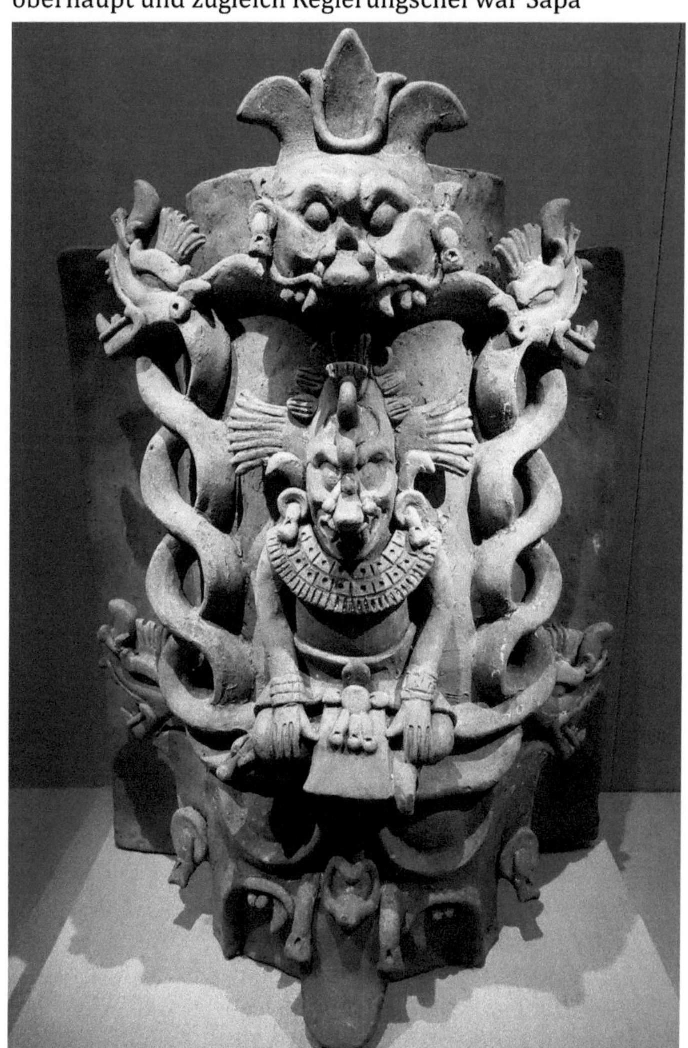

Abb. 201: Auch der höchste der Maya-Götter, K'awiil, will Angst und Schrecken verbreiten. Author: Daderot, public domain

Inka, der als Sohn der Sonne bezeichnet wurde und sich als Gottheit anbeten ließ. Da in dem Land Rad und Wagen unbekannt waren, ließ sich der Sapa Inka in einer Sänfte bei seinen Inspektionen durch das Land tragen. Vor ihm mussten 1.000 Diener die Wege fegen, damit der Gott in Reinheit seinen Weg genießen konnte. Adlige durften nur barfuß und gebeugt als Zeichen ihrer Demut vor dem Sapa Inka erscheinen. Schon in dem Wort Inka wird der Dominanzanspruch zum Ausdruck gebracht: Inka heißt übersetzt „Herrscher" oder „Herr". Die regierende Adelskaste wurde nach Schätzungen aus 15.000 bis 40.000 Personen gebildet, die über rund 10 Millionen Untertanen verfügten. Das Reich zu einigen, war keine leichte Aufgabe, denn rund 200 Ethnien bildeten ein buntes Völkergemisch.

Das Prinzip lässt sich am klarsten durch „Zuckerbrot und Peitsche" oder der Devise „Willst du nicht mein Bruder sein, schlag ich dir den Schädel ein" kennzeichnen. Die Regierenden schickten Kundschafter in die zu unterwerfenden Regionen, die detailliert über den Reichtum, die Arbeitsbedingungen und die politische Organisation berichteten. Dann wurden die lokalen Regenten reich beschenkt mit dem Angebot, sich als Vasallen dem Inka-Reich anzuschließen. Es wurden natürlich auch Privilegien versprochen. Weigerten sich die lokalen Herrscher, kam die militärische Macht der Inka-Armee zum Einsatz, die in der Regel jeden Widerstand ausschaltete. Die Herrscher mussten mit der sofortigen Hinrichtung rechnen. Den Kindern der lokalen Fürsten wurde „angeboten", sich in Schulen der Hauptstadt Cusco ausbilden zu lassen. So wurde eine gebildete Adelsschicht für das Reich geschaffen. Die Wirtschaft war durch Landwirtschaft geprägt. Unter anderem wurde Salz, Mais, Wolle oder Coca hergestellt. Lamas, Fische, Austern und Schnecken bildeten wichtige Nahrungsmittel. Geldwirtschaft war unbekannt, es herrschte vor allem eine ausgedehnte Tauschwirtschaft. Ein Drittel der Fläche stand dem Sapa Inka zu, ein weiteres Drittel war dem Adel vorbehalten. Nur ein Drittel stand als gemeinschaftliches Gemeindeland zur Verfügung. Ein für damalige Verhältnisse gut ausgebautes Straßensystem vor allem von Nord nach Süd bot gute Möglichkeiten für den Tauschhandel.

Die Inka besaßen eine polytheistische Religion - bei der Vielzahl der Ethnien nicht verwunderlich. Allerdings wurde der oberste Sonnengott Init per Staatsdoktrin verordnet. Wiraquache war der Schöpfergott und Pachamama die Erdgöttin. Die Organisation der religiösen Angelegenheiten stand in der Verantwortung des obersten Priesters Willaq Umu, der nicht heiraten durfte und ein keusches Leben führen musste. „Erwählte Frauen" waren „Jungfrauen der Sonne". Sie wurden in Fragen der Haushaltsführung und der Webkunst unterrichtet. Bis zur Geschlechtsreife mussten sie in Keuschheit verharren, wurden danach aber vom Sapa Inka an Adlige, Würdenträger und Krieger verschenkt, denen sie „in Anmut" zu dienen hatten.

Bei wichtigen Prozessionen und religiösen Festen waren umfangreiche Opfergaben Praxis. Die häufigsten Tieropfer waren Lamas. Vor allem bei bedeutenden Würdenträgern wurden auch Menschen hingerichtet – vor allem Kinder im Alter von bis zu zehn Jahren, aber auch Männer und Frauen und vor allem Gefangene. Beim Tod des Sapa Inka wurden vor allem Kinder geopfert. Beim Tod von Huayna Capac sollen 4.000 Diener, Hofbeamte, Konkubinen ihrem Herrn in den Tod gefolgt sein.

Rezeption der Kunst der europäischen Antike in der Kunstgeschichte

Die Kunst der Antike hat die Kunstvorstellungen bis zur Moderne entscheidend geprägt. Auch Ernst Gombrich schrieb in seinem noch heute als Standardwerk geltenden „Die Geschichte der Kunst": „Wir werden sehen, dass die griechischen Künstler bei den Ägyptern in die Lehre gingen und dass wir alle Schüler der Griechen sind. Daher ist die Kunst Ägyptens für uns von größter Bedeutung." Gombrich lässt die Geschichte der Kunst mit der der alten Ägypter beginnen. Er zementiert damit ein Kunstverständnis, das als zentrale Attribute Machtdemonstration, die Hierarchisierung der Gesellschaft und deren religiöse Verklärung besitzt. Gombrich stellt heraus: „Der König war für sie ein göttliches Wesen. Sobald er diese Erde verließ, würde er wieder zum Himmel aufsteigen, von dem er einst gekommen war. Wahrscheinlich sollten ihm die himmelwärts aufragenden Pyramiden den Aufstieg erleichtern. Jedenfalls würden sie seinen heiligen Leib vor Verwesung bewahren. Denn die Ägypter glaubten, dass der Leib erhalten werden muss, wenn die Seele im Jenseits weiterleben soll." (Gombrich, S. 55)

Kunst wird erstmals Machtdemonstration, am deutlichsten herausgestellt in den Monumentalbauten der Pyramiden und dem Sphinx von Gizeh. Kunst wird erstmals eingewebt in die Riten einer entstehenden Priesterkaste, die auch einen gewaltigen Totenkult für die Eliten zelebriert. Was uns heute in prachtvollen Bildbänden als ägyptische Kunst präsentiert wird, war eingeschlossen in den Grabkammern der Pharaonen und hohen Beamten und Priester. Es gab keine öffentliche Kunst – und wenn, war sie der Idealisierung der Feldzüge der Herrscher gewidmet.

Auch andere Kunstwissenschaftler blenden die „Prähistorie" in der Kunst aus und betonen den Beginn der Kultur mit der ägyptischen. Franz Kugler (1808 - 1858) erwähnt in seinem „Handbuch der Kunstgeschichte" allenfalls die Megalith-Anlagen wie Stonehenge nur am Rande, um dann sofort auf die „hohe Blüthe der Cultur" im alten Ägypten einzugehen. „Die Zeit des dritten Jahrtausends lässt im ägyptischen Volke schon eine ebenso glänzende Cultur wie Machtentwicklung erkennen." (Kugler, S. 28) Für hervorhebenswert erachtet er vor allem die Machtentwicklung, die in einer „glänzenden Kultur" zum Ausdruck kommt. Dann führt er aus: „Die Kunst der Aegypter ist monumentale Kunst in der eigentlichsten Bedeutung des Worts. Grossartiger Sinn, strenge Verständigkeit, unermüdliche Ausdauer geben dieser Kunst ihre eigenthümlichen Grundzüge, die unverrückbare Regelung des gesammten Staats- und Volkslebens, die von den jüngeren Völkern des Alterthums als eine Wundererscheinung angestaunt ward, bereitet auch ihr ein unwandelbar festes Gesetz, der Art, dass, nachdem ihre Typen sich im Lauf der Jahrtausende bestimmt herausgebildet hatten, diese Typen im Wesentlichen unverändert neue Jahrtausende hindurch, bis zum Ausathmen der gesamten Welt des Alterthums, nachgebildet wurden." (ebd. S. 29)

Die gewaltige Kolossalarchitektur der Pyramiden, die sich in der Fläche ausbreitenden Tempel- und Palastanlagen, die kilometerlangen Prozessionsstraßen künden von der ritualisierten und von der Kunst begleiteten Einübung der Machtstrukturen. Kugler hebt richtig die „unverrückbare Regelung des gesamten Staats- und Volkslebens", die als „unwandelbar festes Gesetz" festgeschrieben wurde und so dem patriarchalischen System eine über Jahrtausende wirkende Gültigkeit verliehen. Die ägyptische Skulptur presst den Menschen in die Form des Quadrats, lässt ihn als mächtige Frontalplastik erscheinen oder präsentiert den monumentalen Kopf des Pharaos mit dem Löwenleib als Sphinx. Überall ist die Drohgebärde und die würdevolle, unnahbare, Distanz heischende Demonstration von Macht unverkennbar.

Bei den Assyrern, Babyloniern und alten Ägyptern ist die Geburt des Herrschers, Helden und Gottes gut nachzuvollziehen. Die Zählsteine, tokens, künden von dem Entstehen von Besitzverhältnissen. Im Zweistromland ist erstmals vom Herrn der Steine als einem Herausgehobenen, einem Mächtigen die Rede. Bei den Assyrern wurde der oberste Feldherr auch Stadtgott. Alle ägyptischen Pharaonen ließen sich anbeten. Die starre Einhaltung der Regeln, strenge Auflistung der Güter, die Anordnung der Soldatenreihen, der Herr wird groß dargestellt, der Diener klein – alles betont in dieser Kunst das strenge Regelwerk und die hierarchische Gliederung der Gesellschaft.

Was bei den Kunsthistorikern, die die Geschichte der Kunst mit den alten Ägyptern beginnen lassen, ausgeblendet wird, ist die Umwandlung des Weltbildes in dieser Kunst von egalitären, offensichtlich matrilinearen Strukturen in der prähistorischen Zeit hin zu hierarchischen, patriarchalischen Strukturen in der Gesellschaft. Mit dem „Beginn" der Kunst im alten Ägypten oder Zweistromland wird behauptet: „Es war schon immer so." Das gilt fortan als „unwandelbar festes Gesetz". Sie sind erstmals festgeschrieben auf den Stelen der Assyrer oder des Babyloniers Hammurapi

und kehren auch auf den Stein gewordenen Tafeln von Moses wieder, die ihm von Gott übermittelt wurden.

Die Hierarchisierung der Gesellschaft, die mit der Kunst beschönigt und verschleiert wird, wird mit der Kanonisierung des geltenden Rechts festgeschrieben:
– Unterordnung unter einen Herrscher, der selbst Gott oder als von Gott legitimiert dargestellt wird. Die Steuer- und Abgabenplicht gegenüber der höchsten Instanz wird eingeführt.
– Das Privateigentum mit Rechten und Pflichten wird institutionalisiert.
– Ständige Verfügbarkeit zum Kriegsdienst wird angeordnet. Nichtbefolgen oder Widerstand wird mit dem Tode bestraft.
– Die Arbeit auf dem zugeteilten Boden als auch für die Allgemeinheit wird Pflicht.
– Die Hierarchisierung der Gesellschaft vom Herrscher über Beamte, Schreiber, Priester und Militärkaste bis zum Bauer und Sklaven wird in Gesetzen geregelt.
– Das Privatrecht regelt die Unterordnung der Frau und die Dominanz des männlichen Familienoberhauptes.

Ein großes Manko konnte sowohl die assyrische, die babylonische und auch die ägyptische Kunst nicht abstreifen. Die Brutalität, der Zwang zur Durchsetzung der Prinzipien war in allem enthalten. Bei geringsten Gesetzesverstößen drohte die Todesstrafe. Beim Tod des Herrschers musste oft die gesamte Dienerschaft mit in den Tod gehen, um ihm auch nach dem Tod zu dienen. Nach der brutalen Wirklichkeit formten die orientalischen Kulturen ihre zornigen, brutalen und vernichtenden Götter.

Das änderte sich entscheidend in der Götterwelt der Griechen, die mit ihrer Kunst geschaffen wurde. Johann Joachim Winckelmann (1717- 1768), der als Archäologe, Bibliothekar, Antiquar und

Kunstschriftsteller brillierte, gilt als ein Begründer der Archäologie und der Kunstgeschichte gleichzeitig. Mit seinen „Gedanken über die Nachahmung der Griechischen Werke in der Malerey und Bildhauerkunst" – 1755 erschienen – beeindruckte und prägte er besonders die Weimarer Klassik von Goethe, Schiller, Lessing bis Hölderlin. „Der einzige Weg für uns, groß, ja, wenn es möglich ist, unnachahmlich zu werden, ist die Nachahmung der Alten", war sein Credo. Er bemerkte den seinem Glaubensbekenntnis innewohnenden inneren Widerspruch offensichtlich nicht. Wie soll der Künstler durch Nachahmung „unnachahmlich" werden? Dringen wir zum Kern der Winckelmannschen Idealisierung der griechischen Kunst vor: Der Archäologe und Kunstschriftsteller lebte in der Zeit der absoluten Herrscher, die mit verschnörkelter Barockkultur und versüßlichtem Rokoko-Kitsch sich vom Pfad der Tugenden der „edlen Einfalt und stillen Größe", wie er selbst formulierte, abgewandt hatten. Er positionierte dagegen die männlichen Helden und Götterstatuen des griechischen Altertums. Diese setzte er deutlich ab von der römischen Antike, auf die sich der Zeitgeist in den höfischen Zentren der Barock- und Rokoko-Kultur berief. Winckelmann dachte in Gegensätzen. Auf der einen Seite die griechische Demokratie, auf der anderen Seite – vor allem in den späten Jahren nach der glanzvollen Ära des Augustus des Erhabenen – römische Dekadenz mit Verschwendungssucht, Protzerei und militärischem Despotismus. Hier zog er Parallelen zu dem Treiben an den zeitgenössischen Höfen. Er beschwor das männliche Ideal des gestählten, muskulösen, athletischen Körpers. Patriarchalische Überlegenheit begründete das aristokratische Weltbild des weisen, umsichtigen Herrschers und des moralisch integren Papstes.

Aber auch hier lauert der Widerspruch: Die Beispiele, die Winckelmann für die Überlegenheit der griechischen Kunst und Kultur gegenüber der römischen aufführte, waren in der weit überwiegenden Zahl römische Kopien griechischer Skulpturen, also auch Ausdruck der römischen Kultur. Die Janusköpfigkeit war schon in der griechischen Kunst angelegt, sie wurde nur durch die Idealbildung verdeckt. Die griechische Kunst zielte auf Täuschung. Insofern kann die römische als die „ehrlichere" bezeichnet werden, weil sie offen auch die Brutalität der Macht ansprach.

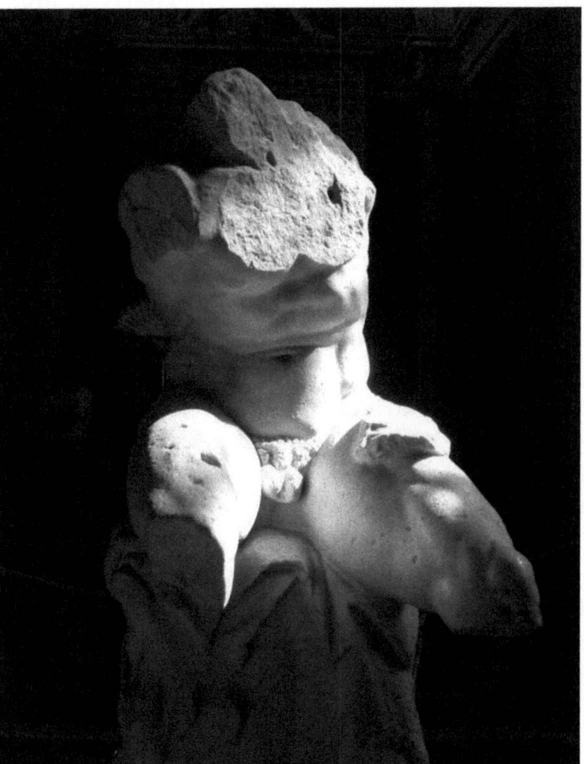

Abb. 202: Torso von Belvedere, um 100 v u. Z. bis 100 n. u. Z. Die Inschrift lautet: „angefertigt von Apollonios, Sohn von Nestor, dem Athener". Museum Pio-Clementino (Inv. 1192), Vatikan, Rom. Foto: Jean-Pol GRANDMONT, CC BY-SA 3.0

Ein weiterer Aspekt der griechischen Kunst ließ den Blick des Kunsthistorikers trüben: die Glorifizierung der männlichen Schönheit und Kraft. Seine homoerotischen Neigungen diktierten seine Ausführungen, wie auch in seiner schwärmerischen Beschreibung des Torso vom Belvedere ersichtlich wird. Er sah darin „ein hohes Ideal eines über die Natur erhabenen Körpers und eine Natur männlich vollkommener Jahre, wenn dieselbe bis auf den Grad göttlicher Genügsamkeit erhöht wäre". „Die sichtbare Ruhe und Stille, die an die selige Selbstversunkenheit idealer Jugend erinnern, sind aufgeladen mit Andeutungen nackter physischer Gewalt eines Helden, der alles verwüstete, was ihm in den Weg kam". Winckelmanns Fantasie konnte gerade bei einem Torso träumerisch vollenden, ergänzen, idealisieren. Auch der Neurobiologe Semir Zeki vermutete: „Vielleicht wählte Winkelmann also nicht ganz umsonst ein unvollständiges Werk aus, das sein höchstes Ideal griechischer Schönheit repräsentierte." (Zeki, S. 101 ff.)

Winckelmann konnte dem Geist seiner Zeit, auch als oberster Aufseher der Altertümer im Vatikan-Kirchenstaat und als Scrittore an der Bibliotheca Vaticana, nicht entfliehen. Er konnte, ganz dem aristokratischen Gedankengut verpflichtet, nicht die Widersprüchlichkeit der griechischen Welt entdecken. Die griechische „Demokratie", und vor allem die Athens, war keinesfalls eine Demokratie im heutigen Sinne, sondern allenfalls eine Sklavenhalter-Gesellschaft mit wenigen Freien und einer sehr kleinen Elite der von Arbeit Freigestellten mit „demokratisch" geführten Diskussionen. Ansonsten war alles auf das Ziel ausgerichtet, mit militärischer Kraft die Vorherrschaft über andere Städte und Landstriche zu sichern, die tributpflichtig und teilweise auch zum Sklavendienst verpflichtet wurden.

Diesem Ziel der Sicherung der Vorherrschaft diente auch die griechische Idealbildung in der Kunst. Die Darstellung des männlich gestählten Körpers diente der Vorbereitung und Idealisieren des Kampfes. Herodot sprach es offen aus: Der Kampf sei der Vater aller Dinge. Die Olympischen Spiele waren damals nicht auf

friedlichen Wettstreit ausgerichtet. Es ging auch dort um Kampf mit dem Sieg oder der vernichtenden Niederlage als Folge – und oft auch mit dem Tod des Unterlegenen. Ständige Kriege zermürbten die griechischen Städte, zehrten deren Kraft aus. Herodot selbst beklagte, dass der Krieg die Welt auf den Kopf stelle. Im Frieden würden die Söhne ihre Väter bestatten, im Kriege aber die Väter ihre Söhne. Als Kontrast dazu wird das Idealbild der schönen Frau als Venus von Milo oder Aphrodite von Knidos gebildet: verhalten, zurückhaltend, demütig. Die Skulpturen spenden Freuden bei ihrem Anblick, sie strahlen vor Schönheit. In der Realität wurde die Frau aber in das Gefängnis des Hauses als oberste Haushälterin eingesperrt und durfte nur unter Aufsicht auf öffentliche Straßen. Politisch war die Frau im alten Athen – und auch in den anderen griechischen Städten – vollkommen rechtund einflusslos, eine Sklavin des Mannes, der sich mit Hetären vergnügen durfte.

Ein Paradoxon: Während die griechische Kultur durch große Widersprüche geprägt war, preisen die Dichter der Aufklärung in Weimar und Umgebung ihre Schönheit und Vorbildlichkeit. Johann Wolfgang von Goethe schreibt: „Welche neuere Nation verdankt nicht den Griechen ihre Kunstbildung? und, in gewissen Fächern, welche mehr als die deutsche?" (Hass, S. 26) Er spricht sogar von dem Jahrhundert des Winckelmann, prägend für das Kunstverständnis. Er relativiert aber auch, dass seine Zeitgenossen die Kunst nicht nachahmen sollten, sondern nach dem Motto „Was du ererbt von deinen Vätern, erwirb es, um es zu besitzen" selbst aneignen müssten. Auch Friedrich Schiller frönte dem griechischen Schönheitsideal der edlen Einfalt und stillen Größe, der Einheit von schönem Körper und edler, seelischer Größe, dem Schönen und Guten. Angewidert von der Willkür der herrschenden Despoten, aber auch von der Barbarei der Französischen Revolution, die Gleichheit, Freiheit und Brüderlichkeit versprach, aber das Gegenteil brachte, flüchtet

Schiller in ein ästhetisches Reich der Ideale, das große Anleihen bei der Kunst der Griechen nahm. „Mitten in dem furchtbaren Reich der Kräfte und mitten in dem heiligen Reich der Gesetze baut der ästhetische Bildungstrieb unvermerkt an einem dritten, fröhlichen Reiche des Spiels und des Scheins, worin er dem Mensch die Fesseln aller Verhältnisse abnimmt und ihn von allem, was Zwang heißt, sowohl im Physischen als im Moralischen entbindet." Das schreibt Schiller in seinen Briefen mit dem Titel „Über die ästhetische Erziehung des Menschen". Über die Schönheit soll sich der Weg zu der persönlichen und politischen Freiheit bahnen, ein idealistischer Traum.

Die genaueste Beschreibung der griechischen Kunst gelang Wilhelm von Humboldt: „Der einzige Grundsatz, welcher zu einer richtigen Erklärung der griechischen Kunst führt, ist der, dass sie gerade einen entgegengesetzten Weg ging, als man gewöhnlich voraussetzt, nicht von roher Nachahmung der Natur beginnend, sich zum Götterideale erhob, sondern ausgehend von dem reinen Sinn für die allgemeinen Formen des Raums, für Symmetrie und Richtigkeit der Verhältnisse, sich aus ihnen ein Götterideal schuf, und so zu den Menschen herabstieg." (Hass, S. 424) Die Griechen beschritten also einen vollkommen anderen Weg als vor ihnen die Assyrer, Babylonier und Ägypter. Diese hatten aus der rauen Wirklichkeit ihrer hierarchischen Realität mit brutaler Unterdrückung der Untertanen ihre Götterwelt geformt. Die Griechen stellten die Welt auf den Kopf. Sie bildeten sich in idealistischer Manier ihre Götterwelt mit verständlich handelnden Personen und leiteten daraus als Abbild das Walten der Prinzipien der Götter auf Erden ab.

Humboldt weiter: „Dadurch und durch die äußere religiöse oder doch öffentliche Bestimmung der Kunst, durch die Lehrmethode in Schulen, und durch eine edle Scheu, das einmal trefflich Erfundene zu verunedlen, entstand das Arbeiten in bestimmten Charakte-

ren, und da man unverrückt die größesten und reinsten Verhältnisse der Gestalt und das tiefste Leben im Auge behielt, in idealen Göttercharakteren." (ebd. S. 426) Bis in die tiefste Ader der Brust habe der Grieche gefühlt, dass die Kunst etwas Höheres als Natur sei, sondern das lebendigste und sprechendste Symbol der Gottheit. Die Idealität resultiere aus der „hohen und edlen Ansicht, den Menschen immer mit den Göttern zusammenzuknüpfen". Alles Kleinliche und Gewöhnliche werde verbannt, alles sei auf das Ziel ausgerichtet, die „Wirklichkeit, so rein und so treu als möglich, zum Symbol der Unendlichkeit zu machen." Es werde nur das hervorgehoben, „was vorzüglich fähig ist, die sich in ihr ausprägende Idee darzustellen, und andernteils das Gemüt stimmt in ihren Zügen nur diese Idee zu erkennen." Der Grieche habe sich überall zum Übersinnlichen erhoben. „An das Leben der Götter auf Erden knüpft sich unmittelbar das Geschlecht der Heroen an, ihre Geschichte und ihr Dienst." (ebd.) Besser kann die bewusste Verklärung, die Verschönerung, ja Verfälschung der Wirklichkeit nicht beschrieben werden – Illusionismus in Reinkultur, praktizierte Religion der Selbsttäuschung.

Der griechischen Kunst gelang, das aristokratische Wertesystem mit dem patriarchalischen Herrscher als Ideal und als Abbild einer himmlischen Sphäre zu idealisieren. Hier ist der Einschätzung Friedrich Nietzsches zuzustimmen: „Winckelmanns und Goethes Griechen, V. Hugo's Orientalien, Wagners Edda-Personnagen, W. Scotts Engländer des 13. Jahrhunderts – irgend wann wird man die ganze Komödie entdecken: es war Alles über alle Maaßen historisch falsch, aber – modern, wahr!" (zit. n. Borchmeyer, S. 1025) Historisch falsch war die Idealisierung, weil die Maler und Dichterfürsten die brutale Wirklichkeit des antiken Griechenlands ignorierten und die Idealbildung für bare Münze nahmen. Modern und wahr war die Legendenbildung, weil sie auch den historischen, aristokratischen Verhältnissen und entsprechenden Vorstellungen zur Zeit Goethes und Schillers entsprachen, die zu ihrer Erklärung, Verklärung und Rechtfertigung die Idealisierung brauchten.

Schwierigkeiten, die griechische Kunst einzuordnen und ihre Wirkmächtigkeit zu verstehen, hatte auch Karl Marx. Er schreibt „Die griechische Kunst setzt die griechische Mythologie voraus, d. h. die Natur und die gesellschaftlichen Formen selbst schon in einer unbewusst künstlerischen Weise verarbeitet durch die Volksphantasie. [...] Von einer anderen Seite: ist Achilles möglich mit Pulver und Blei? Oder überhaupt die Iliade mit der Druckerpresse, und gar Druckmaschine? Hört das Singen und Sagen und die Muse mit dem Pressbengel nicht notwendig auf, also verschwinden nicht notwendige Bedingungen der epischen Poesie?
Aber die Schwierigkeit liegt nicht darin zu verstehen, dass griechische Kunst und Epos an gewisse gesellschaftliche Entwicklungsformen geknüpft sind. Die Schwierigkeit ist, dass sie uns noch Kunstgenuss gewähren und in gewisser Beziehung als Norm und unerreichbare Muster gelten.“ (Marx, S. 31)

Um die Verführungskunst der griechischen Kunst, ihre Normen setzende Kraft zu verdeutlichen, ist eine Klarstellung notwendig: Der gesellschaftliche Boden, aus dem sie sich entfaltete, war eine brutale Sklavenhaltergesellschaft, die ihre Militärdiktatur in der ganzen Welt ausbreiten wollte. Schulbuchweisheiten schwärmen heute noch von einer erblühenden attischen Demokratie. Demokratie in einer Gesellschaft, die extreme Ungleichheit praktizierte, in der nur wenige Aristokraten bestimmten, was als Gesetz zu gelten habe und wann Kriege zu führen seien? Aber die Kunst behauptet die Gleichheit, der schöne Schein täuscht das Herrschen des Schönen, Guten und Edlen vor.

Die römische Kunst hatte der griechischen nichts wesentlich Neues hinzuzufügen, außer einer weiteren Kanonisierung und Monumentalisierung. Das produzierte aber auch große Widersprüche. An der Idealisierung der männlich, muskulösen, athletischen Plastik wurde festgestalten. Aber sie verkam auch zur Vorzeigefigur, denn im Römischen Reich kam es nicht mehr auf den aristokratischen Kämpfer an, die Kriege wurden durch Söldnerheere bestritten und entschieden. Auch das Schönheitsideal der devoten, zurückhaltenden Frau als Liebesgöttin wurde aufrecht erhalten, während die wohlhabenden Römer sich die Liebesdienste käuflich erwarben. Die Götterwelt wurde nach der griechischen geformt, wobei dem jeweiligen Kaiser eine Vergöttlichung mit einem Flug in den Himmel nach seinem Tode zugesprochen wurde. Das war nicht üblich im antiken Griechenland. In der römischen Kunst und Kultur kam der Herrscheridealisierung mit diversen Standbildern, vor denen gebetet und Weihrauch gespendet wurde, die erste Priorität zu, religiöse und politische Macht wurden vereint. Auch die Architektur wurde monumental als Herrschaftsinstrument eingesetzt. Schließlich kam es in Rom zu einer Zweiteilung der Kunst, eine erbauende für die herrschende Elite, die sich von ihrer schönsten Seite zeigte und eine klassisch strenge mit politischen Instruktionen für die Masse. Auch dies wurde in den folgenden Jahrhunderten zur Tradition.

Byzanz trat auch in der Kunst in die Fußstapfen des Römischen Reiches. Anfangs setzt Konstantin der Große die Monumentalkunst Roms fort. Seine Nachfolger lassen mit der Hagia Sophia die größte und mächtigste Kirche der Christenheit errichten. Prachtvoll residiert dort in der Kuppel der Pantokrator als Übertragung des Zeus-Beinamens pantokratis auf JHWH Zebaot und für El Schaddai. Das griechische Vorbild ist noch übermächtig. Jesus ist der mächtige Herrscher, Kaiser und Kaiserin die Stellvertreter auf Erden, behaupten nicht nur die Mosaiken in Ravenna. Mit der Zunahme der innenpolitischen Wirren und der inneren Widersprüche des byzantinischen Reichs „vergeistigt" die Kunst immer mehr und behauptet mit dem Mandylion und der Ikone der Gottesmutter Maria ihre unmittelbare Anwesenheit bei den ehrfürchtig Glaubenden. Sie bieten Schutz und Geborgenheit in einer zunehmend von Gewalt geprägten Gesellschaft. Wie die ägyptische Kunst sendet sie mit der Frontalität und Entrücktheit Botschaften aus der Ewigkeit. Wie die ägyptische ist sie das ideologische Rüstzeug für über tausend Jahre und mehr. Denn im orthodoxen Glaubensbereich ist die Ikonenkunst auch heute noch wirkmächtig. Kalenderikonen schrieben den Gläubigen an jedem Tag detailliert vor, wen und wie sie die jeweiligen Heiligen anzubeten hatten.

Die italienische Renaissance behauptete einerseits schon in ihrer Namensgebung die direkte Fortsetzung der griechischen und römischen Traditionen zu sein, angeblich eine „Wiedergeburt" nach tausend Jahre Verfall. Das hatte einerseits ideologische Gründe. Rom wollte sich aus der byzantinischen Traditionslinie stehlen und mit einem Bekenntnis nur zu seinen antiken Wurzeln seine Eigenständigkeit und Hegemonialstellung betonen. Vor allem Michelangelo kommt von der Figurenwelt der Antike, dessen idealisierten Heroenkult er durch Muskulosität und Kraftmeierei zu überbieten verstand. Gott befiehlt in der Sixtinischen Kapelle als kraftstrotzender Olympier das Geschehen. Wie Winckelmann bewunderte Michelangelo vor allem den „Torso von Belvedere" von Apollonius. Die Legende will wissen, dass er beim Anblick der Statue in Tränen ausgebrochen sein soll und dessen Schöpfer als seinen „Lehrer" bezeichnet haben soll. Raffael ist der Maler des Cäsaropapismus. In seinen im Auftrag des Papstes ausgestalteten Stanzen inszeniert er kirchliche Propagandakunst und untermauert sie mit dem Rückgriff auf die Antike. 1510 gestaltet er „Der Parnass", jener heidnische Ort, der Apoll geweiht ist und die Heimat der Musen, der Göttinnen der Künste, ist. Das nächste Fresko ist „Die Schule von Athen" aus dem Jahr 1511. Die Kirche präsentiert sich als die führende geistige Instanz, die den Schatz der antiken Weisheit bewahrt – und als politische Macht und weltliche Institution, die die Wissenschaften pflegt. Würdevoll betreten sie die Bühne: der Philosoph Platon, Aristoteles als Ethiker, Sokrates als Weiser und Politiker, Pythagoras und Euklid als Mathematiker.

Berücksichtigung außereuropäischer Kulturen – ein skizzenhafter interkultureller Vergleich

Ich vergleiche in der vorliegenden Arbeit die abendländische Antike mit der anderer Kulturen: der chinesichen, indischen, und der lateinamerikanischen. Dieser Vergleich gibt Aufschluss über die Gemeinsamkeiten patriarchaler Herrschaft – aber auch Unterschiede, die vor allem in den Werken der Kulturschaffenden sichtbar werden.

Die patriarchale Herrschaft in China hat eine ähnlich lange Tradition wie in Europa. Obwohl die jeweils Mächtigen in ständigen kämpferischen Auseinandersetzungen mit inländischen Empörkömmlingen und äußeren Eindringlingen konfrontiert waren, entwickelt sich in China keine Kunst, die in erster die Machtinteressen der Herrschenden glorifiziert wie in der europäischen Kunst. In einer entscheidenden Phase der chinsischen Kultur, die Zhou-Dynastie und der Zeit der streitenden Reiche melden sich zwei Philosophen mit humanistischen Prinzipien zu Wort, die das geistige Leben stark prägten: Konfuzius und Lao-Tse. Sie traten für ein ausgewogenes, empathisches Sozialverhalten ein. Sie warben für Verständnis und Ausgeglichenheit, für ein harmonisches Zusammenleben im Einklang mit den natürlichen Gegebenheiten. Künstler flüchten geradezu in die Einsamkeit der Berge, der Natur, um dort Ausgeglichenheit und die ersehnte Harmonie für ihr künstlerisches Schaffen zu gewinnen. Sie bringen es zu Höchstleistungen in der Landschaftsmalerei. Aber es ist auch eine Flucht vor der gesellschaftlichen Realität. Das Bild des Menschen

konnte von den Künstlern nicht ausgearbeitet werden. Die zentralisierte politische Macht verhinderte
bis zum Ende der Qing-Dynastie im 20. Jahrhundert
die Entwicklung umfassender Individualität. Exemplarisch sei hier das Bild von Ni Zan angeführt, der
sein zentrales Werk „Sechs vornehme Herren" nennt –
und sechs Bäume ins Bild setzt.

Das offzielle Bild des höfischen Lebens, die Bilder der
Machthaber, der Kaiser in China wirken stereotyp,
distanziert, aufgesetzt. Es sind Pflichtübungen ohne
innere Anteilnahme, ohne Überzeugung. Wenn sich
der letzte Kaiser Puyi in Gala-Uniform mit vielen
Orden dekoriert um 1940 fotografisch ablichten lässt.
ist klar: Die Zeit der Dynastien, des Kaisertums in
China hatte sich gründlich überlebt. war vollkommen
anachronistisch geworden. Ein Restauration war nicht
möglich. Die Bilderwelten hatten sich in China seit
Jahrtausenden nur geringfügig verändert. Die Antike
dauerte in China bis ins 19. Jahrhundert. Die Opium-
kriege im 19. Jahrhundert haben das Machtgefüge in
China grundlegend erschüttert und das Ende der bisherigen politischen Ordnung eingeleitet.

Die indische Kunst überrascht zunächst durch ihre
Sinnenfreudigkeit. Diese künstlerische Praxis bildet
einen sehr großen Kontrast zu den Eroberungsfeldzü-
gen und Unterwerfungspraktiken der abendländischen und chinesischen Herrscher, die mit Mord und
Totschlag jeden Widerstand der Besiegten rächten.
Ein Erklärung bietet die geschichtliche Entwicklung.
Während im Nahen Osten und in China die ersten des-
potischen Dynastien errichtet wurden, erblühte in Indien die Indus-Kultur mit matrilinearen
Ordnungsprinzipien. Offenbar wurde diese Kultur um
1.800 v. Chr. durch fremdländischen Einfluss zerstört.
Nach 1.500 Jahren kulturellen Stillstands kam es ab
dem Maurya-Reich zur Revitalisierung indischen kulturellen Lebens mit starken hinduistischen und
buddhistischen Einflüssen. Die Unterwerfung unter

hierarchische, aristokratische Strukturen in Indien
scheint nicht mit Brachialgewalt wie in China oder in
Europa erfolgt zu sein. Die Einführung des Kastenwe-
sens war eher ein schleichender Prozess, der nicht
alle Landesteile gleichmäßig erfasste. Die Bildkultur
unter buddhistischem und hinduistischem Einfluss
betont nicht die sozialen Gegensätze sondern wirkt
nivellierend und menschlich einfühlsam. Ihren Höhepunkt hatte die indische Kultur bis zum 16. Jahrhundert. Ihr Erfolgsrezept war, verschiedene Kulturen wie
die buddhistische, hinduistische und sogar die muslimische miteinander zu versöhnen und für einen Aus-
gleich zu sorgen. Mit der Herrschaft der kaiserlichen
Mogulhöfe ab dem 16. Jahrhundert verliert die indische Kunst nach und nach ihren integrativen Charakter, wird höfische Herrscherkunst. Mit dem britischen
Einfluss verflacht dann die Bildkultur endgültig, wird
dekorativ illustrierend, oberflächlich.

Die meso- und lateinamerikanischen Kulturen sind
die jüngsten, ohne langjährige Erfahrungen. Regionale
Herrscher ringen um Einfluss und Dominanz – allerdings gelingt ihnen das meist nur kurzfristig. Die Götter wirken dämonisch und kriegslüstern, sie wollen
Furcht erregen, beanspruchen Dominanz ohne Überzeugungskraft. Insgesamt fehlt den Kulturen noch ein
Fundament, auch um eine überzeugende ideologische
Kraft aufzubauen und schlüssige Bilderwelten zu erzeugen. Offenbar mussten in harten, kriegerischen
Auseinandersetzungen erst hierarchische, patriarchale Strukturen durchgesetzt werden, die allerdings
die Bevölkerungen empörten und gegen ihre Unter-
drücker aufbegehren ließen. Die zerstrittenen Reiche
der Azteken, Mayas oder Inkas waren eine relativ
leichte Beute für die spanischen und potugiesischen
Eroberer.

In der Antike konnte kein indivuelles Menschenbild
entstehen. Herrschaftsstrukturen verhinderten eine
Emanziptation. Die Büste Nofretetes war ein Licht-

blick, die einsame Ankündigung eines Schönheitsideals. Aber eine Schwalbe macht bekanntlich noch keinen Frühling, geschweige denn einen Sommer.

LITERATUR

Ein ausführliches Literaturverzeichnis findet man in: Famulla, Rolf (2025), Revision der Kunstgeaschichte I „Vor"geschichtliche Kulturen

ASSMANN, JAN (2000): Religion und kulturelles Gedächtnis. München.

BAUER, JOACHIM (2008) Das kooperative Gen – Abschied vom Darwinismus, Hamburg

BAUER, JOACHIM (2004): Das Gedächtnis des Körpers. Wie Beziehungen und Lebensstile unsere Gene steuern. München Zürich

BELTING, HANS (2011): Bild und Kult, München,

BIBEL (1962): Die Bibel oder die ganze Heilige Schrift des Alten und Neuen Testaments. Stuttgart.

BORCHMEYER, DIETER, SALAQUARDA, JÖRG (Hg.). (1994): Nietzsche und Wagner – Stationen einer epochalen Begegnung.(2 Bände). Frankfurt am Main.

BOURDIEU, PIERRE (1999): Die Regeln der Kunst – Genese und Struktur des literarischen Feldes, Frankfurt am Main.

Bourdieu, Pierre (2012): Die männliche Herrschaft, Frankfurt am Main.

BREDEKAMP, HORST (2005): Kunst als Medium sozialer Konflikte. Bilderkämpfe von der Spätantike bis zur Hussitenrevolution, Frankfurt am Main.

CHILDE, GORDON (1936): Man makes himself, London. deutsche Ausgabe (1959): Der Mensch schafft sich selbst. Dresden

CHRISTENSEN, LISBETH BREDHOLT, in: Benz, Marion, The Principle of Sharing, Segregation and Construction of Social Identities at the Transition from Foraging to Farming. Stdies in Early Near Eastern Production, Subsistence, and Environment 14 (210) 81-90. Berlin, ex oriente.

DEPPE, HANS-WERNER, Timothy F. Kaufmann (1999): Marias Botschaft an die Welt, Bielefeld, CLV.

Dörfler (2006): Lexikon der Kunst, 12 Bände, Gesamtleitung: Wolf Stadler, Eggolsheim-Bammersdorf.

ERDHEIM, MARIO (1988): Psychoanalyse und Unbewusstheit in der Kultur, Frankfurt am Main.

FAMULLA, ROLF (2025): Revision der Kunstgeschichte I, Berlin

FOUCAULT, MICHEL (1978): Dispositive der Macht. Michel Foucault über Sexualität, Wissen und Wahrheit. Berlin.

FREUD, SIGMUND (1970): Abriss der Psychoanalyse. Das Unbehagen in der Kultur. Frankfurt am Main.

FROMM, ERICH (1981): Gesamtausgabe in 10 Bänden.

GIMBUTAS, MARIJA (2010): Göttinnen und Götter im Alten Europa - Mythen und Kultbilder 6500 - 3500 v.Chr., Uhlstädt-Kirchhasel.

GOETHE, JOHANN WOLFGANG VON (1982–2008): Goethes Werke. Hamburger Ausgabe in 14 Bänden, mit Kommentar und Registern, herausgegeben von Erich Trunz. München.

GOMBRICH, ERNST (2002): Kunst und Fortschritt. Köln.

GOMBRICH, ERNST (2010): Die Geschichte der Kunst. Berlin.

GRAZIOSI, PAOLO (1956): L'arte dell'antica età della pietra, Sansoni, Firenze.

GUTBROD, KARL (Hg.) (1975): DuMont´s Geschichte der frühen Kulturen, Köln.

HAARMANN, HARALD (2011): Das Rätsel der Donauzivilisation, München.

HAARMANN, HARALD (2016): Auf den Spuren der Indoeuropäer, München.

HAGEN, ROSE-MARIE; HAGEN, RAINER (2003): Meisterwerke im Detail (2 Bde). Köln.

HAGEN, ROSE-MARIE, HAGEN, Rainer (2007): Ägyptische Kunst, Köln.

HAMANN, RICHARD (1957): Geschichte der Kunst in zwei Bänden, Berlin.

HASS, HANS-EGON Hg. (1966): Sturm und Drang. Klassik. Romantik. Texte und Zeugnisse (2 Bände) München.

HAUSER, ARNOLD (1973): Sozialgeschichte der Kunst und Literatur. München.

HERODOT (1957, 1980): Die Bücher der Geschichte I-IV. Stuttgart.

HERODOT (1958): Die Bücher der Geschichte VII-XI. Stuttgart.

HERODOT (2007): Historien 3. Buch. Stuttgart.

HESIOD (1935): Sämtliche Werke.Theogonie, Werke und Tage, Der Schild des Herakles. Wien.

HEUSSI, Karl (1991): Kompendium der Kirchengeschichte, Tübingen.

HIRMER, MAX, OTTO, EBERHARD (1976): Ägyptische Kunst (2 Bände). München

HOMER (1938): Odyssee. Leipzig.

HOMER (1961): Ilias. München.

HUMBOLDT, WILHELM VON (2002): Werke in fünf Bänden. Studienausgabe. Darmstadt.

JUNG Carl Gustav (2009): Archetypen, München.

KINDLERS MALEREI LEXIKON IM DTV. (1982): Koordinator und Chefredakteur der Bände 1–12: Dr. Rolf Linnenkamp. München

KRENKEL, WERNER (1965): Sueton. Werke in einem Band. Kaiserbiographien. Über berühmte Männer (Bibliothek der Antike. Römische Reihe) Berlin-Weimar.

KUGLER, FRANZ: Handbuch der Kunstgeschichte, Erster Band.1,

Reprint des Originals der Vierten Auflage aus dem Jahr 1861, Paderborn
LEXIKON DER KUNST MALEREI ARCHITEKTUR BILDHAUERKUNST (1987): Gesamtleitung: Wolf Stadler, Redaktionsleitung Peter Wiensch (10 Bde.). Eggolsheim.
LIPPOLD, Lutz (1993): Macht des Bildes – Bilder der Macht, Leipzig.
MARX, KARL (1974): Grundrisse der Politischen Ökonomie, Berlin.
MÜLLER, HANS WOLFGANG, SETTGAST JÜRGEN (1976): Nofretete Echnaton, Katalog anlässlich der Ausstellung im Haus der Kunst München. München.
NIETZSCHE, FRIEDRICH (1999): Der Fall Wagner. 1888. Stuttgart.
NYSSEN, WILHELM (1961): Das Zeugnis des Bildes im frühen Byzanz, Freiburg am Breisgau.
OSTERRIEDER, MARKUS (1995): Sonnenkreuz und Lebensbaum, Stuttgart.
PÄCHT, OTTO (2004): Buchmalerei des Mittelalters, München.
PARZINGER, HERMANN (2014): Die Kinder des Prometheus – Eine Geschichte der Menschheit vor der Erfindung der Schrift, München.
READ, HERBERT (1968): Erziehung durch Kunst, München/Zürich.
SCHILLER, FRIEDRICH (1984): Sämtliche Werke in 5 Bänden.herausgegeben von Gerhard Fricke und Herbert G. Göpfert. München.
SIEBLER, MICHAEL (2007) Griechische Kunst, Köln
SIEBLER, MICHAEL (2007): Römische Kunst, Köln.
SIMON, ERIKA (1985): Die Götter der Griechen, München.
STOLBERG, ANNA ZU (2011): „Kleine Scheusale" Die Kykladenidole und die moderne Kunst. In: Kykladen. Lebenswelten einer frühgriechischen Kultur, herausgegeben vom Badischen Landesmuseum Karlsruhe
STRICH, FRITZ (1949): Deutsche Klassik und Romantik. Bern.
TOKAREW, SERGEI ALEXANDROWITSCH (1978): Die Religion in der Geschichte der Völker, Berlin.
TOYNBEE, ARNOLD J. (1979): Menschheit und Mutter Erde. Die Geschichte der großen Zivilisationen, übersetzt von Karl Berisch, Düsseldorf.
VASARI, GIORGIO (1989): Künstler der Renaissance. Herausgegeben und zusammengestellt von Fritz Schillmann. Wiesbaden Berlin.
WARNCKE, CARSTEN-PETER (2002): Pablo Picasso 1881 - 1973, Köln
WELWEI, KARL-WILHELM (2011): Griechische Geschichte, Paderborn.
WIRTH, HANS-JÜRGEN (2002): Narzissmus und Macht. Gießen.
WINCKELMANN, Johann Joachim (1791/92): Alte Denkmäler der Kunst. 2 Bände. Aus dem Italienischen übersetzt von Friedrich Leopold Brunn. Christian Gottfried Schöne, Berlin.
WYSS, BEAT (2013): Renaissance als Kulturtechnik, Hamburg.
ZEKI, SEMIR (2010): Glanz und Elend des Gehirns –Neurobiologie im Spiegel von Kunst, Musik und Literatur, München.
ZINSERLING, GERHARD (1977): Abriss der griechischen und römischen Kunst, Leipzig.
ZOTZ, LOTHAR (1953): Ewiges Europa, Urheimat der Kunst. Bonn.

Bildnachweise bei den Bildern